Beatrix Borchard · Clara Schumann

Beatrix Borchard

CLARA SCHUMANN

Ihr Leben

Ullstein

Verlag Ullstein GmbH Frankfurt/Main - Berlin

Satz: Fotosatz-Service Weihrauch, Würzburg
Druck und Binden: Mohndruck, Gütersloh
Printed in Germany 1991
ISBN 3 550 06507 8

Die Deutsche Bibliothek – CIP-Einheitsaufnahme

Borchard, Beatrix:
Clara Schumann: ihr Leben / Beatrix Borchard. –
Frankfurt/Main; Berlin: Ullstein, 1991
ISBN 3-550-06507-8

Für Roland
Für Barbara

Das vorliegende Buch ist eine Montage aus Originalmaterialien und kein Sachbuch, deswegen wurde auf einen Anmerkungsapparat verzichtet und die Orthographie der heutigen Schreibweise vorsichtig angepaßt. Auslassungen innerhalb von Textausschnitten sind durch ». . .« gekennzeichnet. Briefausschnitte ohne Quellenangabe sind der Clara-Schumann-Biographie von Berthold Litzmann bzw. den im Quellenverzeichnis angegebenen Briefwechseln entnommen.

Die Fertigstellung des Manuskripts wurde finanziell von der Förderkommission Frauenforschung des Senats von Berlin unterstützt.

Mein besonderer Dank gilt Hanna Siehr für die Durchsicht des Manuskripts.

Beatrix Borchard

Inhalt

Innenportal des Hauses Hohe Lilie, in dem Clara Wieck am 13.9.1819 geboren wurde
(Historische Photoplatte, um 1900)

CLARA WIECK

Tochter
Schwester
Schülerin
Stieftochter
Wunderkind
Stiefschwester
Komponistin
Kollegin
Freundin
Virtuosin
Verlobte
Ehefrau
Pianistin
Mutter
Witwe
Interpretin
Geliebte
Lehrerin
Herausgeberin
Pianistin

CLARA SCHUMANN

Ein Lebenslauf

13. September 1819 — 20. Mai 1896

Als Säugling wurde sie der Magd überlassen
Als sie drei war, konnte sie mit den Eltern stundenlange Spaziergänge zurücklegen
Als sie vier war, begann sie zu sprechen
Als sie vier war, trennten sich die Eltern
An ihrem fünften Geburtstag mußte sie zu ihrem Vater zurück
Fünf Tage später begann der Vater ihr Klavierunterricht zu geben
Als sie neun war, heiratete der Vater eine andere Frau
1828 Als sie neun war, trat sie zum erstenmal im Leipziger Gewandhaus auf
Als sie zehn war, spielte sie Niccolò Paganini vor
Als sie elf war, veröffentlichte ihr Vater ihr opus 1
Als sie elf war, zog Robert Schumann als Klavierschüler ihres Vaters ins Haus
Als sie elf war, brach die Julirevolution aus – 1830

Clara Wieck, dreizehnjährig, Lithographie von Eduard Fechner, 1832

Als sie zwölf war, spielte sie Goethe vor
Sie trat zum erstenmal in Paris auf
Als sie zwölf war, spielte sie zum erstenmal eine Komposition von Robert Schumann, die Papillons op. 2
Als sie dreizehn war, erkrankte sie an Scharlach
Ihr jüngster Bruder starb
Als sie dreizehn war, widmete sie Schumann ihr op. 3 und Schumann ihr seine Impromptus op. 5 über ihr Thema
Als sie vierzehn war, wurde sie eingesegnet
Als sie fünfzehn war, begann sie ein Klavierkonzert zu komponieren
Sie war auf Schumanns Freundin eifersüchtig

Lithographie von J. Giere, 1835

Als sie sechzehn war, kam Felix Mendelssohn nach Leipzig
Als sie sechzehn war, studierte sie Schumanns fis-Moll-Sonate

1835 Der erste Kuß im November und Uraufführung ihres Klavierkonzertes

Ölgemälde eines
unbekannten
Malers, etwa 1838

Als sie sechzehn war, zwang sie der Vater, jeden Kontakt mit Schumann abzubrechen
Als sie siebzehn war, besuchte sie Chopin
Kurz vor ihrem achtzehnten Geburtstag spielte sie öffentlich eine Komposition von Schumann
Kurz vor ihrem achtzehnten Geburtstag verlobte sie sich heimlich mit Robert Schumann

13.9.1837

An ihrem achtzehnten Geburtstag warb Robert Schumann schriftlich um ihre Hand und wurde vom Vater abgewiesen
Als sie achtzehn war, feierte sie in Wien und Prag große Triumphe und wurde zur K.u.K. Kammervirtuosin ernannt
Sie hörte zum erstenmal Franz Liszt, und Franz Liszt hörte zum erstenmal sie
Als sie neunzehn war, verließ sie ihren Vater und ging allein nach Paris

Bleistiftzeichnung
von Elwine von
Leyser

Lithographie von
Straub, 1838

Dort hörte sie zum erstenmal die neunte Symphonie von Beethoven
Als sie neunzehn war, versuchte sie ein letztesmal ihren Vater dazu zu bewegen, einer Ehe mit Robert Schumann zuzustimmen
Als sie neunzehn war, klagte sie gemeinsam mit Robert Schumann vor Gericht gegen den Vater
Kurz vor ihrem zwanzigsten Geburtstag sah sie Robert Schumann wieder
Als sie zwanzig war, verstieß sie ihr Vater, und ihre Mutter nahm sie auf
Kurz vor ihrem einundzwanzigsten Geburtstag erteilte das Gericht die Heiratserlaubnis

Clara Wieck als Braut, aquarellierte Zeichnung von J.H. Schramm

12.9.1840

Einen Tag vor ihrem einundzwanzigsten Geburtstag wurde sie in Schönefeld bei Leipzig mit Robert Schumann getraut
Als sie einundzwanzig war, gab sie ihr erstes Konzert als Clara Schumann
Als sie einundzwanzig war, gebar sie ihr erstes Kind
Als sie zweiundzwanzig war, reiste sie allein nach Dänemark

Als sie dreiundzwanzig war, gebar sie ihr zweites Kind
Als sie vierundzwanzig war, versöhnte sie sich mit ihrem Vater

Clara und Marie Schumann, Daguerreotypie, ca. 1844

Als sie vierundzwanzig war, unternahm sie mit ihrem Mann eine große Konzertreise nach Rußland
Als sie fünfundzwanzig war, zog sie nach Dresden
Als sie fünfundzwanzig war, gebar sie ihr drittes Kind
Als sie sechsundzwanzig war, gebar sie ihr viertes Kind und erlitt ihre erste Fehlgeburt
Als sie siebenundzwanzig war, konzertierte sie in Wien und Berlin als Interpretin ihres Mannes
Als sie siebenundzwanzig war, begrub sie ihr viertes Kind
Als sie achtundzwanzig war, gebar sie ihr fünftes Kind
Als sie neunundzwanzig war, brach in Dresden die Revolution aus
Sie gebar ihr sechstes Kind
Als sie dreißig war, zog sie nach Düsseldorf

Kupferstich nach
einer Photographie

Als sie zweiunddreißig war, gebar sie ihr siebtes Kind
Als sie dreiunddreißig war, erlitt sie ihre zweite Fehlgeburt
Mit dreiunddreißig fühlte sie sich am Ende ihrer Kräfte
Kurz vor ihrem vierunddreißigsten Geburtstag kam Johannes Brahms ins Haus
Als sie vierunddreißig war, wurde ihr Mann zum Rücktritt als Düsseldorfer Musikdirektor gezwungen
Als sie vierunddreißig war, ging sie mit ihrem Mann auf eine letzte gemeinsame Konzertreise, und zwar nach Holland

27.2.1854

Als sie vierunddreißig war, versuchte Robert Schumann, seinem Leben ein Ende zu machen
Sie gebar ihr achtes Kind
Als sie fünfunddreißig war, verliebte sich Johannes Brahms in sie
Als sie fünfunddreißig war, nahm sie ihre pianistische Karriere in vollem Umfange wieder auf

Photographie,
1854 oder 1855

Joseph Joachim und Clara Schumann, Photogravüre nach einem Pastell von Menzel, 1854

Als sie sechsunddreißig war, konzertierte sie das erstemal
in England

29.7.1856

Als sie sechsunddreißig war, starb Robert Schumann in
einer privaten Nervenheilanstalt in Endenich bei Bonn
Als sie siebenunddreißig war, verließ sie ihre Kinder und
ging jeden Winter auf Konzertreisen
Mit achtunddreißig zog sie nach Berlin
Mit dreiundvierzig zog sie nach Baden-Baden

Clara Schumann
um 1868, Photographie von
Julius Allgeyer

Als sie fünfzig war, heiratete ihre dritte Tochter
Als sie einundfünfzig war, begrub sie ihren ältesten Sohn
lebendig in einer Nervenheilanstalt, und ihr zweiter Sohn
zog in den deutsch-französischen Krieg
Als sie zweiundfünfzig war, begrub sie ihre Mutter
Als sie dreiundfünfzig war, begrub sie ihre dritte Tochter
Als sie vierundfünfzig war, heiratete ihr zweiter Sohn gegen
ihren Willen

Clara Schumann im
Alter von 50 Jahren
Photographie

Sie zog wieder nach Berlin
Als sie vierundfünfzig war, begrub sie ihren Vater
Als sie achtundfünfzig war, heiratete ihre zweite Tochter
Sie begann die Werke Schumanns herauszugeben

Clara Schumann im
Alter von 59 Jahren,
Gemälde von Franz
Lenbach

Mit achtundfünfzig ließ sie sich in Frankfurt nieder und übernahm eine Klavierklasse am Hochschen Konservatorium

24.10.1878

Als sie neunundfünfzig war, feierte sie in Leipzig ihr fünfzigstes Künstlerjubiläum

Als sie neunundfünfzig war, begrub sie ihren jüngsten Sohn

Als sie siebenundsechzig war, entmündigte sie ihren zweiten Sohn und dessen Frau und riß die Verantwortung für die sechs Enkelkinder an sich

Als sie achtundsechzig war, konzertierte sie das letztemal in England

Clara Schumann im Alter von 69 Jahren in London, Photographie

Als sie neunundsechzig war, feierte sie ihr sechzigstes Künstlerjubiläum

12.3.1891

Als sie einundsiebzig war, gab sie ihr letztes öffentliches Konzert

Sie begrub ihren letzten Sohn
Als sie vierundsiebzig war, starb ihre Stiefmutter

20.5.1896

Im Alter von sechsundsiebzig Jahren starb Clara Schumann in Frankfurt und wurde in Bonn an der Seite Robert Schumanns auf dem Alten Friedhof begraben

Clara Schumann
Büste von Friedrich
Hausmann, 1896

Briefe
Tagebücher
Photos
Gemälde
Seidenstrümpfe
Ringe
eine Gipsbüste
eine Haarlocke
Aussagen anderer
Kompositionen
ein Stück Stoff

Fundstücke

Spuren

Briefe
Tagebücher
Photos
Gemälde
Seidenstrümpfe
Ringe
eine Gipsbüste
eine Haarlocke
Aussagen anderer
Kompositionen
ein Stück Stoff

Erscheinungen wie Clara liegen so ganz außer dem Bereich des Gewöhnlichen, daß sie unsere Aufmerksamkeit gewaltsam fesseln, weil wir uns ihnen verwandt und dennoch wieder so ferne fühlen. Denn auch im gewöhnlichen Leben, so wenig der flüchtige Beobachter dies eingestehen dürfte, gestaltet sich hier alles anders, wie wir es an uns und unseren Alltagsumgebungen gewohnt sind – z. B. könnte man Clara, wie sie sich zu Hause gibt – unbefangen und kindlich gegen den Vater und ihre Umgebung –, beim ersten Blick für ein ganz liebenswürdiges dreizehnjähriges Mädchen – und weiter nichts halten – aber dann beobachtet man sie genauer – dann zeigt sich alles anders! Das feine, hübsche Gesichtchen mit den etwas fremdartig geschnittenen Augen, der freundliche Mund mit dem sentimentalen Zug, der dann und wann etwas spöttisch – besonders wenn sie antwortet, sich verzieht, dazu das Graziös-Nachlässige in ihren Bewegungen – nicht studiert, aber weit über ihre Jahre hinausgehend! Das alles – ich gestehe es offen – als ich es sah, erregte in mir ein ganz eigentümliches Gefühl, das ich nicht besser zu bezeichnen weiß als durch: »ein Echo des spöttisch-schmerzlichen Lächelns der Clara«. Es ist, als wisse das Kind eine lange, aus Schmerz und Lust geborene Geschichte zu erzählen, und dennoch – was weiß sie? – Musik.

»Cäcilia · Ein Taschenbuch für Freunde der Tonkunst«, 1833

Sie stand damals im fünfzigsten Lebensjahr, war etwas über mittelgroß, aber so stark und kräftig gebaut, daß sie groß erschien. Ihre Bewegungen waren, ohne unruhig zu sein, äußerst lebhaft, und kam sie zur Türe herein, so war mir immer, als ob alles an ihr flöge. Wie Leben und Sonnenschein kam es in den vorher düstern Raum.

Die Züge ihres Antlitzes sind aus vielen Bildern bekannt – welcher mechanische Apparat jedoch, welcher Stift vermöchte den Geist, die Seele dieser Züge, ihre Beweglichkeit, die sanfte, stets wechselnde Färbung wiederzugeben?

Mußte doch der größte Bildnismaler jener Zeit bekennen, daß es unmöglich sei, das innere Wesen dieser Erscheinung zusammenfassend auf die Leinwand zu bringen; verzweifelnd klagte er, daß sie sich bei jedem Beschauen, oft innerhalb weniger Minuten, völlig verändere. Und von zwei herrlichen Skizzen, die er in wenigen Stunden machte, ist jede ähnlich, und doch sind sie untereinander gänzlich verschieden. – Wunderbarste Ruhe und lebhafteste Beweglichkeit wohnten auf diesem Antlitz dicht beieinander. Auf der schönen, von vollem, dunklem, glattgescheiteltem Haare eingerahmten Stirne las man Klarheit und Reinheit der Gedanken, und doch spiegelte sie jede Gemütsbewegung wider, was ich oft staunend beobachtete. Wie Züge von Wolken war es, leichten und schweren! Sie blieb bis in das hohe Alter hinein ganz glatt; eine kleine, haarfeine Querlinie entdeckte man nur bei scharfem Zusehen. Noch beweglicher war das Oval der Wangen; Ärger oder Kummer ließen die Muskeln sofort erschlaffen, und meine Mutter konnte dann plötzlich alt und leidend aussehen; ebenso aber konnte eine freudige Erregung ihr das Gesicht blitzschnell um Jahre verjüngen.

Wie könnte ich nun die Augen beschreiben! Ein paar Sehsterne waren es, die jeden, der in ihren Bereich kam, unwiderstehlich anzogen. Viele Farben hatte hier der Schöpfungskünstler zu einer von unendlicher Weichheit und Wärme verschmolzen und darüber den Glanz strahlenden Silbers gegossen. Es waren Augen, die viel geweint hatten, aber die Tränen hatten den Glanz nicht getrübt. Nie wurde man müde, in diese Tiefen zu schauen, nie müde, zu verfolgen, wie ständiges Reifen, unausgesetzte Vergeistigung und Veredlung darin immer herrlicher zum Ausdruck kamen. Was sie von unendlicher Herzensgüte, von unbegrenztem Wohlwollen erzählten, das hat wohl niemand vergessen, auf dem diese Augen einmal geruht haben; wen ihr Blick traf, den erfaßte, umfaßte er ganz; »er wickelte einen ein«, wie es eine liebe Freundin einst ausdrückte. Kam man auf die Kunst, auf geliebte und bewunderte Menschen, auf edle Taten, schöne Gegenden zu sprechen, so wurde er feurig und schwärmerisch, als blicke er in überirdische Welten. Der Mund, der stets so liebevoll und zärtlich zu uns sprach, verriet doch die Energie des Charakters; die Lippen lagen

Photographie von Gräfin Oriola

leicht aufeinander, und in den Winkeln lauerte zuweilen eine leise Ironie. Die Stimme war sanft und wohltönend. Ein leises Anstoßen mit der Zunge gefiel uns Kindern außerordentlich, und ein Anflug von sächsischem Dialekt gab Anlaß zu manchen Neckereien, so, wenn die Mama »Gohannes« statt »Johannes« sagte.

Was aber meine Mutter erlebt, gelitten und geleistet hatte, kam doch nirgends so zum Ausdruck wie in ihren Händen. Sie waren schlank und groß – konnten Dezimen mit freiem Gelenk anschlagen –, die Finger leicht zugespitzt, der Daumen schön geschwungen und der fünfte Finger, wohl durch frühzeitige Ausbildung, nur um weniges kürzer als der vierte. Das Handgelenk war, wenn auch kräftig, so doch äußerst fein gebaut, und es war schön, das sanfte Anschwellen des vollen Armes zu verfolgen. Tausend feine Linien hatten sich in diese Hände und Finger eingegraben; waren sie doch die Vermittler der Wechselwirkung zwischen Leben und Kunst, trugen das Erlebnis in die Kunst und die Kunst in das Leben. Eugenie Schumann, Erinnerungen

TEIL 1

Clara Wieck

Tochter und Schülerin
Wunderkind

Was ich aber für Clara tue, das kann sie nicht wieder gutmachen

Leipzig

Marktplatz in Leipzig um 1830

... Leipzig, eine alte, berühmte und schöne Stadt ... gehört unter die ersten Handelsstädte Deutschlands und ist zugleich der Sitz einer alten berühmten Universität ... Der Handel ist allerdings weit wichtiger als das Manufakturwesen der Stadt und bildet, mit Einschluß der Messen, die stärkste Nahrungsquelle. Obgleich Leipzig weder an einem schiffbaren Flusse liegt noch einen Hafen hat, so wurde es demungeachtet nach und nach für einen großen Teil des europäischen, besonders des nordischen Handels der Mittelpunkt ... Der Buchhandel keiner Stadt Deutschlands kommt an Wichtigkeit dem von Leipzig bei, und bloß der Buchhandel der Städte Paris und London können mit ihm in Parallele gesetzt werden ...
Staats-, Post- und Zeitungslexikon von Sachsen, 1814

Tagebuch Clara Wieck,
Eintragung von Friedrich Wieck

Ich wurde geboren, den 13. September 1819 zu Leipzig und erhielt den Namen Clara Josephine. Mein Vater hatte ein Leihinstitut zu versehen und nebenbei einen kleinen Handel mit Pianoforten angefangen. Weil nun der Vater zugleich mit der Mutter viel Unterricht gab, und letztere selbst täglich ein bis zwei Stunden spielte, so wurde ich meist der Magd überlassen. Diese war nicht eben sprachselig, und daher mochte es wohl kommen, daß ich erst zwischen dem vierten und fünften Jahre einzelne Worte zu sprechen anfing und zu dieser Zeit auch ebensowenig verstehen konnte. Klavierspielen hörte ich jedoch sehr viel, und mein Gehör bildete sich dadurch leichter für musikalische Töne als für die Sprache aus. Ich lernte aber zeitig laufen, so daß ich im dritten und vierten Jahre mit meinen Eltern spazierengehen und stundenlange Wege zurücklegen konnte.

Ostern 1821 zogen meine Eltern ins Salzgäßchen, und hier war es, wo ich meine Mutter verlieren sollte. Diesselbe verließ nämlich meinen Vater, um ihrer Scheidung wegen nach Plauen zu gehen. Ich begleitete sie mit Erlaubnis meines Vaters, und zugleich nahm sie den kleinen Viktor mit. Meine Brüder Alwin und Gustav blieben bei dem Vater, und meine älteste Schwester Adelheid war kurz vor meiner Geburt bei den Großeltern in Plauen gestorben.

Mein Vater hatte mich unter der Bedingung mit meiner Mutter reisen lassen, daß ich an meinem fünften Geburtstag, den 13. September, wieder in Leipzig sein müsse, und nach vieler Mühe gelang es dem Vater, ohne Gewalt zu gebrauchen, denn das Recht, mich vom fünften Jahr an zu besitzen, stand ihm zu. Den 18. September fing nun so eigentlich mein Vater den Klavierunterricht an.

Die Eltern von Clara Wieck

Friedrich Wieck (1785–1873)
Ölgemälde, Maler unbekannt

Mariane Tromlitz (1797–1872)

Friedrich Wieck und Mariane Tromlitz waren von 1816–1824 miteinander verheiratet und hatten fünf gemeinsame Kinder; nach der frühverstorbenen ältesten Tochter war Clara das zweite Kind. Friedrich Wieck heiratete in zweiter Ehe Clementine Fechner (1828). Mariane Tromlitz heiratete in zweiter Ehe Adolph Bargiel (1824).

Geehrter Herr,
. . . Sie suchen nach dem Grund zur Ehescheidung meiner Großeltern Wieck. Ich will Ihnen gerne sagen, was ich aus den Mitteilungen meiner Mutter darüber weiß. Als Grund für die Scheidung wurde vom Gericht aus Unverträglichkeit der Temperamente festgestellt, und das stimmt durchaus mit den Tatsachen überein. Daß der Großvater Wieck trotz bedeutender und guter Eigenschaften ein Mensch war, mit dem es sich nur leben ließ, wenn man sich ihm ganz unterordnete, der kein Mittel scheute, um seinen Willen durchzusetzen, ist eine so erwiesene und allgemeine Tatsache, daß

sich weiteres Eingehen darauf erübrigt. Nun war aber eben meine Großmutter auch ein Mensch, dem das Unterordnen nicht lag. Sie muß eine schöne Erscheinung gewesen sein – dazu war sie Klavierspielerin von einiger Bedeutung, da sie entsprechend den damaligen Gepflogenheiten einigemale für die ganze Konzertsaison im Gewandhaus verpflichtet wurde. Lebhaft und gescheit war sie auch, konnte also wohl einige Ansprüche machen und gewisse Rücksichten verlangen. Diese wurden ihr von ihrem Manne nicht zuteil, beide wurden heftig, Mariane erbittert, und es kam zu Szenen, die schließlich die Trennung herbeiführten.
Von irgend einem anderen Grunde habe ich nie gehört und finde es daher »ehrenrührig«, wenn man, ohne dafür »genügende« Beweise zu erbringen, in dem Verhältnis Marianes zu Bargiel, in einer »Verirrung«, den Grund zu einer Trennung sucht, die aus den Charakteren so leicht zu erklären ist. (. . .)
Bei der Wahl seiner zweiten Frau hatte mein Großvater insofern eine glückliche Hand, als dieselbe nur für ihn lebte, treu für ihn sorgte und vor allem ihm unbedingt gehorsam, ja unterwürfig war. Ich denke mit dem Gesagten Ihnen den nötigen Aufschluß gegeben zu haben, und zeichne mit deutschem Gruß . . .

Briefentwurf Eugenie Schumanns, der jüngsten Tochter, an Heinz Beyer, Chemnitz, 25.5.1937, Eugenie Schumann, Nachlaß

Musik
Musik und Arbeit
Arbeit
Arbeit und Liebe
Liebe
Musik und Arbeit und Liebe
Geld

Tagebuch Clara Wieck,
Eintragung von Friedrich Wieck

1827 fing mein musikalischer Sinn an, sich immer mehr und schneller auszubilden. Mein Spiel wurde auch besser, mein Anschlag gut, fest und sicher, und die Kraft meiner Finger stieg so, daß ich bereits zwei Stunden hintereinander schwere Stücke mit ziemlicher Ausdauer spielen konnte, und mein Geschick für einen natürlichen guten Vortrag lobte mein Vater manchmal, was mir immer gefallen hat. Ich wurde aber leicht eigensinnig darauf und in meinen Wünschen unbändig – so sagt mein Vater.

Meine Tochter hatte stets einen besonderen Hauslehrer, mit dem ich vereint unterrichte, damit auch bei wenigen Stunden des Tages ihre wissenschaftliche Bildung gleichen Schritt halte mit der künstlerischen, und auch noch Zeit übrig bleibe, in der freien Natur sich zu ergehen und ihren Körper zu kräftigen, während andere Kinder auf den Bänken in Schulen und Instituten neun Stunden des Tages schwitzen müssen – und dies mit dem Verlust ihrer Gesundheit und ihrer frohen Jugend bezahlen.
Angestrengte und anstrengende weibliche Arbeiten und Zeichnen oder Malen vertragen sich schlechterdings nicht mit einem ernstlichen praktischen Klavierspiel, schon weil beide Beschäftigungen nicht nur viel Zeit in Anspruch nehmen, sondern auch den Fingern die nötige lockere Geschmeidigkeit und Gewandtheit

rauben; und erstere – die weiblichen Arbeiten, namentlich das Stricken – nach den neuesten Erfahrungen einen unnatürlichen Nervenreiz erzeugen, der gesunden Fortschritten nicht günstig ist. Ich habe in meinem langen Klavierwirken jedenfalls nie etwas Erkleckliches ausrichten können bei strickenden, häkelnden und stickenden Damen. – Meine Freundin, die Sie in günstigen Verhältnissen geboren und von teuren Eltern anspruchslos und doch so fein erzogen sind, lassen Sie den blutarmen Mädchen aus dem Gebirge, die ihre geistige Begabung unter den Scheffel stellen müssen, den geringsten Verdienst, einen Kragen zum Geburtstag ihrer Tante oder Mama zu sticken. Zehnerlei in äußerster Mittelmäßigkeit treiben – was frommt es der feineren Ausbildung – der Zukunft – dem inneren Glück und der Humanität?

Friedrich Wieck, Clavier und Gesang

Halten Sie bei der Erziehung Ihrer Töchter oder sonstigen weiblichen Pflegebefohlenen immer und überall die Ausbildung für den eigentlichen und nächsten Beruf des Weibes als das Erste und Wichtigste im Auge und ermuntern Sie die Erlernung und Ausübung künstlerischer und wissenschaftlicher Fertigkeiten nur so weit, als dieselbe der Erreichung jenes Berufs entweder förderlich oder wenigstens nicht hinderlich zu sein verspricht.

Karl Biedermann, Frauenbrevier, 1856

Friedrich Wieck an Andreas Stein 1827

Meine Tochter Clara wird nach meinem Dafürhalten eine gute Klavierspielerin werden, da sie jetzt schon einen guten Anschlag und Tongefühl und Geschick für schönen Vortrag zeigt und ein feines Gehör hat; übrigens von einem musikalischen Talente und starkem Gedächtnis unterstützt wird, und der Vater sie vielleicht auch, was Ton, Instrumente etc. etc. anlangt, weiter ausbilden kann. Sie spielt bereits schwere Etüden rund und rein, alles mit *musikalischer* Art. Doch möchte ich sie nicht lassen sich *musikalisch zu Tode üben* (das ist nun einmal mein Ausdruck), denn fast alle unsere Virtuosen haben sich musikalisch zu Tode geübt und gespielt (besonders von Klavierspielern ist hier die Rede), das heißt sie haben eigentlich *kein*

Gefühl und wohl gar *keinen Sinn* mehr dafür, sondern bloß Gefallen an ihrem eignen mechanischen Fingerspiel – können daher auch nicht gut andere spielen hören, sondern nur – *sich selbst!*

Die Schülerin ermüdet auf halbem Wege. Der weibliche Sinn will mehr Blumen und frühe Frühlingsfrüchte, kleine liebliche, naive Lieder, Tänze, Rondos, leichte Sonaten, Variationen – sind hier am passendsten zum Zwecke. Die Gefühle werden dadurch leicht gereizt und doch auch allmählich veredelt.

Eugenie Guthmann, Winke über den musikalischen Unterricht der Frauenzimmer, 1805

Clara Wieck an Mariane Bargiel 14.9.1827

Liebe Mutter,

Du hast noch nichts von mir gelesen, da ich nun ein wenig schreiben kann will ich Dir ein kleines Briefchen schreiben, worüber Du Dich freuen wirst. Zu meinen 8chten Geburtstag bin ich auch beschenkt worden, von meiner guten Bertha und von meinen guten Vater. Von meinen guter Vater chab ich ein Wunderschönes Kleid bekommen, und von meiner Bertha hab ich ein Aschkuchen ein Pflaumkuchen und einen recht schönen Strikbeutel bekommen. Auch spilte ich ein Concert aus Es dur von Mozart, was Du auch gespielt hast. (. . .) Es ging recht gut und ich hab gar nicht gestokt. nur meine Kadänz wollte nicht gleich gehen, wo ich eine chromatische Tonleiter 3 mahl spielen mußte, Angst hatte ich gar nicht. Das Klatschen hat mich aber Verdroßen. (. . .) Du wirst nun doch auch an mich schreiben? Ich bin Deine gehorsame Tochter.

Tagebuch Clara Wieck, 1827
Eintragung von Friedrich Wieck

Mein Vater tadelt jetzt besonders an mir einen gewissen Neid – Vergnügungssucht – kindliche Empfindlichkeit – und einen sonderbaren Hang, sich nie in der Gegenwart und am Gegenwärtigen zu freuen. Das Letztere bekümmert meinen Vater am meisten, weil ich deswegen selten zufrieden erscheine und immer ein »Aber« und ein »Wenn« in den Weg tritt.

Erster öffentlicher Auftritt: 20. Oktober 1828 im Leipziger Gewandhaus

»Es ging sehr gut, und ich habe nicht gefehlt, fand auch vielen Beifall.«

Der berühmte Gewandhaussaal nach der Erneuerung von 1833, der die wertvollen Oeserschen Deckengemälde zum Opfer fielen. Zu den Besonderheiten gehört die Anordnung der Sitzreihen im Saale: Das Publikum saß sich gegenüber und befand sich in seitlicher Position zum Orchester. Zeitungsdruck nach einem Stahlstich von 1840.

Clara Wieck ist neun Jahre alt

Tagebuch Clara Wieck November 1828

Mein Vater, der schon längst auf eine Sinnesänderung von meiner Seite gehofft hatte, bemerkte heute nochmals, daß ich immer noch so faul, nachlässig, unordentlich, eigensinnig, unfolgsam etc. sei, daß ich dies namentlich auch im Klavierspiel und Studieren desselben sei, und weil ich Hüntens neue Variationen op. 26 in seiner

Gegenwart so schlecht spielte und nicht einmal den ersten Teil der Variation wiederholte, so zerriß er das Exemplar vor meinen Augen, und von heute an will er mir keine Stunde mehr geben, und ich darf nichts weiter mehr spielen als die Tonleitern, Cramer-Etüden und Czerny-Trillerübungen.

Tagebuch Clara Wieck — September 1829

Am 30. September abends ist Paganini angekommen, und nun werde ich also den größten aller Künstler auch hören.
Ich mußte ihm auf einem alten, schlechten Pianoforte mit schwarzer Klaviatur (was ein Student zurückgelassen hatte) die von mir componirte Polonaise in Es vorspielen, was ihn sehr erfreute und was er meinem Vater mit den Worten andeutete: ich habe Beruf zur Kunst, weil ich Empfindung hätte.

Der Test: Reise nach Dresden 1830 – Clara Wieck ist 10 Jahre alt

Clara soll von hier aus berühmt werden und einen Namen bekommen

Friedrich Wieck, 14. 3. 1830 Früh 9 Uhr

Friedrich Wieck an seine zweite Frau Clementine, geb. Fechner — 9. 3. 1830

Liebstes Weibgen,
Am Sonntage um 5 Uhr sind wir richtig hier angelangt mit unserem fetten, speckigen und glänzenden – aber gutmütigen und gefälligen Kutscher.
Clara hat sich vollkommen eingerichtet und befindet sich wohl. Sie schreibt Dir heute nicht, weil sie mehreres Neues einzustudieren hat, um mit Reissiger und Kraegen à 4 m[1]) zu spielen. Vom Mozartschen Quartett habe ich sie aber los gemacht. Gestern Nachmittag waren wir bei Reissiger, wo sie sich im Spielen selbst übertroffen

[1]) à quatre mains – vierhändig

hat. Reissiger spielte nachher auch, meinte aber, vor Clara zu spielen müßte man ja ängstlich werden. Er gab ihr auch ein Thema auf, worüber sie phantasieren mußte; auch spielte er mit ihr vom Blatt; er erstaunte so über ihre musikalische Bildung, daß er meinte, man müßte es hören, um zu glauben. Heute 12 Uhr machen wir Besuche bei Kaskel und Carus, morgen sind wir zu Simon zu Mittag gebeten und Clara bleibt den Nachmittag bei den Kindern, weil die keine Schule haben. Auf den Donnerstag abend sind wir zur Frau von Zehmen, wo große Gesellschaft ist. Die anderen Einladungen werden nun morgen erst kommen.
Unter 8 Tagen ist an Bischoffswerda gar nicht zu denken. Wir können auch hier nichts unternehmen, bevor Clara nicht an mehreren Orten und vor großen Gesellschaften gespielt hat. Vor dem König wird es schwer halten, weil die Hintertreppe wackelig geworden, nämlich Frau von Lüttichau, durch die alles geht, ist nach einer Niederkunft tödlich krank und kann keinen Ton Musik hören, also Clara kann auch nicht vor ihr spielen. Macht es sich aber durch Reissiger und den großen Baudissin, wo Clara auch spielen soll, so könnten die Vorbereitungen leicht 14 Tage bis 3 Wochen dauern, und deswegen lege ich mich doch nicht so lange her. Übrigens werden die hiesigen Klavierspielerinnen, welche schon neidisch sind, alles mögliche aufbieten, daß Clara nicht öffentlich gehört wird, denn so eine Spielerin, wie Clara, ist hier nicht, so sagt Kraegen und Reissiger. Bis jetzt habe ich noch keine Nacht schlafen können, befinde mich aber doch leidlich.
Clara und Madame Kraegen und ich grüßen.

Dein alter Fritze Wieck

Dresden, den 12.3.1830

Mein geliebtes Weibsen,
Umnebelt von duftendem Weihrauch (bedenke, wie poetisch bin ich schon geworden) schreibe ich heute an Dich. Wir finden hier eine nicht geahndete Aufnahme, so z.B. sind wir bis zum Dienstag alle Tage 2 mal mittags und abends weggebeten, nächsten Sonntag aber dreimal, nämlich außerdem zu einer musikalischen Morgenunterhaltung zu Arnstädts. Höre, mein Kind, Claras musikalische

Ausbildung (nicht allein als Virtuosin) findet jeder hier für fabelhaft, und so will denn jeder ausgezeichnete Spieler dieselbe auch hören und sich von dem nie Gehörten überzeugen. Auch wissen nachher die Leute nicht, wen sie mehr bewundern sollen, ob das Kind oder den Vater als Lehrer pp, doch meine liebenswürdige Dir wohlbekannte Bescheidenheit gebietet mir – zu schweigen über das Weitere.
Aber »hierbleiben« erschallt von allen Seiten. Die allergrößten Klavierspieler wollen bei mir Stunden nehmen und mich und Dich ja gern ernähren. Doch Du weißt, wir wollen höher hinaus, wenn mir Gott das Leben noch schenkt. – Mein Befinden ist ungewöhnlich gut, aber ich esse auch früh und abends nichts, wegen der späten Mittagstafel um 2 Uhr, und enthalte mich stets alles Weines und aller der unzähligen Süßigkeiten, und weil Clara dies auch tut, und sich überhaupt sehr liebenswürdig und mäßig zeigt, und gar nicht eigensinnig, so sind wir beide wohl und vergnügt. Nur bitte ich Dich, von der Clara keinen Brief zu verlangen, denn sie ist zu sehr mit Musik beschäftigt, da sie jeden Tag immer wieder andere Stücke spielt, was eben die Leute in das allergrößte Staunen versetzt.
Gestern Abend spielte sie vor 40 der vornehmsten adeligen Familien von hier. Alle wollen sich verwenden, daß sie bei Hofe spiele, doch das nächste Hofkonzert ist erst in 14 Tagen, und so lange möchte ich doch nicht gern bleiben. – Aber daß wir nach Bischoffswerda und Bautzen wollen, darüber lacht man uns aus. Erstens weil an beiden Orten weder Instrumente wären, welche verdienten, von Clara gespielt zu werden, und zweitens auch kein Mensch, welcher ihr Talent zu schätzen und ihr Spiel zu taxieren wüßte.
Abend sind wir bei Madame Kraus und auf dem Sonntag bei Hofrat Carus, wo es fürstlich hergeht. Das seidene Kleid hatte Clara gestern bei Frau von Zehmen an. Ich bin ängstlich, daß doch die ausgezeichnete Ehre und Auszeichnung auf Clara einen Eindruck machen könnte. Keine vornehme Dame ist in den Zirkeln, welche nicht mit ihr spräche. – Merke ich etwas Nachteiliges, so reise ich gleich ab, damit sie wieder in die bürgerliche Ordnung komme. Denn ich bin zu stolz auf ihre Anspruchslosigkeit und verkaufe dieselbe um keine Ehren der Welt. Ihre Stimme ist aber durch die

Märzluft weg. Und lasse sie auch gar nicht singen, und wache über sie mit zärtlicher Sorgfalt. Doch ich muß aufhören und sage nun noch, daß Dich eben so liebt

dein Fr. Wieck

Clara bekommt die schönsten Zöpfe geflochten von Madame Kraegen und ist ganz glücklich darum. Auch hilft sie mit Plätten. Sie ist bei dem Spiel unglaublich dreist, und je größer die Gesellschaft, desto besser spielt sie.

Dresden, den 17.3.1830

Meine Geliebte,
Es ist nicht möglich, daß Deine Briefe liebenswürdiger sein können, als Du selbst – darum melde ich Dir ganz kurz, daß Clara über eine Stunde vor der Frau von Lüttichau (der größten und feinsten Kennerin in Dresden) gespielt hat, darin liegt das Weitere. Da ich verzagter Hase nun noch nichts sagte, so war er so gnädig und bot mir seine Dienste an. Kurz – Empfehlungen an die Berliner und Wiener Höfe von dem hiesigen Hofe – Spiel vor der ganzen Königlichen Familie ppp, doch wie Ihr schon wissen werdet, der König ist krank – gestern noch kränker geworden, das Hofkonzert ist abgesagt – Clara nach der Messe nach Kissnitz beschieden und wir können nun in 6 Tagen abreisen, aber bis dahin gehen noch die Einladungen, und da das Wetter jetzt so schön wird, so möchte ich mich nicht gern mit der Abreise übereilen. Morgen abend spielt sie bei dem Hofrat Carus wieder zum 2. Mal, wo große Fête ist – Freitag bei dem Baron von Miltitz pp.
Heute mittag ist sie wieder bei Kaskels. Man findet sie zu liebenswürdig – sie ist bei all der ungeheuren Auszeichnung noch die alte, einfach, natürlich entwickelt, mit gutem Verstand und Phantasie, ist wild dabei, aber nobel und anständig. Es zirkulieren bereits viele Anekdoten von ihr, die wirklich allerliebst sind, ich kann sie daher allein in die vornehmsten Familien gehen lassen.

Eiligst der Deinige Fr. Wieck

1000 Grüße. Was aus Bischoffswerda wird, weiß ich nicht.

Dresden, den 19.3.1830

Mein geliebtes Weib,
Gestern hat Clara vor den allerfeinsten Kennern Dresdens gespielt, Gesandten pp. – Die Gräfin Einsiedel zog den Ring von ihrem Finger und steckte ihn der Clara an, die Gräfin Bohl schenkte ihr Tüchelchen, was ihr gefiel pp. – Daß sie komponieren könnte, wollte aber niemand glauben, weil es bei Frauenzimmern von dem Alter noch niemals dagewesen. Als sie aber über ein aufgegebenes Thema phantasiert hatte, so war alles außer sich. Es ist nicht zu beschreiben, welches Aufsehen die beiden Affen aus der Leipziger Menagerie hier machen. In Leipzig ist man freilich zu verblüfft und zu boshaft, als daß eine einzige Gans unter so vielen Gänsen jemals begreifen könnte, welch ein außerordentliches Kind die Clara ist, und noch weniger, daß dein Fritze aus Pretzsch dieselbe besitzen und bilden könnte. Man versichert uns, daß deine beiden Affen das allgemeine Hof- und Stadtgespräch sind. Auf Clara wirkt es aber durchaus nur vorteilhaft, denn sie spielt mit einem Selbstvertrauen wie nie und ist und bleibt übrigens die alte.
Nur einige Anekdoten will ich Dir von Clara erzählen, z.B. gestern lädt sie der Graf Kospoth, welcher mit uns bei Carus war, ein, nächsten Montag mit seiner Frau, welche zu den ersten Klavierspielerinnen Dresdens gehört, a 4 m. zu spielen. Sie antwortet: »Kommen will ich wohl, aber kann denn Ihre Frau auch spielen?« »Jawohl«, antwortete er. Nun sagte sie: »So führen Sie mich zu ihr – ich will ihre Bekanntschaft machen.« – Die Gräfin ist alsdann nicht wieder von Claras Seite und dem Klavier gewichen. – Was ist das Mädel abgeschmatzt worden. Indessen, es bekommt ihr – sie sieht wohler aus als je; ist sehr und zu mäßig und beträgt sich überall in vornehmsten Familien, wo sie oft allein, der Kinder wegen hingebeten wird, bei aller Wildheit, mit dem bewundernswürdigsten Takt! – Ferner: Wir spielen vor einer großen Gesellschaft, wo ein schlechter Flügel mit einer niederträchtigen Spielart war, brachte aber doch so gut nur möglich die Var. a 4 m. von Herz durch. Nach dem Schluß klatschte die ganze Gesellschaft. Sie stand ganz ruhig und ernst auf und sagte »da klatscht ihr nun, und ich weiß doch, daß ich schlecht gespielt habe«, und verlor einige Tränen. Das ist das einzigemal, wo sie bis

jetzt geweint hat. Die Anekdote ist allgemeines Stadtgespräch. Alle schreien und stürmen in mich hinein, daß ich meine Methodik herausgeben soll. Und wäre die Reise nicht nötig gewesen, um alle die niedrigen Leipziger wegen der Clara zu beschämen und uns Eingang bei anderen Höfen zu schaffen, so ist sie schon deswegen etwas wert, weil ich nun fest entschlossen bin, mich zurückzuziehen und Hand ans Werk zu legen. Eiligst der Deinige Fr. Wieck

Clara möchte dich wohl gern sehen, will aber nicht wieder nach Leipzig, sondern gleich nach Wien. Friedrich Wieck, Briefe

Robert Schumann, Tagebuch 21.8.1831

Meister Raro![1]) ich erkenne dich – dein Treiben ist weiter nichts als jüdisches Benehmen, deine Begeisterung nichts, wenn sie kein Viergroschenstück in der Tasche herumdrehen kann, dein feuriges Auge ist nicht ruhig und schielt nach der Geldkasse, selbst deine Liebe zu Zilia[2]) ist nicht rein. – Du wärst der erbärmlichste der Schurken, hätte Zilia kein Talent.

Am 8. November gab die elfjährige Pianistin Clara Wieck in Leipzig ein Konzert. Die ausgezeichneten, sowohl in ihrem Spiele, als in ihren Kompositionen bemerkbaren Leistungen der jungen Künstlerin rissen zu allgemeiner Bewunderung hin und errangen ihr den größten Beifall. Leipziger Zeitung, 10.11.1830

Reinerlös: 30 Taler

Clara Wieck, Tagebuch 9.11.1830

Am 8. November gab ich im Gewandhaus hier mein erstes selbständiges Konzert. Ich spielte zur Zufriedenheit des Vaters und des Publikums. Dem Vater habe ich für seine Mühe 20 Taler gegeben und es tut mir leid, daß er nicht mehr nehmen wollte, aber die Mei-

[1]) Meister Raro = Schumanns Name für Wieck

[2]) Zilia = sein Name für Clara Wieck

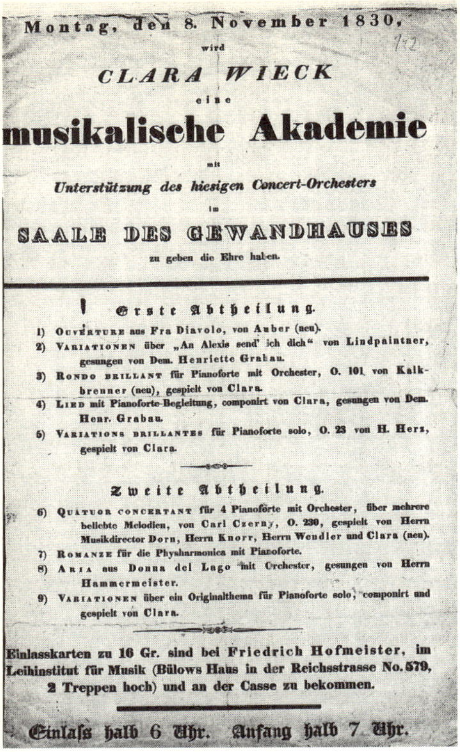
Montag, den 8. November 1830,
wird
CLARA WIECK
eine
musikalische Akademie
mit
Unterstützung des hiesigen Concert-Orchesters
im
SAALE DES GEWANDHAUSES
zu geben die Ehre haben.

Erste Abtheilung.

1) OUVERTURE aus Fra Diavolo, von Auber (neu).
2) VARIATIONEN über „An Alexis send' ich dich" von Lindpaintner, gesungen von Dem. Henriette Grabau.
3) RONDO BRILLANT für Pianoforte mit Orchester, O. 101 von Kalkbrenner (neu), gespielt von Clara.
4) LIED mit Pianoforte-Begleitung, componirt von Clara, gesungen von Dem. Henr. Grabau.
5) VARIATIONS BRILLANTES für Pianoforte solo, O. 23 von H. Herz, gespielt von Clara.

Zweite Abtheilung.

6) QUATUOR CONCERTANT für 4 Pianoforte mit Orchester, über mehrere beliebte Melodien, von Carl Czerny, O. 230, gespielt von Herrn Musikdirector Dorn, Herrn Knorr, Herrn Wendler und Clara (neu).
7) ROMANZE für die Physharmonica mit Pianoforte.
8) ARIA aus Donna del Lago mit Orchester, gesungen von Herrn Hammermeister.
9) VARIATIONEN über ein Originalthema für Pianoforte solo, componirt und gespielt von Clara.

Einlasskarten zu 16 Gr. sind bei Friedrich Hofmeister, im Leihinstitut für Musik (Bülows Haus in der Reichsstrasse No. 579, 2 Treppen hoch) und an der Casse zu bekommen.

Einlaſs halb 6 Uhr. Anfang halb 7 Uhr.

Reproduktion nach einem Original

nigen werde ich von nun an mehrere Male im Kuchgarten freihalten.

Friedrich Wieck an das Gewandhausorchester 1833

Ich kann Claras einseitige Ausbildung nur auf Unkosten ihrer Geschwister vollenden, wenn sie mir nicht durch ihr Talent den Winter hindurch mit 3–400 Talern meine Aufgabe ermöglicht; dazu bedarf ich aber für die nötigen Konzertreisen uneingeschränkte Freiheit in der Wahl der Zeit.

Clara Wieck an Robert Schumann 16. 3. 1839

Alles hab ich von meinem eigenen Gelde gekauft, nicht eine Stecknadel hab ich von den Eltern; sie schenkten mir nie etwas, nicht einmal eine Kirsche noch Pflaume gab mir die Mutter – »die hat ja Geld«, hieß es immer.

Robert Schumann, Tagebuch 4.7.1831

Was ist Clara für ein Wesen! Gewiß sprach sie am geistreichsten von uns allen. – Kaum drei Schuh hoch, liegt ihr Herz schon in einer Entwicklung, vor der mir bangt. Launen und Laune, Lachen und Weinen, Tod und Leben, meist in scharfen Gegensätzen, wechseln in diesem Mädchen blitzschnell. Ach nein; aber Geschichten, sagt sie, Geschichten, das ist mein Leben; wenn ich abends zu Bette gehen will, wie nehm' ich mir vor, nur noch eine zu lesen, dann noch eine, aber nun die letzte, aber noch eine – bis die Mutter zankt und das Licht auslöscht. – Ihr Gedächtnis ist bewundernswürdig. Jedes Wort, was ich sprach, kann sie mir wiederholen.

Robert Schumann, Tagebuch 21.8.1831

Ich sah gestern einen Auftritt, dessen Eindruck unauslöschlich sein wird. Wieck ist doch ein böser Mensch; Alwin Wieck hatte nicht ordentlich gespielt. »Du Bösewicht, Bösewicht, ist das die Freude, die du deinem Vater machen solltest« – wie er ihn auf den Boden warf, bei den Haaren zauste, selber zitterte und schwankte, stille saß, um auszuruhn zu neuen Taten, auf seinen Beinen kaum mehr stehen konnte und deshalb seine Beute niederwarf, wie der Kleine bat und flehte, er solle ihm die Violine geben, er wolle spielen, er wolle spielen – kann ich nicht sagen – und zu allen diesen – lächelte Clara und setzte sich mit einer Weberschen Sonate ruhig ans Klavier. Bin ich unter Menschen?

Was man lehren soll, können viele lernen, aber wie man es lehren soll, das hat sich bei mir nur dadurch gefunden, daß ich mich immer mit großer Liebe und stetem Nachdenken der musikalischen Ausbildung der Schüler und ihrer geistigen Entwicklung überhaupt von ganzem Herzen widmete . . . – Und geschwind muß es freilich auch gehen – weil es stufenweise geht und eins das andere begründet – der Schüler alles gewiß, ruhig, besonnen und fest lernt – ohne Umwege, ohne störende und aufhaltende Irrungen, weil ich nicht zuviel und nicht zuwenig lehre.

Mit einem Worte, ich habe mich verhalten als Psychologe, Denker, als Mann und Lehrer, ich bin nie stillgestanden, habe täglich bei dem Lehren dazugelernt und mich zu verbessern versucht – habe mich womöglich nach der jedesmaligen Stimmung der Schüler gerichtet – bin in jeder Stunde, bei jedem Kinde immer neu und immer ein anderer gewesen, und das mit heiterem, frohen Mut – und so zündete dann das mehrenteils, weil es eben von Herzen kam.

Friedrich Wieck, Clavier und Gesang

Robert Schumann, Tagebuch 19. 8. 1831

Und dieses An- und Hineinphantasieren, das er aus der Zilia herausphantasieren will, ist wohl für die praktische Zukunft, verdirbt aber den Fluß der Phantasie; das Überwallen und der Flügelschlag des Genius rauscht hier nicht.

Robert Schumann, Tagebuch 23. 5. 1831

Wieck am 23sten

In zwei Jahren erklär ich öffentlich das ganze Hummelsche Klavierspiel für ein Schulmeisterspiel. – Meine Reise wird ein europäischer Triumphzug sein und die des Paganini übertreffen.

1831, Reise Clara Wiecks

Weimar – Erfurt – Gotha – Arnstadt – Gotha – Kassel – Frankfurt – Darmstadt nach

Paris
Februar 1832 – April 1832

Aufgefordert vom Vater der jungen Virtuosin Clara Wieck, schreibe ich gerne in folgenden Zeilen mein Anerkenntnis ihres außerordentlichen Talentes nieder. Wenn es auch in neuerer Zeit keine ganz seltene Erscheinung ist, daß ein Kind ihres Alters bereits eine ausgezeichnete mechanische Fertigkeit auf dem Pianoforte erworben hat, so ist es doch

Geschenk Goethes für die zwölfjährige Clara Wieck nach ihrem Vorspiel

wahrscheinlich noch nicht dagewesen, daß damit, wie bei ihr, ein so gediegener Vortrag, die richtige Accentuation, größte Deutlichkeit sowie die feinsten Schattierungen des Anschlags in sich vereinigt, verbunden gewesen wäre. Auch ist ihre Fertigkeit von der Art, daß sie das Schwerste, was für das Instrument geschrieben ist, mit einer Sicherheit und Leichtigkeit überwindet, wie man dies nur bei den größten jetzt lebenden Virtuosen antrifft. Daß ferner das, wodurch sich ihr Spiel vor dem der gewöhnlichen frühreifen Virtuosen auszeichnet, nicht bloß Ergebnis einer strengen und musterhaften Schule ist, sondern auch aus ihrem Innern hervorgeht, dafür geben ihre Kompositionsversuche Zeugnis, die daher auch, wie die junge Virtuosin selbst, zu den höchst merkwürdigen Erscheinungen im Gebiete der Kunst gehören.

Louis Spohr, 13. 12. 1831

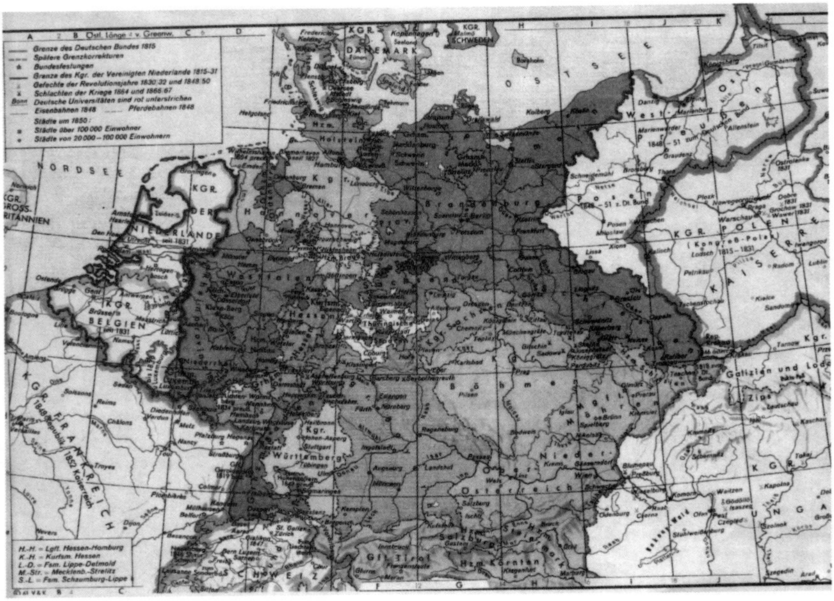

Deutschland zur Zeit der Kindheit Clara Wiecks

Paris, den 16. 2. 1832

Meine geliebte Frau,
Wir sind also 120 Meilen von Dir in Paris. Jeder unserer Gönner in Frankfurt hätte es uns verdacht, wenn wir die 40 Meilen nach Paris nicht noch darangezwängt hätten. – Nun, als wir den 5. in Darmstadt mit ungeheurem Beifall aufgetreten waren, reisten wir nach Mainz den 8. und fuhren mit Schritt den 10. nach Bibrich! zum Kapellmeister Hummel, gaben kein Konzert in Mainz, das uns ja nichts helfen konnte und uns 12 Tage aufgehalten hätte, die wir in Paris so hoch anschlagen müssen, und reisten mit Diligence hierher. Gott, was habe ich ausgestanden, die schlechtesten Wege und die schlechtesten Diligencen in Frankreich. Kurz und gut, in Metz mußten wir 3 Plätze nehmen, um nur zur Not sitzen zu können im Interieure. Es haben nur 4 Platz, aber 6 wurden hineingepfropft. Nämlich diese Diligencen sind Privatunternehmen und alles ist aufs Prellen abgesehen. Clara hat alles ausgehalten wie ein Russe und meinte zu

Fechner, der uns erwartete an der Post, nachdem wir 4 Tage und Nächte gefahren waren, sie wollte gleich noch 4 Nächte fahren. Es fuhr noch eine Dame aus Hanau mit von 20 Jahren, welche vielemal ohnmächtig wurde unterwegs. Clara konnte dies gar nicht begreifen. Doch, meine Liebe, ich kann nur wenig schreiben, wie kostbar ist hier die Zeit. Hätten wir Fechner nicht, so wäre es zum verzweifeln. Unser Französisch hilft uns gar nichts, un pauvre allemand ne comprend pas un mot à Paris. Unsere außerordentlichen Empfehlungen an Rothschild, an die Gesandten pp können wir gar nicht abgeben, bis wir französisch sprechen und verstehen können. ... Aber, was, erzählt uns Fechner schon, wie sehnlichst erwartet man schon die Clara? mit welcher Liebe werden wir aufgenommen werden? Und nun verstehen wir Esels kein Wort! - Clara ist jetzt bei einer kleinen Französin von 12 Jahren (durch Fechner hingebracht), und deren Mutter wird einiges kaufen für Clara unter anderen 1 Hut, Schuhe pp pp. Wir werden 4 Wochen hier ganz unbekannt bleiben müssen, um nun erst uns einrichten zu können. Doch Fechner hat uns schon von nächsten Sonnabend an 3 Abende untergebracht. An ein Auftreten ist gar nicht jetzt zu denken, und Clara hat nun so lange nicht geübt? Nun, Gott mag helfen. Morgen früh gehe ich zu Chopin — er wohnt in der Nähe, schon haben wir 1 Hut für mich gekauft, eben werden Visitenkarten gestochen, morgen früh kommen Schneider und Schuhmacher, um einen Franzosen aus mir zu machen - der leider aber nicht französisch sprechen kann. Wir können nichts allein kaufen, nicht aber mal allein essen, denn uns versteht man nicht, und wir verstehen nichts. - Gestern abend waren wir noch auf dem Boulevard und in einigen Bazars. Nun, die Beschreibung erlasse mir. Dazu habe ich wirklich keine Lust, so außerordentlich, als es ist. - Mich drückt es noch gar zu sehr: alles anders, man schläft anders, ißt, trinkt - kurz alles ist anders, ich habe keine Bequemlichkeit, nur das einzige, daß ich 50 Cigarren mit hereingebracht. Unterwegs darf man nicht rauchen, also nach 4 Tagen rauche ich heute zum ersten Male - aber bereits die 3te. Man raucht hier nicht, auch nicht in den Cafés - nur auf der Stube; aber wenn die Soirées für uns angehen, darf ich auch das nicht mehr, weil es die Damen an den Kleidern riechen würden, was eine

Todsünde ist. – Was ich aber für Clara tue, das kann sie nicht wiedergutmachen. Sich allem entsagen zu müssen, 4 Wochen lang alle Tage 6 Stunden französisch zu lernen, wozu sie immer noch Gesichter zieht und nun niemand versteht, auch nicht die bekanntesten Wörter, weil es die Franzosen ja zu schnell und nicht laut sagen, – kurz – erlasse mir alles, ich mag Dir nicht mehr schreiben, aber ich versichere Dir, wenn es Gott will, komme ich über Straßburg oder Brüssel und Rotterdam von da mit einem Dampfschiff nach Hamburg direkt nach Hause von hier, ohne unterwegs mehr als höchstens 2 mal aufzutreten. Man rät uns, von hier aus erst in ganz Frankreich, Nancy, Metz pp aufzutreten. Aber daran ist nicht zu denken. Nun habe ich auch noch bedeutende Anfälle von Zahnschmerzen dazu und habe mich mit diesen in die Diligence gesetzt. Aber es ging besser, als ich dachte. Gott mag helfen. Ach! was frieren wir! Diese elenden Camines! und diese Kälte jetzt hier – es kann bei Euch nicht kälter sein. Und nun die Fußboden alle von Stein! – Alles ist hier auf das äußerste berechnet. Immer alles schmutzig und dreckig. Der Ekel ist aber längst schon von uns überwunden. Ein Pianoforte würde uns auch gar nichts helfen, denn in diesen Zimmern kann man keine warmen Finger bekommen, und Clara nun vollends nicht. – Eben habe ich mir 1 Bouteille Bier bringen lassen, es ist nicht schlecht, und 1 Cigarre dazu!
Den 17. Gestern abend hat Clara schon bei Madame Valentin und Madame Leo gespielt vor einer ziemlichen Gesellschaft. Mendelssohn war auch da und mehrere Deutsche. Clara war sehr naiv. Sie mußte gleich 2 Kleider haben, und 1 Hut haben wir schon gekauft. Du hättest sehen sollen, welchen Beifall man der Clara schenkte, davon haben wir Deutschen keinen Begriff. Auf den Sonntag sind wir dahin zu einer großen Soirée gebeten, und wir sollen uns 1 Instrument hinbringen lassen; das ist hier gebräuchlich und tut jeder Klavierspieler, Clara sagte aber: »Mes dames, c'est ne pas necessaire pour moi, on ne l'aime pas en Allemagne.« – Sie fängt an, gut zu sprechen, und bekommt schon den Pariser Accent. – Unsere übrigen Empfehlungen dürfen wir nun nicht mehr abgeben, weil sonst alle Abende besetzt werden würden und wir kein Theater Robert le Diable, La Blache, Rubini pp. hören könnten. Nur heute noch ge-

hen wir zu Chopin, Baillot, Lafont, Paer, Meyerbeer pp, um freien Eintritt ins italienische Theater und Academie royale zu bekommen, was ungeheuer teuer ist.
Du solltest uns Kaffee trinken sehen, aus ungeheuern Tassen, mit Butterbrot! und sehen, wie alles anders ist als zu Hause. Die Soirées gehen 10 Uhr an und endigen 1 Uhr des nachts. Abends 5 Uhr essen wir Mittag. Nun jetzt kommt die Nähterin, die Wäscherin, pp. Gott! Du solltest dieses Leben hier sehen. Ce n'est pas dire!
Gestern waren wir bei Kalkbrenner, Herz pp. Chopins Concert war den 15. Januar angekündigt und ist wieder verschoben. Die Steckeln ist gekommen, daß die Cholera in London sei. Riskiert sie bei dem ungeheuren Verkehr den Kanal, so müssen wir am Ende schon in 14 Tagen wieder fort. Adressiere deinen Brief an Fechner, der Sicherheit wegen. Wir wohnen rue Bergère Hotel Bergère, Faubourg Montmartre. – Man lacht uns aus, wenn wir sagen, in 2 Monaten wieder fortgehen zu wollen. Ein Künstler könne hier unter 6 Monaten nicht wieder fort. Nun meine Geliebte, es ist dir doch in gewisser

Clara Wieck, dreizehnjährig, Lithographie von Eduard Fechner, 1832

Hinsicht lieb, daß wir nach dem großen Paris gegangen sind. In 14 Tagen schreibe ich wieder, aber nicht eher, denn die Zeit ist hier gar zu teuer. Mündlich erzähle ich Dir alles. Schreibe Du aber nunmehr. Paris kennenzulernen ist gar nicht möglich in unserer Lage, wenn Clara bekannt werden soll. Es ist heute wieder sehr kalt und wir frieren zum Verzweifeln. Welcher äußere Glanz hier herrscht, ist unbeschreiblich. Clara muß immer ganz weiß gehen; in jeder Soirée muß alles neu sein - nur alles äußerlich - gewaschen braucht sie nicht zu sein und davon weiß man nichts. Man gibt die ganze Woche über eine kleine Serviette und jeden Morgen 1 Glas Wasser zum Waschen. Das ist der Clara eben recht. Unser Zimmer ist brillant aufgeputzt, große Uhr, Blumen, Vasen pp - aber, welch Abtritt! Diese Löcher sind nicht zu beschreiben. Doch ich will schließen, wie könnte ich Dir nur einen Begriff von unserem Leben machen. Der Brief soll fort. Ewig Dein Fr. Wieck

April 1832: Ausbruch der Cholera in Paris und Rückreise über Metz - Saarbrücken - Frankfurt - Hanau - Fulda
1. Mai 1832 zurück in Leipzig

Robert Schumann, Tagebuch 2. und 3.5.1832

Gestern früh kam Clara mit Wieck an. (...) Clara ist hübscher und größer, kräftiger und gewandter geworden und hat einen französischen Akzent beim Deutschreden, den ihr Leipzig bald wieder austreiben wird. Sie spielte die neuen Capricen, mir kam's vor wie ein Husar. Ihre kindliche Originalität zeigt sich in allem, so gefällt ihr der dritte Papillon[1]) am besten.

Robert Schumann, Tagebuch 23.5.1832

Clara und die Papillons, die sie noch nicht ganz beherrscht; aufgefaßt sind sie glücklich und in meinem Sinne; nur Zartheit vermiß ich, so seelenvoll und gesund schwärmerisch der Vortrag ist.

[1]) Papillons = op. 2 von Robert Schumann

Studienwerke und Repertoire

1824. Übungen mit stillstehender Hand.
Leichte Akkompagnements nach dem Gehör zu Tänzen.
1. Heft Logier System.

1825. Alle Dur- und Moll-Tonleitern. Dreiklänge in jeder Lage.
Spohr, Polonaise aus Faust.
Wieck, Tänze und größere Übungen.

1826. Czerny, Sonate op. 50, Nr. 1, 2, vierhändig (l. Partie) — Decameron, vierhändig, Nr. 1, 2, 3, 6.
Czerny, Rondo Mignon, Nr. 3 (r. Partie) — Variationen op. 125 u. 132, vierhändig (r. P.).
Cramer, Etüde, Heft I, erste Übung.
E. Müller, Kaprice in C.
Field, Polonaise in Es.
Mozart, 2 Sonaten.
Weber, Aufforderung zum Tanz à 4 ms. (l. P.).
Moscheles, Rondo op. 145 (l. P.).
Leidesdorf, Bagatelles op. 43, vierhändig (l. P.).
Horr, 3 Walzer nach Themen a. d. Berggeist von Spohr.
Diabelli, Walzer à 4 ms.
Haslinger, Concertino à 4 ms. (l. P.) mit Quartettbegleitung.

1827. Schmidt, Etüden, Heft I.
Czerny, Variationen, op. 140 u. 141 à 4 ms. (l. P.), op. 20 (l. P.), op. 43, op. 25 à 4 ms.
Ries, Var. didanti, 4 ms. (l. P.).
Leidesdorf, Variationen 4 ms. (l. P.). — Pièces choisies 1–6, zweihändig.
Hummel, 1. Konzert op. 73 in G mit Orchesterbegleitung.
Spohr, Quatuor à 4 ms. — Lieder op. 25.
Wanhall, Sonatinen, Heft 1 u. 2, vierhändig.
Mozart, Konzert in Es.
J. Scherdt, Variationen à 4 ms., op. 48, 58. — Etüden, Heft I.
Frommel, 3 Thema, op. 89, Nr. 1, 2, 3.
Spohr, Begleitung zu seinen Liedern op. 25.
Pleyel, Sonatinen.
Maiseder, Duo à 4 ms.
Clementi, Exercices, I. Heft.

1828. Ries, Etüden.
Hummel, Trio op. 96.
Beethoven, Menuetto aus Trio, op. 1, Nr. 3.
Moscheles, Rondo A-dur à 4 ms. (r. P.).
Dussek, Rondo a. d. 12. Konzert à 4 ms.
Czerny, großes Triller-Rondo. — Variationen op. 87.
Scherdt, op. 56, Variationen. — op. 53.
Schubert, die Forelle, f. Pfte. arrangiert.
†Field, 2tes Konzert.
†Kalkbrenner, op. 54. — op. 94: Variationen für Pianoforte zu 4 Händen über einen Marsch a. d. Oper Moses von Rossini.
Schmidt, op. 56.
Hünten, Trio op. 14. — Variationen op. 26.
Mozart, Klavierhefte.
Herz, Passagen.

1829. Kalkbrenner, Konzert, Rondo op. 66 mit Orchester.
Kalkbrenner, Gage d'amitié.
†Hummel, op. 92, Sonate à 4 ms. r. P. — Konzert A-moll
Hünten, Rondo op. 28. — Variationen: „An Alexis".
Beethoven, Rondo a. d. C-moll-Konzert.
Ries, 4. Polonaise op. 140. — Quartett op. 17.
J. Schmitt, op. 62, Polonaise. — Etüden.
Czerny, Variationen op. 87. — Toccata. — Variationen op. 170, vierhändig.
Lickl, Rondo à la Paganini.
Clara Wieck, Polonaise in Es.
†Herz, Variationen op. 50, vierhändig. — †op. 23, Variations brillantes.

1830. Reißiger, Rondo Mignon, Es-dur.
†Clara Wieck, Variationen über ein Tyrolerlied (nicht veröffentlicht).
Hünten, Rondo über ein Thema aus Elisabeth.
Krägen, 3 Polonaisen.
Mayseder, Variationen für Violine. Arrangiert f. d. Pfte. à 4/m. von Czerny.
Herz, Variationen über einen Walzer von Reißiger.
†Herz u. Beriot, Variationen f. Pfte. u. Violine.
Hummel, Septett in C f. Pfte. u. Streichinstrumente.
†Clara Wieck, Variationen über ein Originalthema (nicht veröffentlicht).

1831. Pixis, 3tes Trio. — Konzert op. 100. †Variationen u. Rondo f. Pfte. u. Orchester op. 20.
Moscheles, Konzerte in Es-dur und G-moll.
Clara Wieck, op. 3.
Chopin, Variationen op. 2. La ci darem la mano.

1832. Beethoven, Trio op. 1, C-moll.
Bach, Fuge Cis-moll (a. d. Wohltemperierten Klavier).

1833. Beethoven, Phantasie mit Chor.
Beethoven, Trio B-dur, op. 97.
Chopin, Mazurken, Heft 1 u. 2.
Chopin, Notturno in Es.
Chopin, Finale a. d. Konzert E-moll.
Chopin, Etüde F-dur u. C-dur.
Herz, Große Variationen über ein Thema a. Wilhelm Tell von Rossini.
Pixis, 4tes Trio.
Pixis, Fantasie militaire op. 121 mit Orchester.
Thalberg, Adagio und Rondo.
Worgischek, Variationen f. 2 Pfte.
Clara Wieck, Capriccio.
Clara Wieck, Rondo a. d. Konzert op. 7.
Clara Wieck, Mazurka.

1834. Chopin, Konzert E-moll.
Schumann, Toccata op. 7.
Schumann, Studien nach Paganini op. 3.
Clara Wieck, Konzertvariationen op. 8.

1835. Beethoven, Sonate op. 57, F-moll.
Beethoven, Sonate f. Pfte. u. Violine op. 47, A-dur.
Bach, Fugen Cis-dur, D-dur, Fis-dur (a. d. Wohltemperierten Klavier).
Chopin, Rondo op. 16. Mazurken Fis-moll u. B-dur.
Chopin, Notturno Fis-dur.
Chopin, Arpeggio-Etüde Des-dur.
Mendelssohn, Capriccio brillant H-moll, op. 22 mit Orchester.
Mendelssohn, Lieder ohne Worte.
Mendelssohn, Kaprice A-moll, op. 33.
Moscheles, Homage à Händel, Duo f. 2 Pfte.

1836. Chopin, Etüde in C-moll.
Chopin, Notturno H-dur, op. 62.
Henselt, Allegro di Bravoura.
Henselt, Andante und Allegro (Poême d'amour). (Manuskript.)
Thalberg, Divertissement über Rossinis Soirées musicales.
Thalberg, Kaprice op. 15.
Thalberg, Phantasie über Motive aus Don Juan.

Robert Schumann, Tagebuch 1.6.1832

Clara zeigt großen Eigensinn gegen ihre Stiefmutter, die gewiß die achtungswerteste Frau ist. Der Alte verwies Clara – er wird jedoch nach und nach unter den Pantoffel Claras kommen, die schon wie eine Señora befiehlt – aber sie kann auch bitten, wie ein Kind, und schmeicheln.

Friedrich Wieck an Eduard Fechner 24.10.1833

Wir haben nun bereits 40 eigene Konzerte gegeben und uns ziemlich umgesehen. Jetzt zu Weihnachten communiziert Clara, dann machen wir einen Abstecher nach Nürnberg, und dann bringe ich Clara auf einige Monate in ein Institut, wo nur französisch und englisch gesprochen wird und wo sie bei Kapellmeister Reissiger die Instrumentation studieren und bei einem Italiener singen lernen soll.

Friedrich Wieck, Briefe

Kompositionen

Verlorene Werke 1830–1833

- »Alte Heimat« (J. Kerner) für Gesang und Klavier
- »Der Traum« (Chr. A. Tiedge) für Gesang und Klavier
- »Der Wanderer« (J. Kerner) für Gesang und Klavier
- Variationen über ein Originalthema
- Variationen über ein Tyroler-Lied
- Scherzo für Orchester
- Variationen über eine Wieck-Romanze
- An Alexis, Variationen
- Rondo h-Moll nach einem Thema von Carl Reissiger

– Quatre Polonaises pour le Pfte. op. 1 C-Dur, D-Dur, C-Dur, Es-Dur	1828–1830
– Étude	ca. 1830
– Caprices en forme de valses pour le Pfte. op. 2	1831–1832
– Romance varié pour le Pfte. B-Dur op. 3 Robert Schumann gewidmet	1833
– Valses romantiques op. 4	1835
– »Walzer« für Gesang und Klavier (Joh. P. Lyser)	1834?
– Quatre pièces caractéristiques pour le Pfte. op. 5	ab 1834

1. Impromptu: le sabbat (»Hexentanz«) Allegro furioso	
2. Caprice à la bolero	
3. Romance B-Dur	1838
»Andante con sentimento« irrtümlich bisher als unentdecktes Werk gehalten; jedoch schon 1838 als Romance publiziert	
4. Scène fantastique: Le Ballet des Revenants	
– Soirées musicales contenant pour le Pfte. op. 6	1836
1. Toccatina	
2. Notturno	
3. Mazurka	
4. Ballade	
5. Mazurka	
6. Polonaise	
– Premier Concert pour le Pfte. avec acc. d' orchestre a-Moll op. 7	1833–1835
Allegro maestoso/Romanze (Andante non troppo con grazia) Finale: Allegro non troppo	

Ich habe Dir und Deiner Ausbildung fast
zehn Jahre meines Lebens gewidmet;
bedenke,
welche Verpflichtungen Du hast!

TEIL 2

Clara Wieck

Tochter und Verlobte
Virtuosin
Komponistin

Jeder Deiner Gedanken kommt aus meiner Seele

Meine Jugend hab ich doch eigentlich gar nicht genossen. Du wirst mir erst die Jugendjahre ersetzen; ich stand immer fremd in der Welt, der Vater liebte mich sehr, ich ihn auch, doch was ja das Mädchen so sehr bedarf, Mutterliebe, die genoß ich nie, und so war ich nie ganz glücklich.

Robert Schumann, 1831

Gib mir ein weibliches Herz
ein weibliches Herz
Bin ich doch dann mit mir versöhnt

Mein eigentliches Leben fängt erst da an, wo ich über mich und mein Talent klargeworden, mich für die Kunst entschieden, meinen Kräften eine wirkliche Richtung gegeben habe. Also vom Jahre 1830 an. Du warst damals ein kleines eigenes Mädchen mit einem Trotzkopf, einem Paar schöner Augen, und Kirschen waren dein Höchstes.

Wir sind vom Schicksal schon lange füreinander bestimmt.
Schon lange wußte ich das,
aber mein Hoffen war nicht so kühn,
Dir es früher zu sagen und von Dir verstanden zu werden.

1834
Clara Wieck ist 14 Jahre alt

Clara Wieck, Tagebuch 21.4.1834

Am 21. April kam meine Freundin Ernestine von Fricken hier an, um bei meinem Vater Klavier zu lernen.

Clara Wieck an Robert Schumann 4.3.1838

Übrigens muß ich Dir doch erzählen, wie ein duslich Kind ich damals noch war. Als Ernestine zu uns kam, sagt ich ihr: Aber wenn Du erst wirst den Schumann kennenlernen, der ist mir der Liebste unter all unseren Bekanntschaften. – Doch sie wollte gar nichts wissen, denn sie meinte, sie kenne einen Herrn in Asch, der wäre ihr viel lieber. Darüber war ich nun ganz erbittert, doch es währte nicht lange, sie gewann Dich immer lieber, und bald kam es so weit, daß ich sie jedesmal rufen mußte, wenn Du kamst. Das tat ich denn auch sehr gern, denn ich war nur froh, daß sie Dich lieb hatte, das wollt ich und war befriedigt. Du sprachst immer nur mit ihr, wenn sie kam, und mit mir triebst Du bloß allerlei Kurzweil. Das schmerzte mich nun doch nicht wenig, ich tröstete mich aber und meinte, das käme bloß daher, weil Du mich ja immer hattest und Ernestine auch erwachsener war als ich. Ganz eigene Gefühle bewegten mein Herz (so jung es auch war, so warm schlug es doch schon), wenn wir spazieren gingen und Du nur mit Ernestine sprachst und zuweilen einen Läppisch mit mir machtest. Vater schickte mich deswegen

nach Dresden, wo ich wieder mehr Hoffnung bekam; ich dachte damals schon auch, es wäre doch hübsch, wenn das einmal dein Mann würde.
Als ich aber nach Leipzig zurückkam, ward ich aus meinem Himmel gerissen! Ernestine war sehr kleinsilbig gegen mich, mißtrauisch, was sie wahrhaftig bei mir nicht Ursache hatte, die Mutter sagte mir von einem wunderschönen Brief, den Du ihr am Tauftag der Cäcilie geschrieben, und zuletzt hörte ich, Ihr seid verlobt.

Wieck an seine Frau 29.10.1834

Clara ist jetzt sehr oft so unbesonnen, herrisch, voller unvernünftigem Widerspruch, nachlässig, im höchsten Grade unfolgsam, grob, eckig, ungeschliffen, ungeheuer faul, eigensinnig eitel auf Lumpen (an andere Eitelkeit ist gar nicht mehr zu denken, denn sie hat nicht das geringste Interesse mehr für die Kunst, und Zeit zum Studieren gar nicht, da sie erst um 9 Uhr aufsteht, halb 11 Uhr fertig ist, dann

Ölgemälde eines unbekannten Malers, etwa 1838

Besuche kommen, Mittag zu Tische gebeten ist und nachmittags aufs höchste unglücklich ist, wenn sie spielen soll, weil sie dann nur an das Theater denkt und - an die Herren), kurz, was aus ihr werden soll, weiß Gott - zu Hause bleiben kann sie auch nicht. Den letzten Rest meines Lebens ärgere ich mich ab, und selten kann ich mich über sie freuen - ohne Betrübnis. Es vergeht kein Tag, wo sie mich nicht durch obige Eigenschaften kränkt. Wenn ich nicht wäre, würde sie kein einziges Stück vollendet spielen - denn sie ist so zerstreut, daß sie in der Regel nicht weiß, ob sie spielt, und der Eigensinn dabei verzerrt ihr Gesicht. Friedrich Wieck, Briefe

1835
Der erste Kuß im November

Als du mir den ersten Kuß gabst, da glaubt ich mich einer Ohnmacht nahe, vor meinen Augen wurde es schwarz, das Licht, das dir leuchten sollte, hielt ich kaum.

Wenn Clara Schumann heiratet
Dann
sage ich es noch auf dem Totenbett:
sie
ist
nicht
wert
meine Tochter zu sein

Schwere Abschiede

Im November 1835 nach dem ersten Kuß
auf der Treppe in Wiecks Haus,
als Clara nach Zwickau reiste

Im Januar 1836 ebenda,
als sie nach Dresden reiste

Im Februar 1837
Abschied an der Post in Dresden
Clara im roten Hütchen
Lange Trennung

Robert Schumann, Brautbuch

Berlin Februar – März 1837

Wieck an seine Frau

Den 25. früh 7 Uhr. Nachdem ich die ganze Nacht nicht geschlafen, weil ich zu sehr erregt war. Triumph, Triumph, Clara hat gestern

Lithographie von
J. Giere, 1835

Abend Furore gemacht. Ein 1½ stündiger Donner und furchtbares Bravissimo hat Claras herrliches Meisterspiel belohnt und alle Kabalen sind vernichtet. Jetzt mögen einzelne noch krächzen – es schadet nichts: das Publikum hat entschieden, und wie? Solchen Beifall hat Paganini hier nicht gehabt.
Wie ich aber auf Möser und diese Kammermusiker und Scheißkünstler hier gewirkt und ihnen imponiert habe – das war auch noch nicht da in Berlin, und alles ist stumm und versteinert. Diesen Lumpen habe ich gesagt: sie sollen gar nicht die Ehre haben, einer Clara auch nicht gratis zu accompagnieren. Clara will keine Note mit ihnen spielen, nicht in ihren teuren 300 RL Sälen Konzert geben, sondern sie wird in bloßem Solospiel dem Publikum zu genügen wissen, und sie sollen nicht in ihre Konzerte ohne Billette kommen. Übrigens wäre sie selbst ein Orchester, und das Publikum mit diesem Orchester zufrieden. Die sollen noch viel Neues erleben, was sie noch nicht wissen, wenn nur meine Tochter gesund bleibt (. . .). Clara leidet an den Augen durch den vielen Glanz der Lichter, und fast alle Nägel sind gespalten – aber die Finger tun nicht weh. Gott erhalte uns: es ist ein schönes Gefühl, den Leuten zu zeigen, daß

Clara da ist. Alle Blätter sind voll von Clara – was werden sie nun erst schreiben? Ist das nicht schön für Leipzig? Schreibe mir, ob etwa ein Artikel in die politische Zeitung von Clara kommt. – Eben muß ich den Konzertzettel zu Mittwoch machen, Sänger einladen, Polizei pp.; nun will ich einmal siegen und habe gesiegt. Morgen sind Claras sämtliche Kompositionen in Zeitungen angekündigt. Ich bin nur neugierig, wie sich Rellstab machen wird in seinen Rezensionen, und was er tadeln wird, welch schlimme Stellung für ihn. – Taubert sein intimster Freund. Mit der Sonate von Beethoven hat Clara alles übertroffen, was sie je geleistet – der Sturm des Beifalls war fürchterlich – auch schon nach der Fuge von Bach pppppp. Um Claras Bravour-Variationen (die sie den 1. März zum erstenmal öffentlich spielen wird – aber Kinder – es ist unerhört, welche Werbung diese machen und wie Clara diese bereits spielt) haben sich bereits 3 Verleger gemeldet und bieten hohes Honorar. Frage Hofmeister, ob ich sie ihm verkaufen soll, und wenn er sie haben will, wieviel er geben will (es werden 3–4 Bogen) – aber neue, neue, neue Bogen. Die Art wird wieder halten. – Mußten wir nicht nach Berlin gehen? Um Gottes willen, die Clara wäre ja vergessen worden.

Eilig, Friedrich Wieck

Den 21. früh halb 7 – Die Königin schläft natürlich noch. Triumph, Triumph, mein Tinchen, Clara hat über alles gesiegt.

Friedrich Wieck, Briefe

Liebe
Liebe und Musik
Musik
Musik und Arbeit
Liebe und Musik und Arbeit
Geld

Robert an Clara

Nach langen Tagen des Schweigens voll Schmerz, Hoffnung und Verzweiflung, mögen diese Zeilen mit alter Liebe aufgenommen werden. Wäre das Letztere nicht mehr, so bitte ich, mir diesen Brief unerbrochen zurückzuschicken.

Robert Schumann

Bleistiftzeichnung von Elwine von Leyser

13.8.1837

Sind Sie noch treu und fest? So unerschütterlich ich an Sie glaube, so wird doch auch der stärkste Mut an sich irre, wenn man gar nichts von dem hört, was einem das Liebste auf der Welt. Und das sind Sie mir. Tausendmal habe ich mir alles überlegt und alles sagt mir: Es muß werden, wenn wir wollen und handeln. Schreiben Sie mir nur ein einfaches Ja, ob Sie Ihrem Vater gerade an Ihrem Geburtstage (zum 13. September) einen Brief von mir selbst geben wollen. Er ist jetzt gut gegen mich gesinnt und wird mich nicht verstoßen, wenn Sie noch für mich bitten.

Dies schrieb ich gerade am Tage Aurora. Wäre es, daß uns nur eine Mogenröte noch trennte. Vor allem halten Sie fest daran: es muß werden, wenn wir wollen und handeln.

Von diesem Brief sagen Sie gegen niemanden; es könnte sonst alles verdorben werden.

Vergessen Sie also das »Ja« nicht. Ich muß erst diese Versicherung haben, ehe ich an etwas Weiteres denken kann.

Alles dies meine ich aus voller Seele, so, wie es dasteht, und unterschreibe es mit meinem Namen Robert Schumann

Clara an Robert 15.8.1837

Nur ein einfaches »Ja« verlangen Sie? So ein kleines Wörtchen – so wichtig! Doch – sollte nicht ein Herz so voll unaussprechlicher Liebe wie das meine, dies kleine Wörtchen von ganzer Seele aussprechen können? ich tue es, und mein Innerstes flüstert es Ihnen *ewig* zu.

Die Schmerzen meines Herzens, die vielen Tränen, könnt ich das schildern – o nein! – Vielleicht will es das Schicksal, daß wir uns bald einmal sprechen und dann – Ihr Vorhaben scheint mir riskiert, doch ein liebend Herz achtet der Gefahren nicht viel. Also abermals sag ich »Ja«! Sollte Gott meinen achtzehnten Geburtstag zu einem Kummertag machen? O nein, das wäre doch zu grausam. Auch ich fühlte längst, »es muß werden« nichts in der Welt soll mich irre machen, und dem Vater werd ich zeigen daß ein jugendliches Herz auch standhaft sein kann.

Sehr eilig Ihre Clara

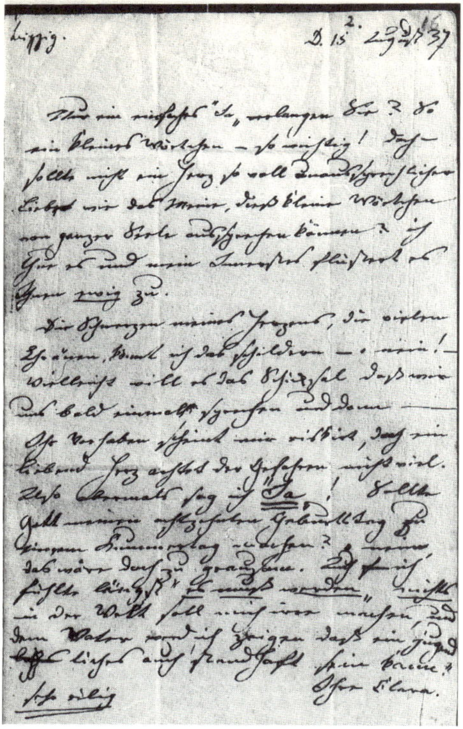

Brief von Clara Wieck an Robert Schumann

Robert Schumann an Friedrich Wieck 13.9.1837

Es ist so einfach, was ich Ihnen zu sagen habe – und doch werden mir manchmal die rechten Worte fehlen. Eine zitternde Hand vermag die Feder nicht ruhig zu führen. Wenn ich daher in Form und Ausdruck hie und da fehle, so sehen Sie mir dies nach.

Es ist heut Claras Geburtstag – der Tag, an dem das Liebste, was die Welt für Sie wie für mich hat, zum ersten Male das Licht der Welt erblickt – der Tag, an dem ich von jeher auch über mich nachgedacht, da Sie so tief in mein Leben eingegriffen. Gestehe ich es, so dachte ich noch nie so beruhigt an meine Zukunft als gerade heute. Sichergestellt gegen Mangel, soweit dies menschliche Einsicht voraussagen kann, schöne Pläne im Kopf, ein junges, allem Edlen begeistertes Herz, Hände zum Arbeiten, im Bewußtsein eines herrlichen Wirkungskreises und noch in der Hoffnung, alles zu leisten, was von meinen Kräften erwartet werden kann, geehrt und geliebt von vielen - ich dächte, es wäre genug! Ach, der schmerzlichen Antwort, die ich mir darauf geben muß! Was ist das alles gegen den Schmerz, gerade von der getrennt zu sein, der dies ganze Streben gilt und die mich treu und innig wiederliebt! Sie kennen diese Einzige, Sie glücklicher Vater, nur zu wohl. Fragen Sie ihr Auge, ob ich nicht wahr gesprochen!

Achtzehn Monate lang haben Sie mich geprüft, schwer wie ein Schicksal für sich. Wie dürfte ich Ihnen zürnen! Ich hatte Sie tief gekränkt, aber büßen haben Sie es mich auch lassen. - Jetzt prüfen Sie mich noch einmal so lang. Vielleicht, wenn Sie nicht das Unmögliche fordern, vielleicht halten meine Kräfte mit Ihren Wünschen Schritt; vielleicht gewinne ich mir Ihr Vertrauen wieder. Sie wissen, in hohen Dingen dauere ich aus. Finden Sie mich dann bewährt, treu und männlich, so segnen Sie dies Seelenbündnis, dem zum höchsten Glück nichts fehlt als die elterliche Weihe. Es ist nicht die Aufregung des Augenblicks, keine Leidenschaft, nichts Äußeres, was mich an Clara hält, mit allen Fasern meines Daseins, es ist die tiefste Überzeugung, daß selten ein Bündnis unter so günstiger Übereinstimmung aller Verhältnisse ins Leben treten könne, es ist dies verehrungswürdige hohe Mädchen selbst, das überall Glück verbreitet und für unseres bürgt. Sind auch Sie zu dieser Überzeugung gekommen, so geben Sie mir gewiß das Versprechen, daß Sie vorläufig nichts über Claras Zukunft entscheiden wollen, wie ich Ihnen auf mein Wort versichere, gegen Ihren Wunsch nicht mit Clara zu reden. Nur das Eine gestatten Sie uns, wenn Sie auf längeren Reisen sind, uns einander Nachricht geben zu dürfen.

So wäre mir diese Lebensfrage vom Herzen; es schlägt im Augenblick so ruhig, denn es ist sich bewußt, daß es nur Glück und Frieden unter den Menschen will. Vertrauensvoll lege ich meine Zukunft in Ihre Hand. Meinem Stand, meinem Talente, meinem Charakter sind Sie eine schonende und vollständige Antwort schuldig. Am liebsten sprechen wir uns! Feierliche Augenblicke bis dahin, wo ich eine Entscheidung erfahre - feierlich, wie die Pause zwischen Blitz und Schlag im Gewitter, wo man nicht weiß, ob es vernichtend oder segnend vorüberziehen wird.

Mit dem tiefsten Ausdruck, dessen ein geängstigtes, liebendes Herz fähig ist, flehe ich Sie an: Seien Sie segnend, einem Ihrer ältesten Freunde wieder Freund und dem besten Kinde der beste Vater!

Robert Schumann

Einlage an Frau Wieck

Ihnen vor allem, meine gütige Frau, lege ich unser künftiges Geschick ans Herz – an kein stiefmütterliches, glaub ich. Ihr klarer Blick, Ihr wohlwollender Sinn, Ihre hohe Achtung und Liebe für Clara werden Sie das Beste finden lassen. Daß der Geburtstag eines Wesens, welches so Unzählige schon beglückt, ein Tag des Jammers werde – verhüten Sie das große Unglück, das uns allen da bevorsteht!

Ihr ergebenster

Robert Schumann

Einlage an Clara

Sie aber, liebe, liebe Clara, möchten nach dieser schmerzvollen Trennung alles, was ich Ihren Eltern geschrieben, in Liebe unterstützen und da fortfahren, wo meine nicht mehr ausreicht.

Ihr R.S.

Liebe ist nur die persönliche Erfahrung des einzelnen Subjekts, die sich nicht mit den ewigen Interessen und dem objektiven Gehalt des menschlichen Daseins, mit Familie, politischen Zwecken, Vaterland, Pflichten des Berufs, des Standes, der Freiheit, der Religiosität, sondern nur mit dem eigenen Selbst erfüllt zeigt. In der Familie, der Ehe ist die subjektive Empfindung als solche und die aus derselben herfließende Vereinigung gerade mit diesem und keinem anderen Individuum nicht die Hauptsache, um welche es sich handeln darf. Georg Wilhelm Friedrich Hegel, Ästhetik, 1827

Unserer Ansicht nach vermag nur ein selbständiges Wesen ganz und voll zu lieben, und ruht die Ehe nur dann auf einer sittlichen Basis, wenn sie aus reiner gegenseitiger Liebe und Ebenbürtigkeit, fern von allen Nebenabsichten und Erwägungen geschlossen worden ist. Die Ehen dagegen, die ich täglich vor meinen Augen sehe, sind schlimmer als Prostitution. Der Kaufpreis ändert die Sache nicht. Fanny Lewald, Clementine, 1842

Robert an Clara 18.9.1837

Die Unterhaltung mit Ihrem Vater war fürchterlich. Diese Kälte, dieser böse Wille, diese Verworrenheit, diese Widersprüche – er hat eine neue Art zu vernichten, er stößt einem das Messer mit dem Griff in das Herz (...)
Was denn nun, meine liebe Clara? Ich weiß nicht, was ich anfangen soll. Gar nicht. Mein Verstand geht hier zunichte, und mit dem Gefühl ist ja vollends nichts anzufangen bei Ihrem Vater. Was denn nun, was denn nun?
Vor allem waffnen Sie sich, und lassen Sie sich nicht einmal verkaufen ....
Ich traue Ihnen, ach von ganzem Herzen und das erhält mich auch aufrecht – aber Sie werden sehr stark sein müssen, mehr, als Sie ahnen. Hat Ihr Vater doch selbst die fürchterlichsten Worte zu mir gesagt: Ihn erschüttere nichts. Fürchten Sie alles von ihm; er wird Sie zwingen durch Gewalt, kann er es nicht durch List. Fürchten Sie alles!
Ich bin heute so tot, so erniedrigt, daß ich kaum einen schönen guten Gedanken fassen kann; selbst Ihr Bild ist mir zerflossen, daß ich mir kaum Ihr Auge denken kann. Kleinmütig, daß ich Sie aufgäbe, bin ich nicht worden; aber so erbittert, so gekränkt in meinen heiligsten Gefühlen, so über einen Leisten geschlagen mit dem gewöhnlichsten. Hätte ich nur ein Wort von Ihnen. Sie müssen mir sagen, was ich tun soll. Es wird sonst alles Spott und Hohn in mir, und ich gehe auf und davon. Sie nicht einmal sehen zu dürfen! Wir könnten es, sagte er, aber an einem dritten Ort, in aller Gegenwart, recht zum Spektakel für alle. Wie das alles so erkältend ist, so nagend! Auch schreiben dürften wir uns, wenn Sie reisen! Das war alles, was er bewilligte ....
Vergebens suche ich nach einer Entschuldigung für Ihren Vater, den ich doch immer für einen edlen, menschlichen Mann gehalten. Vergebens suche ich in seiner Weigerung einen schöneren, tieferen Grund, etwa den, daß er fürchte, Sie würden als Künstlerin ein-

büßen durch ein frühzeitiges Versprechen an einen Mann, daß Sie überhaupt noch zu jung wären und dergleichen. Nichts von dem – glauben Sie mir, er wirft Sie dem ersten Besten zu, der Geld und Titel genug hat. Sein höchstes dann ist Konzertgeben und Reisen; darüber läßt er Sie bluten, zerstört mich in meiner Kraft, mitten im Drang Schönes zu tun auf der Welt; darüber lacht er Ihrer Tränen aller. . .
Ihr Ring sieht mich jetzt so lieb an, als ob er sagen wollte: schmähe doch nicht so auf den Vater deiner Clara . . . Ach, wie geht mir's doch im Kopfe herum; ich möchte lachen vor Todesschmerz. Der Zustand kann nicht lange so dauern – dies hält meine Natur nicht aus. Schreiben Sie mir ein Wort, vielleicht wird es besser . . . Adieu, meine Clara, ich küsse Dich. Tröste mich, bitte Gott, daß er mich nicht in Verzweiflung untergehn läßt. Ich bin angegriffen an der Wurzel meines Lebens.

Clara an Robert — Leipzig 1837

(Von Clara Wiecks Hand: Öffnen Sie, dann aber schicken Sie mir diese Zeilen zurück. Tun Sie es um meiner Ruhe willen.)

(Von Schumanns Hand: Am 20ten September gelesen unter tausend Freuden)

Zweifeln Sie noch an mir? Ich verzeih es Ihnen, bin ich doch ein schwaches Mädchen! ja schwach? aber eine starke Seele hab ich – ein Herz, das fest und unveränderlich ist. Dies sei Ihnen genug, um jeden Zweifel zu unterdrücken.
Sprechen können wir uns nicht allein, so sehr ich diesen Wunsch mit mir herumtrage. Bedenken Sie, wenn Vater das erführe, so wär alles wieder aus, und ich – könnt ich das ertragen? Sein Sie um Gottes willen vorsichtig mit dem Ring und überhaupt gegen (. . .) jeden der Ihrigen – Dr. Reuter ausgenommen, dem ich ganz vertraue. Meine Angst ist oft sehr groß. Kann ich bauen auf Ihre Vorsicht? Und werden Sie fest genug sein, allen Wünschen des Vaters entgegenzukommen? Er ist etwas hart, das ist wahr, aber ich glaube, wir werden es ihm beide einmal danken. Bis jetzt war ich immer sehr

unglücklich, doch schreiben Sie mir ein Wort der Beruhigung unter diese Zeilen, und ich werde sorglos in die weite Welt hinausgehen. Vater habe ich versprochen, heiter zu sein und noch einige Jahre der Kunst und der Welt zu leben. So manches werden Sie von mir hören, mancher Zweifel wird sich bei Ihnen regen, wenn Sie dies oder jenes erfahren, doch dann denken Sie – alles das tut sie ja für mich! Könnten Sie jemals wanken? Nun – so hätten Sie ein Herz gebrochen, das nur einmal liebte.

Clara

Robert an Clara

So himmlische Worte gibt man nicht zurück. Bei mir ist es ja auch sicher. Und nun kein Wort mehr von Vergangenem, und das Auge ruhig und fest auf das eine Ziel unseres Lebens gerichtet! Mir aber vertraue, meine geliebte Clara, und diese tiefste Überzeugung meiner Stärke stärke auch Dich in allen Prüfungen. Meine letzte Bitte, ehe Du von mir gehst, – wie Du mich im Stillen wohl manchmal genannt, gib mir jetzt das innige verknüpfende Du. Bist ja meine heißgeliebte Braut, und später einmal – diesen Kuß noch. – Adieu

Dein Robert

Robert Schumann, Tagebuch 4.10.1837

Gestern abend seliges Beisammensein mit Clara, vielleicht letztes. Der Alte [Wieck] nach H.[alle] verreist. Letztes und höchstes Geschenk.

Clara an Robert

Lieber Robert, die Briefe hab ich gelesen. Der Schmerz über Kränkungen des Vaters, das Glück, ein so edles Herz als das Deine zu besitzen – mit einem Worte, alle meine Gefühle drohen mich zu drükken. Für mich leide ich nicht, nur für Dich. (...) Nicht im geringsten böse kann ich Dir sein, wegen dem, was Du vom Vater gesagt. So sehr ich ihn liebe und verehre, so ist es doch wahr, daß er sehr hart an Dir gehandelt um meinetwillen. (...)

Ich bin so bewegt heute, daß ich keinen Gedanken fassen kann. Auch mir hat der Schmerz die Wurzel meines Lebens angegriffen, doch bist Du ruhig, so bin ich glücklich. – Doch nun eine Antwort,

die mir schwer wird; ich kann Dir *nicht* heimlich schreiben. Vater wird sich in jeder Nacht auf der Post erkundigen, und Nanny hat dem Vater schwören müssen, zu sagen, wenn wir uns etwa heimlich schreiben. Finde ich einmal ganz sichere Gelegenheit, so benutze ich sie gewiß, doch fest versprechen kann ich es *durchaus nicht.* Die Tränen treten mir in das Auge, daß ich *Dir* das schreiben muß. Schreibe nur an mich und Vater ganz ungeniert (und recht oft) als Freund – Freund? ach, welch kaltes Wort! Sind wir uns doch beide einander mehr, und das ist genug! – Daß Dir Vater Seine Bedingung gestellt, hat er allerdings getan, um für nichts verantwortlich zu sein. Seine Hauptbedingung wirst Du *nie* wissen. (Von der Anfrage auch) Wie ist das Wörtchen *fest!* – Ich bin gefaßt auf alles, auf das Schlimmste. Die Beruhigung kann ich Dir geben, daß Vater mir sein Ehrenwort gegeben, mich nie zu einer Liebe zu zwingen. Jetzt bin ich stark geworden. Durch Dich – *Dein Herz, Dein edler Stolz,* hat auch mir ein Selbstgefühl gegeben.
Du wirst von verschiedenen Verlobungen mit mir hören, dem aber *glaube nichts* und denke, daß ich ja nur *Deine* Clara bin und Nie die eines anderen. – Es klingelt. – Die Zeitung war es, mit welchem Gefühl nahm ich sie in die Hand. – Mutter besuche zuweilen, doch vertraue ihr unter *keiner Bedingung.* Alles Geschriebene erhältst Du, auch das eine Briefchen, was mich so unbeschreiblich glücklich machte, als mein Herz so schwer war und die Welt so trübe von mir, ich gebe es Dir, doch das Band der Treue laß mir. Dein Bild soll mir in jeder Lage ein tröstender Engel sein. Vielleicht schreib ich Dir noch einmal vor der Abreise. Hast Du noch irgend etwas zu schreiben, so schick es mir durch Reuter, dem ich es gewiß zurückgebe.
Ach wie ist doch gestern abend schnell verflossen, soviel wie ich Dir noch zu sagen hätte. Die Hand zittert, das Herz schlägt so allgewaltig, nur jede Minute Dir entgegen. Was soll ich noch sagen? Der Allmächtige, der Gütige möge Dir unaufhörlich zuflüstern, was ich so innig fühle und nicht auszusprechen vermag. So leb dann wohl und nimm noch einen Abschiedskuß von Deiner Clara! Treu bis in das Grab!

(Von Schumanns Hand: 4ten Oktober abends erhalten)

Clara an Robert

Willst Du mich noch einmal sprechen, so ist heute abend zwischen 7 und halb 8 Uhr Gelegenheit wie gewöhnlich in Reichelts Garten. Mich drängt es so sehr, noch einmal Dir zu sagen – Weiß ich doch gar nicht, warum mich der Sonntag so traurig gemacht? Und doch, ich fühl's! Ich sah Dich, es lag so etwas tiefergreifendes in Deiner Stimme, Du schienst melancholisch – ach, nur noch ein paar Worte laß uns sprechen! Kommt heute etwas dazwischen, nun so geht es morgen, doch ich hoffe – lebt man doch immer in der Hoffnung! Die paar Worte »ich seh Sie nicht wieder« schnitten mir tief ins Herz und haben mich so sehr traurig gemacht. Hätt ich doch dem Herzen in der freien Natur Luft machen können – es war so voll, denn es fühlte ja für mich und Dich! – Also heut abend!

(Von Schumanns Hand: Leipzig 1837. Am 9ten Oktober abends erhalten)

Robert Schumann, Tagebuch 9.10.1837

Abends Konzert, an der Türe Clara mit einem Auge, wie nur eine selige Braut – ein Blick, der dich Schwachen auf Jahre hin stärken könnte –

Er:
Bleibst Du mir treu
Bleibst Du mir treu
Bleibst Du mir treu, so kommt alles an
den Tag
wo nicht
wo nicht
wo nicht, bleibt's begraben

Sie:
Alles will ich Dir geben.
Dann aber
tue Du auch etwas!

Robert Schumann, Tagebuch 10.–14.10.1838

Am 10ten. Heute soll ich sie zum letztenmal denn sehen. Nach Poppe mit Hermann auch in den Keller am Markt gegangen und bis tief in die Nacht gesessen, träumend und brütend.
Dein Untergang ist nahe oder der Anfang eines andren Lebens. Im Augenblick bin ich heiter, da ich sie sehen soll.
Am 11ten. Was soll ich von gestern abend sagen? So heftig, so innig, so streng, so gut und so gar liebend, was sie mir da alles sagte. – Im Augenblick bin ich in fürchterlicher Angst – mir ist genau, als hätte mich die Mutter gesehen und als wäre alles heraus. Wären nur Mittag oder Abend da.
Mir ist genau so, als würde ich Armer von Sinnen kommen – »Ich vertraue dir – lebe wohl, lebe wohl.«
Das waren deine letzten Worte, Clara; dein Engel schütze dich – und mich.
Aber es geschieht heute etwas, dem ich nicht gewachsen bin.

Am 12ten. Es ist ruhig vorbeigegangen. Grübeln gestern den ganzen Tag über vieles, was mir Clara vorgestern abend sagte. »Wenn sie bei mir nicht so glücklich würde, als es dies über alles herrliche Wesen verdient« – »sie bereut schon jetzt, schwankt schon jetzt?«
Und dann wieder diese ganze Hingebung, dies Vertrauen, wie sie Abschied nahm.
Ach: es ist ein Mißton nach jenem Abschied übriggeblieben; ich kann nicht von Dir los und es geht auch nicht – aber daß du schon jetzt gezweifelt, daß du nicht ganz glücklich schienst, ach daß du mich dies fühlen ließest, daß ich anfangen muß, an meinem Herzen selbst zu zweifeln – das Fürchterlichste, das geschehen kann.

Am 14ten. Heiter aufgestanden – den ganzen Morgen an den Davidsbündlertänzen korrigiert – sie dann an Clara geschickt mit offenem Briefe – der Alte [Wieck] nicht da, der sich immer erbärmlicher bezeigt. Er soll's büßen noch einmal – Wie hat mich Claras Brief himmlisch erhoben zur Kraft und Arbeit.
Das neue Leben geht an.

Clara an Robert — Leipzig, Oktober 1837

Lieber Robert, noch ein paar Worte, ehe ich fortgehe. Sonntag oder Montag ist unsre Abreise festgesetzt. Vater hat mir jedoch verboten, irgend jemand etwas zu sagen, also – *schweig.* Vater hat an Becker geschrieben, ohne mir etwas davon zu sagen, und ihm seine Unzufriedenheit ausgesprochen. Das kränkt mich tief – überhaupt muß ich jetzt wieder viel hören, was ein zartfühlendes Herz verwundet, tief schmerzt. Mutter meint, Du seiest falsch etc. Falsch? ach Gott, sollte Deine Clara ihren Robert nicht besser kennen? Schreib nur immer direkt an Vater, nicht durch die Mutter. Vertraue ihr ja nicht, wenn Du sie etwa besuchst. Es tut mir leid, daß ich es sagen muß, aber glaub mir, sie meint es nicht so, wie sie spricht, ich hab es jetzt oft erfahren. Schreib ja in keiner Stadt von unsrem Verhältnis, daß versprich mir. (...) Es schadet mir ja nur und kann Dir nichts nützen. Oder zweifelst Du etwa?
Wenn Du an Vater geschrieben, und er Dir lange nicht antwortet, so wundere Dich nicht, denn er ist wieder sehr bös. Doch obgleich er

sagt, er sei Dir 14 Tage lang nachgegangen und habe erfahren, daß Du zu Nahe gegangen, so glaub ich es doch nicht – Du hast es mir ja geschworen! Solltest Du mich hintergehen können?
Könntest Du Dir dies jemals verzeihen, meine unbeschreibliche Liebe so belohnt zu haben? Noch einmal sag ich es Dir, kannst Du Deine Leidenschaft durchaus nicht bezähmen, so kann ich nie die Deine sein, dann will ich lieber einem ehelichen Glück entsagen. Doch hingegen hast Du auch mein Wort, mein heiliges Wort, daß nichts außer dem mich wankend machen soll, ewig bin ich dann die Deine – wo nicht auf dieser Welt, so denn in jener! Fühl ich mich doch so mutig, alles zu ertragen, hab ich doch vom Vater heute alles gehört, ohne auch nur eine Minute an Dir zu zweifeln – mein Glaube steht unerschütterlich! – Wer weiß, welch glänzende Aussichten sich mir noch bieten werden, doch alledem entsage ich mit Freuden, denn was sollten mir alle Reichtümer mit einem gebrochenem Herzen? Mich kann nur Liebe beglücken. Nur für Dich lebe ich. Alles will ich Dir geben. Dann aber tue Du auch etwas. Groß kann Deine Liebe nicht sein, wenn Du nicht männliche Kraft genug besitzt, auch etwas zu tun. Bedenke, das Glück einer Familie wird durch so eine Leidenschaft gestürzt. Siehe die Stegmayr. Wieviel Unglücklicher würde ich sein, die ich nicht die Hälfte ihres Reichtums besitze! Bedenke, eine Kunst will ich opfern, nicht mehr die Lobeshymnen der Welt empfangen – ist das nicht genug? Meinen Vater betrübt ich oft, doch mein Trost ist der, alles dies einem schönen Herzen geopfert zu haben. Also Robert, ich beschwöre Dich, das Eine – tu es nicht mehr.
Hab ich Dir etwas hart geschrieben, so verzeih – die Eile läßt mich die Worte nicht abwiegen. Du kennst mich. Du weißt, aus welchem Herzen es kommt.
Nun muß ich mich trennen, von dem, was mir das Liebste. Leb denn wohl – keine Minute, wo ich nicht Deiner gedenke. Mir ist's immer, als müßte ich Dir noch vieles sagen – als hätt' ich noch nichts gesagt! Ach Gott, wie schwer wird es mir – alles, alles! Leb noch einmal wohl.

Deine treue Clara

(Von Schumanns Hand: Ich bin tot und selig zugleich – Dein Brief gestern, der Zorn über Deinen Vater, der Abschied, die ganze vergangene Zeit, Deine Güte, Deine Hoheit – so reich bin ich! Aber verließest Du mich einmal, nun, so breche alles zusammen. Verlasse Du mich nur nicht. Mehr kann ich nicht sagen.)

Robert Schumann, Tagebuch

Am 15ten. Frisch aufgestanden – noch ein Paar Zeilen von Clara zum Abschied. Antwort: Was sind Worte noch – glaube denn – Zweifeln ist schon Untreue, Glauben aber halber Besitz. Mein, mein, mein bist du. Lebe wohl, Clara S ...

Frommer und gläubiger immer, den ganzen Tag.

Nachmittag Anger –

Um 9 [Uhr] zu Hause und unter Tränen, den seligsten, an sie gedacht.

Schwere Abschiede
Im Oktober 1837 in Reichels Garten, als Clara nach Wien reiste.
Wiedersehen: im Mai 1838

Schwere Abschiede
Im Juli 1838 auf der Straße nach Dresden.
Clara in der Eilpost und im weißen Reisekleid
Wiedersehen: im August

Schwere Abschiede
Im September 1838 in Gängens Haus im Thomasgäßchen, als ich nach Wien reiste

Zusammen leben und sterben

Am 28. September 1838
beim Abschied von ihr

Wiedersehen: August 1839

Zwischen Abschied und Wiedersehen: Briefe

Liebe Clara
Lieber Robert
Meine liebe Clara
Mein lieber, lieber Robert
Guten Morgen, mein Klärchen
Guten Morgen, mein lieber HerzensRobert
Mein holdes, geliebtes Mädchen
Mein herzinnigst geliebter Robert
Du allein bist mein Trost
Du bist mein einziger Schutz

Zu Dir sehe ich auf wie zu einer Maria,
bei Dir will ich wieder Mut und Stärke holen
Mein Engel Du vom Himmel
Du bist es, die mir Frieden und Heilung bringen wird.
In Dir verehre ich das Höchste, was die Welt hat

Nur Dich hab ich noch auf dieser Welt
Alles tue ich, was Du willst
Du bist edel und gut und wirst mich also beglücken
Dein Herz, Dein edler Stolz hat auch mir ein Selbstgefühl gegeben.

Du bist es, die mich dem Leben wiedergegeben hat, an deren Herzen ich mich zu immer größerer Reinheit aufziehen lassen will

Du bist wirklich ein Mann im schönsten Sinne des Wortes

Es ist mein höchster Zweck auf dieser Welt, der, Dich glücklich zu wissen, in meinem Besitz

Leb wohl, Du teures Mädchen, mein herziges Mädchen

Adieu denn mein lieber, lieber guter Robert

Adieu Kind gutes Mädchen
Ich küsse Dich in inniger Liebe

Laß Dich nur gleich küssen, mein trauter Robert

Adieu mein Engel, Adieu meine hohe, herrliche Clara

Nun sagt Dir aber schnell eine gute Nacht Dein Clärchen

Zur guten Nacht diesen Kuß noch, und fiel auch eine Träne dazwischen, sie stört nicht,
Gute Nacht liebes Herz
Auf immer und ewig Dein Schumann

Dein Leben ist das Meine

Mein ganzes Sein senk ich in Dich. Leb wohl, Dein Robert
Adieu Leben, erhalte Dich Deinem Robert

Adieu mein Fidelio, und bleib mir so treu wie Leonore ihrem Florestan

Mein Geist ist immer bei Dir
Ich hab Dich sehr lieb und küsse Dich in Treue und Liebe
Ich küsse Dich in treuster zärtlicher Liebe, mein guter teurer Robert mein

So lebe denn wohl, meine liebe holde süße Braut
ich bin ganz außer mir vor Liebe für Dich und träume Tag und Nacht von Dir und unserem Glück.
Bis in das Grab und darüber hinaus bleib mir recht treu und hold und glaub immer an mich, Deinen allertreuesten Lebensgefährten.

Adieu und tausend Küsse von Deiner treuen Braut Clara, treu und unwandelbar wie ihr Robert, treu bis in den Tod

Briefe

Gespräche
Entwürfe
Monologe
geschriebene Küsse
Hilferufe
Bilder
Träume
Berührungen

Briefe

Briefe – und Musik von ihr

Notenhandschrift Clara Wiecks Souvenir de Vienne Impromptu pour le Pianoforte, Clara Wieck op. 9

und von ihm

Notenskizze aus dem Brautbuch »29. April 38, da kein Brief von Dir kam«

Warten

Clara an Robert

Warum Dein Stillschweigen? Seit beinah 3 Wochen hab ich nun nichts von Dir gehört – das ist schmerzlich.

Robert an Clara

Daß Du es so lange aushalten konntest und stillschweigen, hätte ich nicht gedacht; an Deiner Stelle auch nicht gekonnt, da Du immer Briefe an mich zu bringen weißt, ich aber nicht an Dich. Was ich in den letzten Tagen gelitten – still davon. Da kam er gestern Dein Brief. Mir war es, als wär ich da einem großen Unglück entgangen.

Clara an Robert

Lieber Robert, Dein Brief hat mir eine unaussprechliche Freude gemacht, ich bekam das Zittern im ganzen Körper vor Freude, als mir ihn Nanny einhändigte . . . Endlich nach beinah 8 Tagen komm ich dazu, Dir wieder ein paar Worte zu schreiben. Glaub nicht, das das so leicht ist, denn bei unverschlossener Tür muß ich schreiben, da Vater sehr bös ist, wenn er das Zimmer verschlossen findet. Und nun sein Verdacht; denk Dir, er hat zur Nanny gesagt: »Ich weiß schon meinen Pfiff, wie ich erfahre, ob Clara an Schumann geschrieben, lange bleibt es nicht vor mir verborgen.« Am besten Du adressierst Deinen nächsten Brief an einen Herrn, meinetwegen »Herrn Julius Kraus poste restante« nach Wien versteht sich. Laß aber ja immer die Adresse von Dr. Reuter schreiben . . .

Heute war der Abend, wo ich mir vorgenommen, Dir recht viel zu schreiben, da kommt so ein schmachtender Curmacher und verdirbt mir den ganzen schönen Abend . . . auch noch ein Enthusiast ist hier, der mich mit jedem Blick zu verschlingen droht, und setz ich mich an das Klavier, so ist es vollends aus, dann mach ich mich jedesmal auf eine Umarmung gefaßt; glücklicherweise steht, wie Du weißt aus alten Zeiten, immer ein Stuhl an meiner Seite, auf den er zuerst fällt.

Robert an Clara

Daß ich aber so gar wenig von Dir erfahre, ist doch zu hart. Gern will ich warten; aber Du kannst dann auch nicht verlangen, daß ich selbst mit solcher Lust und Liebe schreibe; die Briefe müssen Antworten sein; es ist das nämliche, als säßen wir zusammen und Du sprächst kein Wort, und ich soll nun wissen, was Du gemeint hättest.

Clara an Robert

Nirgends gehe ich hin, auf keinen Ball, wenig ins Theater, und doch keine freie Minute mehr! Fast den ganzen Abend ist der Vater zu Haus, und ist er nicht da, so kommt der Fürst, der einen vermaledeiten Bedienten hat, welcher den ganzen Tag am Fenster sitzt und Achtung gibt, wenn ich zu Haus allein bin. Ihr Männer seid doch glückliche Leut, Ihr braucht Euch nichts von den Mädchen gefallen zu lassen . . .

Clara an Robert

Ach, Du böser Mann! Nach allen Seiten gehen Deine Briefe, alle sollen von Dir wissen, nur ich nicht! Jetzt, wo noch die einzige Zeit ist, da ich von Dir Briefe lesen kann, jetzt schreibst Du mir gerade nicht, das ist grausam! Wenn man nun so alle Tage hofft und immer getäuscht wird – ach, Robert, hast Du mich denn vergessen . . . Es macht mich immer so traurig, wenn ich so gar nichts von Dir höre!

Robert an Clara

Gestern hatte ich den ganzen Tag gelb vor den Augen – auf den Bäumen, an der Wand, überall sah ich Briefträger – und es kam wieder nichts!

Clara Wieck Oktober 1837 - Mai 1838 in Wien

Clara Wieck, Lithographie von Staub, 1838

Kein schöneres Gefühl,
als ein ganzes Publikum befriedigt zu haben!

Thema mit Variationen: Zweifeln ist schon Untreue, Glaube halber Besitz

Robert an Clara 8.11.1837

Wirst Du auch ausdauern? (...) Bist Du nicht glücklich in meinem Besitz? Hast Du nicht die Überzeugung, das glücklichste Weib zu werden, hast Du diese nicht - so zerreiß es lieber jetzt noch, das Band. Alles geb ich Dir noch zurück, auch den Ring. Freust Du Dich aber meiner Liebe, erfüllt sie Dein ganzes Herz, hast Du auch alles recht erwogen, meine Fehler und meine Unarten, genügt Dir das wenige, was ich Dir sonst bieten kann, wenn es auch keine Perlen und Diamanten sind - nun so bleib es beim alten, meine treue

Clara! Dann aber gebe ich Dir *nie* etwas zurück, entbinde Dich Deiner Verpflichtungen gegen mich *niemals* und will *alle* Ansprüche geltend machen, die mir Dein Jawort und Dein Ring verliehen. (...) Du kannst recht gut Deinen Vater lieben und mich auch – aber *verheiraten* darfst Du Dich durchaus nicht lassen, das leide ich nicht, hörst Du, Clara, Mädchen

Dein R.

Clara an Robert 12.11.1837

..., was das *Ver*heiraten betrifft, das ist allerdings bedenklich. Wenn nun so ein *Diamant* käme, der mich so blendete, daß ich Eusebius, Florestan und wie sie sonst noch heißen, vergäße, und Du läsest am Ende in den Zeitungen »Verlobung des Fräulein Clara Wieck mit dem Herrn von Perlenschnur oder Diamantenkrone« – Im Ernst aber, bin ich ein kleines Kind, das sich zum Altar führen läßt wie zur Schule? Nein, Robert! Wenn Du mich Kind nennst, das klingt so lieb, aber, aber, wenn Du mich Kind denkst, dann tret ich auf und sage: »Du irrst!« Vertraue mir vollkommen. ...

24.11.1837

Auch habe ich über die Zukunft nachgedacht und das recht ernstlich. Das eine muß ich Dir doch sagen, daß ich nicht eher die Deine werden kann, ehe sich nicht die Verhältnisse noch ganz anders gestalten. Ich will nicht Pferde, will nicht Diamanten, ich bin ja glücklich in Deinem Besitz, doch aber will ich ein sorgenfreies Leben führen, und ich sehe ein, daß ich unglücklich sein würde, wenn ich nicht immerfort in der Kunst wirken könnte, und bei Nahrungssorgen? das geht nicht. Ich brauche viel und sehe ein, daß zu einem anständigen Leben viel gehört. Also, Robert, prüfe Dich, ob Du im Stande bist, mich in eine sorgenfreie Lage zu versetzen. Bedenke, daß, so einfach ich erzogen bin, ich doch nie eine Sorge gehabt, und nun sollte ich meine Kunst vergraben müssen! Die Liebe ist sehr schön aber, aber – – –

Robert an Clara

Der Geist Deines Vaters hat ... hinter Dir gestanden und diktiert:

indeß, Du hast es geschrieben und hast Recht, an Dein äußerliches Glück zu denken. Wir müssen also darüber ganz ins Klare kommen. Das eine betrübt mich, daß Du mir erst jetzt einen Einwand machst, den Du mir schon da, als ich Dir meine Verhältnisse offen auseinandergesetzt, hättest machen sollen, weil es mir sonst gewiß nicht in den Sinn gekommen wäre, Deinem Vater überhaupt zu schreiben, wo Du selbst noch so viele Bedenklichkeiten hast.

Clara an Robert

So groß meine Freude war beim Empfang Deines Briefes, so groß mein Schmerz bei Lesung der ersten Seite - konntest Du mich so kränken, mir so bittere Tränen entlocken? Ist es Robert, der mich so verkannte, der meinen Worten so einen unschönen Sinn unterlegte - hab ich das verdient?

Robert an Clara

Was ich Dir über meine Reichtümer früher und dann Deinem Vater schrieb, verhielt sich und verhält sich noch jetzt so: Es ist nicht glänzend, aber so, daß mir manches Mädchen, manches gute und schöne auch, die Hand darauf geboten und gesagt hätte: »Wir müssen es zusammennehmen, aber Du sollst an mir eine gute Hausfrau finden etc. etc.« - Du dachtest damals vielleicht auch so - Du denkst jetzt anders - überhaupt meine Sinne wollen mir manchmal vergehen.

Clara an Robert

Ja, ich weiß, daß Dir noch viele schöne und vielleicht auch so gute Mädchen als ich zu Gebote stehn, und bessere Hausfrauen, als man von eine Künstlerin es glaubt - ja ich weiß es, aber schön ist es nicht, daß Du mir, die nur für Dich und in Dir lebt, so einen Gedanken mitteilst, daß in Dir, wenn Du mich wahrhaft liebst, nur noch so ein Gedanke aufkommt.

Robert an Clara

Zur Sache. Kommt keine Hand aus den Wolken, so wüßte ich nicht, wie sich mein Einkommen in kurzer Zeit so steigern könnte, wie ich es Deinetwegen wünschte. Du kennst die Art meiner Arbeiten, Du weißt, daß sie nur geistiger Natur sind, daß sie sich nicht wie Handwerksarbeiten zu jeder Tageszeit machen lassen ... Daß ich ausdauern kann, habe ich bewiesen; nenne mir einen jungen Menschen meines Alters, der sich eine so große Wirksamkeit in so kurzer Zeit erschaffen. Daß ich diese noch erweitern möchte, mir noch mehr verdienen, versteht sich von selbst und kann auch nicht ausbleiben; ob dies aber soviel betragen wird, daß es Deinen Wünschen entspricht, wie Du sie vielleicht hast, glaube ich nicht; dagegen ich mir auch mit gutem Gewissen zutrauen kann, in etwa zwei Jahren eine, ja zwei Frauen ohne große Sorgen, aber freilich auch nicht ohne, immer dabei fortzuarbeiten, zu erhalten.

Clara an Robert

Bereust Du, Deine Hand nicht einem anderen Mädchen geboten zu haben, meinst Du, durch ein anderes Mädchen glücklicher geworden zu sein? Schmerzlich für mich!

Robert an Clara

Liebe Clara, die letzte Seite Deines Briefes hat mich recht auf die Erde versetzt, und ich möchte alle Spießbürger umarmen. Du hättest es aber ruhig romantischer ausdrücken können; jedes Wort wird mir schwer, das ich darauf antworten muß. Wie gesagt, Dein Vater führte Dir die Feder; die Kälte jener Zeilen hat etwas Mörderisches, und mich ganz niedergedrückt. Und nun auch, daß Du so gar wenig von meinem Ring hältst – seit gestern habe ich Deinen auch gar nicht lieb mehr und trag ihn auch nicht mehr. Mir träumte, ich ginge an einem tiefen Wasser vorbei, da fuhr mir's durch den Sinn, und ich warf den Ring hinein – da hatte ich unendliche Sehnsucht, daß ich mich nachstürzte.

Clara an Robert

Du glaubst, ich trage noch unerreichbare Wünsche in mir? Ich habe nur zwei Wünsche, Dein Herz und Dein Glück. Könnt ich ruhig sein, müßte sich Dein Herz mit Sorgen erfüllen um meinetwillen? Könnt ich das unedle Verlangen in mir tragen, Du solltest Deinen Geist zu einem Handwerk machen, damit ich könnte meinem Vergnügen nachgehen? Nein, so unedel denk ich nicht; vielleicht lernst Du mich später noch mehr kennen. Meine Phantasie kann mir kein schönres Glück vorstellen, als der Kunst fortzuleben, aber im Stillen und Dir und mir manche angenehme Stunde zu verschaffen. So stimmten wir denn ganz überein, ich falle Dir an das Herz und sage: »Ja, Robert, so laß uns leben!« Glaubst Du, ich liebe nicht auch schwärmerisch? O ja, ich kann auch schwärmen, aber das Schwärmen hört wohl auf, wenn Sorgen unsere Herzen erfüllen, dann würdest Du Dich erst recht auf die Erde versetzt fühlen. Ich seh ein, es gehört auch zu einem einfachen Leben viel - zweifle jedoch nicht, daß sich alles finden wird. Ich habe ein festes Vertrauen. Dein Ring sagt es mir täglich: »Glaube. Liebe. Hoffe.« Mit Deiner kleinlichen Rache wegen des Ringes kommst Du mir vor wie ein Kind. Nimm es mir nicht übel. Du hast Recht, der Ring bindet für's Leben.

> Nicht die Hausfrau ist es, welche den Mann ernähren soll, sondern dem letzteren liegt, juristisch wie moralisch, die Sorge für Bestreitung der haushältlichen Bedürfnisse ob. Nur ein negativer Erwerb ist es, den man mit Recht von der Hausfrau fordern mag, indem sie ihre Einrichtungen bei der Direktion des Hauswesens so zu treffen hat, daß der Aufwand möglichst gemindert, unnütze Ausgaben vermieden werden.
>
> Eheprozeßakten

Nein, Robert!
Wenn Du mich Kind nennst,
das klingt so lieb,
aber
wenn Du mich Kind denkst,
dann tret ich auf und sage:
»Du irrst«
Vertraue mir vollkommen!

Königliche und Kaiserliche Kammervirtuosin

Demoiselle Clara Wieck hat unser musikalisches Publikum entzückt; das Erscheinen dieser Künstlerin kann als epochemachend betrachtet werden, denn die höchste Kunstfertigkeit, mit der größten Genialität vereint, wie dies hier der Fall war, dürften sich nur selten vorfinden. Demoiselle Wieck zeigte auch da, wo sie fremde Kompositionen spielt, ihre eigene Genialität, ihr Auffassungsvermögen, mit welchem sie in das innerste Mark jeder Komposition einzudringen weiß. Unter ihren schöpferischen Händen gewinnt die gewöhnlichste Passage, das alltäglichste Motiv eine höhere Bedeutung, eine Färbung, wie sie nur die höchste Vollendung in der Kunstwelt zu geben vermag.

Rezension des Wiener Morgenblattes vom 11.1.1838

Clara an Robert 21.12.1837

Heute war mein zweites Konzert, und abermals ein Triumph. Unter Vielem fand mein Konzert die beste Aufnahme . . . Kein schöneres Gefühl, als ein ganzes Publikum befriedigt zu haben.
Wieviel muß man tun, um ein paar Taler aus einer Stadt mitzunehmen. Wenn Du um 10 Uhr abends bei Poppe sitzest oder nach Hause gehst, muß ich Ärmste erst in die Gesellschaften und den Leuten für ein paar schöne Worte und eine Tasse warm Wasser vorspielen,

komme um 11 bis 12 Uhr totmüde nach Hause, trinke einen Schluck Wasser, lege mich nieder und denke, was ist ein Künstler viel mehr als ein Bettler? Und doch, die Kunst ist eine schöne Gabe! Was ist wohl schöner, als seine Gefühle in Töne zu kleiden, welcher Trost in trüben Stunden, welcher Genuß, welch schönes Gefühl, so manchem eine heitere Stunde dadurch zu verschaffen! Und welch erhabenes Gefühl, die Kunst so zu treiben, daß man sein Leben dafür läßt! – das Letzte und alles Übrige habe ich heute getan und lege mich zufrieden und beglückt nieder. Ja, glücklich bin ich – und werd es aber erst vollkommen sein, wenn ich Dir an das Herz fallen kann und sagen: »Nun bin ich Dein auf ewig – mit mir, meiner Kunst.«

Robert an Clara 5.1.1838

Spiele doch manchmal ein wenig schlechter, damit sie's nicht gar zu toll machen. Mit jedem Beifallssturm schiebt mich Dein Vater einen Schritt weiter von sich – bedenke das!

Clara an Robert 21.1.1838

Du wirst diesen Enthusiasmus nicht begreifen können, da Du gar nicht weißt, was ich eigentlich leiste und was nicht; da Du mich als Künstlerin überhaupt viel zu wenig kennst. Doch glaube ja nicht, daß ich Dir deswegen gram. Im Gegenteil macht mich das glücklich, daß ich weiß, Du liebst mich nicht um meiner Kunst willen, sondern, wie Du mir einmal auf ein kleines Zettelchen schriebst: »Ich liebe Dich nicht, weil Du eine große Künstlerin bist, nein, ich liebe Dich, weil Du so gut bist.« . . .

25.1.1838

Überhaupt könnt ich Dich doch nur einmal wieder phantasieren hören, sehen! Schon damals, als Du um 7 Uhr abends am Klavier saßest, sprachen mir Deine Töne so aus der Seele, schon da hätt ich Dich oft umarmen mögen und sagen: »Ach Robert, Du spielst doch gar so schön und gerade so, wie ich es mir eben denke«, hätt ich gedurft, jetzt darf ich es im Geiste und werde es künftig, wenn ich erst Dein geliebtes Weib bin, in Wahrheit tun.

Du lächelst über mich, doch auch ich beschäftige mich ja so viel mit der Zukunft, und mein einziger Wunsch ist, ich könnte, was ich jeden Morgen denke, zwei Jahre schlafen, könnte all die tausend Tränen, die noch fließen werden, überschlafen. Dummer Wunsch! Ich bin nun manchmal so ein albern Kind. Weißt Du, als Du mir vor zwei Jahren zum Weihnachtsabend die weißen Perlen schenktest, da sagte die Mutter »Perlen bedeuten Tränen«! Sie hatte recht, sie folgten nur allzubald. Ich sagte neulich zum Vater: »Ich bin Dir sehr dankbar, daß Du alles so gestaltet hast, denn dadurch hat meine Liebe noch einen viel schöneren, mehr standhaften Charakter angenommen, je mehr Hindernisse, desto größer meine Liebe.«

27.1.1838

Den 11ten geb ich mein fünftes und den 18ten mein sechstes, mein Abschiedskonzert. Im fünften spiele ich Mendelssohns h-Moll Capriccio und quatre Études Symphoniques von einem gewissen Robert Schumann. Doch denke Dir, in den Wirtshäusern hat man Torte à la Wieck, und alle Enthusiasten von mir gehen dahin und essen von der Torte. Neulich war sie in der Theaterzeitung angezeigt mit der Bemerkung, es sei dies eine ätherisch hingehauchte Mehlspeise, die sich den Essern von selbst in den Mund spiele. Ist das nicht zum Lachen?

Den 30. früh

Nun ist's aus mit der Mußezeit; heut, morgen, die ganze Woche bin ich keinen Abend zu Haus und will nun den Schluß machen. Wer weiß, ob ich es bald wieder so gut habe, daß ich Dir so lange schreiben kann.

Deinen Carnaval werd ich noch einmal vor einer Anzahl Kenner spielen. Adieu denn, mein lieber, lieber, guter . . . Robert.

Robert an Clara — Leipzig, 6.2.1838

Meine liebe Clara!

Wo soll ich nur anfangen, Dich zu herzen und zu küssen für Deinen Brief. Wie glücklich war ich in den vorigen Tagen, so jung, so leicht, als sollten mir Flügel aus den Schultern rollen, die mich zu Dir trügen. Antworten wollt ich Dir gleich; aber vor Träumen und Sinnen

und Musizieren, inwendigem, dacht ich gar nichts, und ging nur in der Stube auf und nieder und sagte manchmal »das Herzkind«, »mein Kind«, und sonst wenig . . .
Ich weiß nicht, wer mir verwehren könnte, Dir noch einmal soviel zu schreiben, als Du mir. Am liebsten möcht ich es mit Musik – denn das ist doch die Freundin, die alles am besten ausrichtet, was innen steht. Da habe ich Dir denn auch entsetzlich viel komponiert in den letzten 3 Wochen – Spaßhaftes, Egmontgeschichten, Familienszenen mit Vätern, eine Hochzeit, kurz äußerst Liebenswürdiges – und das ganze Novelletten genannt, weil Du Clara heißt und »Wiecketten« nicht gut genug klingt.
Viel hab ich mit Dir zusammengelebt, und es ist eigentlich wenig Unterschied zwischen Mann und Frau und uns . . .
Alle Blätter sind von Dir voll – ich geh deshalb täglich ins Museum und suche nach den Wiener Artikeln. Das war ja vorauszusehen. Du schreibst, »ich wüßte eigentlich gar nicht, was Du als Künstlerin leistetest.« Halb hast Du recht, halb aber auch sehr unrecht; es mag jetzt alles vollendeter noch, eigentümlicher und reicher entwickelt sein – aber übrigens kenne ich mein schwärmerisches Mädchen so genau von alters her – durch Berge hindurch zu hören bist Du.

Wir erklären gleich von vornherein Clara Wieck für die größte Klaviervirtuosin jetziger Zeit. Nicht bloß daß ihr Spiel ein ungemein fertiges wäre, sondern es ist ein wahrhaft geniales, ein tief durchdachtes, wahrhaft künstlerisches Spiel. Es ist nicht bloß rund und weich wie vielleicht das eines Hummels war, nicht bloß elegant wie das eines Moscheles, nicht bloß glänzend und rauschend wie das eines Kalkbrenner, es ist auch nicht bloß sentimental wie das eines Liszt, oder ausgezeichnet mit mancherlei Bizarrerien, wie das eines Chopin, sondern es ist alles in allem belebt von einer hinreißenden Genialität, die sich die siegreichste Gewandtheit nur zur geschmeidigen, fügsamen Dienerin macht. Sollen wir eine Parallele ziehen, so könnte dies in äußerer Hinsicht nur mit einem Felix Mendelssohn-Bartholdy geschehen, und in innerer mit Thalberg oder Henselt. Noch haben wir von niemandem Beethovens Klaviersachen so vollendet vortragen hören als von Clara

Wieck, und Chopin möchte wohl selbst seine unermeßlich schwierigen Etüden und andere Werke nicht mit solcher Meisterschaft spielen können, als unsere Künstlerin sie spielt.

Universallexikon der Tonkunst, Stuttgart 1838

Der Rechenschaftsbrief

Leipzig, 11.2.1838

Mein holdes geliebtes Mädchen, nun setze Dich zu mir, lege Deinen Kopf ein wenig auf die rechte Seite, wo Du so lieb aussiehst, und lasse Dir manches erzählen.

So glücklich bin ich seit einiger Zeit, wie nie sonst vorher. Es muß Dir ein schönes Bewußtsein, einen Menschen, den jahrelang die fürchterlichsten Gedanken zernagt, der mit einer Meisterschaft die schwarzen Seiten aller Dinge herauszufinden wußte, vor der er jetzt selbst erschrickt, der das Leben wie einen Heller hätte wegwerfen mögen, daß Du diesem den holden frohen Tag wiedergegeben hast. Mein Innerstes will ich Dir offenbaren, wie ich es noch niemandem gezeigt habe. Du mußt alles wissen, Du mein Liebstes neben Gott. Mein eigentliches Leben fängt erst da an, wo ich über mich und mein Talent klargeworden, mich für die Kunst entschieden, meinen Kräften eine wirkliche Richtung gegeben hatte. Also vom Jahr 1830 an. Du warst damals ein kleines eigenes Mädchen mit einem Trotzkopf, einem Paar schöner Augen, und Kirschen waren Dein Höchstes. Sonst hatte ich niemanden als meine Rosalie. Ein paar Jahre vergingen. Schon damals, um 1833, fing sich ein Trübsinn einzustellen an, von dem ich mich wohl hütete, mir Rechenschaft abzulegen; es waren die Täuschungen, die jeder Künstler an sich erfährt, wenn nicht alles so schnell geht, wie er sich's träumte. Anerkennung fand ich nur wenig; dazu kam der Verlust meiner rechten Hand zum Spielen. Zwischen allen diesen dunkeln Gedanken und Bildern hüpfte mir nun nur allein Deines entgegen; Du bist es, ohne es zu wollen und zu wissen, die mich sogar eigentlich schon seit langen Jahren von allem Umgang mit weiblichen Wesen abgehalten. Wohl dämmerte mir schon damals der Gedanke auf, ob denn Du vielleicht gar mein Weib werden könntest, aber es lag noch alles in zu weiter Zukunft; wie dem sei, ich liebte Dich von jeher so herzlich, wie es unser Alter mit sich brachte. Viel andrer Natur war die Liebe zu meiner unvergeßlichen Rosalie; wir waren gleichaltrig, sie war mir mehr als Schwester, aber von einer Liebe konnte nicht die Rede sein. Sie sorgte für mich, sprach stets zu meinem Besten, munterte mich auf, kurz hielt große Stücke auf mich. Und so ruhten denn meine Gedanken am liebsten auch auf ihrem Bilde aus; dies war im Sommer 1833. Dennoch fühlte ich mich nur selten glücklich; es fehlte mir etwas, die Melancholie, durch den Tod eines lieben Bruders noch mehr über mich herrschend, nahm auch noch immer zu. Und so sah es in meinem Herzen aus, als ich den Tod von Rosalien erfuhr – Nur wenige Worte hierüber, nein – in der Nacht vom 17ten zum 18ten Oktober 1833 kam mir auf einmal der fürchterlichste Gedanke, den je ein Mensch haben kann, der fürchterlichste, mit dem der Himmel strafen kann – der »den Verstand zu verlieren« – er bemächtigte sich meiner aber mit so einer Heftigkeit, daß aller Trost, alles Gebet wie Hohn und Spott dagegen verstummt. Diese Angst aber trieb mich von Ort zu Ort – der Atem verging mir beim Gedanken »wenn es einmal würde, daß Du nicht mehr denken könntest« – Clara, der kennt keine Leiden, keine Krankheit, keine Verzweiflung, der einmal so vernichtet war – damals lief ich denn auch in einer ewigen fürchterlichen Aufregung zu einem Arzt – sagte ihm alles, daß mir die Sinne oft vergingen, daß ich nicht wüßte, wohin vor Angst, ja daß ich nicht dafür einstehen könnte, daß ich in so einem Zustand der äußeren Hilflosigkeit Hand an mein Leben lege. Entsetze Dich nicht, mein Engel, Du vom Himmel, aber höre nur. Der Arzt tröstete mich liebreich und sagte endlich lächelnd »Medizin helfe hier nichts; suchen Sie sich eine Frau, die kuriert Sie gleich«. Es wurde mir leichter, ich dachte, das ginge wohl; Du kümmertest Dich dazumal wenig um mich und warst auch auf dem Scheideweg vom Kind zum Mädchen. Da nun kam Ernestine – ein Mädchen, so gut wie die Welt je eins getragen – die, dachte ich, ist es; die wird dich retten. Ich wollte mich mit aller Gewalt an ein weibliches Wesen anklammern. Es wurde mir auch wohler – sie liebte mich, das sah ich – Du weißt alles – die Trennung – daß wir uns geschrieben haben, und Du genannt pp. Es war im Winter 1834. Als sie

nun aber fort war und ich zu sinnen anfing, wie das wohl enden könne, als ich ihre Armut erfuhr, ich selbst, so fleißig ich auch war, nur wenig von mir brachte, so fing es mich an wie Fesseln zu drücken - ich sah kein Ziel, keine Hilfe - noch dazu hörte ich von unglücklichen Familienverwicklungen, in denen Ernestine stand, und was ich ihr allerdings übelnahm, daß sie mir es so lange verschwiegen hatte. Das alles zusammengenommen - verdammt mich - ich muß es gestehen, ich wurde kälter; meine Künstlerlaufbahn schien mir verrückt; das Bild, an das ich mich zu retten klammerte, verfolgte mich nun in meinen Träumen wie ein Gespenst; ich sollte fürs tägliche Brot wie ein Handwerker nun arbeiten; Ernestine konnte sich nichts verdienen; ich sprach noch mit meiner Mutter darüber, und wir kamen überein, daß dies nach vielen Sorgen nur wieder zu neuen führen würde.
Einstweilen warst Du von Deiner Reise zurückgekommen; ich weiß noch, wie ich Dich das erstemal Nachmittag 12 Uhr sah; Du schienst mir höher, fremdartiger - Du warst kein Kind mehr, mit dem ich hätte spielen und lachen mögen - Du sprachst so verständig, und in Deinen Augen sah ich einen heimlich tiefen Rest von Liebe - Was nun geworden ist, weißt Du. Ernestine löste ich von mir los und mußte es; schon im August schrieb ich ihr; meine Empfindung für Dich war ... damals eine wunderbar gemischte; ich wollte mich überreden, ich liebte Dich allein wie eine Freundin - dann als Künstlerin - was habe ich damals gelitten in meinem Herzen; ich zweifelte, ob es gut und recht sein könne, weil es sich binnen eines Jahres von einem andern abgewendet hatte. Wie es gekommen ist, ich bin unschuldig an allem; ich habe nichts gewollt, als aller Glück - ich möchte immer ausrufen »verzeiht mir, ihr tut mir unrecht, wenn ihr mir nicht verzeiht«. Es ist, wie es ist. Wer gebot Dir, mich zu lieben - wer mir? Von wem darf man Rechenschaft fordern - ja meine Clara, ich habe Dich geliebt, ich liebe Dich und werde Dich auch ewig lieben - ach so sehr.
Heute vor zwei Jahren um dieselbe Stunde nahm ich Abschied in Dresden von Dir: »bleib mir treu« sagte ich - Du neigtest wehmütig ein wenig mit dem Kopf und Du hast Dein Wort gehalten. Manchmal (aber nur sehr selten), wandelt mich wohl eine böse Furcht an,

ob Du über die vielen Ehren, die Dir als Künstlerin noch bevorstehen, den armen schlichten Künstler nicht vergessen wirst, der Dich mit keinen Titeln und mit nichts als seiner Liebe schmücken kann. Denke ich aber der Tiefe Deines Gemütes nach, der großen Wahrhaftigkeit Deines ganzen Wesens, endlich auch Deinen Charakter, der sich immer so entschieden und gediegen gezeigt, da wird mir's so selig, so sicher zu Mut, daß ich mich schäme wieder vor meiner kleinen Furcht. Ja, Du bist mein eigen - ja, ich glaub an Deine Liebe - Du bist zu edel zum Verdacht - Clara, könnte ich Dir doch sagen, wie mich die Liebe glücklich macht, so ganz erfüllt, daß auch keine Stelle im ganzen Menschen ist, die nicht davon wiederbebte. Da wird aber Sprache und Ton unverständlich, da seh ich nur zwei umschlungene Gestalten, und es will alles um mich vergehen. Du gute Clara Du.

Clara an Robert 2.3.1838

Was soll ich eher tun, mein lieber Robert? Soll ich dir um den Hals fallen, soll ich deine Hand so recht innig drücken, soll ich weinen, soll ich lachen?
Deine Lebensbeschreibung hat mich wahrhaft ergriffen, und ich habe mit dir gefühlt. Was du mir von Ernestine schriebst, hat mich um vieles beruhigt, obwohl ich das meiste wußte. Wegen der Ernestine werd ich dich gewiß immer mit der größten Liebe trösten - an mir sollst du gewiß eine zärtlich liebende und mitfühlende Gattin finden. Möchte Ernestine unsere Freundin bleiben.

Dein Vater

gefühllos
engstirnig
roh
bösartig

Mein Vater

Denke einmal, daß Vater alles an mich gewandt, sein Vermögen hat er für mich gegeben, meine Geschwister um meinetwillen vernachlässigt,

so auch sein Geschäft etc. ... Er verlangt nichts für all seine Müh, nur das eine – Anerkennung! ... schmerzlich ist mir, wenn Du auf Vater einen Stein werfen willst, weil er für seine vielen, mir gewidmeten Stunden nur einen kleinen Lohn verlangt. Er will mich glücklich wissen, meint das durch Reichtum zu erreichen, kannst Du ihm zürnen? Er liebt mich ja über alles und würde mich, sein Kind, nicht verstoßen, wenn er säh, daß nur Dein Besitz mein Glück begründen könne, also verzeih ihm aus Liebe zu mir, seine natürliche Eitelkeit.
Denke, daß er nur aus Liebe zu mir so an Dir gehandelt – Du liebst mich ja auch und beglückst mich, wenn Du ihm vergibst, von Dir möcht ich ihn nicht verkannt wissen – jeder Mensch hat seine Fehler. Ich und auch Du, wenn Du es mir nicht übelnimmst!

Dein Vater

eiserner blutiger Charakter
kleinlich
leidenschaftlich
unmännlich

Mein Vater

Ich bin ganz außer mir, wenn ich den Vater abends noch zanken höre, wenn mich seine Flüche aus dem Schlaf stören und ich nun höre, daß sie mein Liebstes betreffen. Ach Gott, was soll ich nur tun und denken?... Meinen Vater hab ich gar nicht mehr so lieb, ach Gott, ich kann nicht so recht von Herzen zärtlich sein und möchte doch so gern – es ist ja mein Vater, dem ich alles danke.

Dein Vater

Es wird nicht möglich sein, daß Du ihm und mir zugleich angehörst. Einen wirst Du lassen müssen, ihn oder mich.

Clara an Robert 3.3.1838

Einen Vorschlag mache ich Dir schon jetzt. Ist es denn nicht möglich, daß Du Deine Zeitung einmal in Wien herausgibst? Könnten wir nicht hierherziehen?

Bedenke, lieber Robert, in Leipzig kann ich durch meine Kunst nicht einen Dreier verdienen, und auch Du müßtest Dich zu Tode arbeiten, um das Nötige, was wir brauchen, zu verdienen. Das würde Deinen Geist niederdrücken, und um mich? Das ertrüg ich nicht. Nein, laß es uns machen, wie ich Dir sagen werde: Wir ziehen hierher, oder Du gehst vorher, gibst Deine Zeitung an Diabelli, Haslinger oder Mechetti, ein junger, rüstiger, unternehmender Mann. Erstlich wird Dir Deine Arbeit hier noch einmal so gut bezahlt . . . und dann bin ich gleichfalls hier weit mehr angesehen als in Leipzig, eingeführt bei dem höchsten Adel, beliebt bei Hofe und beim Publikum. Jeden Winter kann ich ein Konzert geben, welches mir 1000 cf trägt (mit Leichtigkeit) bei den hohen Eintrittspreisen, die man hier hat, und bei den Bekanntschaften, wo ich zuweilen in einer Soiree spiele und die dann ihre Billets doppelt bezahlen. Dann kann ich, will ich, jeden Tag eine Stunde geben, das trägt wieder das Jahr hindurch 1000 cf und Du hast 1000, was wollen wir mehr? Auch ist es bei meinen Konnektionen, die ich bereits schon gewonnen, nicht unwahrscheinlich, daß Du bald eine Stelle, vielleicht die eines Professors der Musik erhieltst.

Clara Wieck. Unserer Landsmännin ist die Auszeichnung zuteil geworden, von Sr. Maj. dem Kaiser von Österreich zur K.K. Kammervirtuosin ernannt zu werden. Im allerhöchsten Cabinetsschreiben vom 13ten heißt es, daß »Seine Majestät dies als öffentliches Merkmal der allerhöchsten Zufriedenheit mit den Leistungen der Künstlerin angesehen wünsche«.

Neue Zeitschrift für Musik, 27.3.1838

Robert an Clara 19.3.1838

Weißt Du denn nicht, daß es einer meiner ältesten Lieblingswünsche ist, daß es sich einmal fügen möchte, eine Reihe von Jahren womöglich in der Stadt zu leben, (. . .) wo Beethoven und Schubert gelebt haben?

Also Deine Hand, es ist beschlossen, reiflich von mir bedacht, mein sehnlicher Wunsch, unser Ziel – Wien. Einiges lassen wir zurück (. . .) – ein Ideelles, ein Wirkliches, und eines, was zwischen beiden steht – das eine das Vaterland, unsere Verwandten und Leipzig im besonderen, was doch eine respektable Stadt ist (...) – endlich der [Abschied] von der Heimat, denn ich liebe diese Scholle und bin ein Sachse an Leib und Seele. So auch Du, bist eine Sächsin, mußt Dich von Vater, Brüdern trennen – es wird wie Abend- und Morgenglokken durcheinander tönen, wenn wir zusammen gehen werden, aber die Morgenglocken sind die schöneren – und dann ruhst Du an meinem Herzen, dem glücklichsten – es ist beschlossen, wir gehen.

Träume

In vorvoriger Nacht träumte mich schlecht. Ich war in Wien und konnte Dich nirgends finden, die Leute behandelten mich schlecht; ich wollte mich in die Donau stürzen.
Aber denke – in voriger Nacht träumte ich von der Einwilligung Deines Vaters – er sagte zu Dir »aber Clara, es fehlt mir noch an Deiner Einwilligung« – Du fielst mir an's Herz – ich ging auf meine Stube und weinte und wachte auf unter großen körperlichen Schmerzen von der Erkältung her, daß ich dachte, es wäre Starrsucht.

Clara an Robert 18. Januar 1838

Vater will zu Ostern wieder zu Hause sein. Was soll ich nun machen? (...) Ich kämpfe unaufhörlich mit mir selbst, mein Sinn steht mir zuweilen, ich weiß nicht wo! Auch ich kenne keinen herzzerreißenderen Anblick als Dich im Rosentale in einer Laube sitzen zu sehen, von Vater und Mutter beobachtet, gleichgültig scheinen zu müssen – gleichgültig gegen Dich, nein, das ist nicht zu ertragen. Nichts hab ich in Leipzig, was mir nur einige Zerstreuung bieten könnte (...) und ich soll nun da alleine sitzen mit meinem Gram, mit meiner Sehnsucht, in der Nicolaistraße, 20 Schritt von Dir, und doch so fern!

Robert an Clara 14.4.1838

Dich im Sommer zu sehen, darauf verzichtete ich beinah. Habe ich es zwei Jahre verschmerzen müssen, geschehe es auch noch zwei. Was ist es, daß wir uns einige Minuten abstehlen müßten, unter Todesangst zwei zerstreute Worte hervorzubringen – nein ich will Dich ganz, Tage lang, Jahre und Ewigkeiten lang. Bin kein Mondscheinritter mehr . . . zwei einzelne Augenblicke regen auf, zersplittern, können selbst schaden – nein, wir spielen keine Romane mehr – zu meinem Weibe will ich Dich, mein heiliger ernster Wille ist es.

Andere Künstler über Clara Wieck

Franz Liszt:
Ich hatte noch nie das Glück, die junge und höchst interessante Pianistin Clara Wieck kennenzulernen, die im verflossenen Winter ebenso verdientes als außerordentliches Aufsehen hier gemacht hatte. Ihr Talent entzückte mich; vollendete technische Beherrschung, Tiefe und Wahrheit des Gefühls und durchaus edle Haltung ist es, was sie insbesondere auszeichnet. Ihr außerordentlicher und merkwürdig schöner Vortrag der berühmten Beethoven-Sonate in f-Moll begeisterte den berühmten dramatischen Dichter Grillparzer zu einem Gedichte, in dem er die anmutige Künstlerin verherrlichte.

Clara Wieck und Beethoven

Ein Wundermann, der Welt, des Lebens satt,
Schloß seine Zauber grollend ein
In festverwahrtem, demantharten Schrein,
Und warf den Schlüssel in das Meer und starb.
Die Menschlein mühen sich geschäftig ab,
Umsonst! kein Sperrzeug löst das harte Schloß
Und seine Zauber schlafen, wie ihr Meister.
Ein Schäferkind, am Strand des Meeres spielend,
Sieht zu der hastig unberuf'nen Jagd.
Sinnvoll-gedankenlos, wie Mädchen sind,
Senkt sie die weißen Finger in die Flut,
Und faßt, und hebt, und hat's. – Es ist der Schlüssel!
Auf springt sie, auf mit höhern Herzensschlägen,
Der Schrein blinkt wie aus Augen ihr entgegen.

Der Schlüssel paßt. Der Deckel fliegt. Die Geister,
Sie steigen auf und senken dienend sich
Der anmutreichen, unschuldsvollen Herrin,
Die sie mit weißen Fingern, spielend, lenkt.

Franz Grillparzer

Joseph Fischhof:
Das Auftreten von Clara Wieck ist für Wien von wesentlichem, jetzt bereits fühlbarem Einfluß auf dem Gebiet des Klavierspiels gewesen; sie hat zum erstenmal Kompositionen aus der romantischen Schule öffentlich vorgeführt; kein geringes Wagnis einem Publikum gegenüber, das in keiner Weise darauf vorbereitet, vielmehr durch vorgefaßte Meinungen und Intrigen dagegen eingenommen war. Auch ist sie die erste gewesen, die Fugen und Etüden öffentlich gespielt, ja, mit Beethoven aufgetreten ist, was außer dem Konzert spirituell höchst selten geschieht.

Clara Wieck über andere Künstler

Über Franz Liszt:
Wir haben Liszt gehört. Er ist mit gar keinem Spieler zu vergleichen – steht einzig da. Er erregt Schrecken und Staunen und ist ein sehr liebenswürdiger Künstler. Seine Erscheinung am Klavier ist unbeschreiblich – er ist Original – er geht unter beim Klavier . . . Seine Leidenschaft kennt keine Grenzen, nicht selten verletzt er das Schönheitsgefühl, indem er die Melodien zerreißt, das Pedal zuviel aufhebt, wodurch nicht dem Kenner, jedoch dem Laien seine Kompositionen noch unverständlicher werden müssen. Sein Geist ist groß, bei ihm kann man sagen »seine Kunst ist sein Leben«.
Mir kommt mein Spiel jetzt so fad und ich weiß gar nicht wie vor, daß ich beinah die Lust verloren hab, ferner noch zu reisen. Seit ich Liszts Bravour gehört und gesehen, komme ich mir vor wie eine Schülerin.

Über Sigismund Thalberg:
Thalberg ist gestern angekommen und hat heute 2 Stunden hier gespielt und uns aus einem Erstaunen in das andere versetzt; er kann sehr viel und mehr als wir alle (außer Liszt), da hast Du wohl recht, und wär ich nicht eine Dame, so hätte ich längst der Virtuosität Adieu gesagt, doch so beruhige ich mich noch ein wenig – mit den Damen nehm ich's doch allen auf (. . .)
Vor meiner Reise nach Paris wird mir Himmel-Angst; wenn ich so einen wie Thalberg oder Liszt gehört habe, da komme ich mir immer so nichtig vor, und da bin ich unzufrieden mit mir, daß ich weinen möcht! Hätte ich nur genug Kraft, und könnt ich mich nur aufraffen, ich müßte viel mehr noch leisten, aber die Liebe, die spielt mir zu sehr mit, ich kann nun einmal nicht einzig und allein der Kunst leben, wie es der Vater verlangt, nur erst durch Dich lernt ich die Kunst lieben, und daher kommt es, daß ich oft zu viel anderes denke!

Bedingungen

Clara an Robert

Das Reisen ist mir sehr langweilig jetzt, ich sehne mich doch sehr nach Ruhe, wie gern möcht ich komponieren, doch hier kann ich durchaus nicht. Früh muß ich üben, und spät bis abends haben wir Besuch; dann ist mein Geist völlig erschöpft . . .

Robert an Clara

Sonst ist es, seit einem Vierteljahr schon, so still in meinem Leben fortgegangen, wie es nur der schneidendste Gegensatz zu dem Deinigen sein kann, das mich an Deiner Stelle betäuben würde. Ich bin frühzeitig auf, meist vor sechs Uhr, meine schönste Stunde feiere ich da. Meine Stube wird mir zur Kapelle ordentlich, der Flügel zur Orgel, und Dein Bild, nun das ist das Altarbild – dann ordne ich, rücke hier und da zurecht, arbeite, komponiere bis elf Uhr, wo mich meistens junge Leute besuchen . . . dann geht es auf das Museum – dann zum Mittagstisch in die Allee nach Hause – ruhe nie, denke an mein Liebstes, dann ans Klavier wieder oder den Arbeitstisch – abends meistens zu Poppe, da es mich zu dürsten anfängt, auch nach menschlicher Gesellschaft, die man nun einmal nicht entbehren kann. Um neun Uhr bin ich schon wieder zu Haus, wo mir's immer am besten gefällt – sage Deinem Bild eine gute Nacht – vertiefe mich recht in die Zukunftsträume, die leis und stockend von wirklichen abgelöst werden – so lebe ich glücklich, still und gut; denn alles kommt von Dir und geht wieder zu Dir zurück. Willst Du mich anders?

Robert Schumann
Grande Sonate
pour le pianoforte
à Mademoiselle
Clara Wieck
(Titelblatt)

Robert Schumanns Kompositionen

1834 [Leipzig] Études Symphoniques eigentlich Variationen über ein Thema des Herrn v. Fricken für Klavier [op. 13], desgleichen Carnaval für Pianoforte [op. 9], und Sonate in fis-Moll für Pianoforte [op. 11] angefangen und beendigt im folgenden Jahr.

1835	[Leipzig] Beendigung der oben genannten Kompositionen, desgleichen der Sonate in g-Moll [op. 22]. Zu letzterer machte ich in Wien einen andern letzten Satz.
1836	[Leipzig] Phantasie für Klavier [op. 17] - 3. Sonate in f-Moll [op. 14] unter dem Titel Concert Sans Orchestre - Eine 4 Sonate in f-Moll skizziert - Mehrere Scherzos und kleine Sachen.
1837	[Leipzig] Phantasiestücke, zwei Hefte [op. 12] - Davidsbündlertänze für Klavier, zwei Hefte [op. 6].
1838	[Leipzig] Novelletten, vier Hefte [op. 21] - Kinderszenen für Pianoforte [op. 15] - Kreisleriana, Phantasiebilder für Pianoforte [op. 16] - [Wien]. Letzter Satz der Sonate in g-Moll. Mehreres Kleines - Scherzo, Gigue, Romanze op. 32; die darin befindliche Fughette später.
1839	[Wien] Arabeske für Klavier [op. 18] - Blumenstück für Klavier [op. 19] - Humoreske für Pianoforte [op. 20] - Angefangen einen Konzertsatz für Klavier mit Orchester, ein Allegro in c-Moll; verschiedene kleinere Stücke und die ersten Sätze des Faschingschwankes aus Wien [op. 26] - fertig gemacht noch die Nachtstücke [op. 23]. [Leipzig] Fughette in g-Moll - letzter Satz des Faschingschwankes - 3 Romanzen für Klavier [op. 28].

Projektenbuch, in: Eismann, Ein Quellenwerk

Clara an Robert

Erstaunt bin ich vor Deinem Geist, vor allem dem Neuen, was darin – überhaupt weißt Du, ich erschrecke manchmal vor Dir und denke, ist es denn wahr, daß das Dein Mann werden soll? Mir kommt wohl zuweilen die Idee, daß ich Dir nicht genügen könnte, doch lieb haben könntest Du mich deswegen immer! – Pauline[1]) hätte mich können bewegen meine Kunst als Künstlerin niederzulegen, wenn nicht der Vater um mich war und mich zurückführte auf das, was ich kann, und daß nicht ein Mensch

[1]) Pauline Viardot-García, berühmte spanisch-französische Sängerin und Komponistin

so viele Talente haben kann wie der andere. Nun, ich verstehe doch wenigstens alles und Deine Musik, das ist schon beglückend für mich.

Clara an Robert

Du fragst mich, ob ich nichts komponiere: Ich hab ein ganz kleines Stückchen geschrieben, weiß aber nicht, wie ich es nennen soll. Ich hab eine sonderbare Furcht, Dir etwas von meiner Komposition zu zeigen, ich schäme mich immer.

Clara Wiecks Kompositionen

1837	Variations de concert pour le Pfte. sur la cavatine du »Pirate« de Bellini C-Dur op. 8 Adolph Henselt gewidmet
1838	Souvenir de Vienne, Impromptu pour le Pfte. G-Dur op. 9 Scherzo pour le Pfte. Scherzo con passione d-Moll op. 10
1839	Trois Romances pour le Pfte. op. 11 Robert Schumann gewidmet 1. Romanze: Andante Es-Dur 2. Romanze: Andante/Allegro passionato/Adagio g-Moll 3. Romanze: Moderato/Animato. As-Dur

Robert an Clara

An Deiner Romanze hab ich nun abermals von neuem gehört, daß wir Mann und Frau werden müssen. Jeder Deiner Gedanken kommt aus meiner Seele, wie ich ja meine ganze Musik Dir zu verdanken habe. –

1837. Thalberg, Variationen über ein Thema aus Donizettis Liebestrank.
Henselt, „Wenn ich ein Vöglein wär". — Wiegenlied.
Henselt, Konzert. (Manuskript.)
Heller u. Ernst, Zwei Pensées fugitives f. Pfte. u. Violine.
Liszt, Divertissement über Kavatine von Paccini (Ituoi fre- [quenti palpiti).
Ries, Sonate op. 47 f. Pfte. u. Violine.
Schumann, Drei symphonische Etüden mit vorhergehendem [Thema a. op. 12.
Schumann, Sonate Fis-moll, op. 11.

1838. Chopin, Etüde op. 25, Nr. 11, A-moll.
Schubert-Liszt, Erlkönig — Ave Maria — Lob der Tränen.
Sechter, Fuge.
Clara Wieck, op. 5.
Clara Wieck, op. 9.

1839. Benedict u. Beriot, Duo f. Pfte. u. Violine.
Scarlatti, Klavierstück.

Clara Wieck zurück in Leipzig
Mai 1838 - Juli 1838

Robert Schumann, Tagebuch

Dienstag am 15ten. C.[lara] ist noch nicht da - wird abends gekommen sein - Aufgeregt und krank den ganzen Tag - Viel phantasiert - Bis Freitag den 18ten. Schmerzenstage - Sehnsucht zur Qual - sonst keine Spur von ihnen, die ich allerdings absichtlich vermieden - Große Freude über Dedikation der letzten Werke von Schubert, die mir der Diabellische Geschäftsführer feierlich überreicht gestern - Therese[1]) ist fort - Clara hier - ihr gestriges Treffen mit Eduard[2]), der ganz begeistert von ihr - weder schlafen noch essen, noch arbeiten - es fängt schlimm an - ich glaubte mich männlicher - nun gib Kraft, mein Stolz! -

Bis Montag den 22sten. Sonderbarste Verzweiflung - Am Montag im Konzert von Schubert. Clara zum erstenmal gesehen - ist's möglich? - bin ich am Leben? - mit dem Alten [Wieck] gesprochen, was mich beruhigt -

[1]) Schwägerin [2]) der älteste Bruder Schumanns

Dienstag den 22sten. - Der Himmel klärt sich auf. Der Alte [Wieck] war bei mir. Zum erstenmal. Hab ich den alten Kerl doch lieb wie meinen Vater! - . . . Der Himmel klärt sich auf. Gesehen hab ich sie noch nicht. Sonst still gearbeitet an den Kreisleriana's zum Fortschicken.
Sonntag am 27sten. Schöner Tag des Wiedersehens nachmittags durch Zufall - meine Clara war's -
Montag am 28sten - nach Lützschena - leb ich - träum' ich - diese Menschen - ich - Clara -?
Dienstag am 29sten. Schöner Zufall abends, Clara zu sehen, sprechen und küssen - wie innig - doch schien sie mir zurückhaltend - vielleicht auch nicht - Etwas blieb zurück - der Abschied himmlisch - schöner Tag, des Lebens wert -
Bis Montag den 4ten Juni Nichts von Clara gesehen - sonderbar Gemisch von Seligkeit und Ingrimm - den A.[lten Wieck] kalt zürnend [?] behandelt - endlich abends durch N.[anni] Briefe und Sehen und Sprechen und Spazierengehen - himmlisch war sie, so schön, so glücklich, so ganz mein -

Clara an Robert 8.6.1838

Sei punkt 9 Uhr vor unserem Fenster; winke ich mit einem weißen Tuch, so geh langsam hinauf nach dem alten Neumarkt, ich komme dann nach und geh mit Dir, da ich die Mutter bei ihrer Mutter abhole. Winke ich nicht, so ist sie nicht gegangen. Du kannst auch etwas vor 9 kommen.
Geh aber ganz langsam, weil ich mich dann erst zurechtmachen muß. Du kannst ja auf einmal wieder umdrehen.

Robert Schumann, Tagebuch

Am 8ten Juni, Freitag, mein 28ster Geburtstag, nie einen seligeren, ruhigeren gehabt; abends zuvor Nachtständchen von Verhulst, Ulrich, Wittmann und A., das mich sehr gefreut - Freitag früh N.[anni] mit Blumen und Brief - Glücklich bin ich - dann Verhulst und Dr. Reuter, der besser geworden - Abends in Auerbachs Keller mit Verhulst und Chambertin getrunken - Und dann, und dann traf ich mein Mädchen und nahm sie mit zu mir - wie die Kinder spielten wir - ein zu groß Glück - dies Mädchen - die Tränen treten mir vor Liebe in die Augen - das Du zum erstenmal oft und aus ganzem Herzen - Vergiß nie, was Clara um Dich geduldet.

Zusammen leben und sterben
Am 28. September 1838 beim Abschied von ihr

Robert Schumann in Wien
Oktober 1838 - April 1839

Clara an Robert 1.10.1838

Welche Überwindung kostete es, mich von Dir loszureißen, Dich in Tränen zu sehen und da zu gehen! Ach Robert, das war viel zu ertragen, und als ich Dich da in der Post sah - ich sah Dich kaum, der Boden wankte unter mir, das wußte ich, daß Du mich noch so recht freundlich ansahest, nicht wahr? Der Mond schien so schön, so friedlich, lange sah ich ihn an, gedankenlos, doch nein, ganz versunken in dich, Du standest vor mir mit Tränen in den Augen, ach Gott, das war zu erschütternd, ich vergesse es noch nicht ... Du hältst mich am Ende für kalt, daß ich nicht eine Träne weinte? Ich konnte nicht, mein Schmerz war zu groß!

Robert an Clara 7.10.1838

Grüß Dich Gott, mein teures Mädchen, aus unsrer neuen Heimat. Ach, sie ist mir noch keine, da Du darin fehlst. Und gestern, welch schwerer Tag nach so vielen schweren. Schon Freitag abend fühlte ich ein Heimweh, eine Niedergeschlagenheit, wie sie irgendein Verbannter haben kann.

Clara an Robert 17.10.1838

Recht große Sorgen mach ich mir jetzt um Dich! Dir gefällt es nicht in Wien, und ich fühle es immer mehr, daß es Dir nicht gefallen kann ... und ich bin an allem Schuld! Kann ich Dich dafür belohnen? ... Wenn nur erst eine Gewißheit da wär, daß Du in Wien bleibst, oder nicht oder sonst etwas! nun, du wirst schon alles machen, und nur Mut mein Robert, Dein Mädchen ist ja auch mutig und begleitet Dich, wohin Du willst ...

21.10.1838

Vater ist fest entschlossen, nach Paris zu gehen, meinte aber, ich müßte durchaus jemand bei mir haben, der Französisch spräche, da ich mir sonst in Paris noch ein Mädchen extra nehmen müßte. Was sollte ich darauf sagen? Er hatte darin wohl recht, und so werde ich nun wohl mit einem fremden Mädchen reisen müssen. Gott, nicht einmal die Einzige, der ich mein Herz ausschütten konnte, darf ich behalten. Alles soll ich nur ganz allein mit mir herumtragen! Hat mir der Vater eine bittre Stunde gemacht, kann ich nicht einmal bei meiner Nanny Trost holen! – Wie soll ich es machen, Dir zu schreiben? Einem fremden Mädchen vertraue ich mich nicht, die gleich vom Vater bestochen wird, wie soll ich da eine Silbe schreiben können? Wo die Briefe verbergen, daß sie das Mädchen nicht sieht? Ich weiß nicht, wo mir der Kopf steht – ach, und die Tränen laufen heut unaufhaltsam und so bitter! ... neulich, als Dr. Reuter einmal bei uns gewesen, setzte mich der Vater nachher gleich zur Rede, was Reuter gewollt hätte, und der Mutter mußte ich jedes Blättchen zeigen, was ich in meinen Taschen hatte; das empörte mich ganz fürchterlich, doch ich überwand mich und ließ mir nichts davon merken.

Robert an Clara 23.10.1838

Als Sonntag noch immer kein Brief von Dir kam, sagte ich nichts als »das ist stark«, und als gestern früh wieder keiner, ward ich ganz erbittert gegen die Welt und alles – Und als ich nun Deine Zeilen nachmittags sah, sagte ich nur »meine gute gute Clara«. Und wieviel hätte ich Dir zu sagen. Vor allem also, daß es mir sehr wohl ergeht, und daß mich Wien entzückt ... Manchmal scheint es mir, als habe ich diese vorigen acht Jahre wie im Gefängnis gelebt, ohne daß ich es gewußt hätte ... Wie man hier noch von Dir spricht, wie Du geliebt und verehrt bist – ich will Dich nicht eitler machen, als Du schon bist – Aber komme nur nach Wien, ich kann Dir eine gute Aufnahme versprechen – Jetzt hab ich einen Kuß verdient ...

24.10.1838

Daß Du Dich mit Deinem Vater wieder verständigst, weiß ich nicht was ich dazu sagen soll. Ihr seid auch - verzeih mir - wie ein Paar Kinder zusammen. Du weinst, er tobt - und dann ist's wieder beim alten, und wir kommen nie vorwärts ... Reuter schrieb mir, Dein Vater hätte selbst geäußert, wie er meinen Aufenthalt hier hintertreiben wolle und gegen mich operiere. Was bildet sich Dein Vater ein? Der will mir schaden können, hier wo *Alles* über ihn im höchsten Grad aufgebracht ist, wo sie alle froh sind, wenn Du Dich von Ihm losreißest! Du stehst mitteninnen mit Deinem guten Herzen - und es bekümmert mich oft. Aber daß er, was Du im Herzen hast, so wenig achtet, daß er in Dich wühlt mit seiner Rohheit, in die Blüte Deiner Jugend reißt, daß man es Dir ansieht, - das leide mir nicht zu lang. Es wird nicht möglich sein, daß Du ihm und mir zugleich angehörst. Einen wirst Du lassen müssen, ihn oder mich.

Clara Wieck auf Reisen

Clara an Robert 4.1.1839

Ich reise allein, mit der Französin. Vater kann wegen seiner Geschäfte nicht fort, und hat auch gesagt, er käme nicht nach Paris, und warum? Weil er es für seine Pflicht hält, nichts zu tun, was mich meinem Ziele näher bringen könnte, und das würde er doch, reiste er mit, denn da würde ich mehr verdienen ...

Clara an Robert Nürnberg, 14./15.1.1839

Lieber Robert, wenn Du nun in 3 Wochen keinen Brief von mir hast, so sei nicht traurig, Du kannst dann überzeugt sein, daß es keine Möglichkeit war zu schreiben. Jeden Tag, jede Stunde denke ich, daß mich Vater plötzlich überrascht. Das Orchester hat abgesagt zu spielen, und so muß ich die Caprice von Thalberg noch schnell studieren, die ich gar nicht mehr in den Fingern hab. - Alle Briefchen (was so zum Konzert gehört), muß ich selbst schreiben, Freibillette herumschicken, Stimmer, Instrumententräger besorgen, und dabei studieren? Das ist ein wenig viel, ich weiß nicht, wo eher anfangen, und nun die vielen uninteressanten Besuche! ach Gott, was gibt es doch für geistlose Menschen in der Welt.

Heute ist mein Konzerttag, und doch kein Konzert! Nicht genug, daß ich beinah eingeschneit wäre, sondern auch im Wasser sitzen wir und können nicht heraus. Die ganze Stadt steht unter Wasser, indem der Fluß ausgetreten ist (. . .) Was mir Spaß macht, das sind die Leute, die auf Kähnen in der Stadt umherfahren; bei uns kann man nicht mehr in den Hof – ein fatales Gefühl, und wir wohnen gerade am Wasser (. . .) Heute habe ich einigen hiesigen Musikkennern den ganzen Morgen vorgespielt, und sie sind in Extase geraten (. . .)
Eben war der Musikdirektor aus Ansbach hier, ich spielte ihm vor, und er war so entzückt, daß er mir keine Ruhe ließ – ich muß nach Ansbach. Mittwoch abend ist hier mein Konzert, Nachts wird gepackt, Donnerstag früh gehts mit Extrapost nach Ansbach, da komme ich um 11–12 Uhr daselbst an, suche schnell ein Instrument, Abends ist das Konzert und Freitags gehts nach Stuttgart.

Robert an Clara 15.1.1838

Mein geliebtes Mädchen,
welchen erhebenden Eindruck Dein Brief auf mich gemacht, kann ich Dir kaum sagen. Was bin ich doch Dir gegenüber! Als ich von Leipzig wegging, dachte ich, das Schwerste vollbracht zu haben. Und Du, ein Mädchen, eine so zarte Jungfrau, gehst allein für mich in die weite gefahrvolle Welt. Was Du diesmal getan, ist das Größte, was Du für mich getan. Seitdem ist es mir aber auch, als könnte es kein Hindernis mehr für uns geben. So durch und durch gestärkt fühle ich mich. Dein Vertrauen, deine Selbständigkeit werden Dir einmal belohnt werden. Du bist ein außerordentliches Mädchen, das die höchste Verehrung verdient (. . .) Es stärkt so moralisch, solche Kraft seines Mädchens zu sehen. In den vorigen Tagen hab' ich so viel gearbeitet, wozu ich sonst Wochen gebraucht (. . .) Könnte ich Dir doch immer ein Paar Schritt unsichtbar folgen (oder auch sichtbar); wie ein guter Genius möchte ich Dich unter den Flügeln wahren, damit Dir kein Leids geschähe. Ach, Clara, wie liebt man sich doch noch ganz anders, wenn man füreinander arbeiten und opfern muß . . .
Du bekommst Einsicht in so vieles, wo sonst Dein Vater Dir den

Weg vertrat, immer mehr Erfahrung und Menschenkenntnis. Kurz, es scheint mir, was Du diesmal durchkämpfst, ist eine recht sinnreiche Vorschule zur künftigen Hausfrau, und das Kochen wirst Du schon auch noch lernen. (. . .) Du hast eine Symphonie in mir hervorgerufen, ich danke Dir für Deine lieben Zeilen, muntere mich manchmal auf; schüttele, rüttele.

Ich will hier nicht davon sprechen, daß das Bedürfnis geistiger Selbständigkeit, welches jeder freischaffenden, künstlerischen oder literarischen Tätigkeit beiwohnt, leicht und fast unbewußt auch zu einer gewissen genialen Ungebundenheit im gewöhnlichen Leben, zur Abweichung von den herkömmlichen Sitten und Formen, zu einem etwas keckeren Auftreten auch in der Gesellschaft verleitet – Eigenschaften, welche an dem Weibe doppelt auffallen und ihm bei der öffentlichen Meinung nur bei entschiedener Begabung, ja selbst dann kaum, zugute gehalten werden; – auch nicht davon, daß zur rechten Ausbildung künstlerischer oder literarischer Meisterschaft gewöhnlich ein ganz besonderer Bildungsgang erfordert wird, Reisen ins Ausland, der Besuch von Kunstschulen, eigentümliche Studien mancherlei Art, ein lebendiger und vielseitiger Verkehr mit den verschiedenen Volksklassen und dergleichen mehr, wovon das eine und andere entweder dem weiblichen Kunstjünger nach den bestehenden Sitten und Einrichtungen schwer oder gar nicht zugänglich ist, oder doch gegen die dem weiblichen Geschlechte natürliche und durch das Herkommen geheiligte Zurückhaltung verstößt. Nur daran will ich erinnern, daß der natürlichste und höchste Beruf des Weibes, der Beruf als Gattin, Hausfrau und Mutter, mit der Ausübung einer künstlerischen Tätigkeit sich schwer verträgt und fast unausbleiblich darunter leiden muß. Daß aber eine versemachende, malende oder musizierende Frau, von schmutzigen und zerlumpten Kindern umgeben, inmitten einer saloppen, liederlichen Wirtschaft selbst bei leidlicher Genialität dennoch kein anmutiges, liebenswürdiges Bild gewährt, darin wird, glaube ich, ihr weibliches Gefühl mit dem meinigen und dem der meisten Männer übereinstimmen.

Karl Biedermann, Frauenbrevier, 1856

Der Ehemann ist berechtigt, sämtliche häuslichen Arbeiten (operae domesticae) von seiner Frau, sobald es ihr Stand erlaubt, zu verlangen. Treibt der Mann eine Kunst oder ein Handwerk, so muß ihn die Frau hierbei, ohne eine Vergütung verlangen zu können, behilflich sein (s. operae obsequiales). Treibt die Frau eine eigene Kunst (sogenannte operae artificiales), und sie versäumt die häusliche Wirtschaft nicht, so zieht sie den Gewinn allein, ohne dem Manne davon etwas geben zu müssen. Vernachlässigt sie jedoch die schuldigen Arbeiten, so muß sie den Mann schadlos halten und ihm wiedererstatten, was er deshalb mehr ausgegeben habe.

Adolph Hartitzsch, Eherecht, 1828

Clara Wieck in Paris
Februar 1839 - August 1839

Clara an Robert 8.2.1839

Mein lieber Robert,
endlich bin ich glücklich hier, und doch, denke Dir das Unglück, Dein Brief ist da, und ich kann ihn nicht haben, als auf Vorzeigung des Passes[1]). Nichts hilft, ich muß ihn aufgeben und bin trostlos . . .

Träume

Sie:
Weißt Du, was mir geträumt. Ich träumte, ich läge im weißen Kleid und einem weißen Kranz auf der Totenbahre, und Du und Henriette[2]) knietet an meiner Seite, Ihr lächeltet traurig, und immer hörte ich Himmelsglocken, sie klangen so himmlisch und doch dabei schauerlich! einen Schleier hatte ich über mir, in welchem silberne Sterne waren, die funkelten wie die Sterne am Himmel – ich war ja im Himmel, ich war aber auch traurig! Ach Robert, vorher hatte ich wohl hundertmal gedacht,

[1]) Schumann hatte den Brief wie üblich an einen fingierten Namen adressiert.
[2]) Henriette Reichmann, Schülerin und Reisebegleiterin Clara Wiecks

»ach könntest du doch deinen Robert nur einmal sehen« – ich sah Dich, doch an meiner Totenbahre mußt' ich Dich sehen!

Er:
Auch ich träumte so oft von Dir, und denke Dir, wie wir doch so oft in allem, was wir tun und denken, zusammentreffen, um dieselbe Zeit ungefähr wie Dir träumte mir »Du saßest auf einem schönen Roß, das gerade fortsprengen wollte, Du hattest ein schwarzes Kleid und eine Art Barett, neben Dir eine weibliche Gestalt, mir verhüllt, ich lag auf den Knien und flehte Dich an, Du möchtest mich mit auf Dein Roß nehmen, aber Du sagtest nichts, nur das Pferd flog davon, und ich blieb zurück, dann wachte ich auf«. Ist das nicht Dein Traum in andrer Gestalt?

Sie:
Vergangene Nacht träumte ich viel von Dir und unter anderem, Du seiest krank, lägest auf dem Sofa bei uns, und ich pflegte Dich in Gegenwart der Eltern.

Er:
Glücklich bin ich, daß ich fast alle Nächte von Dir träume, und immer schön und lieb. Meistens seh ich Dich in einem schwarzen Kleid, wie ich Dich so gern mag.

Clara an Robert 14.2.1839

Sieh, nur Dich hab ich ja, Du sollst meine Stütze sein! Ich hab einen Vater, den ich unendlich liebe, der mich liebt, und doch habe ich keinen Vater, wie ihn mein Herz bedürfte! Sei Du mein alles, auch mein Vater – nicht wahr, Robert? . . . Du siehst also, daß ich wirklich allein in Paris bin! bangst Du für mich? mein Vater will durchaus nicht kommen, . . . ich hab an Frau von Berg geschrieben, ob sie nicht kommen will, denn ohne eine sehr anständige Dame kann ich in keine Gesellschaft gehen. Probst und Fechner haben mir ein paar Tage hintereinander den Kopf heiß gemacht und wollten mich bewegen, zurückzureisen. Sollte ich umsonst nach Paris gekommen sein? Der Vater gäbe etwas darum, wenn er mich nur wieder zurückhätte, doch ich gehe nicht. Vielleicht bleibe ich den ganzen Sommer hier und gebe Unterricht und ziehe zu Lists[1]). Aber Robert, hier für immer leben, das wollen wir nicht! Hier sind die Menschen nicht nur oberflächlich, sondern auch frivol, und man kennt kein häusliches, gemütliches Leben – nein, wir passen nicht hierher! ... Schreib mir bald, bald, damit ich nicht verzweifle. Jetzt hast Du schon 8–9 Briefe, und ich noch nicht einen! ... In treuer Liebe und Innigkeit küßt Dich Deine treue Braut jetzt, bald Dein treues Weib. Außer mir bin ich, Deinen Brief da zu wissen und ihn in den rohen Händen der Postsekretäre lassen zu müssen. Adieu! – Du, mein Leben!

Robert an Clara 16. 2. 1839

Meine geliebte Clara, mein teures, liebes Mädchen – was fang ich zuerst mit Dir an. Wie lange hast Du nichts von mir gehört. Und nun das Unglück, daß sie Dir meine Briefe nicht geben wollen. Ich schreibe Dir nachher eine Vollmacht, die zeigst Du vor mit Deinem Paß, und dann lies nur ... Gott, was hab' ich Dir Alles zu sagen. Könnte ich Dich nur eine Stunde sprechen. Je weiter Du von mir gehst, je mehr liebe ich Dich immer. Du weißt es, wie ich Dich jetzt liebe, Du allein! Es ist gar nicht auszusprechen. Es versetzt mir manchmal den Atem. Ich werde krank, wenn ich Dich nicht bald sehen darf... Wenn ich Dich zum erstenmal wieder sehe, da weine ich, da schrei ich, da laß ich Dich nicht wieder los. Dann darfst Du nicht mehr von mir. Zuviel hab' ich schon um Dich gelitten ...

Robert an Clara 20. 2. 1839

Hast Du Mut nach Wien zu kommen, auch ohne daß ich meine Zeitschrift redigiere? Hast Du Mut nach England mit mir zu ziehen? Erschrick nur nicht über die heftigen Fragen, meine Clara! Könnte ich nur eine Stunde mit Dir über alles sprechen, es ist mir manchmal recht schwermütig im Herzen (...)

[1]) Familie des Nationalökonomen Friedrich List, mit dessen Töchtern Emilie und Elise Clara Wieck von Kind an befreundet war.

Du allein bist mein Trost
Zu Dir seh ich auf wie zu einer Maria
Bei Dir will ich mir wieder Mut und Stärke holen
Es ist schwerer, als ich geglaubt - das Heiraten -
aber es gibt keine Wahl mehr zwischen uns
Ich kann nicht mehr von Dir los
Gott hat mich verlassen, wenn Du mich verlässest

Robert an Clara 20.2.1839

Aber höre meine Gedanken! Vor wenigen Tagen schreibt mir Friese[1]), ... daß die Zeitung ohne mich nicht länger bestehen könne und daß er sie zum Juli abgeben müsse, wenn ich nicht nach Leipzig zurückkäme; es schade ihm zuviel. Er hat wohl recht; ich sehe es ein ... Wollte ich also nicht das Äußerste tun, das heißt die Zeitung selbst verlegen, so wüßte ich nichts, als sobald als möglich nach Leipzig zurückzukehren, um mir nur wieder etwas zu verdienen. Mit welchem Gefühl ich dies tue, kannst Du Dir gewiß denken; Dein Vater wird hohnlächeln, man wird fragen, was das wieder zu bedeuten hat. Andererseits sehne ich mich wieder nach meiner Ordnung, nach meinen Bekannten, nach meiner Parkstube ... Hätte ich nur Kraft, mich ganz der Musik zuzuwenden; aber meine Zeitung dauert mich auch, sie ganz zu lassen und untergehen zu sehen. Du siehst, in welchem Zwiespalt ich mit mir selber lebe. Nun höre, ich tue alles was Dir am liebsten ist, und Du sollst mir deshalb nicht für die Folgen verantwortlich sein ... Viel ruht auf Deiner jetzigen Reise, meine liebe Clara ... Du hast Dich nun selbständig

[1]) Verleger von Schumanns Neue Zeitschrift für Musik

gezeigt, wirst Dich des elterlichen Hauses entwöhnen, dem Du Dich, auch wenn alles mit Deines Vaters Einwilligung geschähe, doch auch einmal auf immer hättest entwöhnen müssen. Also, benutze Deine Freiheit jetzt, bleibe so lange in der Fremde wie möglich... Höre denn meine Gedanken, es sind nur leise Wünsche und Bitten - tue dann, was Dir am besten scheint. Also in Paris würde ich an Deiner Stelle nicht länger als bis Ende März bleiben, und dann gleich nach London gehen... Dann, wenn es Dir gefällt, bleibe aber in England so lange wie möglich, ja das ganze Jahr. Was willst Du zu Hause, in Deinem Haus, wo nimmer Frieden ist - Sind wir einmal getrennt, nun, so wollen wir auch die hundert Meilen mehr ertragen lernen, die uns trennen - Du hast die Kraft dazu und ich werde Dir nicht nachstehen... Dann vergiß aber im Februar und März nächsten Jahres Petersburg nicht, und dann (glaub ich gewiß) kannst Du ruhigen Herzens in die Zukunft sehen. Es ist viel, was ich Dir zumute; Du hast eine große schwere Wanderung vor - Ob es Dir einmal vergolten wird von dem, für den Du das alles tust? Ob er es verdient? Frage Dein Inneres und antworte mir dann. Ich verlange mit Zittern nach Deiner Antwort auf diesen Brief...
Nach Deiner Antwort auf alle meine Pläne wird es sich entscheiden bei mir, wohin ich gehe, was ich zuerst tue... Auch nach Paris gehe ich, wenn es Dir dort gefällt und Du glaubst, daß es uns dasselbe wie England nützt - Auch das noch; suche mich jetzt schon in Paris und London bekannt zu machen. - Dein Vater hat mich in den letzten Jahren zu sehr zurückgesetzt - ich verdiene das nicht als Komponist... Es ist keine Eitelkeit - es ist etwas anderes, sehr Schmerzhaftes, daß gerade Du, von der ich am ersten verstanden werde, es niemandem gestehen solltest, daß Du mich recht würdigest. Man fragt mich hier oft »warum aber hat Clara nicht von Ihnen hier öffentlich gespielt« - und hätte ich gewußt, wieviel Du mir dadurch hier nütztest für jetzt, so hätte ich Dich wohl auch darum gebeten...
Lebe wohl meine liebe Clara, vergiß mich nicht gib mir Trost, gib mir Leben wieder, ich bin manchmal untröstlich - verlaß mich nicht, der Dich liebt und anbetet.

Die Franzosen, die Katholiken und die Juden

In Frankreich möchte ich nicht leben, je näher man die Menschen kennenlernt, desto mehr Abscheu bekommt man vor ihnen, diese Frivolität, dieses fade courmacher-Wesen in diesen Menschen ohne alles edlere Gefühl – ach, das ist doch kaum zum Aushalten! und wenn sie in Gesellschaften so nach Tisch um den Kamin herumsitzen, und nun die uninteressantesten Gespräche führen – ich könnte vergehen vor Zorn und Sehnsucht nach einem Deutschen. Die Damen heucheln hier den größten Anstand, gehen nie allein aus, und doch! . . . Laß uns in Deutschland bleiben, nur da wohnt das Glück.

Weißt Du, daß ich doch keine Lust hätte in einem katholischen Land zu leben, meine Französin ist eine Erzkatholikin, eine trügerische falsche Person, maliziös, und ich schikke sie nächstens fort . . .

Moscheles traue ich nicht viel, er ist ein Jude und liebt nicht andere Talente . . .

Ich glaube Schlesinger ist ein Jude und mit Juden muß man keine Geschäfte machen . . .

Clara an Robert 28.2.1839

Recht viele Sorgen drücken mich jetzt, und das wegen meines Aufenthaltes hier. So wie bei den Franzosen alles auf das Äußere geht, so muß auch ich es fühlen. Die Leute schlagen die Hände über den Kopf zusammen, daß ich, wenn auch nicht den Vater, so doch wenigstens eine Mutter oder Tante bei mir hab, und alle Welt sagt mir, daß man mir nicht den mir gebührenden Respekt erzeigen würde, hätte ich nicht eine alte Dame bei mir, die mich in alle Gesellschaften begleitete, Besuche empfinge ect. (. . .)

1.3.1839

. . . Von Einnahme kann bis jetzt noch nicht die Rede sein, denn das, was ich in Deutschland verdient, hat längst die Reise hierher gekostet, und der Aufenthalt hier ist sehr teuer, so einfach wir uns auch

eingerichtet; wir haben unsere ganze Haushaltung bei uns, und leben gewiß so billig als möglich, und doch hab ich bis jetzt schon bedeutend zugesetzt, laß Dich das jedoch nicht kümmern, so etwas muß man riskieren, will man in eine große Stadt gehen ...
So eben bekam ich Deinen Brief, der mich wieder auf das tiefste erschüttert hat, und auch mich drohen die Sorgen zu erdrücken. Ach, könnt ich Dir doch jetzt ein tröstendes Wort sagen – »Vertrauen« das ist alles, und »Glauben« an mich. Ich kann mich so gut in Deine Lage versetzen, und wäre so gern um Dich, um Dir den Kummer tragen zu helfen. Einstweilen, lieber, guter Robert, ginge ich an Deiner Stelle nach Leipzig zurück und bliebe ruhig dort; ich denke mir doch bis Ostern 1840 auch noch etwas zu verdienen und komme gewiß zu Dir, und kannst Du dann auf einige Monate abkommen, so reisen wir zusammen nach England ... schreibe und komponiere Du einstweilen so fleißig fort, daß es uns nicht an Mitteln fehlt, eine größere Reise auf 2–3 Monate zu unternehmen, und dann, verzweifle nicht, bin ich nur erst bei Dir, dann wollen wir schon sehen ...
»Leben und Sterben zusammen« war unser Abschied, und es sollen dies die ersten Worte sein, die ich Dir als Dein Weib zuflüstere.

Clara an Robert 10.3.1839

Fänd ich nur Gelegenheit einmal von Dir zu spielen; ich wollte in einer Soirée den 21. bei Zimmermann von Dir spielen, doch er sagte mir, ich möchte das nicht tun, da Deine Kompositionen für das Publikum zu serieux seien ... Die Konzerte hier sind furchtbar langweilig, sie dauern 3–4 Stunden. In Gesellschaften hier ist es kaum auszuhalten; in einem kleinen Stübchen sitzen über 50 Damen um das Klavier herum (da verliert schon der Spieler ungeheuer, denn das Klavier kann ja nicht klingen), und benehmen sich nun auf die fadeste Weise, wissen nicht, wie den Kopf drehen – ich kann Dir sagen, die Franzosen sind mir furchtbar verhaßt, diese Frivolität, das Nichtstun, Kokettieren, das ist unglaublich.

Robert an Clara 11.3.1839

Verliere ja den Mut nicht in Paris; Du bist ja kaum einige Wochen dort; man wird Dich auch ohne eine langweilige ältere Damen hinnehmen, hast Du nur einmal angefangen. Deinen Vater laß Dir ja nicht kommen; höre mich, ich bitte Dich; So ginge das alte Lied und Leid wieder los. Jetzt, nachdem Du das Schlimmste überstanden, die große Reise, die ersten Anfänge und Einleitungen in Paris, jetzt führe es auch durch.

Die elterliche Einwilligung in die Ehe der Kinder ist von beiden Eltern, und in deren Ermangelung von den Großeltern zu verstehen. Sie kann nur aus erheblichen Gründen verweigert werden. Jedoch haben die Gesetze jene Gründe selbst nicht näher bestimmt. Insbesondere betrachtet man daher als gerechte Verweigerungsgründe der Eltern den Mangel künftigen notwendigen Unterhalts, grobe Laster und Ausschweifungen des anderen Teils, Verbrechen, verschuldete vorherige unglückliche Ehe, chronisch ansteckende Krankheiten, zu große Ungleichheit des Standes oder des Alters. Ehegelöbnisse, welche wider der Eltern Willen geschehen sind, werden weder durch den Beischlaf noch durch die priesterliche Trauung gültig.

Christian Gottlieb Haubold, Sächsisches Privatrecht, 1820

Die persönlichen Rechte und Pflichten der Eltern beziehen sich auf alles, was die Sorge für die Glückseligkeit der Kinder erheischt. Jedoch so, daß bei den hier statthabenden Verfügungen und der Wahl der Mittel der Wille des Vaters der Mutter vorgeht. Insbesondere sind die Eltern ihren Kindern Ernährung und eine gute Menschenerziehung schuldig. Daher haben sie das Recht, die Handlungen der Kinder zu leiten, und wenn es nötig ist, sie zu züchtigen. Dagegen sind die Kinder ihren Eltern Ehrerbietung und Gehorsam schuldig und können, ohne deren Einwilligung, keine verbindlichen Handlungen unternehmen. Die vollkommenen Gehorsamspflichten dauern nur, solange die elterliche Gewalt währt, die Pflichten der Ehrerbietung aber sind beständig dauernd.

August Wilhelm Schott, Eherecht, 1802

Der Verrat?

Clara Wieck an Friedrich Wieck 1.5.1839

Mein geliebter Vater, Deine Briefe aus Dresden haben wir erhalten, und ich danke Dir für Deine lieben Zeilen; große Sehnsucht hätte ich, Dich, mein lieber Vater, wiederzusehen und mit Dir so recht in aller Liebe und Eintracht einmal zu reden; so laß es mich jetzt wenigstens schriftlich tun. Meine Liebe zu Schumann ist allerdings eine leidenschaftliche, doch nicht bloß aus Leidenschaft und Schwärmerei lieb ich ihn, sondern weil ich ihn für den besten Menschen halte, weil ich glaube, daß kein Mann mich so rein, so edel lieben und mich so verstehen würde als er, und so glaub ich auf der anderen Seite auch ihn mit meinem Besitz ganz beglücken zu können, und gewiß keine andere Frau würde ihn so verstehen wie ich. Du wirst mir verzeihen, lieber Vater, wenn ich Dir sage, Ihr alle kennt ihn doch gar nicht, und könnte ich Euch doch nur überzeugen von seiner Herzensgüte! Jeder Mensch hat ja seine Eigenheiten, muß man ihn nicht danach nehmen? Ich weiß, was Schumann fehlt, das ist ein Freund, ein erfahrener Mann, der ihm beisteht und hilfreiche Hand leistet; bedenke, daß Schumann nie in die Welt gekommen war - kann es denn nun auf einmal gehen? Ach Vater, wärest Du ihm ein Freund - Du solltest ihn gewiß nicht undankbar finden, und Du würdest ihn gewiß achten; glaubst Du denn, daß ich Schumann so liebte, wenn ich ihn nicht achtete? Glaubst Du nicht, daß ich wohl seine Fehler weiß? Aber auch seine Tugenden kenne ich. Uns würde zu unserem Glück nichts fehlen als ein, wenn auch kleines, doch sicheres Auskommen, und Deine Einwilligung; ohne letzteres wäre ich ganz unglücklich, ich könnte nie Ruhe haben, und Schumann, der ja so viel Gemüt hat, würde das auch unglücklich machen; ich sollte verstoßen von Dir leben und Dich unglücklich wissen! Das hielt ich nicht aus. Lieber Vater, versprichst Du mir Deine Einwilligung, wenn Dir Schumann ein Einkommen von 1000 Taler nachweisen kann? 2000 Taler wäre doch etwas zu viel verlangt, das kann sich nur nach und nach finden. Gib uns die Hoffnung, und wir werden glücklich sein, und Schumann wird noch mit ganz anderem Mut daraufhin arbeiten, mich zu besitzen. Ich verspreche Dir

hingegen, Schumann nicht eher zu heiraten, als uns keine sorgenvollen Tage mehr erwarten. Gewinnt Schumann ein sicheres Auskommen, was ich sicher glaube, und wir haben alsdann Deine Einwilligung, so machst Du uns zu den glücklichsten Menschen - außerdem zu den unglücklichsten. Nie kann ich von ihm lassen, und er nicht von mir - nie könnte ich einen anderen Mann lieben - ich bitte Dich, versprich es mir, sage mir aufrichtig, was Du verlangst, was Du in Deinem Innern denkst, mache mir keine Hoffnung, wenn es Dir nicht Ernst damit ist. Ach wie glücklich kannst Du uns machen! Mein Herz ist so voll Liebe - willst Du es brechen? Das hätte ich nicht verdient! Du hältst mich nicht für gut. Du sagst, mein Charakter sei verdorben, ich wisse nicht, wie Du mich liebst, ich sei undankbar - ach Vater, da tust Du mir doch gar zu unrecht. Emilie und Henriette sind Zeuge, mit welcher Liebe ich von Dir spreche, immer, selbst nach Deinen vorwurfsvollen Briefen! Oft weinte ich schon im stillen, von Dir getrennt zu sein, Dich auf Deinen Spaziergängen nicht begleiten zu können, mich von Dir undankbar genannt zu wissen und so vieles noch! Hing ich je an Dir, so ist es jetzt. Du zanktest mich in Leipzig, daß ich nie heiter war; bedenke doch einmal in welchem Zustande ich in Leipzig war und wie man überhaupt ist, wenn man liebt, daß man da liebevoller teilnehmender Umgebung bedarf, - hatte ich die? Durfte ich Dir je von meiner Liebe sprechen? Mit wem möchte man wohl lieber darüber sprechen als mit den Eltern? Und vollends ich mit Dir!
Wie oft versuchte ich es, Dich durch mein Vertrauen zu Dir teilnehmender zu machen, hingegen machte ich Dich immer zorniger; nichts durfte ich! Im Gegenteil, ich mußte meine Liebe in mich verschließen und mußte, ach so oft, mich und den Gegenstand meiner Liebe verspottet sehen - das kann ein liebend Herz wie das meine nicht ertragen; Ihr kanntet meine Gefühle nicht; und dachtet nicht, daß jedes Eurer Worte, ja nur eine Miene mir schon das Herz hätte zerreißen können! war es so nicht natürlich, daß ich mich unglücklich fühlte?
Ach, mein lieber Vater, wie glücklich würden wir sein, wenn Du mich schonender behandeltest und einen Funken Liebe nur wieder in Dir erwachen ließest für Schumann, Du würdest ihn nicht un-

dankbar finden – wir alle wären glücklich! Könnte ich Dir nur alles sagen, was noch in mir spricht, hätte ich Dich nur da, Du ließest Dich rühren! – oder hältst Du mich für eine Lügnerin? für falsch heuchlerisch? glaub ich es doch fast! Du kennst mich wirklich nicht ganz! haben mich doch andere Menschen lieb, weil sie meinen, ich sei gut, und Du hältst mich nicht dafür? oh ja, doch! und darum gib mir einen Kuß – so!
Ich bitte Dich, schreib mir gleich wieder, ich kann nicht lange in der Unruhe bleiben; Du solltest sehen, wie ich meiner Kunst leben würde; Du meinst, ich liebe meine Kunst nicht? Ach Gott, gibt es Augenblicke wo ich ganz allen Kummer vergesse, so ist es am Klavier. Du schaltest mich, daß ich Dir nicht dankte für Deine Briefe; denke Dich doch an meine Stelle, die ich so ganz allein in dieser Weltstadt stehe! Bedarf ich da nicht des Mutzusprechens? Und Du hättest mir ihn eher benehmen können – Du kannst Dir doch denken, wie unglücklich mich das alles machte.
Du meintest also, ich solle nach Baden kommen? Ich sprach gestern mit Meyerbeer, und der riet mir nicht sehr dazu, indem die Kosten dort groß seien und ein Konzert doch nichts einbrächte; ich fände es also am besten, ich bliebe den Sommer hier, Du kommst hierher, ich gebe noch ein Konzert im Dezember, mache so nach und nach noch einige Bekanntschaften, suche mir Empfehlungen nach Belgien und Holland zu verschaffen, und wir gehen dann Anfang Januar nach Belgien und Holland (das ist die beste Zeit, jetzt ist nirgends etwas zu machen) und dann zum Mai nach England; Emilie würde mich auf der ganzen Reise begleiten, das wäre Dir doch eine große Erleichterung, schon wegen der Sprache! Schreib mir, ob Dir dieser Plan gefällt? Ober wünschst Du die Reise nach Baden sehr, so tue ich auch das! Das heißt zurück nach Paris müßte ich jedenfalls. Gingen wir nicht nach Baden, so kämest Du vielleicht recht bald hierher? Antworte mir doch das alles und auch das Vorhergehende, was ich Dir schrieb; ich bitte Dich aber dringend, gib mir keine Hoffnungen, um mich zu vertrösten – Du würdest mich um desto trauriger dadurch machen.

Mein innigstgeliebter Robert!

Mit schwerem Herzen
was schon lange in mir gekämpft
mein Vater
mein Vater
die Schuld müßte ich dann tragen
Vaters, Deines und mein Unglück
Wir können uns nächsten Ostern noch nicht
verbinden
unsicherste Zukunft
warten
warten
ein kleines sicheres Auskommen
sorgenlose Zukunft
Nicht wahr, Robert, Du bist ein Mann?
trinke recht viel Wasser
Bier untergräbt die Gesundheit
Dein Leben ist das Meine
Ich küsse Dich in inniger, unwandelbarster
Liebe

Deine treue Clara

Robert Schumann Tagebuch Mai 1839

Brief von Clara, die mich betrübt; ihr Brief mit Weigerung der Verbindung zu Ostern und strenge Antwort

Clara an Robert 13.5.1839

Sag mir, mein guter geliebter Robert, was soll ich tun, Deine sanfteren Gefühle für mich wieder herzustellen? Bitte, sag es mir, ich bin nicht ruhig, wenn ich Dich in Groll gegen mich weiß. Du hast mich mißverstanden, das war das ganze Übel, und hast an mir verzweifelt – das hättest Du nicht gesollt! Nichts kann mich mehr kränken, als wenn Du meinen Charakter und meine Liebe zu Dir verdächtigst, das verdiene ich nicht, und auch ich könnte bitterböse sein – wenn ich es könnte!

Robert an Clara 18.5.1839

Daß ich Dich habe! Daß ich Dich wieder fest und entschlossen weiß! Versprichst Du mir das, Dir keine unnützen Sorgen mehr zu machen, und mir zu vertrauen und folgsam zu sein, da nun einmal die Männer über den Frauen stehen.

Robert an Clara 13.6.1839

Eben las' ich Deinen Brief »bleibe ich ein Jahr in Dresden, so bin ich als Künstlerin vergessen«, – Clärchen, das ist doch nicht Dein Ernst – und würdest Du auch als Künstlerin vergessen, wirst Du nicht auch als Weib geliebt? – Gib mir die Hand, daß Du mir so etwas nicht wieder sagst – Das erste Jahr sollst Du die Künstlerin vergessen, sollst nichts als Dir und Deinem Hause und Deinem Mann leben, und warte, wie ich Dir die Künstlerin vergessen machen will – denn das Weib steht doch noch höher als die Künstlerin, und erreichte ich nur das, daß Du gar nichts mehr mit der Öffentlichkeit zu tun hättest, so wäre mein innigster Wunsch erreicht. Deshalb bleibst Du doch eine Künstlerin. Das bißchen Ruhm auf dem Lumpenpapier, was Dein Vater als höchstes Glück auf der Welt betrachtet, verachte ich.

Clara an Robert 21.6.1839

Ich bleibe wo Du willst mein geliebter Robert, und ganz recht hast Du, als Weib geliebt zu sein ist ja das Höchste! Ja, nur Dir will ich leben, und Dich glücklich machen . . .

Nun, mein Leben ist Dir
Nur an Dich gekettet
Du bist meine Stütze, meine Hoffnung

Die Unterschrift

An das Königliche Appellationsgericht zu Leipzig:

Wir Endesunterzeichnete hegen seit langen Jahren bereits den gemeinsamen und innigen Wunsch, uns ehelich miteinander zu verbinden. Doch steht der Ausführung dieses Entschlusses noch zur Zeit ein Hindernis entgegen, dessen Beseitigung ebenso notwendig zu Erreichung unseres Zweckes, als es uns mit tiefstem Schmerz erfüllt, dieselbe auf diesem Wege suchen zu müssen. Der Mitunterzeichneten Clara Wieck Vater verweigert uns nämlich, wiederholt an ihn gerichteter freundlicher Bitten ungeachtet, seine Zustimmung. Die Gründe seiner Weigerung wissen wir uns nicht zu erklären; wir sind uns keiner Fehler bewußt; unsere Vermögenszustände sind derart, daß wir einer sorgenlosen Zukunft entgegensehen dürfen. Was daher Herrn Wieck abhält, diesem Bunde seine Zustimmung zu geben, kann lediglich eine persönliche feindselige Gesinnung gegen den Mitunterzeichneten sein. Wie dem sei, wir sind nicht willens, deshalb von unserem wohlerwogenen Entschlusse abzustehen, und nahen uns daher dem Hohen Gerichte mit der ergebensten Bitte, Hochdasselbe wolle Herrn Wieck zur Erteilung seiner väterlichen Zustimmung zu unserem ehelichen Bündnis veranlassen, oder dieselbe nach Befinden anstatt seiner uns zu erteilen, hochgeneigtest geruhen. Bloß die Überzeugung von der unabweisbaren Notwendigkeit dieses Schrittes vermag uns mit demselben zu versöhnen.

Leipzig, September 1839,
Robert Schumann, Clara Wieck, zur Zeit in Paris.

Robert an Clara

Zum ersten Mal, mein Mädchen, wirst Du Deinen Namen mit meinem vereinigen, es ist gar zu schmerzlich schön. Prüfe nun das Schreiben in jedem Wort.

Clara an Robert Paris, den 15.6.1839

Der Augenblick des Unterschreibens war der wichtigste meines Lebens. Doch ich schrieb fest und entschlossen und war unendlich glücklich.

Robert an Clara 22.6.1839

Könnte ich es doch der Welt noch einmal sagen, wer Du bist, damit sie Dich kennenlernen; ja, Clara, ich glaube manchmal, Künstlerinnen wie Du könnte man vielleicht noch finden, aber Mädchen von so innigem und starkem Gemüt wie Du - wohl wenige - Du hast Dich zu mir öffentlich für meine Braut erklärt, hast meine Ehre gerettet - ich danke es Dir tausendmal, eine Krone möchte ich Dir aufs Haupt setzen und kann nichts als zu Deinen Füßen sinken und mit dankenden Augen zu Dir aufsehen.

Der Prozeß gegen Friedrich Wieck

Friedrich Wieck an das Königliche Appellationsgericht

Als ich durch ein Hohes Appellationsgericht von dem unkindlichen Verfahren meiner leidenschaftlichen und verblendeten Tochter in Kenntnis gesetzt wurde, hatte ich fortwährend die Hoffnung, daß im Laufe des eröffneten gerichtlichen Ganges dieselbe von ihrem unglücklichen Verlangen absehen und zu ihrer Pflicht gegen ihren Vater, der ihr seine schönste Lebenszeit und den größten Teil seines Vermögens nicht ohne Zurücksetzung seiner übrigen Familie zum Opfer gebracht, zurückkehren würde, um so mehr, als ihre künstlerische Erziehung und unser beiderseitiges engstes Verhältnis seit ihrer Virtuosenlaufbahn mich

einen Grad der Liebe und Dankbarkeit erwarten ließen, der über die gewöhnlichen Anforderungen hinausgeht.
Ich hege den Glauben, daß der Vater bei der Einwilligung zur ehelichen Verbindung seiner Tochter zweierlei Rücksichten hat, a) ob beide die zu ihrem Leben nötigen pekuniären Mittel besitzen oder erwerben können, b) ob beide vermöge ihres Charakters und ihrer Individualität fähig erscheinen, zusammen glücklich zu leben und in der Welt wirken zu können.
Was beider Individualität anlangt, so glaube ich mir hierüber das kompetenteste Urteil beilegen zu dürfen, denn meine Tochter hab ich allein selbst erzogen und gebildet und bin nie von ihrer Seite gewichen, und Schumann habe ich durch 10 und mehrere Jahre genau und von allen Seiten kennen lernen, auch hat er selbst ein Jahr bei mir gewohnt, wobei er aus Dummheit, Trotz und unsinnigem Widerspruch einen Finger lähmte und unbrauchbar machte, der er auch geblieben.
Wie soll ein Mann, der im höchsten Grade träge, unzuverlässig, unfügsam, trotzig, widerspenstig, eigensinnig, kindisch, unmännlich, mit einem Worte für das soziale Leben völlig verloren ist, der nicht verständlich sprechen und nicht leserlich schreiben, sich in kein Verhältnis fügen und nichts zur rechten Zeit tun kann; der seine Zusagen und Versprechungen nicht hält und der musikalischen Virtuosität abhold ist, als Begleiter der Clara auf Kunstreisen dienen?
Müßte er ihr nicht vielmehr auf jede Weise im Wege stehen?
Wer sollte nach dieser wahrheitsgetreuen Schilderung nicht Mitleid fühlen mit meiner unerfahrenen, verblendeten Tochter, welche Schumanns Fehler kennt, aber in der unerklärlichen (ich will nicht sagen wahnsinnigen) Idee lebt, daß sie diesen Mann von Grund aus ändern werde, wenn sie ihn nur erst zum Gemahl habe; – diese Änderung und Besserung hätte er ihr ja geschworen. Schrecklich,

wenn meine Tochter erst in der Ehe aus diesem schweren Traum erwachen müßte, wo sie mit Verzweiflung nach ihrem Vater rufen würde, dessen heiße Liebe sie, durch Schumann verleitet, verspottet und verhöhnt hat. Würde sie alsdann in den Händen eines solchen Mannes Trost und Entschädigung finden? Eheprozeßakten

Robert an Clara 3.7.1839

Wärest Du gestern bei mir gewesen, Clara, ich wäre im Stande gewesen, Dir und mir den Tod zu geben ...

Nun bitte ich Dich
meinen Namen manchmal dem Höchsten
leise auszusprechen,
daß er mich beschützen möge;
denn ich kann Dir sagen,
ich kann kaum noch beten,
so bin ich vom Schmerz
niedergebeugt und verstockt.

Ich habe doch eine große Schuld auf mir,
daß ich Dich von Deinem Vater getrennt
habe –
und dies foltert mich oft.

Robert an Clara 3.7.1839

An etwas haben wir noch nicht gedacht, meine Clara – an die Einwilligung Deiner Mutter, nach der auch gefragt wird. Ich will sehen, ob es mir noch heute möglich ist, an sie zu schreiben; wo nicht, warte bis Morgen ehe Du schreibst, Du schickst meinen Brief in dem Deinigen. Gleich müßtest Du es aber tun, damit uns Dein Vater nicht zuvorkommt und etwa ihr Nein erlangt. Aber gleich, hörst Du? Schreib recht innig; Du kannst das ja . . .
Daß Deine Anwesenheit nötig wird, ist leicht möglich, also sieh Dich vor, daß Du schnell von Paris wegkannst.

Robert an Clara 7.7.1839

Mein Kopf ist mir oft so schwer, ich strenge mich an zu arbeiten, fleißig, zu komponieren – was nur in meinen Kräften steht – kann mich aber nicht herausreißen aus meinem Grübeln. Schwach darfst Du mich aber deshalb nicht nennen, sondern nur angegriffen. Ach Clara, der Mann bringt mich noch unter die Erde – Du wirst sehen.

Clara an Robert 10. 7. 1839

Hierbei schicke ich Dir den Brief an die Mutter (. . .) Ich muß Dich bitten . . . bei Madam Carl die Adresse erfragen zu lassen, die Tante weiß sie genau. Drücke das Siegel darauf. Wenn Du willst, so lies meinen Brief – ich weiß nicht, ob er in Deinem Sinn geschrieben! . . .

Wegen meines Kommens nach Leipzig hab ich doch einiges einzuwenden. Sobald ich nach Leipzig komme, so holt mich der Vater im Augenblick zu sich, und hat auch das Recht dazu, da ich noch nicht mündig bin, keine Familie kann mich bei sich behalten, sobald mich der Vater zurückfordert; und im Falle, er ließe mich woanders wohnen, so würde es kein gutes Licht auf mich werfen, in einer und derselben Stadt mit dem Vater zu sein, und in einem fremden Haus zu wohnen. Dann, soll ich mich öffentlich in Person als Gegnerin meines Vaters zeigen, soll ich vor Gericht gegen ihn sprechen? Ach Robert, tue was Du kannst, daß ich das nicht muß, Du hast ja eine Vollmacht (. . .) ist es eine Möglichkeit, so laß mich nicht kommen. Solange ich in Frankreich bin, hat der Vater kein Recht, mich zurückzufordern – ich kann durchaus nicht bei ihm sein, müßte also dann in einer anderen Familie wohnen, und ich möchte doch so gern nichts tun, was dem Publikum Zweifel an mir erwecken könnte.

Robert an Clara 30. 7. 1839

Meine geliebteste Clara, Von hier aus, wo ich so lebhaft an Dich erinnert worden, muß ich Dir doch ein paar Herzensgrüße in Dein einsames Dörfchen schicken. Durch Deine Mutter nämlich wurde ich so sehr an Dich erinnert; ich liebe Sie ordentlich mit ihren Deinen Augen und kann mich immer gar nicht von ihr trennen. Gestern war ich fast den ganzen Tag bei ihr, und geküßt hab ich sie zur guten Nacht auch. Das hat mich ganz beglückt. Von nichts haben wir denn gesprochen als von Dir; . . . Sie nahm mich so gut und herzlich auf und scheint Gefallen an mir zu finden. Wärest Du doch

bei uns; wie wir gestern Abend im Tiergarten spazieren gingen, dachte ich so schmerzlich an mein einsames fernes Mädchen, das nicht wußte, daß ihre Mutter und ihr Geliebter zusammen von ihr sprachen.
Deine Mutter schreibt Dir heute selbst noch ... Du fürchtest Dich, Dein Vater nimmt Dich gleich in Beschlag; aber Clärchen, Mädchen, hast Du denn kein Arme, mit denen Du Dich wehren kannst. Erstens glaub ich nicht, daß er es tut; zweitens aber – verlangt er Dich in sein Haus, so sagst Du ganz einfach, »ich will nicht, ich will zur Mutter«, dagegen kann er gar nichts einwenden. – Dein Bild hab ich mitgenommen, wie ich Dir schon schrieb. Als ich es nun gestern Deiner Mutter zeigte, das hättest Du sehen sollen. Die Tränen traten ihr im Augenblick aus den Augen, und sie war ganz außer sich. Als es die Bargielschen Kinder sahen, sagten sie alle unisono »das ist Clara« – das war eine innige Freude für mich ...
Die Stadt hier hatte ich mir nicht so gar schön vorgestellt, und im Museum bin ich mit Entzücken herumgewandelt. Kennst Du die Rotunde am Eingang? Singt man da noch so leise einen Akkord, so quillt es wie aus hundert Kehlen aus der Decke heraus, daß ich ganz bezaubert war. Vielleicht wandle ich bald mit meiner Geliebten in diesen schönen Hallen; wie müßte wohl da ein Kuß klingen?

Mariane Bargiel an Clara 30.7.1839

Meine geliebte Clara! Dein Robert ist seit gestern hier, und ich kann Dir zu meiner wahren Freude sagen, daß ich Deine Wahl billige und ich ihn stündlich immer mehr lieb gewinne ...
Das erste und Notwendigste, mein liebes Kind, ist, daß Du herkommen mußt. – Ohne Deine persönliche Anwesenheit ist keine Beendigung dieser Angelegenheit möglich, und da es doch das wünschenswerteste für uns alle ist, daß Ihr bald vereinigt werdet, so wirst Du auch nicht anstehen, es auszuführen ... Es ist ja so viel zu besprechen, auch selbst unter Euch beiden, was ja gar nicht möglich ist, mit Briefen abzumachen. Du kannst ja dann wieder nach Paris gehen, es kostet freilich viel Geld, allein die Sachen stehen einmal so, es ist nicht anders möglich!
An Deinen Vater habe ich geschrieben, er hat mir aber nicht geant-

wortet; das kann nun alles nicht helfen, die Sache muß beendet werden. – Hätte ich Dich jetzt hier, wie glücklich würde es mich machen, Euch beide bei mir zu sehen. – Robert hat uns heute mehrere seiner Kompositionen vorgespielt, was für uns ein sehr erhebender Genuß war! Welch' schönes Talent! – Wie glücklich werde ich mich in Eurer Vereinigung fühlen!

Wiedersehen

Clara Wieck, Tagebuch 14. 8. 1839

Den 14ten August reisten wir, Henriette und ich, mit der Mallepost nach Frankfurt. – Die Familie Hahn, der wir von Madam List empfohlen waren, empfing uns und nahm uns sehr freundlich auf. Den 18ten fuhr Henriette nach Stuttgart zurück und ich nach Altenburg, wo ich endlich nach beinah einjähriger Trennung meinen geliebten Robert wiedersah.

Robert Schumann, Tagebuch

Dienstag den 20sten in banger Erwartung – auf dem Weg hinausgegangen, wo Clara kommen mußte. Und Abends 6 Uhr war sie da – in meinen Armen. Die Liebe, Holde war nur lieber und holder geworden. Wir gingen seit langer Zeit zum erstenmal Arm in Arm und sahen miteinander den Mond.

Clara Wieck, Tagebuch 20. 8. 1839

Ich war unbeschreiblich glücklich! Von Altenburg reisten Robert und ich nach Schneeberg.
Den 24ten ging Robert, nachdem wir drei glückliche Tage miteinander verlebt hatten, nach Leipzig, ich begleitete ihn bis Zwickau, wo ich auch Therese wiedersah. Es war mir so eigen zu Mute, als ich in Zwickau einfuhr. – Ich saß neben Robert, ich fühlte tief, was in seinem Herzen vorgehen mußte, wenn er an die Kinderjahre dachte, und jetzt kein liebendes Wesen mehr fand. Nun, ich will ihm zu ersetzen suchen, was er verloren, und ihn getreu durchs Leben geleiten, das ist mein Trachten, und dieser Gedanke beglückt mich. Mö-

ge mir der Himmel nur Kraft genug verleihen, den nächsten Kampf mit dem Vater noch zu überwinden. Es wird mir schwer werden, es möchte mir das Herz zerreißen, wenn ich an alles denke, was er an mir getan, und daß ich ihm jetzt öffentlich gegenüberstehen muß – Der Himmel wird es mir verzeihen! Ein gutes Bewußtsein erhält meinen Mut und tröstet mich. Roberts Liebe beglückt mich unendlich. – Ein Gedanke beunruhigt mich zuweilen, der, ob ich es vermögen werde, Robert zu fesseln! Sein Geist ist so groß, und in diesem Punkt kann ich ihm doch so gar wenig genügen, wenn ich ihn auch ganz verstehe! Das muß ihn nun wohl auch einigermaßen entschädigen.
Jetzt trachte ich auch danach, so viel als möglich mit der Künstlerin die Hausfrau zu vereinigen. Das ist eine schwere Aufgabe! Meine Kunst lasse ich nicht liegen, ich müßte mir ewige Vorwürfe machen. Sehr schwer denke ich mir die Führung einer Wirtschaft, immer das rechte Maß und Ziel zu treffen, nicht zu viel auszugeben, aber auch nicht in Geiz zu verfallen. Ich denke mit der Zeit, alles das zu lernen. Wenn ich mit Robert vereint sein werde, werde ich erst recht heiteren Sinn bekommen – meine letzten 3 Jahre habe ich verkümmert; solang ich zu Haus war, keinen Tag verlebt, ohne die verwundensten Kränkungen ertragen zu müssen. Hätte der Vater manchmal in mein Inneres sehen können, er hätte Mitleid gehabt; er ist sehr gut, und hat an mir getan, was kein Vater so leicht tut, aber eine edle, schöne Liebe kennt er nicht und versteht sie auch nicht. Dies tut übrigens meiner kindlichen Liebe zu ihm keinen Abbruch. Ich fühle manchmal das tiefste Mitleid für ihn, ich möchte ihm gerne lohnen, doch was kann ich für mein Herz! (. . .) es muß so des Himmels Willen sein, er hat uns ja so sonderbar wieder zusammengeführt. Ich denke Vaters Herz wird sich erweichen lassen, wenn er sich überzeugt, daß meine Liebe nicht bloß leidenschaftlich ist. Ich muß selbst sagen, daß ich mich in Vielem zu meinem Besten geändert hab, besonders in meiner Leidenschaft und Hitze! Ich folge jetzt mehr der Vernunft, beherrsche mich leichter als früher. Vater würde auch nicht so hart sein, kennte er mich besser [?]! Er hält mich für verschwenderisch, während ich mir des Gegenteils bewußt bin, meine Ansprüche sind sehr gering, ich verlange nicht anders zu le-

ben, als ich bis jetzt gelebt. (. . .) spricht er mir allen Sinn für das Häusliche ab! Hätte ich Ihm denn je das Gegenteil beweisen können, da ich immer in der Welt leben mußte?
Er hält mich nicht für fest! Hab ich denn meine Festigkeit noch nicht genug bewiesen? Oder denkt er, es ist Eigensinn? Aus Eigensinn werde ich mich nicht in mein Unglück stürzen. Ich will ihn noch eines anderen zu überzeugen suchen - ich denke, seine väterliche Liebe soll noch siegen über seinen Starrsinn. Seine Absichten waren die, ich sollte einen reichen Mann heiraten, um meine Kunst dann bloß zum Vergnügen treiben zu können; die Absicht an sich ist sehr gut, doch das hat er nicht bedacht, daß all der Reichtum mir nichts helfen würde, mit Gram im Herzen. Es ist mir wohl nicht zu verdenken, wenn ich jetzt eine gewisse Kälte gegen den Vater zeige! Immer noch hab ich mir selber zugesprochen »er meint es nur gut«, doch mich verletzt das zu sehr, daß er keine Mittel schont zu seinem Zwecke. Jetzt will er mir nun auch das entziehen, was ich mir durch vier Jahre langes Reisen verdient habe - es war wenig, wäre aber doch ein kleiner Zuschuß gewesen, und nicht einmal eine Ausstattung soll ich nun von meinem Gelde haben - das macht mir Kummer! Es schmerzt mich zu sehr, Robert auch gar nichts mitzubringen, so ganz von ihm abzuhängen, ihm Sorgen zu machen, das drückt mich schrecklich, und stimmt mich wohl oft düster.
Umsonst will ich aber nicht meine Kunst gelernt haben, ich will noch Robert vergelten, schenkt mir nur der Himmel Gesundheit. Mein größter Wunsch ist der, es noch dahin zu bringen, daß Robert ganz der Musik leben kann, zu seinem Vergnügen, daß keine Sorge mehr sein schönes Künstlerleben trübt.
Es ist ein großer Wunsch, doch ich will ja arbeiten vorher, und Robert wird das auch tun. Wir sind noch im Zweifel, wo wir unseren ersten Aufenthalt wählen werden, in Sachsen ist es nicht geraten zu bleiben, da wir immer in unangenehme Berührung kommen würden, so hat nun Robert eine Idee mit Berlin, die nur das eine Unangenehme bietet, daß ich viel mit meiner Mutter in Berührung komme und es sehr schmerzlich für mich ist, sie in drückenden Sorgen zu sehen.
Sehr schwer denke ich mir die Behandlung eines Mannes, beson-

ders Roberts, daß man ihn immer zu nehmen weiß. Eine Frau hat so vieles zu beobachten, besonders muß sie eine gewisse Zurückgezogenheit behaupten, was sehr schwer ist bei so großer Liebe.
Ich denke Robert ganz zu verstehen, und das ist wohl die Hauptsache! Es geht alles vielleicht leichter als ich es mir vorgestellt! Das Beste ist, ich handle gerade so wie mir zu Mute ist. Ich hab einen Brief von ihm bekommen, wo er mir schreibt, daß er ganz beglückt durch mich ist, mehr kann er es nicht sein, als ich es bin. Nie hab ich einen Mann kennengelernt, der so zart ist, so gut als er! Er hat schon vielen Einfluß auf mich gehabt, den ich ihm sehr danke, aber auch ich habe guten Einfluß auf ihn gehabt, und das macht mich sehr glücklich. Ich finde, daß er sich seit 2 Jahren sehr noch geändert hat, und alle stimmen mit mir darin überein.
Meine größte Sorge ist seine Gesundheit! Sollte ich den Schmerz erfahren müssen, ihn zu verlieren – ich wüßte nicht, ob ich den Mut hätte, noch zu leben. Wie selig macht mich das Gefühl, nun bald

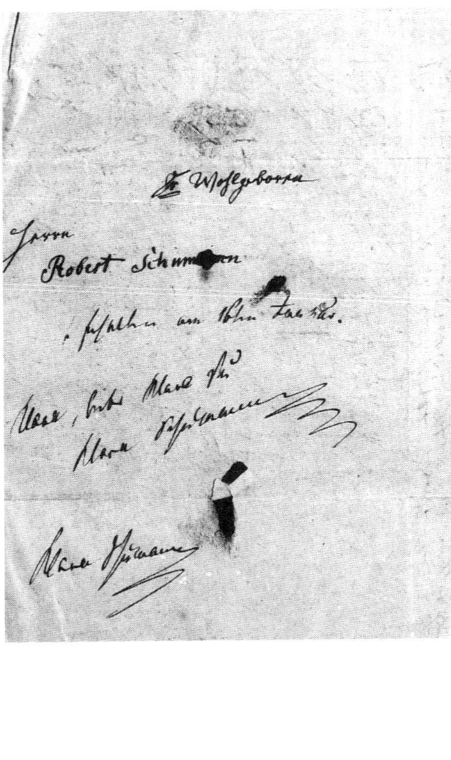

Handschriften von Clara Wieck und Robert Schumann auf einem Briefcouvert
Im unteren Teil: Robert Schumann probiert den Namenszug »Clara Schumann«

dem Manne ganz anzugehören, den ich so unendlich liebe! - An mir soll er ein liebevolles, aufrichtiges Weib finden.
Den 30sten reiste ich nach Leipzig ab und blieb bei Frieses. Den 31sten kam meine Mutter an - meine Freude war groß! Wir sind bei dem Pastor Fischer gewesen, doch der Vater ist auf die Vorladung nicht gekommen. Einen Brief hat er mir geschickt, der mich tief erschüttert hat, aber verletzt hat er mich auch durch Äußerungen wie nie. Möchte er es nur ja nicht einmal bereuen! Hätte er nur einmal ein mildes Wort für mich! Meine kindliche Liebe und Dankbarkeit kann nie aufhören, aber zurückschaudern möchte ich, wenn ich an die Mittel denke, die er gebraucht, um zu seinem Ziele zu kommen (. . .)
Ich bin zu Carls gezogen, um bei der Mutter zu sein. Einige schöne, glückliche Tage haben wir miteinander verlebt - nie werden sie aus meinem Gedächtnis schwinden. Robert war immer so lieb gegen mich, daß ich ganz glücklich war. Vierhändig haben wir gespielt, Fugen von Bach, und 3 schöne Kompositionen von Benett. Mit Robert zu spielen, das ward mir lange nicht zuteil - der Himmel ist doch gar gütig! Wenn ich nur an Robert denke, vergeß ich alle Schmerzen.
Den 3ten September reisten wir nach Berlin ab und kamen am 4ten daselbst an.

Liebe

Arbeit
Musik
Geld
Arbeit
Geld
Musik
Liebe
Musik
Liebe
Arbeit
Geld
Musik
Arbeit

Liebe

Clara Wieck, Tagebuch 26.9.1839

Ich habe gestern und heute mit meinem Vater gesprochen. Er gab mir vier Bedingungen an, nach deren Erfüllung er das Gericht autorisieren wollte, uns das Ja-Wort an seiner Statt zu geben, sie waren: 1. Ich sollte verzichten auf die 2000 Taler, die ich nach siebenjährigem Spiel erübrigt, und sie meinen Brüdern geben (Ich meine, wenn ich Ihnen 1000 Taler gebe, so ist es genug, soll ich denn nichts behalten?) 2. Soll ich meine Sachen und Instrumente zurückerhalten, wenn ich später 1000 Taler nachbezahle und auch diese meinen

Brüdern gebe (diese Bedingung hat er mir später nachgelassen) 3. Soll mir Robert 8000 Taler von seinem Kapital verschreiben, die Interessen davon sollen in meine Hände fallen und nur ich soll im Falle einer Trennung (welch schrecklicher Gedanke!) über das Kapital zu disponieren haben. (Welch ein Mann wird so etwas eingehen? 12.000 Taler hat er und ⅔ soll er der Frau geben! Ist das nicht eines Mannes unwürdig? Es ist des Mannes Sache, über das Geld der Frau zu wachen, aber nicht umgekehrt!) 4. Soll mich Robert zur Universalerbin einsetzen (wie schrecklich, wir sind noch nicht vereint und sollen schon auf den Tod denken!) Diese Bedingungen können wir natürlich nicht erfüllen, und so muß die Sache gerichtlich abgemacht werden. Als ich dem Vater sagte, ich müsse doch Geld zu einer Einrichtung haben, sagte er, »wenn Dein Bräutigam Dich liebt, so wird er Dir 1000 Taler auf so feine Weise in die Hände spielen, daß Du es kaum merkst«. Das empörte mich bis in das Innerste hinein! Das ist also der Lohn für mein jahrelanges Herumreisen, daß ich nun nicht einmal so viel haben soll, mich ausstatten zu können? Ich soll mich lassen von meinem Bräutigam ausstatten? Nein, dazu bin ich zu stolz. Der Gedanke könnte mich zu Boden drücken!

Was soll ich nun aber anfangen, kein Geld in den Händen, ach Himmel, das ist doch hart. Ich will noch herumreisen und Konzerte geben, um mir meine Ausstattung zu verdienen.

Ich kann das Geld nicht von Robert annehmen. Jetzt fühle ich so recht, wie schrecklich das ist kein Geld zu haben.

Robert hat mir 400 Taler in Staatsschuldscheinen gegeben, doch davon will ich keinen Gebrauch machen . . . Mich drücken doch jetzt gar viele Sorgen! Auch für die Zukunft bangt mir! Vertrauen, das ist mein Trost!

Mich betrübt der Gedanke, daß ich das erste Jahr verleben soll, ohne etwas verdienen zu können, jetzt wo ich noch jung und bei Kräften bin, muß ich doch die Zeit benutzen, und soll nun nichts tun! Lebten wir in einer größeren Stadt, so könnte ich Robert vieles erleichtern mit Stunden geben, so aber beruht unsere ganze Existenz auf ihm allein, und das ist mir schmerzlich. Er will, ich soll ein Jahr in Ruhe verleben, und ich erkenne wohl seine Zärtlichkeit für mich,

doch wer kann in die Zukunft sehen! Ich kann krank werden, dann ist es aus. Hier heißt es denken »interim aliquid fit«!
Es schmerzt mich oft sehr, daß Roberts Kompositionen nicht anerkannt werden, wie sie es verdienen ... Ich werde sie ja gerne spielen, doch das Publikum versteht sie nicht. Wie bangt mir, wenn Robert einmal später Zeuge sein muß, wie seine Kompositionen wenig gegen andere, fade, ansprechen. Das denke ich mir schrecklich für ihn. Er ist ein viel zu tiefer Geist für die Welt und muß deswegen verkannt sein!? Ich glaube, das Beste ist, er komponiert für Orchester, seine Phantasie kann sich auf dem Klavier nicht genug ausbreiten. Das Klavier bietet nicht genug Spielraum. Seine Kompositionen sind alle orchestermäßig, und ich glaube, daher dem Publikum so unverständlich, indes sich die Melodien und Figuren so durchkreuzen, daß viel dazu gehört, um die Schönheiten herauszufinden. Ich selbst finde bei jedem Mal Mehrspielen seiner Sachen (so z. B. geht es mir mit den Novelletten) immer neue Schönheiten. Die Novelletten sind ein gar schönes Werk. Geist, Gemüt, Humor, größte Zartheit. Alles vereint sich darin, der feinsten Züge sind unendliche drin. Man muß ihn kennen, wie ich, und man wird sein ganzes Ich in seinen Kompositionen allen finden ...
Lebten doch Beethoven und Mozart noch, so müßte er der Dritte in ihrem Bunde sein.
Die Zeit wird noch kommen, wo die Welt den Dritten erkennen wird, aber spät wird sie kommen.

Der fürchterliche Termintag

Clara Wieck, Tagebuch 18. 12. 1839

Er war da! Ich kann es nie vergessen, ich konnte ihn nicht erblicken, ohne das tiefste Mitleid zu hegen; alle seine Mühe, seine vielen schlaflosen Nächte, die Erklärung, an der er seit Monaten gearbeitet – Alles das nutzt ihm nichts. Er war im höchsten Grade leidenschaftlich, so daß ihm der Präsident das Wort verbieten mußte, das mir jedesmal durch die Seele schnitt – ich konnte es kaum ertragen, daß ihm diese Demütigung widerfahren mußte.

Friedrich Wieck an das Königliche Appellationsgericht:

Daß endlich Schumann meine Tochter gar nicht wahrhaft liebt, sondern aus unedlen Beweggründen, aus Eitelkeit, um alsdann seine Kompositionen gespielt zu hören und seinen Namen genannt zu wissen, um auf das Talent meiner Tochter seine künftige Existenz gründen zu können, daß Schumann der Neigung zum Trunke ergeben ist und seine Jugendjahre und namentlich fast alle Nächte entweder ganz allein oder mit wenigen Ausnahmen in Gesellschaft eines einzigen Menschen, meist stumm, aber trinkend - sehr viel trinkend - zubrachte ... Eheprozeßakten

Robert an Clara ohne Datum

Sehen möcht' ich Dich nicht eher, als bis das letzte Urteil die Schmach von mir genommen, die Dein Vater über mich gebracht hat, Dein Bruder.

Clara Wieck, Tagebuch 18.12.1839

Mich blickte er in furchtbarem Zorn an, aber gegen mich gesagt hat er nur einmal etwas. Ich hätte ihn so gern noch gebeten vor dem Gericht, doch ich befürchtete, er möchte mich von sich stoßen, und war auch wie festgenagelt auf meinem Stuhl. Dieser Tag hat uns getrennt auf ewig, wenigstens das zarte Band zwischen Vater und Kind zerrissen - mein Herz ist auch, als wär es zerrissen! -
Robert benahm sich sehr gut, ganz mit der ihm eigenen Ruhe, die auch das Beste war, was er einer solchen Leidenschaft gegenübersetzen konnte. Ich liebe Robert nur noch um so mehr jetzt, für mich hat er sich müssen öffentlich beschimpfen lassen. Möchte doch eine Macht Vaters Herz noch regieren, wie könnte er ruhig und zufrieden leben, so reibt er sich auf - ach mein Gott, ich kann meine Tränen gar nicht stillen heute - meine ganze kindliche Liebe zu ihm ist wieder erwacht und wird doch ewig in mir leben. Die Verhältnisse haben sich bis jetzt ganz günstig für uns gestaltet. Wir werden wohl keinen persönlichen Termin mehr haben.

Robert Schumann, Tagebuch Dezember 1839

NB. Ein Tagebuch der schweren Zeit von da bis zum Hochzeitstage fehlt. Das Wichtigste stehe hier:
18. Dezember. Der fürchterliche Termintag. Zu Weihnachten mit Clara in Berlin. Januar 1840.
Fürchterliche Schikanen des Alten Bösen. Im Februar reicher Liedersegen, darüber alles vergessen.

Robert an Clara 13.3.1840

Hier als schüchterne Belohnung für Deine zwei letzten Briefe etwas. Die Lieder[1]) sind meine ersten gedruckten, also kritisiere sie mir nicht zu stark. Wie ich sie komponierte, war ich ganz in Dir. Du romantisches Mädchen verfolgst mich doch mit Deinen Augen

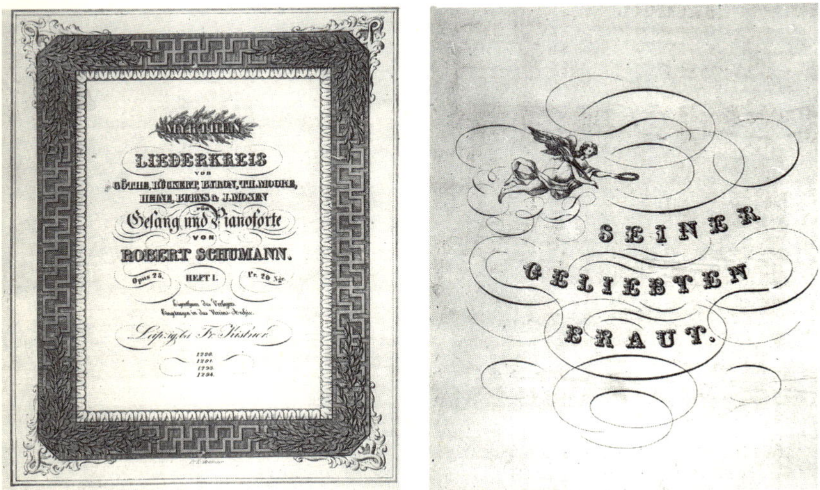

Robert Schumann, Titelblatt - opus 25, Myrthen

überall hin, und ich denke mir oft, ohne solche Braut kann man auch keine solche Musik machen, womit ich aber Dich besonders loben will. Denn ich habe Dich gar zu lieb und will Dir nur sagen,

[1]) Liederkreis nach Gedichten von Heinrich Heine, op. 24

daß ich alle Abende fort möchte und in einer ewigen Angst bin, nicht zeitig genug zu Dir zu kommen.

14.3.1840

. . . Wie war Dir's denn nach dem ersten Kuß, Clärlein Du? Ich will Dir sagen wie:

Grün ist der Jasminstrauch
Abends eingeschlafen.
Als ihn mit des Morgens Hauch
Sonnenlichter trafen,
Ist er schneeweiß aufgewacht:
»Wie geschah mir in der Nacht?«
Seht, so geht es Bäumen,
Die im Frühling träumen.

Fällt mir immer unser erster Kuß bei dem Lied ein. Ich schicke Dir ehestens die Musik dazu[1]). Adieu, mein Kind. Bleib gut

Deinem R.

[1]) op. 27, 4, Text von Friedrich Rückert

1840 - Clara Wieck in Berlin bei ihrer Mutter

Ach hätt ich
Ach könnt ich
Ach wär ich

Clara Wieck, Tagebuch 2.4.1840

Heute hatt' ich einen Plan, den mir aber Robert gleich zunichte machte. Ich wollte noch zur Saison nach England gehen, denn ich dachte, glückt es mir, nun, so bringe ich 5000 Thaler mit, mißglückt es, so setzte ich zum wenigsten nichts zu, denn das würde ich doch in jedem Falle verdienen, was die Reise kostet. Wie schön wäre es, wenn ich auch ein kleines Kapital hätte, wieviel sorgenfreier wäre ich; . . . Jetzt hab ich nichts, Aussicht auf nichts, und brauche doch soviel, und es ist mir schmerzlich, mir von Robert eine Ausstattung zu erbitten - ach Gott, ich kann es nicht! - Wüßte ich nur, was ich diesen Sommer begänne! Zu alledem schickt mir der Vater noch den Allwin[1]), daß ich die Violinstunden für ihn bezahlen soll. Es ist doch schrecklich, mein Geld hat er mir genommen, überall mir im Verdienst abzuschneiden gesucht, sagt zu allen, ich werde bald kommen betteln vor seiner Tür, und nun soll ich meinen Bruder auch noch erhalten! Ist es nicht des Vaters Pflicht, seine Kinder zu erziehen, bis sie sich selbst ihr Brot verdienen können?

Clara Wieck, Tagebuch 4.4.1840

Den 4ten mit Robert nach Connewitz. Mir ist doch nie so wohl, so heimisch, als wenn ich mit ihm gehe. Er braucht gar nicht zu reden - ich mag ihn so gern nur sinnend, und möchte ihm jeden Gedanken ablauschen! Und wenn er mir leise einmal die Hand gedrückt, dann bin ich ganz beglückt im Innersten - ich fühle dann so ganz, daß ich sein Liebstes bin.
Er hat mir heute wieder seine Lieder gezeigt - so hatte ich sie nicht

[1]) Clara Wiecks jüngerer Bruder

erwartet! Mit der Liebe wächst auch meine Verehrung für ihn. Es ist keiner unter den jetzt Lebenden, der so begabt mit Musik wie er.

Clara Wieck, Tagebuch 21.4.1840

Ich hatte einen Streit mit Robert, war kindisch empfindlich. Doch war es nicht der Streit selbst, sondern Empfindungen der höchsten Unzufriedenheit mit mir selbst, die er in mir wieder wach machte. In meiner Erziehung ist doch so vieles vernachlässigt worden, was ich jetzt immer mehr fühle; es ist wohl teils Vaters, *großenteils* aber auch meine Schuld, und das macht mich sehr unglücklich. Ich sehe ein Jahr nach dem anderen schwinden, und komme nicht vorwärts – ach, ich bin doch manchmal gar so mutlos!

Clara Wieck, Tagebuch 3.–23.6.1840

Meine Stimmung seit Roberts Abreise ist nicht beneidenswert; ich kann nicht sagen, wie einsam ich mich fühle, keine Minute, daß er nicht mein Gedanke wäre. Ach, wär' ich doch erst sein Weib, dazu ist aber sobald noch keine Aussicht. Ich habe nämlich die Idee, ich will vor unserer Verheiratung noch nach Petersburg. (. . .) Als Frau mache ich nicht so viel dort wie als Mädchen, und wer weiß, ob ich als Frau hinkomme! Darum will ich nächsten Winter noch benutzen – ich wäre untröstlich, ihn wieder zu verlieren wie den vergangenen. Robert sieht das und noch vieles ein, und wird gewiß mit mir suchen, die vorhandenen Schwierigkeiten einer solchen Reise zu besiegen – wie schön für ihn, wenn ich zufrieden zurückkehre und er nun (er liebt ja das Weltgetümmel und Herumtreiben in Reisen, Gesellschaften gar nicht) dieser fatiguanten Reise überhoben ist. An die lange Trennung darf ich freilich nicht denken!

Ich ginge so gern nach England, und weiß doch wieder nicht, ob es geraten ist. Robert will es nicht, er meint, es komme nichts dabei heraus. Es schlägt mich so nieder, daß ich gar nichts habe, das Geld, das ich von Hamburg gebracht, zehre ich diesen Sommer auf, und dann weiß ich kein anderes Mittel, als daß Robert sein Kapital angreift zu einer Ausstattung und Einrichtung – der Gedanke peinigt mich, ich kann so nicht frohen Mutes meiner Verbindung mit ihm entgegen sehen, wüßte ich es nur, wie ich es anfinge, daß ich mir die-

sen Sommer noch ein kleines Kapital erwürbe, daß ich doch nicht ganz leer zu ihm käme, mir wenigstens meine Ausstattung selbst anschaffen könnte, und auch zu meiner Reise nach Petersburg übrig behielte, wozu im anderen Falle Robert auch wieder sein Kapital angreifen müßte. Es ist wohl wahr, was der Vater sagt, ich verliere meine schönsten Jugendjahre, und er triumphiert darüber – das betrübt mich so sehr. Bin ich erst verheiratet, so können laufend Hindernisse eintreten, daß ich nicht reisen kann. Ach Gott, es kommt gar keine Ruhe in mich! Robert will in Leipzig bleiben, wo ich gar nichts verdienen kann – werden wir denn genug haben, ohne Sorgen zu haben? Nun, der Himmel helfe!
Heute morgen hat uns Maurer aus Petersburg besucht, er rät mir sehr dafür zu gehen, doch nicht, wenn Liszt dort ist. So außerordentliche Schwierigkeiten, als man sich immer denkt, hat diese Reise gar nicht, aber schlimm ist es, man muß gut Französisch können, und das ist so sehr meine schwache Seite – ich bin ganz unglücklich darüber.
Seit einigen Tagen fühle ich mich wieder einmal schrecklich unglücklich. Ich möchte, wenn auch nur eine kleine Romanze, meinem Robert zu seinem Geburtstag komponieren und kann es nicht. Stundenlang sitze ich und sinne, und doch alles vergebens! – Auch geht's mit meinem Spiel so schlecht, ich bin zurückgekommen, das fühl' ich (. . .) Ach Gott, ich werde ja auch so wenig ermutigt, wenn nicht Robert bei mir ist! Wer sagt mir sonst ein Wörtchen! Die Mutter nie! (. . .) Ich habe viel von meiner Unbefangenheit beim öffentlichen Spiel verloren, und das ist schlimm, läßt sich auch nicht wiedergeben.

Clara Wieck über andere Künstler/innen

Über Camilla Pleyel

Alles, was ich über sie lese, (. . .) ist mir immer deutlicherer Beweis, daß sie über mich zu stellen; und dann kann nun freilich von meiner Seite eine totale Niedergeschlagenheit nicht fehlen. Ich denke, mich mit der Zeit darein zu ergeben, wie ja überhaupt jeder Künstler der Vergessenheit anheimfällt, der nicht schaffender Künstler ist. Ich glaubte einmal das Talent des Schaffens zu besitzen, doch von dieser Idee bin ich zurückgekommen, ein Frauenzimmer muß nicht komponieren wollen – es konnte es noch keine, sollte ich dazu bestimmt sein? Das wäre eine Arroganz, zu der mich bloß der Vater einmal in früherer Zeit verleitete.

Über Franz Liszt
Gegen Liszt kommen mir doch alle Virtuosen so klein vor, selbst Thalberg, und mich – mich sehe ich gar nicht mehr. Nun, ich bin doch glücklich, ich *verstehe* doch alle Musik – das ist mir mehr wert als all mein Spiel, und in Dir, in Deiner Musik bin ich selig, das Gemütliche hat Keiner wie Du.

Clara Wieck, Tagebuch 17.6.1840
(...) wenn ich nur mehr Vertrauen zu mir selbst hätte, ich würde auch mehr leisten. Wenn ich mich aber frage, woher kommt dies geringe Zutrauen, so muß ich mir doch gestehen, daß ich zurückgegangen bin, als Virtuosin nämlich – oder ist es bloß das Aufmuntern eines Publikums, das mir fehlt, um mich wieder zu entflammen, ich schwebe halb im Dunkeln über mich, so viel ich auch grüble. Die Reise nach Petersburg wird über mich entscheiden: entweder es geht mir alles nach Wunsch, und ich werde glücklich und heiter zu meinem Robert zurückkehren, oder es geht mir schlecht – dann nagt es gewiß nicht wenig an mir, und ich kann mich nie ganz beruhigen wieder! Meinen Ruf hab' ich dann verloren und Robert's Geld zugesetzt. Ach, wie zittere ich, mir schlägt das Herz manchmal ... Selbst meine große Liebe zu Robert kann mir trübe Stunden machen – ich frage mich oft, kann ich ihn so glücklich machen, wie ich möchte, wie er es verdient? Werden ihn nicht am Ende später einmal Familiensorgen drücken? Wird er anerkannt werden? Ach mein Gott! Diese, und noch so viele Gedanken quälen mich – wär ich nur sein Weib! vielleicht beglücke ich ihn doch, und dann will ich Gott danken! –

1. August 1840

Das Gericht gab dem Antrag Clara Wiecks und Robert Schumanns statt, da durchaus nichts Ungehöriges oder Unpassendes darin gefunden werden könne, wenn eine Hausfrau, vermöge sie es nur, auch positiv den Erwerb des Mannes vermehren helfe. Was Wieck gegen die Persönlichkeit Schumanns einwendete, sei um so unerheblicher, als Clara Wieck selbst sich nicht habe abhalten lassen, in ihrer Zuneigung zu Schumann zu beharren.

12. September 1840

Am Vortage ihres einundzwanzigsten Geburtstages wurden Clara Wieck und Robert Schumann in der Dorfkirche Schönefeld bei Leipzig getraut.

Dorfkirche Schönefeld bei Leipzig

Robert Schumann,
Steinzeichnung
von Josef Kriehuber
1839

Clara Wieck 1840,
aquarellierte
Zeichnung
von J.H.Schramm

Trauschein
von
Robert und Clara Schumann

Im Jahre Christi Ein Tausend Acht Hundert u. Vierzig - 1840 - den Zwölften - 12. September wurden nach vorangegangenem dreimaligen öffentlichen Aufgebot, welches Dom. IX p. Trin. et bini sequentes in der St. Nicolaikirche zu Leipzig geschah, in hiesiger Kirche, mit Dimissoriale aus Leipzig, mit Orgelspiel ohne Gesang, getraut:

Dr. Robert Schumann,

musical. Componist u. Einwohner in Leipzig, jüngster ehl. hinterlas. Sohn von Herrn August Schumann, eheml. Buchhändler in Zwickau; mit

Jgfr. Clara Josephine Wieck

älteste Tochter, erster Ehe von Herrn Friedrich Wieck, Instrumentenhändler in Leipzig, Kaiserl. Königl. Kammer-Virtuosin -

Clara Schumann, Tagebuch 12.9.1840

Was soll ich über diesen Tag sagen! Er wird mir der unvergeßlichste meines Lebens sein! - Um 10 Uhr ging die Trauung vor sich, ein Choral begann, dann sprach der Prediger Wildenhahn eine kurze einfache, aber von Herz zu Herzen gehende Rede. Mein ganzes Innere war von Dank erfüllt zu dem, der uns doch endlich über so viele Felsen und Klippen einander zugeführt; mein inbrünstiges Gebet war, daß es Ihm gefallen möchte, mir meinen Robert recht lange, lange Jahre zu erhalten - ach! der Gedanke, ich möchte ihn einmal verlieren, wenn der über mich kommt, dann verwirren sich gleich alle meine Sinne - der Himmel schütze mich vor solchem Unglück, ich trüge es nicht . . .

Ich kenne Roberts Herz und kenne seinen edlen Sinn und seine Liebe, er wird nie vergessen, was ich um ihn gelitten, daß er meine einzige Stütze, daß ich meinen Vater für ihn verloren. Alles das und noch vieles vergißt er nie und kann mich also nur beglücken.

ich muß noch viel mehr für meine Clara tun
muß noch viel mehr für meine Clara tun
noch viel mehr für meine Clara tun
viel mehr für meine Clara tun
mehr für meine Clara tun
für meine Clara tun
Clara tun
tun
tun
tun
Clara tun
meine Clara tun
für meine Clara tun
mehr für meine Clara tun
viel mehr für meine Clara tun
noch viel mehr für meine Clara tun
muß noch viel mehr für meine Clara tun
ich muß noch viel mehr für meine Clara tun

TEIL 3

Clara Schumann

Ehefrau und Interpretin
Mutter und Tochter
Pianistin
Komponistin

Ach, könnte ich nur arbeiten!

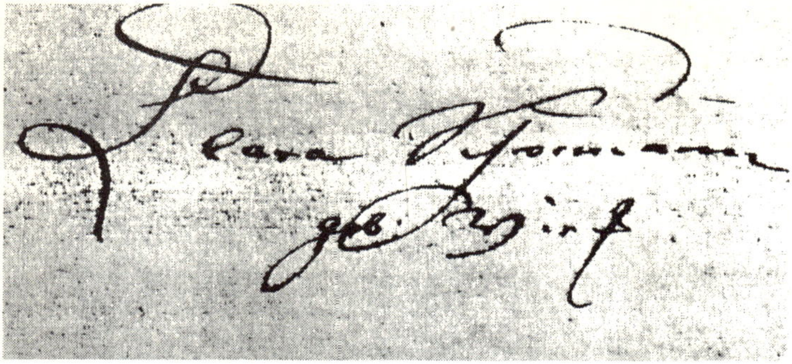

Meine Kunst lasse ich nicht liegen, ich müßte mir ewig Vorwürfe machen.

Wüßt ich nur, weshalb man Dich am meisten lieben müßte. Du könntest eine Menge Männer auf einmal beglücken, jeden mit etwas Besonderem (nimm den Gedanken nicht übel) – ich aber wähle mir an Dir die Herzlichkeit und Häuslichkeit zur Braut – Du mein liebes Hausweib Clara.

Die Hausfrauen von einst waren auf sich selbst gestellt – sie mußten all das selbst tun, angeben, bedenken, was ihnen jetzt fertig geliefert wird, zu schwerer und zierlicher Arbeit zugleich geschickt sein, selbst sich keiner scheuen und jede anordnen und übersehen können, damit das Hauswesen gedieh und was der Mann verdiente von der Frau und ihrer Arbeit richtig verwendet und zum Teil erhalten wurde. Wohl war es da ziemlich, Respekt zu haben vor solch einer guten Wirtin, wohl mochte der Mann sich freuen, wenn er nicht nur für sein Herz, wenn er auch für seine Wirtschaft die passende Wahl getroffen, und er hatte vollständig recht zu verlangen, daß die Gattin auch dieser sich in erster Linie widmete. Da war die Frau in der Tat eines der nützlichsten Mitglieder in der Gesellschaft, in der Volkswirtschaft – es war allerdings fast immer ein empirisches Wissen, was sie sich angeeignet durch Erfahrung, Beobachtung, durch eignes Nachdenken – Pflicht, Liebe und Ehrgefühl leiteten sie dabei – die gute Hausfrau und Wirtin war mit Recht als solche hoch geschätzt, die schlechte verachtet und verspottet.

Heiratete sie aber einen Gelehrten oder Beamten, Arzt oder Künstler, wo es sich wirklich nur um ein Paar ohne Anhang handelte, so verzichtete man, wo nicht besonderer Rang oder Reichtum vorhanden, auf eine Gehilfin – Magd, wie man damals sagte, und behalf sich mit einer Aufwärterin mindestens so lange, als die Ehe kinderlos war. (. . .) Fast alle, auch die einfachsten Bedürfnisse einer Haushaltung mußte man erst in dieser sich selbst bereiten. Die Wäsche ward im Hause gewaschen, Brot und Kuchen selbst gebacken, alle Vorräte für den Winter, Früchte vom einfachsten Dörren an bis zum kompliziertesten Gelee, Fleisch in den verschiedensten Zubereitungen, Butter und Eier – alles ward durch eigene Hausarbeit für den Hausverbrauch bereitet und aufbewahrt, wobei das Letztere oft gerade so viel Mühe machte wie das Erstere. Ja, auch Seife ward im Hause selbst gesotten und Lichte wurden gegossen – Talglichte – lange Zeit hindurch der Hauptbeleuchtungsgegenstand (. . .)

Louise Otto, Frauenleben im deutschen Reich

Ehetagebuch

Mein herzliebstes junges Weib, 13.9.1840

laß Dich vor allem auf das zärtlichste küssen am heutigen Tage, dem ersten Deiner Frauenschaft, dem ersten Deines 22sten Jahres. Das Büchlein, das ich heute eröffne, hat eine gar innige Bedeutung; es soll ein Tagebuch werden über alles, was uns gemeinsam berührt in unserem Haus- und Ehestand; unsre Wünsche, unsere Hoffnungen sollen darin aufgezeichnet werden; auch soll es sein ein Büchlein der Bitten, die wir aneinander zu richten haben, wo das Wort nicht ausreicht; auch eines der Vermittlung und Versöhnung, wenn wir uns etwa verkannt hatten; kurz ein guter wahrer Freund soll es uns sein, dem wir alles vertrauen, dem unsre Herzen offen stehen. Bist Du damit einverstanden, liebes Weib, so versprich mir auch, daß Du Dich streng an die Statuten unseres geheimen Eheordens halten willst, wie ich es selbst Dir hiermit verspreche.
Alle acht Tage wechseln wir ab in der Führung des Sekretariats; alle

Sonntage (früh zum Kaffee womöglich) erfolgt die Übergabe des Tagebuchs, wobei es keinem verwehrt ist, auch einen Kuß beizufügen. Das Geschriebene wird alsdann gelesen, im stillen oder auch laut, je nachdem der Inhalt es verlangt, Vergessenes nachgetragen, Wünsche werden angehört, Anträge gestellt und bewilligt, und überhaupt der ganze Lebenslauf der Woche sorgfältig erwogen, ob er auch ein würdiger und tätiger war, ob wir uns nach innen und außen immer mehr im Wohlstand befestigt, ob wir uns auch in unserer geliebten Kunst immer mehr vervollkommnet.
Die Aufzeichnungen in einer Woche dürfen nie unter einer Seite betragen; wer dagegen fehlt, bekommt eine Strafe, die wir uns noch aussinnen wollen. Sollte sich je ein Mitglied unseres Eheordens einfallen lassen, eine Woche lang gar nichts aufzuzeichnen, so wird die Strafe sehr verschärft; ein Fall indes, der bei unserer bekannten gegenseitigen Hochschätzung und Pflichtkenntnis kaum zu denken.
Alle diese Sätze und Gesetze sind auch auf Reisen und dergleichen zu beobachten, und das Tagebuch muß immer mit.
Eine Zierde unseres Tagebüchleins soll wie gesagt die Kritik unserer künstlerischen Leistungen werden; z.B. kommt genau hinein, was Du vorzüglich studiert, was Du komponiert, was Du Neues kennengelernt hast und was Du davon denkst; dasselbe findet bei mir statt. Eine andere Hauptzierde des Buches bilden: Charakterschilderungen z.B. bedeutender Künstler, die wir in der Nähe gesehen. Anekdoten, Humoristisches bleibt keineswegs ausgeschlossen.
Das Schönste und Herzigste aber, was das Buch enthalten soll, will ich Dir, mein liebes Weib, nicht noch beim Namen nennen: Deine und meine schöne Hoffnungen, die der Himmel segnen wolle, Deine und meine Besorgnisse, wie sie das Leben in der Ehe mit sich bringt; kurz allen Freuden und Leiden des ehelichen Lebens soll hier eine treue Geschichte geschrieben werden, die uns noch im späteren Alter erfreuen wird.
Bist Du mit all diesem einverstanden, mein Herzensweib, so schreibe Deinen Namen unter meinen, und laß uns als Talisman noch die drei Worte aussprechen, worauf alles Glück des Lebens beruht: Fleiß, Sparsamkeit und Treue.

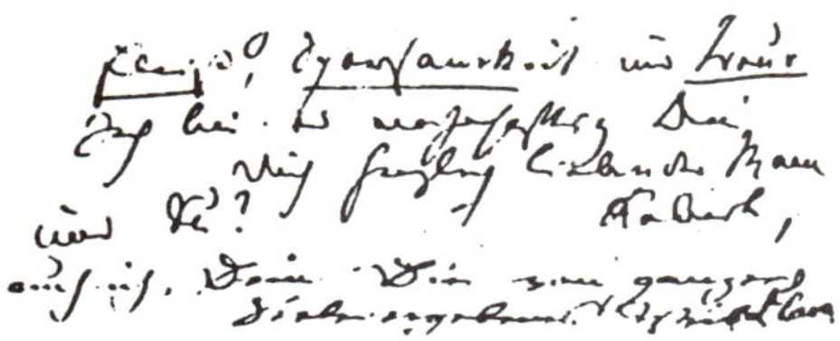

Fleiß, Sparsamkeit und Treue . . . Handschrift Ehetagebuch

Ich bin es wahrhaftig Dein
Dich herzlich liebender Mann Robert, und Du?
auch ich, Dein Dir von ganzer Seele ergebenes Weib Clara.

[Später hinzugefügt:] Fr[an]kf.[furt/M.]
Juni 1889
Dieses wie alle folgenden
Tagebücher gehören nach
meinem Tode meiner geliebten
Tochter Marie

Clara Schumann

Der Staat will gesittete Bürger, auf deren Rechtlichkeit er bauen kann. Diese gewährt ihm die Erziehung zur Arbeit, zur Religion und Tugend, welche nirgends so sicher als in der Ehe und im häuslichen Leben gedeiht.
Der Gatte ist Untertan und Bürger, Herr eines Hauswesens, verpflichtet zum öffentlichen Gehorsam und verantwortlich für den Gehorsam und die Rechtlichkeit der Seinen.
Er ist zugleich Vater der Familie und dadurch verpflichtet zu dem Wohle des Staates durch Erziehung und Bildung der Kinder mitzuwirken.
Darunter verstehen wir aber nicht Bettler und Schwächlinge, sondern Untertanen, welche an der Ehre und Last des Staates rechtlichen Anteil zu nehmen imstande sind. Die Ehe gewährt sie ihm.
Die Güter und Rechte der Eltern erben auf legitime Kinder fort und begründen damit einen fortdauernden Rechtsbesitz und eine Teilnahme an den bürgerlichen Pflichten.

Adolph Hartitzsch, Eherecht, 1828

Die erste gemeinsame Wohnung in der Leipziger Inselstraße

Ich oder Du

1. Woche
Er: Verzeih es der Himmel, ich kann nicht soviel Musik hören.

2. Woche
Sie: Es ist schlimm, daß mich Robert in seinem Zimmer hört, wenn ich spiele, daher ich auch die Morgenstunden, die schönsten zu einem ernsten Studium, nicht benutzen kann.

3. Woche
Er: Einmal stritten wir uns, wegen Auffassung meiner Kompositionen seitens Deiner. Du hast aber nicht Recht, Clärchen. Der Komponist, und nur er allein weiß wie seine Kompositionen darzustellen seien. Glaubtest Du' s besser machen zu können, so wär's dasselbe, als wenn der Maler z. B. einen Baum besser machen wollte, als ihn Gott geschaffen. Er kann einen schöneren malen – dann ist es aber eben ein anderer Baum, als den er darstellen wollte. Kurz und

Hammerflügel von Conrad Graf aus dem Besitz von Clara und Robert Schumann

gut so ist es. Einzelnen interessanten Ausnahmen, sobald sie ganz bedeutende Individuen machen, wird freilich niemand in Weg treten wollen. Immer ist's aber besser, der Virtuos gibt das Kunstwerk, nicht sich.
Fleißig war meine Clara sehr; ja sie brennt auf die Musik. Studieren hörte ich sie die neuen und alten Etüden von Chopin, auch von Henselt, von Bach mehreres, Phantasie und Kreisleriana von mir. Auch die f-Moll-Sonate von Beethoven. Im wohltemperierten Clavier [von Bach] setzten wir unsere täglichen Studien fort. Zwei kleine Duetten machte ich »Wenn ich ein Vöglein wär« und Herbstlied von Mahlmann. Clara ist auch so gut, mir ein Balladenheft (mit der Löwenbraut) ins reine zu bringen, wodurch sie mir eine saure Arbeit abnimmt. Tut sie doch alles so gern, wenn es für mich ist.

4. Woche

Sie: Ich studierte heute ziemlich fleißig, Ballade von Chopin, C-Dur-Sonate von Beethoven, Kreislerianen etc: Ginge es meiner Lust nach, so spielte ich wohl gern manchmal mehr, ich werde aber so leicht müde, und so abgespannt, daß ich nach 2 Stunden Spielen in die schrecklichste Stimmung verfalle – so oft hab' ich das bemerkt, und ich kann mir nichts denken, als daß es von der geistigen Abspannung herrührt.
Mein Robert komponiert sehr fleißig. Heute hat er ein Chor der Zigeuner vollendet, das einen ganz eigenen Zauber auf mich ausübt, wenn ich es höre – wie schön muß das klingen, gut gesungen.
Mit unserer Reise nach Petersburg sieht's schlimm aus – mit dem Krieg mit dem Pascha von Ägypten scheint es Ernst zu werden, und dann »Adieu Virtuosen«!
Könnte ich nur den Robert bewegen, mit mir nach Holland und Belgien zu reisen, damit ich doch nächsten Winter benutze – es ist mir schrecklich, ihm gar nichts mit meinem Talente nützen zu können, jetzt, wo ich die besten Kräfte dazu besitze. Überlege es Dir doch noch einmal, mein lieber Mann! Laß uns nur ein paar Winter noch benutzen – ich bin es ja auch meinem Rufe schuldig, daß ich mich jetzt noch nicht ganz zurückziehe. Es ist ein Pflichtgefühl gegen Dich und mich, das in mir spricht.

Das erste Buch des wohltemperierten Clavier's von Bach haben wir vergangene Woche beendet, unser Studium im zweiten Buch aber nicht fortgesetzt – Robert wollte eine Woche ruhen!

Schwanger

17. Woche

Er: Die ganze Zeit über hat Clara viel zu leiden gehabt – an Schmerzen, die sie gern für mich trägt. Mir ging es leidlich. Die Idee, mit Clara ein Liederheft herauszugeben, hat mich zur Arbeit begeistert. Vom Montag – Montag den 11ten sind so 9 Lieder aus dem Liebesfrühling von Rückert fertig geworden, in denen ich denke, wieder einen besonderen Ton gefunden zu haben. Clara soll nun auch aus dem Liebesfrühling einige komponieren. O tu' es Clärchen! – Sonst fiel wenig vor.

18. Woche

Sie: Sonnabend und Sonntag befand sich Robert sehr schlecht und konnte vor Schmerzen in der Kehle nur mit Mühe essen. Er war sehr mißvergnügt darüber, denn er behauptete, nicht essen zu können sei das größte Unglück, und ich muß ihm beistimmen! – Sonntag abend ging es schon wieder etwas besser – es schmeckte vortrefflich! – Ich Ärmste quäle mich nun von einem Tag zum anderen, stehe auf, wie ich mich niedergelegt habe. Wäre die Ursache nicht eine beglückende, so risse mir wohl die Geduld. Am meisten betrübt mich, daß ich so wenig spielen kann und so kraftlos bin. Nun! Ich denke, es wird schon wieder bessere Zeit kommen, wo ich dann auch Dir, mein innigstgeliebter Robert, wieder mehr Freude machen kann – bis dahin habe Geduld mit mir.

19. Woche

Sie: Wider die Abrede ist es, daß ich diese Woche das Buch führe, doch wenn ein Mann eine Symphonie komponiert, da kann man wohl nicht verlangen, daß er sich mit anderen Dingen abgibt – muß sich doch sogar die Frau hintenangesetzt sehen! Die Symphonie ist bald fertig; ich habe zwar noch gar nichts davon gehört, freue mich aber unendlich, daß sich Robert endlich auf das Feld begeben, wo er mit seiner großen Phantasie hingehört; er wird sich auch hineinarbeiten, denke ich, daß er nichts anderes mehr komponieren wird als Instrumentalmusik.

20. Woche

Sie: Heute, Montag, hat Robert seine Symphonie ziemlich vollendet; sie ist wohl meistens in der Nacht entstanden - schon einige Nächte brachte mein armer Robert darüber schlaflos hin. Er nennt sie »Frühlingssymphonie« - zart und dichterisch, wie all sein musikalisches Sinnen ist! - Ein Frühlingsgedicht von [Böttger] war der erste Impuls zu dieser Schöpfung.
Mein Gesundheitszustand scheint sich jetzt etwas bessern zu wollen. Was uns noch vor wenigen Wochen nur Hoffnung war, scheint jetzt zur Gewißheit zu werden - ich bin ganz glücklich!
Dienstag vollendete Robert seine Symphonie, also angefangen und vollendet in 4 Tagen. Hätte man nur gleich ein Orchester da! - Ich muß Dir, mein lieber Mann, gestehen, ich hätte Dir solch eine Gewandtheit nicht zugetraut - Du flößt mir immer neue Ehrfurcht ein!!! -

Ach könnte ich nur arbeiten!

20. Woche

Sie: Zum Spielen komme ich jetzt gar nicht; teils hält mich mein Unwohlsein, teils Roberts Komponieren ab. Wäre es doch nur möglich, dem Übel mit den leichten Wänden abzuhelfen, ich verlerne alles, und werde noch ganz melancholisch darüber.
Robert ist seit einigen Tagen sehr kalt gegen mich; zwar ist wohl der Grund ein sehr erfreulicher, und niemand kann aufrichtigeren Teil nehmen an allem, was er unternimmt, als ich, doch zuweilen kränkt mich diese Kälte, die ich am allerwenigsten verdiente. Verzeih mir, mein lieber Robert, diese Klage - die Vernunft muß nun einmal manchmal den Gefühlen nachstehen!

Sonnabend machte ich mit Carls eine Fußpartie nach Stötteritz, die mir gut bekam.
Abends ging ich ins Quartett, das heute durch Mendelssohns Spiel ein sehr interessantes wurde. Er spielte sein Trio, das ich schon längst gewünscht hatte, wieder einmal von ihm zu hören. Dem folgte Beethovens herrliches Quartett in Es, und den Beschluß machte Mendelssohn mit zwei seiner älteren und zwei neueren Liedern ohne Worte. Ich kenne keinen Spieler, bei dessen Spiel mir so wohl wäre, und man weiß eigentlich nicht, in welchem Genre man ihn am liebsten hören mag, er spielt alles gleich meisterlich. Einige kleine Urteile im Bezug auf diesen Abend hätte ich mir gern noch erlaubt, doch fürchte ich, mein lieber Robert, Du erzürnst Dich gleich, und ärgern will ich Dich nicht, das weißt Du, wenn ich es auch manchmal in meiner Einfältigkeit tue.

Felix Mendelssohn-Bartholdy nach einer Daguerreotypie

Titelblatt einer Clara Schumann gewidmeten Komposition

29. Woche
Er: Nun nach fünf Wochen Schweigen zu dir, meine liebe Leserin.

Wär ich nur ganz wohl, um alles recht schön darzustellen, was sich immer begeben. Doch weißt du ja das meiste. Die Symphonie hat mir viele glückliche Stunden bereitet; sie ist ziemlich fertig; ganz wird es so ein Werk erst, wenn man es gehört. Dankbar bin ich oft dem guten Geist, der mir ein so großes Werk so leicht, in so kurzer Zeit geraten läßt. Die Skizze der ganzen Symphonie war doch in 4 Tagen fertig, und das will viel sagen. Nun aber, nach vielen schlaflosen Nächten, kommt auch die Erschlaffung nach; mir geht es, wie es einer jungen Frau gehen mag, die eben entbunden worden ist – so leicht, glücklich und doch krank und wehe. Dies weiß auch meine Clara, und schmiegt sich nun doppelt zärtlich an mich, was ich ihr schon auch später vergelten will. Überhaupt könnte ich gar nicht fertig werden, wollte ich von allem Lieben erzählen, das mir Clara in dieser Zeit erwiesen, und mit so willigem Herzen. Unter Millionen hätte ich suchen können, die mir, wie sie, soviel Nachsicht, soviel Aufmerksamkeit schenkt. Nun, laß dich küssen, mein gutes Weib, das ich immer mehr liebe und achte.

Sonst ging es in dieser Zeit ziemlich still und einförmig her. Wir denken viel an den Frühling, und wollen uns dann auch etwas ins Freie hinausschwingen, was uns beiden so not tut. Eine Reise nach Töplitz gehört gar nicht in das Reich der Unmöglichkeit.

Auch geben wir vielleicht noch ein Konzert zusammen. Es wäre ein großer Gewinn, könnte ich noch dieses Jahr die Symphonie zur Aufführung bringen. Das weiß auch Clara, und doch darf sie noch nichts bestimmen. Doch müßten wir uns nun bald entscheiden und dann mit Energie anpacken. Etwas weniger Bescheidenheit wäre uns beiden, glaub' ich, nicht schädlich, wir passen aber beide nicht für das gemeine Leben, seine Kunstgriffe und Schlauheiten. Doch erreicht sich mit Fleiß und redlichen Zwecken auch ohnedies schon immer etwas. So sei denn das andere unsern guten Genien überlassen.

Beschwörungen

Mein Weib ist die Liebe, Gefälligkeit
und
Anspruchslosigkeit selbst

Sie schenkt mir so viel Nachsicht
so viel Aufmerksamkeit
mit so willigem Herzen

Wie denn Klara überhaupt eine Reisegesell-
schafterin ist, wie sie eine Lebensgefährtin ist,
willig
heiter
nachsichtig
immer lieb und liebend

Ein liebevolles sorgliches anspruchsloses Weib

Geduld, Sanftmut, Biegsamkeit und Selbstverleugnung – durch sie beugt die kluge Beherrscherin des männlichen Herzens allen Zänkereien vor, indem sie nie dem Manne das Recht der Herrschaft streitig macht, sondern immer sanft, gutlaunig, freundlich und nachgebend bleibt, auch da, wo ihr wirklich zu viel geschieht; durch sie macht sie das Haus ihres Gatten zur Wohnung des Friedens, der Freude und der Glückseligkeit, so wie sie es durch hausmütterliche Aufmerksamkeit auf alles, und durch ihre rastlose Tätigkeit zum Muster der Ordnung, der Reinlichkeit und des Fleißes zu machen wußte.

Johann Heinrich Campe, Väterlicher Rath für meine Tochter aus dem Jahre 1789

Robert Schumann, Ehetagebuch 31.3.1841

Am 31sten Konzert des Schumann'schen Ehepaars. Glücklicher Abend, der uns unvergeßlich sein wird. Meine Clara spielte alles

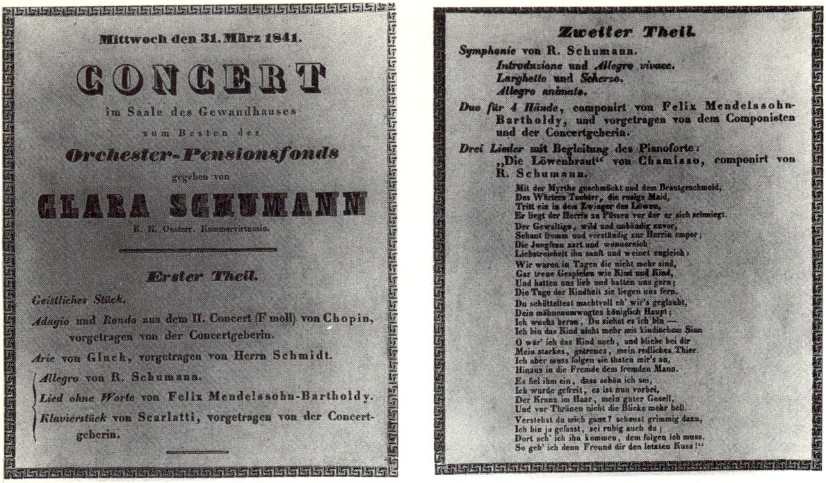

Erstes Konzert als Clara Schumann

wie eine Meisterin, und in erhöhter Stimmung, daß alle Welt entzückt war. Auch in meinem Künstlerleben ist der Tag einer der wichtigsten. Das sah auch meine Frau ein und freute sich über den Erfolg der Symphonie fast mehr, als über sich selbst. So denn mit Gott auf dieser Bahn weiter. Es sieht ja jetzt so heiter in meinem Gemüte aus, daß ich noch manches an den Tag zu fördern gedenke, das die Herzen erfreuen soll.

Mendelssohn hat sich in der ganzen Geschichte unseres Konzertes wieder als ein echter Künstler bewährt. Die warme Teilnahme für Clara ist so ungeheuchelt, wie sie nur aus solchem Herzen kommen kann. Auch für die Symphonie interessierte er sich so aufrichtig, wie es unter Künstlern sein soll, und dirigierte sie mit der äußersten Sorgfalt. Tags darauf besuchte ich ihn und dankte ihm recht herzlich.

Noch so manches könnte ich über diese Woche und jenen Abend aufschreiben, über die allgemeine Verehrung, die Clara genießt, über den Enthusiasmus, den unser Konzert in allen hervorgebracht, daß die ganze Stadt davon spricht, – doch zieht's mich zu meiner neuen Ouverture, die ich in Arbeit habe – und Du wirst, liebe Gute, das Wenige in Nachsicht aufnehmen.

Keine glücklichere, keine harmonischere Vereinigung war in der Kunstwelt denkbar als die des erfindenden Mannes mit der ausführenden Gattin, des die Idee repräsentierenden Komponisten mit der ihre Verwirklichung vertretenden Virtuosin.

Franz Liszt

Juni 1841

Sie: Mein Klavierspiel kommt wieder ganz hintenan, was immer der Fall ist, wenn Robert komponiert. Nicht ein Stündchen im ganzen Tag findet sich für mich! Wenn ich nur nicht gar zu sehr zurückkomme! Das Partiturlesen hat jetzt auch wieder aufgehört, doch ich hoffe, nicht auf lange!

Mit dem Komponieren will's nun gar nicht gehen – ich möchte mich manchmal an meinen dummen Kopf schlagen! – Frau Thun kommt regelmäßig alle Woche ein Mal zu mir; ich gebe mir viel Mühe etwas Solidität in ihr Spiel zu bringen, und ihr den Begriff von Schatten und Licht im Spiel zu geben. An der Mechanik ist vieles, selbst das gewöhnlichste hie und da zu verbessern. Wie weit es doch ein schlechter Lehrer mit einem Talent bringen kann! Wie viele gehen ganz unter, und die wenigen, die bleiben, wie mühsam raffen sie sich empor!

Ich habe diese Woche viel am Komponieren gesessen, und denn auch vier Gedichte von Rückert für meinen lieben Robert zustande gebracht. Möchten Sie ihm nur einigermaßen genügen, dann ist mein Wunsch erfüllt.

Juli 1841

Ich habe diese Woche angefangen, regelmäßig zu spielen, täglich wenigstens 2 Stunden. Ich spiele meist Fugen und Sonaten von Beethoven, will mich aber nächstens auch wieder einmal ernstlich an Roberts Kompositionen machen. Leider bleiben mir doch zu wenig Stunden zu musikalischer Beschäftigung, und das wird nun vor der Hand auch nicht besser werden – froh bin ich, daß ich wenigstens täglich wieder spiele! Ich lege mich ruhiger zu Bett, wenn ich diese Pflicht an mir selbst erfüllt habe. Robert scheint auch zufrieden und läßt es nie fehlen an Aufmunterung.

Juli 1841

Er: Arbeiten – Clara studiert mit echter Liebe viel Beethovensches (auch Schu- und Ehemännisches – hat mir viel beigestanden im Ordnen meiner Symphonie, die nun bald in den Druck soll – liest nebenbei Goethes Leben, schneidet auch Bohnen wenn's sein muß – die Musik geht ihr aber über alles, und das ist eine Freude für mich – Neues komponiert hab ich nichts und noch am alten zu tun – die Symphonie in d-Moll ist ziemlich beendigt, die Phantasie in a-Moll in Ordnung gebracht und zum Spielen fertig – die Symphonie in B nach noch einer Probe, die wir in dieser Woche halten, desgleichen –

Jetzt hat mich Th. Moore's »das Paradies und die Peri« ganz glücklich gemacht – es läßt sich vielleicht etwas Schönes daraus machen für Musik –

Ich war auch häufig unwohl. Mit Clara geht es im ganzen so gut, daß wir recht dankbar dafür sein müssen. Mit Freude und Bangen sehen wir nun dem nächsten Monat entgegen. Nur Mut, meine Clara. –

August 1841

Sie: Je weniger ich jetzt öffentlich spiele, je mehr wird mir das ganz mechanische Virtuosentum verhaßt! Die Konzertkompositionen als: Etüden von Henselt, Fantasien von Thalberg, Liszt etc.: sind mir ganz zuwider geworden ... Alles das kann keinen dauernden Genuß schaffen! Ich spiele von diesen Sachen nicht eher wieder, als bis ich sie zu einer Kunstreise brauche, mich dauert jetzt die Zeit daran zu verwenden.

Studienwerke und Repertoire

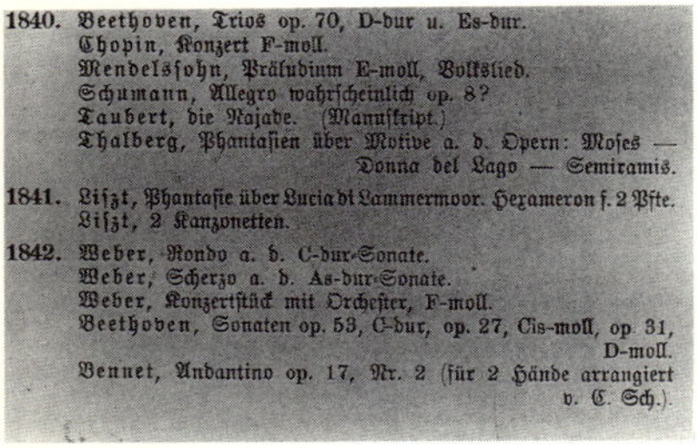

1840. Beethoven, Trios op. 70, D-dur u. Es-dur.
Chopin, Konzert F-moll.
Mendelssohn, Präludium E-moll, Volkslied.
Schumann, Allegro wahrscheinlich op. 8?
Taubert, die Najade. (Manuskript.)
Thalberg, Phantasien über Motive a. d. Opern: Moses — Donna del Lago — Semiramis.

1841. Liszt, Phantasie über Lucia di Lammermoor. Hexameron f. 2 Pfte.
Liszt, 2 Kanzonetten.

1842. Weber, Rondo a. d. C-dur-Sonate.
Weber, Scherzo a. d. As-dur-Sonate.
Weber, Konzertstück mit Orchester, F-moll.
Beethoven, Sonaten op. 53, C-dur, op. 27, Cis-moll, op. 31, D-moll.
Bennet, Andantino op. 17, Nr. 2 (für 2 Hände arrangiert v. C. Sch.).

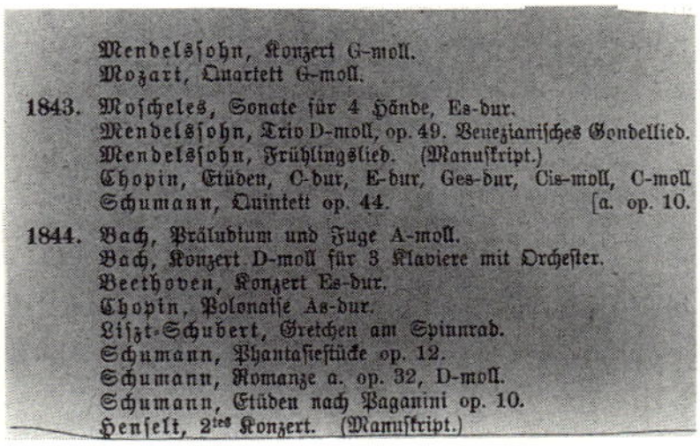

Mendelssohn, Konzert G-moll.
Mozart, Quartett G-moll.

1843. Moscheles, Sonate für 4 Hände, Es-dur.
Mendelssohn, Trio D-moll, op. 49. Venezianisches Gondellied.
Mendelssohn, Frühlingslied. (Manuskript.)
Chopin, Etüden, C-dur, E-dur, Ges-dur, Cis-moll, C-moll a. op. 10.
Schumann, Quintett op. 44.

1844. Bach, Präludium und Fuge A-moll.
Bach, Konzert D-moll für 3 Klaviere mit Orchester.
Beethoven, Konzert Es-dur.
Chopin, Polonaise As-dur.
Liszt-Schubert, Gretchen am Spinnrad.
Schumann, Phantasiestücke op. 12.
Schumann, Romanze a. op. 32, D-moll.
Schumann, Etüden nach Paganini op. 10.
Henselt, 2tes Konzert. (Manuskript.)

Clara Schumann über andere Künstler

Über Berlioz:
Er ist kalt, teilnahmslos, grämlich. Kein Künstler, wie ich ihn liebe.

Über Wagner:
Am besten, ich schweige über Wagner, denn ich kann einmal nicht gegen meine Überzeugung sprechen und fühle doch für diesen Komponisten durchaus kein Fünkchen Sympathie.

Über Liszt:
Sein Vortrag des Champagnerliedes (in der Don Juan-Phantasie) wird mir unvergeßlich bleiben, dieser Übermut, diese Lust, mit der er das spielte, war einzig!
Liszt mag spielen, wie er will, geistvoll ist es immer, wenn auch manchmal geschmacklos, was man aber ganz besonders seinen Kompositionen vorwerfen kann; ich kann sie nicht anders als schauderhaft nennen – ein Chaos von Dissonanzen, die grellsten, ein immerwährendes Gemurmel im tiefsten Baß und höchsten Diskant zusammen, langweilige Introduktionen etc. Als Komponist könnte ich ihn beinah hassen.

Das Weib steht doch höher als die Künstlerin

Kurz vor dem ersten Hochzeitstag: Marie

Robert Schumann, Ehetagebuch 17.9.1841

Ein neuer Lebensabschnitt, wenn auch nicht ohne Sorgen, aber glücklich vollbracht, daß wir dem Himmel aus ganzem Herzen dankbar sein müssen.

Am ersten September schenkte er uns durch meine Clara ein Mädchen. Die Stunden, die vorangingen, waren schmerzensvoll; ich will die Nacht zum ersten September, einen Mittwoch, nicht vergessen. So viel stand in Gefahr, in einer Minute einmal übermannte es mich, daß ich mich nicht zu fassen wußte. Dann vertraute ich aber auf Claras starke Natur, ihre Liebe zu mir - wie sollte ich das alles beschreiben können. 10 Minuten vor elf Uhr Vormittag war das Kleine da - unter Blitz und Donner, da gerade ein Gewitter am Himmel stand. Die ersten Laute aber - und das Leben stand wieder hell und liebend vor uns - wir waren ganz selig vor Glück. Wie bin ich doch stolz, eine Frau zu haben, die mir außer ihrer Liebe, ihrer Kunst auch solch ein Geschenk gemacht. Nun flogen die Stunden hin zwischen Freude und Besorgnis. Das Kleine gedieh von Tag zu Tag. Clara erholte sich immer mehr. Die Mutter kam aus Berlin dazu, und am 13ten September, Claras 22sten Geburtstag, ließen wir es taufen mit dem lieben Namen Marie. Die Mutter [Mariane Bargiel], mein Bruder [Carl Schumann], meine alte Wirtin Devrient, und Mendelssohn standen Gevatter - für meinen Bruder und Mendelssohn standen Buchhändler Barth und Raimund Härtel. Es war viel Aufregung im Haus. Nun gestern auch die Mutter wieder nach Berlin zurückgekehrt ist, wird es wieder ruhiger. In einigen Tagen wird Clara wieder in das Freie gehen können, und dann erwartet uns zu Haus immer neue Freude; denn sein Kind anzusehen, kann man gar nicht satt werden. Dir überlaß' ich es nun vorzüglich, meine Clara, daß Du im Tagebuch von dem kleinen Leben, wie es sich von Tag zu Tag immer mehr entfaltet, recht sorglich berichtest, sie ist das erste ordentliche Ehrenmitglied unsres Bundes; wahrhaftig unser Glück war immer groß, aber wenn es etwas noch erhöhen und befe-

stigen konnte, so ist es diese kleine Marie, das einmal dein Ebenbild innerlich werden soll, wie es mir äußerlich gleicht.
Die Feste hörten überhaupt nicht auf; am 12ten war der Jahrestag unsrer Hochzeit; am 13ten Geburtstag und Kindtaufe. Eine kleine Freude konnte ich meiner Clara machen mit der ersten gedruckten Stimme meine Symphonie, mit der zweiten [Symphonie], die ich im stillen fertig gemacht, und dann mit zwei Heften gedruckter Lieder

Clara und Marie Schumann, Daguerreotypie, ca. 1844

von Rückert von uns beiden. Was könnte ich ihr auch sonst bieten außer meinem Streben in der Kunst, und wie nimmt sie so liebevoll Teilnahme daran. Eines beglückt mich, das Bewußtsein, noch lange nicht am Ziel zu sein, und immer noch Besseres leisten zu müssen, und dann das Gefühl der Kraft, daß ich es erreichen kann. So denn mit Mut, meine Clara, an meiner Seite, immer vorwärts.

Clara Schumann, Ehetagebuch 27.9.1841

Du hast mit so lieben Worten von den letztvergangenen Tagen berichtet, mein treuer Robert, daß ich nichts hinzuzufügen weiß, als daß ich sehr glücklich bin, ein Kind zu besitzen von dem, der mir

das Liebste auf der Welt ist. Jeden Tag denke ich »mehr kann ich ihn nicht lieben«, und doch ist mir's, als liebte ich Dich täglich mehr! Bist Du selbst nicht bei mir, so erinnert mich Marie, Dein liebes kleines Ebenbild an Dich, was mir gar viel Freude macht. Aber Sorge macht so ein Kind auch, besonders ein erstes, mit dem man noch gar nicht recht umzugehen weiß – mit Recht nennt man so ein Kind ein Angstkind, denn das ist es wahrhaftig! Jede Bewegung meiner Kleinen betrachte ich mit einem Gefühl von Angst und Freude. Jetzt geht es gut mit Mariechen, aber die höchste Zeit war es, daß wir dem Kinde eine andere Amme schafften, sonst wäre es halb verhungert.
Mit meiner Gesundheit geht es jetzt recht gut, und für die kurze Zeit seit meiner Entbindung außerordentlich. Ich gehe täglich wenigstens eine Stunde mit meinem geliebten Robert spazieren, und danke Gott, daß er mich auf der Erde gelassen hat, wo ich so glücklich lebe.
Mein Geburtstag war ein Tag voll des Vergnügens und der Freude von Früh bis Abend, Robert überraschte mich mit so vielem, seiner Symphonie in d-Moll beendet, der ersten gedruckten Stimme der B-Dur-Symphonie und ganz besonders (. . .) mit den gedruckten Liedern von Rückert, worin auch einige schwache Produkte von mir vorhanden. Von dieser Überraschung hatte ich keine Ahnung gehabt. Übrigens fehlte es auf dem so reich belegten Tische nicht an Produkten als: Seife, Eau de Cologne pp: wonach das weibliche Herz wohl auch einmal verlangt. Ein schönes Geschenk war mir die Partitur des Don Juan [von Mozart] in der ich fleißig spiele, es macht einem wahre Freude, darin zu lesen, so schön ist sie gestochen, und nun, diese Musik, interessant von Note zu Note!
Ich drücke Dir noch einmal die Hand, mein Robert, für alle Freude, die Du mir gemacht und immer machst.
Die Anwesenheit der Mutter ist mir wie ein Traum! Leider blieb sie so kurze Zeit, daß man sich kaum über alles aussprechen konnte. Übrigens bin ich sehr beruhigt über ihre Lage; man nimmt sich in Berlin höchst freundlich ihrer an, sie hat von Früh bis Abend Stunden zu geben, und was die Hauptsache, sie ist so wohl körperlich und befindet sich auch in ihrem kleinen Logie mit Gärtchen und bei

ihren Kindern so glücklich, daß ich ganz froh darüber bin. Gott verläßt doch den Menschen nie! Welcher Beweis wieder bei der Mutter! In den verzweiflungsvollsten Augenblicken, nach dem Tod ihres Mannes, entblößt von allem Geld, da regte er den Sinn der Menschen, die der Mutter all ihr Leid so leicht ertragen machten. Man muß nie das Vertrauen verlieren! –
Über meine Erziehung Mariechens, lieber Robert, läßt sich noch nicht viel Resultat liefern; das beste Resultat jetzt ist, wenn sie trinkt comme il faut und wenn sie schläft. Bald, hoffe ich, wird sie lernen, Dich anzulächeln, das erste Zeichen von Verstand! – sie sieht übrigens schon jetzt zuweilen ganz klug um sich.

Robert Schumann, Tagebuch 24.10.1841

Es geht ganz leidlich im Schumannschen Haus. Die Kleine fängt schon an zu lächeln, die Hausfrau ist die alte liebe, und nur der Hausherr manchmal finster. Warum? Er weiß es selbst nicht; er sollte zufrieden sein, ein solches Weib und Kind zu haben, und doch zeigt er es oft gar nicht und betrübt seine Frau. Du weißt, was mich oft wild und zornig macht, der Gedanke an deinen Vater. Laß mich schweigen davon. Oft ist es auch Unzufriedenheit mit mir selbst, mit meinen literarischen und künstlerischen Verhältnissen. Zürne mir also nicht, liebe Clara. Ein Künstlerherz ist immer in einer gewissen Bewegung, es drängt ihn immer unruhig vorwärts. Aber es kommen dann auch wieder friedlichere Stunden, und wir haben schon so viel schöne zusammen verlebt. Auch die letzten Wochen waren nicht ganz fruchtlos; eine kleine Symphonie in c-Moll hab' ich ziemlich fertig im Kopf, die Korrekturen zu der in B[-Dur] ganz abgeliefert, und noch manches. Auch Clara hat eine kleine Komposition fertig, die einen recht schönen Charakter atmet; sie darf jetzt wieder ordentlich spielen; aber freilich, die Künstlerin muß der Mutter schon manche Stunde aufopfern.
Auf unsern kleinen Engel wirkt die Musik übrigens auch schon; wenn sie recht unruhig ist, spielt ihr Clara vor, was sie gleich besänftigt und einschläfert.

Clara Schumann, Ehetagebuch 30.11.1841

Sonnabend, den 30. aßen wir einmal wieder in Connewitz. Auf solchen Partien mit meinem Robert bin ich immer recht glücklich, da hab ich ihn so ganz allein für mich, und das ist mir eben recht. Ich hatte einige unliebenswürdige Tage, wo ich meinen armen Mann recht sehr quälte - ich dachte, er hätte mich nicht mehr so lieb, als das erste Jahr! Er hatte manches im Kopf, das ihn verdrüßlich machte (das weiß ich wohl), und ich war sehr reizbar, daher ich mir denn manche trübe Stunde selbst bereitete. Jetzt ist aber alles wieder gut - Robert ist liebevoll und ich glücklich. Marie nimmt zu unserer Freude täglich zu an Körper und an Verstand - sie scheint in allem dem Papa gleich werden zu wollen, bis auf das kleine Händchen mit den langen Klavierfingern, das man wohl nicht als Erbe von der Mutter bestreiten kann.

Clara Schumann, Ehetagebuch 19.5.1842

Donnerstag den 19. ging die Amme fort, das Kind wurde entwöhnt. Es scheint ein Segen von Gott auf dem Kinde zu ruhen. Sie überstand es ganz vortrefflich, fiel nicht im geringsten ab, und ist bis jetzt immer das vergnügte freundliche Kind geblieben.

Robert Schumann, Ehetagebuch 28.6.1842

Unsere Kleine macht uns unbeschreibliche Freude; sie wächst täglich und zeigt einen gutmütigen Charakter bei großer Lebhaftigkeit. Der erste Zahn steht nun auch da. Clara's Glück darüber und über das ganze Kind ist mir auch eines.

Wir müssen Wege finden, unser beider Talente nebeneinander zu nutzen

Aber was wird die Welt sagen?

Im zweiten Jahr: Konzertreise nach Dänemark

Clara Schumann an die Freundin Elise List 30.5.1842

Liebe Elise. Ja, wirklich ging ich allein nach Kopenhagen (das heißt ohne Robert), trennte mich von ihm, doch dies soll nie mehr geschehen, so Gott will. Ich will Dir die ganze Sache erklären, damit Du unseren Schritt begreifst. In Hamburg redete man uns außerordentlich zu, Kopenhagen zu besuchen, auch bekamen wir von daher verschiedene Aufforderungen, so daß wir uns entschlossen und zusagten, zugleich den Auftrag gaben, mein Konzert vorzubereiten. Als nun aber die Zeit herankam, so sah Robert immer mehr die Unmöglichkeit ein, seine Zeitung noch vielleicht zwei Monate in fremden Händen zu lassen; die drei Wochen, auf die er sich eingerichtet, waren vorüber, und somit beschlossen wir, die Reise aufzugeben; ich aber überlegte mir die Sache! Ich bin eine Frau, versäume zu Hause nichts, verdiene nichts, warum sollte ich nicht meinem Robert auch einmal mit meinem Talente ein kleines Scherflein spenden. Konnte mir das irgend jemand verdenken? Und meinem Mann, daß er zu Hause zur Kleinen und zu seinen Geschäften ging? Ich schlug meinen Plan Robert vor, vor dem er zwar erschrak, endlich jedoch einwilligte, da ich ihm die Sache so vernünftig als möglich vorstellte. Es war gewiß für eine Frau, die so ihren Mann liebt wie ich, ein großer Schritt, doch ich tat es aus Liebe zu ihm, und dann ist mir kein Opfer zu groß und schwer.

Robert Schumann während der Abwesenheit seiner Frau, Ehetagebuch 14.3.1842

Vielleicht daß ich mir meine Melancholie durch die Erinnerung an die letzten Wochen, die ich mit Clara verlebte, etwas verscheuche.

Es war doch einer meiner dümmsten Streiche, Dich von mir gelassen zu haben. Ich fühle es immer mehr. Führe Dich Gott glücklich zu mir zurück. Einstweilen will ich unsere Kleine bewachen.
Die Trennung hat mir unsere sonderbare schwierige Stellung wieder recht fühlbar gemacht. Soll ich denn mein Talent vernachlässigen, um dir als Begleiter auf der Reise zu dienen? Und du, sollst du deshalb dein Talent ungenutzt lassen, weil ich nun einmal an Zeitung und Klavier gefesselt bin? Jetzt, wo Du jung und frisch bei Kräften bist? Wir haben den Ausweg getroffen. Du nahmst dir eine Begleiterin, ich kehrte zum Kind zurück und zu meiner Arbeit. Aber was wird die Welt sagen? So quäle ich mich mit Gedanken. Ja es ist durchaus nötig, daß wir Mittel finden unsere Talente nebeneinander zu nützen und zu bilden. Amerika liegt mir im Sinn. Ein furchtbarer Entschluß. Aber ich glaub fest, er würde sich belohnen. Bis zum letzten April müssen wir uns entschieden haben.
Der Gedanke an Amerika kam auf der Reise – an einem schönen Morgen – aus einer kräftigen Stimmung. Ich fühlte mich an diesem Morgen so frisch und unternehmend – die Nähe von Bremen, das mit Amerika wie verschwistert ist, machte es wohl auch. Wir überlegten hin und her. Es fesselt uns so wenig hier. Nur der Gedanke an Marie, die wir zurücklassen müßten, war schrecklich. Aber es wäre ja auch für ihr Bestes, für die Sicherheit ihrer Zukunft. Wir könnten wohl auch in Deutschland reisen. Aber was kommt heraus? Was Clara erwirbt, verliere ich an Verdienst und Zeit. So wollen wir lieber zwei Jahre an einen großen Plan unseres Lebens setzen, der uns, wenn er glücklich ausschlägt, für das ganze Leben sichert. Und dann kann ich mich ja ganz meiner Kunst ergeben, wie es mein sehnlichster, alleiniger Wunsch ist. Leite du, der uns bis jetzt vereint und geleitet, auch unsere ferneren Schritte. –

Robert Schumann an Clara Schumann 24.3.1842

Ich bin jetzt beruhigter und etwas mehr gewöhnt an unser einsames Leben. Daß sich das Opfer nun auch lohnen und Dir Freude bringen möge als Künstlerin! Du bist so jung noch, und ich kann es Dir ja nicht verdenken, daß Du für den Fleiß Deiner Jugend noch nicht als Künstlerin vergessen sein willst, mit einem Worte, daß Du Dich freust, wenn Du die Menschen durch Dein schönes Talent noch erfreuen kannst.

1.4.1842

Gestern habe ich unsere Lage einmal mir klargemacht – auf dem Papier, mit Zahlen – ängstigen brauchen wir uns nun gar nicht, es sind doch noch immer hübsche Mittel da. Aber eine Veränderung muß doch in diesem Jahr ergehen. An Emilie schreib noch nicht wegen Amerika. Der Schritt ist zu ungeheuer.

14.4.1842

Höre, Kranz in Hamburg ist ein miserabler Kerl und Schwätzer – er hat das dümmste Gewäsch an Hofmeister berichtet – dieser dann an David – und so machte es nun die Runde: »Zum Beispiel, ich hätte Dich krank in Hamburg verlassen – wir hätten Schulden in Hamburg gemacht – Du hättest dort gar nicht gefallen« – und lauter solche Dinge. Ich war außer mir . . . Kömmst Du nach Hamburg, so gehe zu seiner Frau und sag ihr in aller Ruhe, aber mit allem Stolz, dessen Du fähig bist, Deine und unsere Meinung. Cläre, ich bitte Dich, spiel mit aller erdenklichen Sorgfalt und Geistesstärke, damit so ein Geschwätz zuschanden gemacht wird. Deine Künstlerehre ist mir so lieb wie Deine Frauenehre, und ich muß und kann mich in allen Dingen auf Dich verlassen.

22.4.1842

Schon gestern wollte ich Dir schreiben, war aber von einem fürchterlichen Ärger so unwohl, daß ich's nicht vermochte. In ganz Dresden hat Dein Vater ausgesagt, wir wären geschieden.

24.4.1842

Miserables Leben – trübsinnige Zeit – an Komponieren nicht zu denken!

29.4.1842

Die Hälfte meiner Leidenszeit wird doch nun vorbei sein, hoffe ich. Solange ich lebe, will ich an diese Trennung denken – man weiß gar nicht, warum man lebt. Dir sage ich so gerne, wie mir's im Herzen aussieht. Und sag' ich's Dir nicht, so kannst Du's doch in meinen Augen lesen – glaub mir's – es ist nichts mit dieser Freiheit – und dann, hast Du mich je beschränkt? Das war einer der dümmsten

Streiche meines Lebens, Dich von mir gelassen zu haben, der gewiß nicht wieder passieren soll!

Clara Schumann im Rückblick
Ehetagebuch 18.2.–30.5.1842

Eine große Aufgabe ist es, sich zwei ganze Monate ins Gedächtnis zurückzurufen, noch dazu zwei so ergebnisreiche, wie es die verflossenen waren – darum habe Nachsicht, mein Robert, mit einem mangelhaften Bericht, wie ich ihn nur eben noch liefern kann.
»Vom Tage unserer Trennung bis zu dem des Wiedersehens!«
Donnerstag der 10te März war der schrecklichste Tag in unserer Ehe bis jetzt – wir trennten uns, und mir war's, als sollte ich Ihn nicht wiedersehen. Die Reise ging nach Kiel unter Schluchzen, Wehklagen – ich kann nicht beschreiben, wie unglücklich ich mich fühlte, dazu meine Begleiterin Marie Garlichs, ein liebes Mädchen zwar, doch nicht fähig, meinen Schmerz zu begreifen. Wir kamen Abends in Kiel an, und ich ging dann sogleich noch an einige Konzertbesorgungen, die ich mir hätte ersparen können, denn am 11. mittags, wurde ich so krank, daß an Konzert nicht mehr zu denken war. Ich versuchte es noch eine Stunde vor dem Konzerte, mich aufzuraffen, doch alle Kraft hatte mich verlassen, und der Schmerz war nur um so heftiger. Das versammelte Publikum wurde fortgeschickt, und ich – bezahlte tags darauf die Unkosten, 47 Mark, aus meiner Tasche – schöner Anfang! –
Sonnabend der 12te war ein Tag neuer Leiden. Ich wollte mit dem Dampfschiff nach Kopenhagen, doch dagegen verschwörte sich der Himmel, der Sturm erhob sich zu einer seltenen Heftigkeit, und ich – blieb in Kiel. Acht Tage sollte ich warten auf das nächste Dampfschiff; sollte ich die müßig zubringen? Ich reiste
Sonntag den 13ten nach Lübeck auf Feldwegen, bei dem heftigsten Regen und dem Heulen des Windes, wurde aus einem Loch in das andere geworfen, der Krampf lag mir noch immer im Körper und verschlimmerte sich nur wieder bei diesen Stößen, dazu die Angst, die Sehnsucht nach meinem Robert – war das nicht genug, um den Mut zu verlieren? Doch ich sollte volle acht Tage der Prüfung durchmachen, ehe ich an's Ziel gelangte.

Ich kam nach Lübeck, mußte aber unverrichteter Sache fort. Der Herzog von Schwerin war gestorben, und so war seine Oper nach Lübeck gegangen. Ein Theater war für Lübeck ein Ereignis – sie hatten auf jeden Abend abonniert – was wollte ich machen? Ehe ich ein leeres Konzert gab, ging ich lieber.
Montag den 14ten machte ich einige Besuche, fand alle krank, außer Avé's, die sehr freundlich gegen mich waren, abends ging ich in's Theater, hörte Riefstahl ziemlich mittelmäßig spielen, und
Dienstag den 15ten reiste ich nach Hamburg, dort, dachte ich, könnte ich vielleicht im Theater einmal spielen. Es war ein trüber Tag, dieser, mein gepreßtes Herz machte sich Luft in Tränen, die unaufhörlich flossen. Nachmittag kamen wir in Hamburg an – an Spielen war nicht zu denken, Ostern vor der Tür, kein Mensch wollte von Musik wissen.
Cranz war mein erster Besuch, er war erschrocken mich, die er in Kopenhagen glaubte, zu sehen. Ich wollte ihn nichts merken lassen von meiner Betrübnis, doch, wer kann für seine Gefühle – ich weinte mich dort recht aus. Meine Freunde wunderten sich, daß ich trotz allen Unfällen noch nach Kopenhagen wollte, einige Male sank mir auch der Mut, ich dachte, der Himmel hätte mir all das Unangenehme geschickt, um mich von meinem Plan abzubringen, doch der Gedanke an Robert, der Wunsch, ihm auch einmal ein Scherflein durch mein Talent zu spenden, dann das freudige Wiedersehen nach glücklich durchgeführter Reise – das ermutigte mich wieder, obgleich es mir wohl nicht anzusehen war, denn der Kummer verließ mich keine Minute, dazu kam, daß ich vom Robert, der mich doch schon in Kopenhagen glaubte, keine Nachricht bekam, seit beinah 14 Tagen nichts vom Kinde wußte – oh, es war zum Verzweifeln! –
Abends ging ich ins Theater, um mich zu zerstreuen, hauptsächlich aber um Marie [Garlichs] ein Vergnügen zu machen, die bis jetzt nur Unangenehmes durch mich erfuhr. Madam Cranz begleitete uns.
Mittwoch den 16ten verbrachten wir ruhig – ich, versenkt in Kummer. Die ersten 14 Tage nach unserer Trennung war ich oft so gedankenlos, daß mir schauderte! Ich sprach immer etwas anderes, als ich

wollte, und wenn mich jemand nach Dir, mein Robert, fragte, dann war's aus – die Stimme erstickte mir – Gott sei Dank, daß dieser Zustand nicht lange dauerte! –
Freitag abend reiste ich fort nach Kiel und stieg dort Sonnabend den 19. bei Musikdirektor Graedener, liebe Leute, ab. Ein zartes Weib ist die Graedener – ich glaube, ich könnte sie lieb gewinnen. Nichtsdestoweniger aber Madam Schloßbauer, eine eitle, ungebildete, und höchst unzarte Frau. Sie bemühte sich, mir in aller Schnelligkeit mitzuteilen, was die Leute über mich gesagt, daß ich das Konzert nicht gab – natürlich nur die böse Welt! –
Abends endlich bestieg ich das so lang gefürchtete, aber herrliche Schiff »Christian der Achte«. Graedeners brachten mich an Bord – ein Glück, daß nicht Robert unsere Trennung bis dahin verschob. Mir war entsetzlich zu Mute, als wir so vom Lande abstießen – was seufzte ich nach Robert, nach der Kleinen, und fast glaubte ich, nie wieder festen Boden zu betreten – eine Furcht, die wohl jeden, der die See nie bereiste, beschleichen mag. Die Fahrt war ziemlich ruhig, seekrank wurden wir nicht, obgleich ich nicht weit davon war; ein fatales Unbehagen befällt einen durch das fortwährende Schaukeln, und die Übelkeit verschwindet nicht, bis man ans Land kommt, das Schaukeln aber fühlten wir noch einen ganzen Tag.
Sonntag mittag langten wir in Kopenhagen an; Olsen und noch mehrere kamen auf einem Kahn an den Bord des Schiffes, um mich zu empfangen, und von diesem Augenblick an war ich in Freundes Schutz gegeben – Olsen sorgte für mich, wie es ein Mann nicht besser gekonnt. Er hatte uns im Hôtel Royal Logie bestellt, und da fanden wir liebe Wirtsleute, Deutsche, die mir die ganzen vier Wochen meiner Anwesenheit alles an den Augen absahen – bezahlen mußte ich freilich gehörig.
Montag den 21. gab es, nach einer höchst stärkenden Nachtruhe, viel Trubel. Ich machte viel Besuche, bekam viele, und lebte sozusagen in Saus und Braus – das Liebste aber fehlte mir, und inmitten all des Beifalls, Vergnügens, konnte ich doch nicht heiter werden, als die letzten 3–4 Tage, wo meine Abreise festgesetzt war.
Ich würde noch viele Bogen schreiben müssen, wollte ich jeden Tag ausführlich besprechen, daher nur einige Notizen über mir liebge-

wordene Freunde, und dann kurze Notiz meines Tuns und Treibens an jedem Tage.

April

Sonntag den 3. endlich gab ich mein erstes Konzert im Königlichen Theater. Volles Haus - viel Jubel! Einige Hervorrufungen, da capo's, gute Einnahme (nach Abzug der Kosten von 159 Taler Courant Überschuß 228) Instrument ziemlich gut.
Der Hof besuchte auch das Konzert bis auf König und Königin. Es ist Etikette, daß der Hof nicht eher ein Konzert besucht, als bis die Künstler am Hof gespielt. Es trafen so viel unglückliche Zufälle zusammen, daß es nicht möglich war, bis jetzt am Hof zu spielen.
Dienstag den 5. Hofkonzert mit Orchester. Der König und die Königin sind liebenswürdig, Letztere ist, obgleich schon 26 Jahre vermählt, schön zu nennen. Von beiden wurde mir die ehrenvollste Aufnahme zuteil.
Mittwoch den 6. spielte ich im Vereinskonzert. Honorar erhielt ich 70 Taler Gold. Es wurde mir dieser Abend sehr schwer, denn das Härtelsche Instrument, das ich erst Tags zuvor von Hamburg erhielt, kam mir entsetzlich schwer vor, nachdem ich mich wieder auf deutsche Instrumente gewöhnt hatte. Vom Publikum hat es keiner gemerkt...
Die Musiker sind hier reine Handwerker - ein tüchtiger Kapellmeister wäre vielleicht im Stande, dem Unwesen ein Ende zu machen... Andersen[1]) besucht mich oft - er ist sehr verliebter Natur!
Donnerstag den 7. hielt ich Schreibtag, bekam auch vom lieben Mann Briefe. Das war immer eine Seligkeit für mich, so ein Brief! Gewöhnlich erhielt ich deren auch am Konzerttag - daß ich da nur gut spielen konnte, versteht sich von selbst.
Abends fuhren wir an die See. Ein herrliches Schauspiel bot die untergehende Sonne, die den Horizont mit seinen vielen Schiffen in ihren Strahlen leuchten ließ. Wie wünschte ich meinen Robert in solchen Momenten hierher. Solche Naturschönheiten kennt man bei uns nicht - mir geht nichts über das Erhabene der See. Den größten Genuß verschaffte es mir, täglich die See von anderer Farbe zu

[1]) Der Märchendichter

finden, grün, hellblau, schwarz wie Eisen, waren die häufigsten Farben, in denen sie spielte.
Sonntag den 10ten zweites Konzert im Königlichen Theater; wieder volles Haus, viel Beifall, Hervorrufen, Da capo, ect. ect.: Überschuß nach Abzug der Kosten von 114 Th., 10 Ggl. (316, 21 Ggl.) Vom König erhielt ich für seine Loge in beiden Konzerten 120, und als Honorar für das Hofkonzert 150 Th.
Ich hatte während meines ganzen Aufenthalts in Kopenhagen immer Not und Angst auszustehen mit meinen Fingern, die fortwährend entzündet waren von vielem Spielen. Zum Glück hinderte es mich an keinem Konzert, obgleich ich besonders das letzte mit vielen Schmerzen durchbrachte.
Donnerstag den 14. mein drittes und letztes Konzert. Überschuß nach Abzug der Kosten von 75 Th, 196 Th., 4 Ggl.
Viel spielte ich in diesem Konzert und hatte ein auserlesenes feines Publikum, wenn auch kein großes, woran wohl hauptsächlich die augenblicklich, wegen des Umziehens der Leute, ungünstige Zeit Schuld war. Das Pianoforte klang herrlich, und ich glaube, ich habe diesen Abend besonders gut gespielt.
Sonnabend den 16. spielte ich noch einmal bei der Königin in ihrem Cabinett, wo eine sehr kleine Gesellschaft versammelt war. Sie war höchst angenehm, und so huldvoll, mir einige Blumen selbst aus ihrem kleinen Wintergarten abzuschneiden und zu überreichen mit einigen sehr liebenswürdigen Worten.
Sonntag den 17. machte ich den Beschluß beim Publikum. Ich spielte noch eine Pièce in einem Armenkonzert im Königlichen Theater und wurde mit dem höchsten Enthusiasmus vom Publikum begrüßt – nach dem Ende des Stücks hervorgerufen. Ich war sehr weich gestimmt! Ungern schied ich von der Stadt, wo man mir soviel Liebes erwiesen, und wo ich reich beschenkt wurde und wo mir zu jeder Zeit so viel Auszeichnung zuteil wurde, doch der Gedanke an meine Lieben zu Hause verscheuchte auch gleich wieder alle Wehmut, die sich in die freudigste Hoffnung dann verwandelte.
Montag der 18. war endlich der Tag meiner Abreise, ein unruhvoller Tag. Früh hatte ich noch eine Privat-Audienz bei der Königin, welche mir eine Brillant-Brosche schenkte und mich sehr freundlich

einlud, bald wiederzukommen. Abends 6 Uhr fuhren wir ab – wieder mit Christian den 8ten, auf den ich nun einmal das Vertrauen hatte. Tutein's, Hartmanns, Olsen und mehrere andere brachten uns an Bord und blieben bis zu Abgang des Schiffes.
Gefühle verschiedener Art drängten sich mir auf, doch will ich sie nicht zergliedern, jeder könnte sie sich ja denken. Die Reise war himmlisch, an eine Bewegung des Schiffes nicht zu denken. 10 Stunden lagen wir vor Anker wegen des Nebels, morgens aber sahen wir den entzückendsten Sonnenaufgang, als wir gerade an der Insel Möhen vorüber kamen. In der Nähe von Kiel wurden Raketen losgelassen; der Mond schien in vollem Glanz, so daß man deutlich die schönen Ufer erkennen konnte, die den Kieler Hafen bilden; endlich kamen wir daselbst um 9 Uhr an, wo mich Graedeners und Schloßbauer schon erwarteten und mich nach der Stadt Lübeck führten, wo ich ein allerliebstes Zimmer, mit ein wenig Aussicht auf das Wasser, vorfand.
Mittwoch den 20. war mein Konzert im Theater. Viel Applaus – wenig Leute. Kiel ist gar zu klein, und das Haus zu groß. Es blieben mir doch, nach Abzug der Kosten von 40 Taler, 74 Taler.
Donnerstag den 21. Fahrt nach Knoop mit Graedeners und Schloßbauers, um einmal Schiffe durch die Schleusen gehen zu sehen, was ich noch nie gesehen.
Abends Abreise nach Hamburg,
Freitag früh Ankunft daselbst, Absteigequartier alte Stadt London. Verschiedene Alterationen warteten meiner; aus dem Konzert konnte nichts werden, weil die Leute schon aufs Land zogen, zu Cranz konnte ich nicht gehen – er hatte uns durch einen Klatsch nach Leipzig hin beleidigt.
Sonntag trennten wir uns, Marie Garlichs nach Bremen hin, ich nach Magdeburg. Wir hatten uns recht gut zusammen vertragen, so eine innigere Zuneigung konnte ich zu ihr nicht fühlen, so liebes gutes Mädchen sie auch war.
Ich fuhr früh 7 Uhr mit dem Dampfboot ab – Cranz wollte auch mit diesem Schiff gehen, doch oh Schicksal! Er kam dahergeschossen, als das Schiff eben abging. Unter den Verhältnissen, wie sie eben standen, war ich über diesen Zufall sehr froh. Ich hatte angenehme

Gesellschaft, aber nur Herren, was mir doch manchmal drückend wurde.

Robert Schumann: den 24sten. Überraschender Brief, daß Clara schon Montag kommt.

Clara Schumann: Zwei ganze Tage brachten wir zu, bis wir denn endlich Montag abend in Magdeburg ankamen. Ein tückischer Dämon wollte noch, daß wir uns verfehlten; Robert fuhr nach dem Landungsplatz, ich nach dem Gasthof, doch nicht lange wartete ich dort, als sich Roberts Arme auftaten, in die ich sogleich hineinflog. Das war eine Seligkeit, ein Glück, das mir ganz übergroß erschien! Wie dankten wir Gott, der uns nun so glücklich, so gesund wieder einander zuführte!

Robert Schumann: den 25. Nachmittag nach Magdeburg gereist wie ein Bräutigam froh und angsthaft zugleich.

Clara Schumann: Dienstag den 26 nach Leipzig, wo uns Marie, das liebe reizende Kind empfing. Solch ein Wiedersehen entschädigt doch für alle erlittenen Sehnsuchtsschmerzen – auch Robert schien sehr glücklich und führte mich denn zu Hause, wo ich alles bekränzt vorfand, ferner hatte mich Robert mit einem schönen Teppich beschenkt, doch das Schönste war sein lieber Blick, den ich wieder in mir aufnehmen konnte, und die roten Bäckchen meines Engelchens, die ich wieder küssen konnte.
Reine Einnahme hatte ich in dem vergangenen Zeitraum von 7 Wochen 1155 Taler, doch blieb uns nicht mehr als 100 Louis-d'or, nach Abzug aller Kosten, die hiernach nicht unbedeutend waren.

Clara Schumann, Ehetagebuch

September 1842, wo unser liebes Kind geboren wurde. Wir feierten ihren Geburtstag vergnügt, doch der Freude sollte bald das Leid folgen. Das Kind wurde noch am selben Abend ganz gefährlich krank an den Zahn- und Kinnbackenkrämpfen. Wir waren abends bei Lampadius, wurden aber bald nach Hause geholt, wo das arme Kind besinnungslos lag.
Der Anblick war herzzerreißend, so ein kleines liebes Wesen so lei-

den zu sehen. Robert war trostlos und wollte am Aufkommen der Kleinen zweifeln - ich war zu sehr von Besorgnis für sie wie für ihn beherrscht, als daß ich zu einem bestimmten Gefühl kommen konnte - ich verlor übrigens die Hoffnung nicht! Es dauerte auch nicht lange, und der Himmel half - Dank sei ihm, daß er unser Kleinod uns erhielt. Sie ist noch heute, den 5ten, sehr unwohl, doch außer aller Gefahr. Immer liebte ich mein Kind unaussprechlich, jetzt ist es mir jedoch, als wäre sie mir noch einmal neu wiedergegeben - einen solchen Besitz kann man nie genug schätzen, das fühlt man erst recht, wenn einem der Verlust nahe war, wie es bei uns wirklich der Fall! - Mein lieber Robert beschenkte die kleine Marie recht schön und sinnig mit einem Tagebuch, in welchem er über ihr erstes Lebensjahr berichtet, und eine kleine silberne Sparbüchse, worein er das Geld legte, welches in der Börse war, die ich ihm gab, als er nach Wien reiste (beim Abschied). Außerdem erhielt sie noch manche Kleinigkeiten, auch von ihrer Frau Pate Madam Devrient ein Kleidchen, sowie von der Mutter [Mariane Bargiel] Körbchen, Strümpfchen, noch einige kleine Sachen und einen Brief, der seinen Platz im Tagebuch unserer kleinen Debütantin fand.

Robert Schumann, Gedenkbuch 1.9.1842

Du bist geboren am ersten September 1841 früh zwischen 10–11 Uhr gerade während eines Gewitters. Getauft wurdest du am 13ten, dem Geburtstag deiner Mutter, die an diesem Tage 22 Jahre alt wurde. Deine Paten waren deine Großmutter aus Berlin, mein Bruder Carl aus Schneeberg, Felix Mendelssohn Bartholdy, und Madame Johanne Devrient; für deinen Onkel standen Buchhändler Barth von hier, für Mendelssohn Musikhändler Raimund Härtel von hier als Vizegevattern. Du warst im ersten Jahre deines Lebens, das mit dem heutigen Tage vollendet ist, immer ein liebes kleines Wesen, das seinen Eltern viel Freude machte. Vor schwerer Krankheit hat dich der Himmel in diesem Jahr immer beschützt gehabt. Du zeigtest dich immer fast heiter und aufgeweckt. Die schwarzen Wimpern über deinen blauen Augen stehen dir recht hübsch. Jetzt kriechst du schon ziemlich geschwind und mit vielem Geschick in der Stube herum und kannst auch allein aufstehen. Aber mit dem ordentlichen Gehen ist es natürlich noch nichts. Auch nicht mit dem Sprechen. Desto weiter bist du schon im Singen und singst schon ganz bestimmte Intervalle und Tonfolgen. Am Schlusse dieses Buches, wo die Notenlinien stehen, wirst du kleine Melodien finden, die ich Dir öfter am Klavier vorsang. Wir wollen sie fleißig fortsetzen. Dies ist das Wichtigste aus deinem ersten Lebensjahr, mein liebes Kind. Gott nehme dich ferner in seinen Schutz. Leipzig, am 1sten September 1842. Dein Vater.

Geld
Geld und Musik
Musik
Musik und Liebe
Liebe
Geld und Musik und Liebe
Arbeit

Robert Schumann, Ehetagebuch Oktober 1842

Ich: Der Oktober fing gleich bewegt an. Clara spielte im ersten Abonnementkonzert, das Mendelssohn dirigierte, und das macht immer Unruhe. Sie spielte gut und schön wie immer. Sorge macht mir oft, daß ich Clara in ihren Studien oft hindere, da sie mich nicht im Komponieren stören will. Denn ich weiß gar wohl, daß der öffentlich auftretende Künstler, und wäre er der größte, gewisse mechanische Übungen nie ganz unterlassen, die Schnellkraft der Finger sozusagen immer in Übung halten muß. Und dazu fehlt es meiner lieben Künstlerin oft an Zeit. Was freilich die tiefere musikalische Bildung betrifft, so ist Clara gewiß nicht stehengeblieben, im Gegenteil vorgeschritten; sie lebt ja auch nur in guter Musik, und so ist ihr Spiel jetzt gewiß nur noch gesünder und zugleich geistiger und zarter als früher. Aber jene mechanische Sicherheit zur Unfehlbarkeit gleichsam zu erhöhen, dazu fehlt es ihr jetzt manchmal an Zeit, und daran bin ich Schuld und kann es doch nicht ändern. Clara sieht doch auch ein, daß ich ein Talent zu pflegen habe, und daß ich jetzt in der schönsten Kraft bin und die Jugend noch nutzen muß. Nur so geht es in Künstlerehen; es kann nicht alles beieinander sein, und die Hauptsache ist doch immer das übrige Glück, und recht glücklich sind wir gewiß, daß wir uns besitzen und verstehen, so gut verstehen und lieben von ganzem Herzen.

Du: Es hat mich seit einigen Tagen ein unbeschreiblicher Trübsinn befallen – ich denke, Du liebst mich nicht mehr wie sonst, ich fühle es oft so klar, daß ich Dir nicht genügen kann, und bist Du zärtlich, so dünkt mir zuweilen, ich müßte dies Deinem guten Herzen zuschreiben, das mir nicht wehe tun möchte. Zu diesem Kummer kommen nun noch manche trübe Gedanken für die Zukunft, die mich oft tagelang nicht verlassen, die ich durchaus nicht verbannen kann, so daß Du manchmal Nachsicht mit mir haben mußt. Ach Robert! Wüßtest Du doch, wie es immer so liebevoll in meinem Inneren aussieht, wie ich Dich auf Händen tragen, Dir das Leben immer nur rosenfarben zeigen möchte, wie ich Dich so unendlich liebe! All meine Sorge ist ja nur für Dich; der Gedanke, Du sollst für Geld arbeiten, ist mir der schrecklichste, denn dies kann Dich einmal nicht glücklich machen, und doch sehe ich keinen anderen Ausweg, wenn Du nicht mich auch arbeiten läßt, wenn Du mir alle Wege, etwas zu verdienen, abschneidest. Ich möchte ja aber gerne verdienen, um Dir ein nur Deiner Kunst geweihtes Leben zu schaffen; es schmerzt mich aufs tiefste, wenn ich Dich um Geld bitten muß und Du mir Dein Erworbenes gibst, es ist mir oft, als müßte dies alle Poesie von Deinem Leben rauben. Du bist so ein Künstler im echten Sinne des Worts, Dein ganzes Dichten und Trachten hat mir so etwas Zartes, Poetisches, ich möchte sagen Heiliges, daß ich Dich gern mit aller Prosa, wie sie nun doch einmal im ehelichen Leben nicht ausbleibt, verschonen möchte, es verwundet mich, Dich so gar oft aus Deinen schönen Träumen reißen zu müssen. Verzeihe, mein guter Robert, meinen Herzenserguß, es ist aber noch lange nicht alles, was ich für Dich auf dem Herzen habe. Gib mir einen Kuß, daß Du mir nicht zürnst, und kannst Du, so höre ja nie auf, mich ein wenig zu lieben, Deine Liebe ist mein Leben.

Den 3ten November wurde Roberts Symphonie B-Dur im Gewandhauskonzert aufgeführt und schaffte allen Kennern neuen Genuß. Sie ging gut und fand wieder vielen Beifall, doch die Seligkeit, mit welcher ich so eine Komposition von meinem Robert anhöre, kann ja keines empfinden!

Die Würde und der Wert des Mittelstandes besteht ja eben darin, daß er die erwerbende Volksklasse ausmacht; es ist daher Schande für den Bürger, wenn er, statt seine Talente, seine Geschicklichkeit, seine Arbeitsamkeit als die edelste Quelle des Reichtums zu betrachten, eine unedlere und unsichere aufsucht. Überhaupt ziemt es dem Manne nicht, sich von seinem Weibe ernähren zu lassen.

J.D.F. Rumpf, Der Haus-, Brot- und Lehrherr in seinen ehelichen, väterlichen und übrigen hausherrlichen Verhältnissen gegen Gesinde, Gesellen und Lehrlinge, 1832

Keine vier Wochen könnt ich mehr um den Vater sein

Friedrich Wieck, Lichtbild

Im dritten Jahr

Friedrich Wieck an seine Tochter 21.1.1843

Ich liebe die Kunst immer noch aufrichtig und ungetrübt; folglich soll auch jetzt die Tätigkeit Deines talentvollen Mannes nicht unbeachtet und unerkannt von mir bleiben. Das will ich Dir dadurch beweisen, daß ich Dich bitte, mir vorher anzuzeigen, wenn ich einige von Deines Mannes neuesten, viel von allen Kennern gerühmten Kompositionen öffentlich hören kann. Ich komme deswegen nach Leipzig.

Dein Mann und ich, wir sind zwei harte Köpfe – die muß man gehen lassen, aber gesinnungsvoll sind wir. Folglich kann es ihn nicht wundern, wenn ich wie immer seinem Fleiß und seiner Schöpferkraft Gerechtigkeit widerfahren zu lassen wünsche. Komme bald nach Dresden und führe hier Deines Mannes Quintett auf.

Robert Schumann, Ehetagebuch 17.1.1843

Clara ist in Dresden, die Ihrigen zu besuchen. Der Sinn des Vaters hat sich plötzlich gewendet, und mich freut es in meiner Clara Seele. Denn Eltern bleiben Eltern und man hat sie nur einmal.

Clara Schumann, Ehetagebuch 18.2.1843

Noch einiges über meinen Aufenthalt in Dresden möchte ich wohl berichten, vor allem, daß ich immer und zu jeder Minute bei Euch war und nur der Gedanke, es mache dem Vater Freude, mich bei sich zu sehen – eine Freude, die er ja lange entbehrt, freilich durch eigene Schuld –, konnte mich bewegen, so lange dort zu bleiben. Die ganzen Tage vergingen übrigens sehr unruhvoll; der Vater immer mit Schülerinnen beschäftigt, vor allen mit Marie[1]) ein liebes, interessantes Kind, und Alwin [Wieck], der ein ganz tüchtiger Mensch zu werden scheint. Marie spielt allerliebst, doch störte mich bei ihrem Spiel immer die Unlust, die aus jedem Ton zu klingen schien, doch ich soll es ja ebenso gemacht haben und kann mir nun wohl denken, wie schrecklich das manchmal für den Vater gewesen sein mag. Alwin ist sehr fleißig gewesen, doch fehlt seinem Spiel die Reinheit und Zartheit; er spielt, wie er selbst noch oft ist, roh, nur

[1]) Stiefschwester

ein Stück ausgenommen, die Elegie von Ernst, welche ihm der Vater einstudierte. Daß er zuweilen öffentlich spielte, geschah ohne Vaters Erlaubnis, denn er weiß recht gut, daß Alwin noch lange nicht genug kann, um vor ein Publikum zu treten. Marie aber soll nächstens öffentlich auftreten - es geht ihr wie mir als Kind -, sie fürchtet sich nicht vor dem Spielen, nur vor dem Knicks.
Alwin spielt übrigens auch recht hübsch Klavier. Die beiden kleinen Mädchen [Marie und Cäcilie Wieck] habe ich recht in mein Herz geschlossen, es sind ein paar liebe Kinder - auch die Mutter [Clementine Wieck] zeigte sich so herzlich, als sie es überhaupt kann, denn eine gewisse Kälte liegt in der ganzen Fechnerschen Familie. Der Vater war, wie sich wohl denken ließ, überaus liebevoll und freundlich gegen mich - dem Himmel sei Dank, daß es so gekommen. Robert war so zart und lieb während der ganzen Zeit gegen mich, zeigte mir einmal wieder so klar sein schönes, edles Herz, daß, hätte ich ihn nie geliebt, ich müßte es jetzt - doch dies Herz kannte ich ja lange bis in seine tiefsten Tiefen. Unaussprechlich lieb ich Dich, mein Robert, und oft wirst Du das noch hören müssen!
Den 14 hatte der Vater eine Gesellschaft von Kennern geladen, um Roberts Quintett zu hören, was wir denn auch sogar zweimal nacheinander spielten. Schubert, Kummer und noch zwei begleiteten mich, daß es eine Lust war - ich wollte, Robert hätte es gehört. Das Quintett verfehlte seine Wirkung nicht, sondern versetzte die ganze Zuhörerschaft in Entzücken. Der Vater ist jetzt Feuer und Flamme für Roberts Kompositionen.

Clara Schumann, Ehetagebuch Mai 1843

Den 19 kam der Vater mitsamt der ganzen Familie. Mein Bruder Alwin hatte sich einige Wochen früher schon heimlich davongemacht, was mich betrübte, da ich die Überzeugung habe, daß er mit seiner Violine nicht weit in der Welt kommen kann. Er sitzt nun dahier und macht Schulden, ist auch übrigens gar kein liebenswürdiger Mensch, was sein Fortkommen erschwert. Der Vater hat ihm nun zwar seine Unterstützung nicht entzogen, doch ein Jahr Prüfungszeit gestellt, ehe er wieder Anspruch darauf machen kann. Er will beweisen, daß er ohne Vater existieren kann, und nur durch sei-

ne Geige (der Vater wollte ihn mit zum Klavierlehrer bilden, was eben Grund zu allerlei Streitigkeiten gegeben hat). Mir bangt für ihn, und das macht mir das Herz ganz schwer.
Den Vater hab ich nicht viel gesehen, er hatte von früh bis Abend mit Instrumenten und der Marie, die sie alle durchprobieren mußte, zu tun. Ich bin mit meinem Robert ein so schönes, friedliches Leben gewohnt, daß ich keine vier Wochen mehr um den Vater sein könnte. Diese fürchterliche Unruhe, diese Rastlosigkeit des Geistes wie des Körpers, läßt ihn, wie seine Umgebung, zu keinem ruhigen Lebensgenuß kommen.
Meine Schwester Marie spielte mir einiges vor; sie spielt hübsch, doch klingt alles noch entsetzlich eingelernt, was auch bei einem Kinde nicht anders sein kann. Das wahre Gefühl, die tiefste Empfindung erwacht erst mit der Liebe, das behaupte ich, habe es ja an mir selbst erfahren.

Clara Schumann, Tagebuch Februar 1845

Sie hat alles, was ein Unterricht wie der vom Vater ausrichten kann, doch es fehlt ihr der Spiritus, mir kommt ihr Spiel immer maschinenmäßig vor, immer unlustig, und dann fehlt es ihr auch noch sehr an Kraft und Ausdauer. Ich hatte wohl auch keine Lust als Kind, spielte ich aber vor, oder gar öffentlich, so kam doch immer ein Animus in mich; was mir aber vorzügliche Sorge machte, war, daß es ihr noch an mechanischer Fertigkeit fehlt, und bedenken muß man, daß das Publikum seit der Zeit, wo ich als Kind reiste, ganz andere Ansprüche an Leistungen von Kindern zu machen gelernt hat; was jetzt Kinder oft leisten, ist ja eminent, und das ist bei Marie nicht der Fall – sie spielt gut, aber nicht ausgezeichnet. Bewunderungswürdig ist die Ausdauer des Vaters, mit welcher er es soweit gebracht, und darum wünschte ich ihm so sehr, daß er vollen Lohn dafür fände, was aber jetzt noch nicht möglich ist.

1843: Wir verbrauchen mehr, als wir verdienen

Clara Schumann, Ehetagebuch April 1843

Robert hat mit Ende vorigen Monats den ersten Teil seiner Peri beendet, und wird nun bald an den zweiten gehen, leider hält ihn die fatale Zeitung schon seit 8 Tagen von allem anderen ab, was ihn recht sehr verstimmt - warum bin ich doch keine Schriftstellerin! Wie könnte ich ihm nutzen, mehr als je mit meinem Klavierspiel. Ich spiele jetzt fast gar nicht; am Tage geht es nicht, da stört es Robert, und Abends bin ich immer zu müde dazu, und meine Umstände erschweren mir das Spielen gar zu sehr.

Kein Sohn

Den 25. hatte ich eine schwere Stunde, aber doch nur Eine, bis das zweite Töchterchen[1]) ½ 10 Uhr kam, wo dann aller Schmerz vergessen war. Diesmal ging es leichter als das erste Mal, auch war ich während des ganzen Wochenbetts außerordentlich wohl für die Umstände und konnte den 11ten Tag schon wieder frische Luft schöpfen. Spaß machte es mir, daß unser Töchterchen mit der jüngsten Prinzeß von England an einem Morgen geboren wurde, nur die kleine Prinzeß einige Stunden früher, was auch ganz in der Ordnung. Ich hatte mir und dem Robert besonders einen Knaben gewünscht, und gewiß war mein Robert innerlich betrübt, daß es nicht so war, doch ist er zu gut, als daß ihm dies Kind nicht auch lieb wäre, schon um meinetwillen, und wir sind ja auch noch jung, der Himmel wird ihm schon auch einen Knaben schenken, der sein Vaterherz erfreut.

Clara Schumann, Ehetagebuch Mai 1843

Der Vater ist gestern fort; die Mutter[2]) war mehrmals mit den Schwestern bei mir, die glücklich mit unserer kleinen lieblichen Marie waren. Sie fängt nun an zu sprechen und ist unsere ganze Wonne. Elisa vegetiert jetzt noch im dummen Vierteljahr, gedeiht aber zu unserer Freude, und ist ein starkes, gesundes Kind. Sie macht mir nicht so viel Not und Sorge als Marie im ersten Vierteljahr.

[1]) Elise

[2]) Stiefmutter Clementine Fechner

Robert Schumann, Haushaltsbuch
11. Juni 1843. Ernste Auftritte mit Clara.

Robert Schumann, Ehetagebuch 28. 6. 1843

Im Zeitraum, wo ich nichts in das Tagebuch schrieb, ist manches geschehen und entstanden. Den 25sten April 20 Minuten nach 9 Uhr früh genas meine liebe Clara von einem Mädchen, das wir in der Taufe Elisa genannt. Ihre Entwicklung geht langsamer vorwärts als bei Marien, und ich glaube auch, daß das Kind nicht gut hört. Aber man muß abwarten und für alles dankbar sein, was Gott beschert. Am 16ten Juni wurde meine »Peri« ganz fertig, nach vielen Tagen angestrengter Arbeit. Das war eine große Freude für das Schumannsche Paar. Einige Oratorien von Löwe ausgenommen, die aber meistens einen didaktischen Beigeschmack haben, wüßte ich in der Musik noch nichts ähnliches. Ich schreibe und spreche nicht gern von meinen eigenen Arbeiten; mein Wunsch ist, daß sie Gutes wirken möge auf der Welt und mir ein liebendes Andenken bei meinen Kindern sichere.

Seine Kompositionen 1840–1844

1840 [Leipzig] Mein Liederjahr. Liederkreis von Heine [9 Nummern] [op. 24] – Myrten, vier Hefte [op. 25] – 3 Gedichte von Geibel für mehrstimmigen Gesang [op. 29] – 3 Gedichte von Geibel [op. 30] – Die Löwenbraut, die rote Hanne, die Kartenlegerin nach Béranger von Chamisso [op. 31] – 6 Gesänge für 4stimmigen Männergesang [op. 33] – 4 Duette von R. Burns, A. Grün usw. für Sopran und Tenor mit Pianoforte [op. 34] – 12 Gedichte von J. Kerner, eine Liederweihe [op. 35] – 6 Gedichte von Reinick [op. 36] – 12 Gedichte aus Rückerts Liebesfrühling, 2 Hefte [Nr. 2, 4 und 11 sind von Clara] [op. 37] – 12 Gedichte von Eichendorff [op. 39] – 4 Gedichte von Andersen übersetzt von Chamisso und eines aus dem Neugriechischen [op. 40] – 8 Lieder aus Chamissos Frauenliebe und Leben [op. 42] – Balladen und Romanzen für 1 Singstimme mit Pianoforte

1 Heft [op. 45] – »Dichterliebe« 16 Lieder von H. Heine [op. 48] – Balladen und Romanzen 2. Heft [op. 49] – desgleichen 3. Heft [op. 53] – »Belsatzar« Ballade von Heine [op. 57] – 3 Duette für 2 weibliche Stimmen [op. 43]

1841 [Leipzig] Sinfonie für Orchester in B-Dur [op. 36] – Ouvertüre, Scherzo und Finale für Orchester in E-Dur [op. 52, den letzten Satz 1845 umgearbeitet] – 1. Satz eines Konzertes für Pianoforte in a-Moll mit Orchester [op. 54, war erst als einzelnes Stück komponiert] – Sinfonie für Orchester in d-Moll [op. 120] – »Tragödie« von Heine für Gesang und Orchester in c-Moll [nur skizziert].

1842 [Leipzig] 3 Quartette für 2 Violinen, Viola und Violoncello [a-Moll, F-Dur und A-Dur] [op. 41] – Quintett für Pianoforte, 2 Violinen, Viola und Cello [op. 44] – Quartett für Pianoforte und Streichquartett [op. 47] – Trio für Pianoforte, Violine und Cello in a-Moll [als Phantasiestücke erschienen] [op. 88].

1843 [Leipzig] Andante mit Variationen für zwei Pianofortes [op. 46] – Das Paradies und die Peri für Solo-, Chor-Gesang und Orchester [op. 50].

1844 [Leipzig] Chor und Arie zu Oper der »Corsar« nach Byron – Schlußszene aus dem 2. Teil des Faust von Goethe für Solostimmen, Chor und Orchester.

Projektenbuch, in: Eismann, Ein Quellenwerk

Ich traf Robert Schumann in Leipzig in einer neuen Wohnung am Ziel seiner Wünsche. Er hatte seine Clara heimgeführt. Ich war bald Zeuge seiner Erfolge. Er brauchte sich mit seinen Verlegern nicht mehr abzuquälen. Aber sein Bekanntwerden verdankte er nicht allein dem inneren Gehalt seiner Schöpfungen. Die Erfahrung hat überall gelehrt, daß die Konzertinstitute sich, abgesehen von ganz besonderen Fällen der Protektion, so lange wie möglich sich gegen jedes neue Kompositionsstreben verschließen, wenn der Komponist nicht etwa ein hervorragender Virtuose ist und sich mit Hilfe dieser Eigenschaft gewaltsam Bahn bricht. Über diese, für viele schaffende Talente unüberwindliche Klippe, half Schumann der schützendes Genius seiner Clara hinweg, des Lieblings Leipzigs. Freilich Schumann selbst mochte nichts davon wissen, sondern pochte auf seine eigene Kraft. Ich erinnere mich noch jenes Abends, als ein alter Bekannter von Schumann ihm gegenüber bemerkte, daß Clara sehr viel dazu beigetragen habe, ihm den Weg als Tonsetzer zu erleichtern und seinen Werken Eingang ins Publikum zu verschaffen. Höchst beleidigt sprang Schumann auf und rief mir zu: »Kommen Sie, Hirschbach!«

Hermann Hirschbach, Komponist, 1864

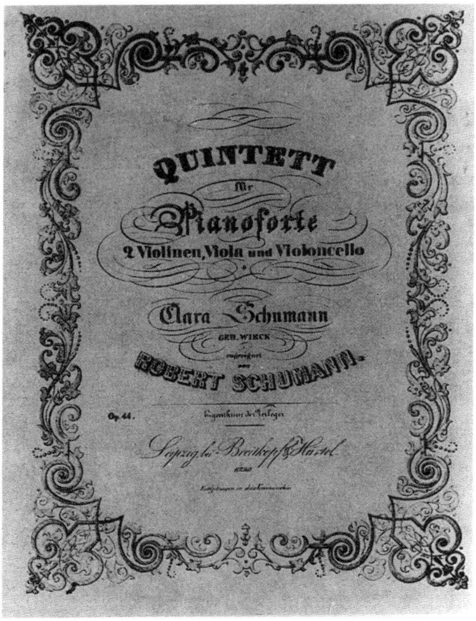

Robert Schumann
Quintett op. 44
Clara Schumann
gewidmet

Robert Schumann, Ehetagebuch — Juni 1843

Jetzt ist Clara am Ordnen ihrer Lieder und mehreren Klavierkompositionen. Sie will immer vorwärts, aber rechts hängt ihr Marie am Kleid, Elise macht auch zu schaffen, und der Mann sitzt in Perigedanken vertieft. So denn durch Freud und Leid immer vorwärts, meine Clara, und liebe mich immer, wie Du mich immer geliebt. –

Ihre Kompositionen 1840–1844

1840	»Am Strand« (R. Burns), Lied für 1 Singstimme und Pianoforte
	»Volkslied« (H. Heine), Lied für 1 Singstimme und Pianoforte (»Es fiel ein Reif in der Frühlingsnacht«)
1841	»Liebesfrühling« nach 12 Gedichten von Fr. Rückert, von Robert und Clara Schumann, publiziert in R. Schumanns op. 37, gezählt als ihr op. 12
	2. »Er ist gekommen«
	4. »Liebst du um Schönheit«
	11. »Warum willst du andre fragen«
	»Die gute Nacht« (Fr. Rückert) für Gesang und Klavier
1841/ 1842	Sonatina g-Moll Robert Schumann zugeeignet
1840– 1843	Sechs Lieder op. 13 Der Königin Caroline Amalie von Dänemark gewidmet
	»Ich stand in dunklen Träumen« (H. Heine)
	»Sie liebten sich beide« (H. Heine)
	»Liebeszauber« (E. Geibel)
	»Der Mond kommt still gegangen« (E. Geibel)
	»Ich hab in deinem Auge« (Fr. Rückert)
	»Die stille Lotosblume« (E. Geibel)
1841 oder 1842	Deuxième Scherzo pour le Pianoforte c-Moll op. 14
1843	»Loreley« (H. Heine) für Gesang und Klavier (»Ich weiß nicht, was soll es bedeuten«)
	»Oh weh des Scheidens, das er tat« (Fr. Rückert) für Gesang und Klavier
ca. 1844	Impromptu
1840– 1844	Quatre pièces fugitives op. 15 Marie Wieck gewidmet
	1. Larghetto F-Dur
	2. Un poco agitato a-Moll
	3. Andante espressivo D-Dur
	4. Scherzo G-Dur

Robert Schumann, Ehetagebuch 17.2.1843

Clara hat eine Reihe von kleineren Stücken geschrieben, in der Erfindung so zart und musikreich, wie's ihr früher noch nicht gelungen. Aber Kinder haben und einen immer phantasierenden Mann, und komponieren geht nicht zusammen. Es fehlt ihr die anhaltende Übung, und dies rührt mich oft, da so mancher innige Gedanke verlorengeht, den sie nicht auszuführen vermag. Clara kennt aber selbst ihren Hauptberuf als Mutter, daß ich glaube, sie ist glücklich in den Verhältnissen, wie sie sich nun einmal nicht ändern lassen.

Clara Schumann, Ehetagebuch September 1843

Unser eheliches Zusammenleben war wie immer liebevoll und glücklich, bis auf einige kleine Stürme, die aber vorübergingen, deren Schuld ich übrigens trug. Ich kümmere mich um unsere Zukunft, möchte jetzt, wo wir jung sind, verdienen, ein kleines Kapital sammeln, während Robert anderer Ansicht ist und sich dazu nicht entschließen kann. Doch hat er mich beruhigt durch das Versprechen, daß wir nächsten Winter gewiß etwas Großes unternehmen. Ich habe Dich oft schon betrübt, mein guter Robert, mit diesem meinem Kummer, doch geschah es gewiß immer mit sehr schwerem Herzen und nach vielen Kämpfen. Liebte ich Dich nicht so unaussprechlich, würde ich mir auch nicht so große Sorgen machen, so aber besteht mein höchstes Glück in dem Gedanken, Dich ganz Deiner Kunst und ohne alle weltlichen Sorgen leben zu sehen, und dies muß ich endlich erreichen, soll ich zufrieden und beglückt sein.

Laß Dich küssen, mein innigst geliebter Robert, und glaube aber, daß meine Liebe zu Dir in Freud und Leid immer gleich unendlich sein wird.

Clara Schumann
an Felix Mendelssohn-Bartholdy 9.12.1843

Mein Mann spricht jetzt ernstlich von unserer Reise, worüber ich sehr glücklich bin, ich weiß aber auch, wem ich dies zu danken habe. Wenn ich an den Morgen denke, wo ich in Verzweiflung zu Ihnen kam, schäme ich mich und denke, ich muß Ihnen recht kindisch erschienen sein, doch werde ich nie vergessen, wie freundlich und geduldig Sie mich anhörten, und mit welcher Vertrauen erweckenden Teilnahme Sie allen meinen Wünschen entgegenkamen.

Friedrich Wieck an Robert Schumann 15.12.1843

Lieber Schumann,
Tempora mutantur et nos mutamur in eis.
Wir können uns, der Clara und der Welt gegenüber, nicht mehr fern stehen. Sie sind jetzt auch Familienvater - warum lange Erklärung? In der Kunst waren wir immer einig - ich war sogar Ihr Lehrer - mein Ausspruch entschied für Ihre jetzige Laufbahn. Meiner Teilnahme für Ihr Talent und Ihre schönen und wahren Bestrebungen brauche ich Sie nicht zu versichern.
Mit Freuden erwartet Sie in Dresden

Ihr Vater
Fr. Wieck

Robert Schumann, Ehetagebuch Januar 1844

Wir traten das neue Jahr vergnügt und munter an - der Himmel beschütze uns und unsere Kinder auch fernerhin! -
Mit dem neuen Jahr begannen auch unsere Vorbereitungen zur Petersburger Reise.

Reise nach Rußland

Riga

Clara Schumann, Reisetagebuch Februar 1844

Montag den 5ten früh 4 Uhr ging's mit Extrapost nach Tauroggen - eine grausige Fahrt über den Niemen und hörbares Herzklopfen, ehe wir an die so sehr gefürchtete Grenze kamen. Eine Strecke vor der Grenze empfing uns ein Grenzkosak mit der Pistole im Gürtel, der uns bis ans Zollhaus begleitete. Welch ein hübscher, freundli-

cher Ort! War das der Ort, den wir uns so grausig gedacht? – Wir wurden mit größter Schonung behandelt, die Koffer nur geöffnet und schnell wieder geschlossen, so daß wir kaum ½ Stunde brauchten. Der Zolldirektor Wilken (dem wir durch Adelsohn in Königsberg angelegentlich empfohlen waren) begrüßte uns höflich, und ein Beamter namens Kresslowski im schlichten Rock tat uns alle Dienste wegen des Paß-Visierens und unsres ferneren Fortkommens, da man schon hier kein Deutsch mehr sprach. Diesem Mann sah man seine Wichtigkeit nicht an! Er kannte vorzugsweise alle Künstler, denn allen hatte er wie uns geholfen. Das Gasthaus war ausgezeichnet und machte uns einigen Mut für die Weiterreise, der uns aber [an] der ersten Station ganz und gar genommen wurde, denn dort fanden wir ein Mittagessen, furchtbar, keinen Bissen zu genießen, und zahlten über einen Taler dafür.
Gut, daß es nicht so fort ging! Wir fanden es so schlecht auf der ganzen Reise nicht wieder. Unser Wagen (die Mallpost) war höchst bequem, die Fahrt aber wegen des tiefen Schnees langweilig, denn nur langsam kamen wir vom Fleck. Hier waren wir nun im Litthauischen – die Dörfer fanden wir meist im Schnee halb begraben, aber auf den Straßen viel Leben, weit mehr als bei uns; hier begegnet man Nacht wie Tag ganzen Caravanen von einspännigen Bauernschlitten, auf denen sie ihr Getreide und andere Feldpflanzen nach Mitau (Hauptstadt von Curland, wo wir früh 5 Uhr hinkamen) zu Markte fahren. Von Mitau aus schien uns eine strengere Kälte zu sein, und schon hier bekamen wir ziemlich Angst von unseren Nasen, was wir wirklich noch nicht nötig gehabt hätten. Um 10 Uhr fuhren wir in Riga ein und hatten gleich beim Eintritt, der über die Düna geschah, den großartigen Eindruck, einen ganzen Holzmarkt auf dem Flusse zu sehen – ich ließ die Wagentür, welche ich geöffnet, um im Notfall bei einem Einbruche herausspringen zu können, los, denn so vernünftig war ich nun wohl, einzusehen, daß das Eis uns nur wie einen Strohhalm fühlen konnte. Das war ein Treiben und Drängen, da gab's Juden, und da war ein Geschrei von Fuhrleuten – welch abscheulichen Eindruck machte uns die innere Stadt mit ihren engen, schmutzigen Gassen, auf denen man kaum gehen konnte vor Bauernschlitten, und obendrein Löchern vom Schnee

so tief, daß man Hals und Beine hätte brechen können. Alles war hier schlecht und unangenehm! Auf der Post war auch nicht die kleinste Bequemlichkeit für Reisende zu finden – keine Kofferträger, kein Wagen, niemand, den man um etwas fragen konnte – schrecklich war es. Wir nahmen uns mit noch einem Herrn einen großen Bauernschlitten, der zufällig im Hofe stand, packten unsere Koffer mit höchst eigener Hand hinein und setzten uns selbst darauf; so kamen wir vor die Stadt London, ein schmutziges, unansehnliches Haus, wo man uns ein Zimmer im 3ten Stock anwies, das wir natürlich nicht annahmen und uns sogleich wieder auf unsere Koffer plazierten, um in ein besseres Gasthaus, wie wir dachten, zu gehen. Wir kamen in Stadt Petersburg – Gott, wie war es da! ein Loch hinten hinaus, kein ganzer Stuhl, zerrissene Bettdecken, mit einem Worte, eine Räuberhöhle fanden wir da. Robert lief gleich fort zu Herrn von Lutzau (dem wir durch David empfohlen waren), um den zu Hilfe zu rufen; ich blieb während der Zeit im Pelz, wie ich war, mitten in der Stube stehen, verschloß mich, und konnte ich nicht mehr stehen, so setzte ich mich auf einen Koffer. Welch' schreckliche Stunde war das! Lutzau kam und führte uns wieder in die Stadt London, welches der beste (!) Gasthof in Riga wäre und wo er uns bereits Logis bestellt hatte, was man uns aber nicht gegeben, da wir unseren Namen nicht gesagt. Wir bekamen ein düsteres Parterrezimmer, wofür wir aber nach solchen Erfahrungen, wie wir sie eben gemacht, Gott dankten.

St. Petersburg

Clara Schumann, geborene Wieck

Hören Sie nur die öffentliche Meinung, und Sie werden zu der Überzeugung kommen, daß unser Lieblingsinstrument das Klavier ist. In jedem besseren Haus gibt es ein Klavier. Alle guten Pianofortebauer sind mit Arbeit überhäuft, und außerdem lassen wohlhabende Leute oder echte Liebhaber Klaviere aus Paris, London und Wien kommen. Vor ungefähr 30 Jahren war es Mode, einen Flügel von dem Londoner Künstler Clementi zu besitzen, heutzutage schreibt die Mode vor, Flügel des französischen Fabrikanten Erard anzuschaffen. Ebenso werden Wirth und Lichtenthal hochgeschätzt. Nicht nur unter den Damen, sondern auch unter den Herren der besten Gesellschaft gibt es bei uns Virtuosen und überall, fast zu jeder Zeit, in jedem Hause hört man Klavierspielen! Folglich ist es eine Tatsache: unser Publikum ist musikalisch, und unser Lieblingsinstrument ist das Pianoforte! Mögen andere sich mit dem Publikum streiten und ihm das Gegenteil beweisen wollen, wir wagen so etwas nicht und schlagen in größter Bescheidenheit vor, einige Tatsachen beurteilen zu wollen.

In gegenwärtiger Zeit gibt es in Europa von erstklassigen Talenten oder auch Genies im Klavierspielen nur fünf: Liszt, Thalberg, Chopin, Henselt und Frau Clara Schumann, geb. Wieck. Dies ist von den besten Kennern und Virtuosen der ganzen Kulturwelt anerkannt worden. Chopin und Henselt haben vor den anderen den Vorzug, daß sie die besten Komponisten sind. Henselt gab im ersten Jahr nach seiner Ankunft in Petersburg einige glänzende Konzerte, später aber, als er nach Petersburg übersiedelte und unsere musikalische Veranlagung näher kennenlernte und einsah, wie es bei uns mit der Musik stehe, verzichtete er auf den Ruhm, zog das Gewerbe der Kunst vor und widmete sich dem Musikunterricht. Thalberg und Liszt erregten durch ihre Ankunft viel Aufsehen, zogen ein zahlreiches Publikum zu ihren Konzerten heran, obgleich bei der letzten Tournee Liszts viele Plätze in seinen Konzerten unbesetzt blieben. Chopin haben wir hier nicht spielen hören. Angelockt durch die Erzählungen von der Liebe unseres Publikums zum Klavierspiel und überhaupt zur Musik kam die in ganz Deutschland, Paris und London berühmte Frau Schumann zu uns. Auf ihrer Reise nach Petersburg wurde sie in allen Städten mit Triumph empfangen, und bei allen ihren Konzerten, die sie unterwegs gab, waren die Plätze ausverkauft; man ließ sie überall ihren Aufenthalt verlängern und weitere Konzerte geben. Wie wird es in der Hauptstadt, in Petersburg sein?

... der Saal ist nur halb besetzt ... wir müssen gestehen – wir schämen uns. Clara Wieck, – diese von den französischen, deutschen und englischen Dichtern besungene Berühmtheit, die »Seele des Klavierspiels«, wie sie Liszt genannt hatte, die einzige in der gan-

zen Welt unübertroffene Virtuosin, war nicht imstande, unserem Publikum Interesse einzuflößen. Ihr Name hat nicht zahlreiches Publikum in ihr Konzert gelockt, wie die Namen Liszt und Thalberg. Grauenhafter Gedanke! (. . .)
Frau Schumann trommelt nicht auf dem Klavier, schleudert aus ihren Fingern kein Feuerwerk und keine Raketen, die reißt nicht Saiten in der Ekstase und wirft nicht alle Tasten über den Haufen wie Steine im Dominospiel; wenn sie spielt, im wahrsten Sinne des Wortes auf dem Klavier spielt, so tut sie dies mit ebensoviel Kraft und Grazie wie alle großen Tonkünstler, aber ohne rasende Tobsucht und ohne Knalleffekte des Feuerwerkes, die auch unser Henselt verschmäht. Und doch ist die Grazie der Frau Schumann ganz anderer Art, die nur ihr eigen ist, eine weibliche, zarte, höchst rührende Grazie eines guten Frauenherzens . . .
Die Kraft ihres Spiels ist keine körperliche, sondern eine seelische, und alles zusammengenommen ist ein derartiger Zauber, daß wir nicht imstande sind, denselben durch Worte auszudrücken . . .

»Swernaja Ptschela« (Nördliche Biene),
Zeitung für Politik und Literatur, St. Petersburg, 7.3.1844,
in: Eismann, Ein Quellenwerk

Clara Schumann, Reisetagebuch 8.3. (25.2.) 1844

Bei Henselts[1]) zu Tisch – Abends Konzert der Viardot[2]) . Für uns sehr langweilig! Nichts wie italienische Musik, und was besser war, war nicht zu hören, da sich das Publikum laut dabei unterhielt, sogar – sollte man dies für möglich halten – bei der Egmont-Ouvertüre von Beethoven. Pauline sang ein russisches Volkslied sehr hübsch und erregte nicht Enthusiasmus, sondern Fanatismus. Es ging zu weit, als daß es nicht einen vernünftigen Menschen und Kenner, der gewiß Paulinens Kunst anerkennt, aber auch weiß, wo es fehlt, empören sollte. So ging es uns, wir wurden verdrießlich, und wurden es noch mehr, als wir mit Madam Henselt, die mit uns gegangen war, auf der Treppe wenigstens eine Stunde noch warten mußten,

[1]) Adolph Henselt, Pianist und Komponist
[2]) Pauline Viardot-Garçia, Sängerin und Komponistin

da der Wagen wegen der großen Menge von Equipagen nicht vorkonnte. Die Herrschaften besitzen überhaupt darin eine unendliche Geduld, nach einem vollen Konzert Stunden lang auf ihre Wagen zu warten - unter solchen Aussichten brächte mich niemand in ein Konzert. Um auf den Enthusiasmus der Petersburger für die Italiener noch einmal zu kommen, so geht das wirklich ins Unglaubliche. Die Oper hatte diesen Winter das Publikum eine halbe Million gekostet, und gleich nach Beschluß derselben wurde ein neues Abonnement für nächsten Winter (wo sie alle und Lablache[1]) auch wieder kommen wollen) eröffnet, wo wieder ebensoviel im voraus bezahlt wurde. Da sollen die vornehmsten Familien sich Geld auf dem Leihhaus geholt haben, um nur eine Loge zu haben, denn es gehörte ja zur Mode, und die macht alles mit und aus den Petersburgern. Es läßt sich wohl denken, daß unter solchen Verhältnissen für Konzertgeber eine sehr schlechte Zeit war und ich somit immer noch zufrieden sein konnte mit dem, was ich verdient hatte. Molique[2]) setzte bei dem ersten Konzert zu, und beim zweiten und letzten blieben ihm 2 Taler, trotzdem er 14 Tage lang herumgefahren und den Leuten die Billette selbst ins Haus gebracht hatte, was ich nie würde getan haben.

Robert Schumann an Friedrich Wieck

St. Petersburg, 1.4.1844

Lieber Vater! Ihren freundlichen Brief beantworten wir erst heute, da wir Ihnen doch auch gern über den Erfolg unseres hiesigen Aufenthaltes berichten wollten. Wir sind nun vier Wochen hier. Clara hat vier Konzerte gegeben und bei der Kaiserin gespielt; wir haben ausgezeichnete Bekanntschaften gemacht, viel Interessantes gesehen, jeder Tag brachte etwas Neues - so ist denn heute herangekommen, der letzte Tag vor unserer Weiterreise nach Moskau, und wir können, wenn wir zurückblicken, ganz zufrieden sein mit dem, was wir erreicht. Wie viel habe ich Ihnen zu erzählen, und wie freue ich mich darauf. Einen Hauptfehler hatten wir gemacht; wir sind zu spät

[1]) Luigi Lablache, berühmter italienischer Bassist
[2]) Bernhard Molique, deutscher Geiger und Komponist

hier angekommen. In so einer großen Stadt will es viele Vorbereitungen; alles hängt hier vom Hof und der haute volée ab, die Presse und die Zeitungen wirken nur wenig. Dazu war alles von der italienischen Oper wie besessen, die Garcia hat ungeheures Furore gemacht. So kam es denn, daß die beiden ersten Konzerte nicht voll waren, das dritte aber sehr, und das vierte (im Michaelstheater) das brillanteste. Während bei andern Künstlern, selbst bei Liszt, die Teilnahme immer abgenommen, hat sie bei Clara sich immer gesteigert, und sie hätte noch vier Konzerte geben können, wenn nicht die Karwoche dazwischen gekommen und wir doch auch an die Reise nach Moskau denken mußten . . .
Kaiser und Kaiserin sind sehr freundlich mit Clara gewesen; sie spielte dort gestern vor 8 Tagen im engen Familienkreise zwei ganze Stunden lang. Das Frühlingslied von Mendelssohn ist überall das Lieblingsstück des Publikums geworden; Clara mußte es in allen Konzerten mehrmals wiederholen; bei der Kaiserin sogar 3 mal. Von der Pracht des Winterpalais wird Ihnen Clara mündlich erzählen; Herr von Ribeaupierre (der frühere Gesandte in Konstantinopel) führte uns vor einigen Tagen darin herum! das ist wie ein Märchen aus »tausend und Einer Nacht«.
Sonst sind wir ganz munter; auch von den Kindern haben wir die besten Nachrichten.
Vor dem Weg nach Moskau hat man uns bange gemacht; im übrigen glauben Sie uns, es reist sich in Rußland nicht schlimmer und besser als irgendwo, eher besser, und ich muß jetzt lachen über die fürchterlichen Bilder, die mir meine Einbildung in Leipzig spielte. Nur teuer ist es sehr (hier in Petersburg zumal, z.B. Wohnung täglich 1 Louisd'or, Kaffee 1 Thlr., Mittagessen 1 Dukaten).
Wir denken, wieder über Petersburg zurückzukommen (ungefähr in 4 Wochen), nach Reval zu Land zu reisen, von da mit dem Dampfschiff nach Helsingfors und über Abo nach Stockholm, und dann wahrscheinlich die Kanaltour nach Kopenhagen in unser liebes Deutschland zurück. Anfang Juni hoffe ich gewiß, sehen wir Sie wieder, lieber Papa, und vorher schreiben Sie uns noch oft, vor der Hand immer nach Petersburg mit Henselts Adresse. Henselt schickt uns die Briefe dann nach.

Sehr viel, so sehr viel hätte ich Ihnen noch zu schreiben; aber wir haben heute noch viel zu präparieren zu der Moskauer Reise; so nehmen Sie denn das Wenige liebreich auf. Grüßen Sie Ihre Frau und Kinder herzlich von Clara und mir und behalten mich lieb.

R.S.

In: Eismann, Ein Quellenwerk

Clara Schumann trug das Klavierquartett ihres Mannes, seine »Kreisleriana« und einige andere Sachen vor. Sie machte auf uns Zuhörer einen gewaltigen Eindruck, obgleich wir uns damals schon an Klaviervirtuosinnen zu gewöhnen begannen: auf den Wohltätigkeitskonzerten der 30er und 40er Jahre trat Frau Calergi (geb. Gräfin Nesselrode, später verheiratet mit dem Geheimrat Muchanow) und ein oder zwei Jahre vor Clara Schumann die berühmte Cellistin Sophie Bohrer in Petersburg auf. Schumann war den ganzen Abend wie üblich schweigsam und verschlossen. Er sprach nur sehr wenig, auf Fragen des Grafen Wielhorski und des Gastgebers A.F. Lwow murmelte er nur unverständlich. Mit dem berühmten Geiger Molique, der erst einige Tage vorher in Petersburg eingetroffen war, entspann sich allerdings so etwas wie ein Gespräch, aber es wurde nur im Flüsterton, ohne Leben und Feuer, geführt. Schumann saß meist in einer Ecke neben dem Klavier (in der Mitte des Saales waren die Pulte für die Mitwirkenden im Oktett von Mendelssohn aufgestellt); dort saß Schumann mit gesenktem Haupt, die Haare hingen ihm ins Gesicht, sein Gesichtsausdruck war streng-nachdenklich, es schien, als würde er vor sich hin pfeifen. Wie ich Schumann an jenem Abend sah, glich er vollkommen dem lebensgroßen Medaillon von Donndorf. Clara Schumann war ein wenig gesprächiger, sie beantwortete alle Fragen für ihren Mann. Im Klavierspiel erwies sie sich als eine große Künstlerin mit männlicher Energie und weiblichem Instinkt in Auffassung und Ausführung, obgleich sie erst 25–26 Jahre war. Man konnte sie jedoch kaum als eine graziöse und sympathische Frau bezeichnen. Französisch sprachen beide mit sächsischem Akzent und deutsch wie ehrbare Leipziger.

J.K. Arnold, in: Eismann, Ein Quellenwerk

Robert Schumann, Reisetagebuch: Kränkungen, die kaum zu ertragen, und Claras Benehmen dabei

Clara Schumann, Reisetagebuch 7.4.1844

Zu Tisch waren wir bei Fischer von Waldheim. Robert schreibt hier »Kränkungen, die kaum zu ertragen, und Claras Benehmen dabei«! Ich weiß von nichts, es scheint mir aber jetzt, bei Durchlesung der Notizenblätter, daß ich oft Roberts Unwillen erregt habe – in böser Absicht gewiß nie, dann immer durch Unbeholfenheit und Mangel raschen Geistes. Nach ruhiger Überlegung finde ich oft erst, was andere Klügere im ersten Augenblick wissen.

Dies war ich nicht gewohnt

Clara Schumann, Reisetagebuch 26.1.1844

Abends sollte Musik bei Behrens sein, beinah wäre daraus gar nichts geworden; beim ersten Stück, welches ich spielte, war die Frau ungeschickt genug, Tee herumreichen zu lassen, was mich natürlich veranlaßte, gleich nach Beendigung des Stücks (auf der Stelle hätt' ich es gesollt) aufzustehen und nicht mehr zu spielen.

Clara Schumann, Reisetagebuch 10.4.1844

Abend kleiner Spaziergang in den Kreml.

Sehr auffallend war es mir hier, nie Besuche von Damen aus der Noblesse zu erhalten; Madam Siniavine schrieb mir immer, wie sehr sie wünsche, mir ihr Entzücken über mein Spiel ausdrücken zu können, ich möchte doch zu ihr kommen. Dies frappierte und kränkte mich nicht wenig, denn dies war ich nicht gewohnt; in den größten Städten haben sich die vornehmsten Damen nicht zu gut gedünkt, mich zu besuchen, und hier tat es nicht eine einzige. Rheinhardt[1]) erklärte mir später, daß es in Moskau nicht Sitte sei, Künst-

[1]) Iwan Iwanowitsch Reinhardt, Pianist und Klavierlehrer

lerinnen zu besuchen, und man täte es nie. Dies tröstete mich einigermaßen, obgleich es mich doch immer von neuem verletzte, wenn Madam Siniavine schrieb, ich möchte doch zu ihr kommen. Und später, als wir eine Matinee bei uns gaben, und alle diese ersten Damen eingeladen hatten, da kamen sie alle – wie ging das zu? War das nicht gegen die Sitte?

Moskau

Clara Schumann, Reisetagebuch 16.4.1844

Mittags spielte ich im Findlingshause vor einer großen Anzahl Waisen, von denen eine Klasse bei Rheinhardt den Unterricht genießt. Nachdem besahen wir uns das ganze Institut, eines der großartigsten, die ich je gesehen. Herr von Strick und Frau von Seymar führten uns herum, beides Leute von herrlichem Gemüt. Zuerst gingen wir in die Klassen der Kinder, wo alles aufs properste eingerichtet ist; hübsch sind die kleinen Zelte, wo die jungen Mädchen ihre Übungen machen. Wir kamen dann in einen Zeichnungssaal, wo wir von der Geschicklichkeit der Mädchen überrascht waren. Dort überreichten einige junge Mädchen dem Robert eine gestickte Mappe, wie sie es mir zuvor, gleich nach meinem Spiele, wo Robert nicht dabei gewesen war, getan hatten. Diese Aufmerksamkeit freute uns sehr. Wir gingen nun weiter, alles auf eisernen Fußböden, eine Treppe höher zu den Ammen, wo wir die höchste Sauberkeit fanden, und von allen 540 Kindern an der Brust kein einziges schreien hörten. Die Ammen gingen alle höchst proper in weißes Leinen gekleidet, und hatten rote oder blaue Samtmützen auf. Jedes Kind hat sein Bettchen und sein Wäscheschränkchen mit seiner Nummer, mit der dann auch die Wäsche des Kindes gezeichnet ist. Wir sahen dann auch einige wirkliche Findelkinder, von denen man die Eltern nicht wußte, was mir einen traurigen Eindruck machte. Von da gingen wir in die Knabenklasse und in deren großen Saal, wo sie einiges sangen. Ich spielte ihnen danach auch eine Kleinigkeit, denn wo die Mädchen sind, kommen nie Knaben hin. Von da führten uns die Knaben zu ihrem Turnsaal, wo sie einige Künste

Schumanns Federzeichnung vom Kreml, Moskau 1844

zeigten. Wir kamen nun wieder in die untere Etage, wo wir die schöne propere Kirche besahen, wo wirklich alles wie geleckt erschien, so blank und glänzend. Die russischen Kirchen sind meist alle reich an Gold und Diamanten – für seine Kirchen gibt das Volk, und wäre es sein Letztes.

Zuletzt gingen wir in das unterste Parterre, wo wir den Aufnahmesaal der kleinen (nur neugebornen) Kinder fanden; dort sind ein Mann und eine Frau jahraus, jahrein, die, der eine die Kinder ins Buch einträgt und der Mutter des Kindes, oder wer das Kind bringt, die Nummer desselben übergibt, welche dann auch dem Kinde umgehängt wird, die andere das Kind sogleich in Empfang nimmt und es in das anstoßende Zimmer trägt, wo es gleich gebadet, gekleidet und der Amme übergeben wird, deren jeden Morgen an 20 kommen und auf Kinder warten. Und sogleich ist auch ein Pfarrer bereit, der es tauft, wenn es noch nicht geschehen. Die Mutter braucht weder ihren Namen noch sonst etwas zu sagen, sie wird nach nichts gefragt, nur wie das Kind heißt oder heißen soll, welcher Religion es sein soll, und das ist alles. Während wir da waren, wurden zwei Kinder gebracht Nr. 2359 und 2360 in diesem Jahre. Es kommen täglich wenigstens 20, und werden im Jahr 7–8000 aufgenommen. Sie blei-

ben dort 6 Wochen, und werden dann mit ihrer Amme aufs Land geschickt, wo sie bis zum zehnten Jahr bleiben, das heißt die Amme bekommt so lange wöchentlich 2 Silberrubel. Will sie das Kind auch später behalten, so kann sie das, muß dann aber selbst dafür sorgen. Selten geben die Ammen die Kinder wieder her, die dann zu Bauern erzogen werden, wie überhaupt alle Findelkinder. Jede vier Wochen geht ein Arzt auf den Dörfern herum, um nach den Kindern zu sehen, ob sie auch gut gepflegt werden und gesund sind. Ist das letztere nicht der Fall, so werden sie zurückgenommen und in dem Lazarett gepflegt, das sich auch im Findlingshaus befindet. Dies Haus ist wie eine Stadt für sich; es hat seine Krankensäle, seine Ärzte, seine Wäscherinnen, Näherinnen, kurzum, es wohnen 7000 Menschen darin. Man kann sich von der Großartigkeit dieses Instituts keinen Begriff machen, hat man es nicht selbst gesehen. Und in diesem großen Hause und für diese vielen Kinder ist der Herr von Strick der Vater und Frau von Seymar die Mutter, beide vom edelsten Gemüt, und von allen geliebt und verehrt. Diejenigen, welche bis zu ihrer Konfirmation, oder wohl noch länger, dort gebildet und erzogen werden, sind Offiziers-Waisen; die Mädchen werden zu Gouvernanten gebildet und müssen, wenn sie abgehen, 6 Jahr im Gourvernement dienen, ehe sie nach Moskau oder Petersburg zurückkommen dürfen.
Sonnabend den 27/15 April um 1 Uhr gab ich mein zweites Konzert, im Saal der Noblesse, das wieder wenig besucht war, obgleich mehr als das erste. Das Publikum aber höchst enthusiastisch, trotzdem daß das Klavier ganz und gar nicht deutlich zu hören war, da der Saal überhaupt für Musik ungünstig ist, und wir das Pianoforte in die Mitte des Saales gestellt hatten, was uns alle rieten, was wir aber bitter bereut haben. Ich war sehr unglücklich darüber, sowie über das kleine Publikum, was freilich in diesem ungeheuren Lokal noch kleiner erschien, als es wirklich war.

Letztes Konzert der Frau Schumann, geb. Wieck
Also morgen werden wir zum letzten Male diese wunderbare Künstlerin hören, die ein äußerst graziöses, reines, gewissenhaftes Talent besitzt . . . Dieses ausgezeichnete Talent, der würdige Ver-

treter der echten klassischen Richtung, die die moderne Romantik in der Musik durch die Werke Mendelssohn-Bartholdys und Robert Schumanns einschlägt – dieses Talent rief in Paris für Clara Wieck die Bewunderung aller Kenner, aller wahren Liebhaber der Musik hervor ... Der große Künstler Franz Liszt bewunderte damals sehr die unvergleichliche Kunst, mit welcher die junge Pianistin in Wien die berühmte Sonate Beethovens in fa mineur vortrug, was würde er jetzt gesagt haben, wo ihre Kunst, Beethoven wiederzugeben, oder vielmehr wiederzubeleben, die höchste Vollkommenheit erreicht hat? Ja, jetzt kann man kühn behaupten, ohne sich dem Vorwurf der Übertreibung auszusetzen, daß kaum eine andere Künstlerin mit Frau Schumann, mit ihrem tiefen Verständnis des genialen Komponisten ... verglichen werden kann. Auch wenn die Begabung der ausgezeichneten Künstlerin sich nur auf dieses Gebiet der Musik beschränkte, auch dann würde sie schon eine außerordentlich bemerkenswerte und seltene Erscheinung sein, aber ziehen Sie noch in Betracht, wie ihr fast alle möglichen Zweige der musikalischen Richtungen zugänglich sind.
Hören Sie, wie Frau Schumann sowohl die Fugen Bachs wie auch die Lieder ohne Worte Mendelssohn-Bartholdys, die Etüden Chopins und die tief originellen Kompositionen ihres Ehemanns, Robert Schumann, wiedergibt – beobachten Sie die Genauigkeit, die Unfehlbarkeit, die Sauberkeit und endlich die Ausdrucksfülle ihres Spiels, das so weit von jeglicher Affektiertheit entfernt ist – und Sie werden mit uns bedauern, daß dieses große Talent so rasch die Reihe der Kunstgenüsse abbricht, mit denen es uns in den beiden Konzerten entzückte. »Moskauer Nachrichten«, 22. 4. 1844

Concerteinnahmen

d. 2ten Februar Concert im Theater in Königsberg:	Th.	156.–
d. 3ten desgl.	Th.	78. 28.
d. 11ten in Mitau 170 R.[ubel] S.[ilber] (Bruttoeinnahme 201 R.[ubel])	= Th.	184.4.

d. 12ten in Riga:	
Brutto: 305 R.[ubel] S.[ilber]	= Th. (264.22.8)
Netto: 234 R.[ubel] S.[ilber]	253.12
d. 13ten in Riga (in der Muße)	
Netto: 207 R.[ubel] S.[ilber]	= Th. 244.6
d. 14ten in Mitau:	
Brutto: 97 R.[ubel] S.[ilber]	
Netto: 77 R.[ubel] S.[ilber]	= Th. 83.14.
d. 15ten in Riga (im Theater)	
Netto: 117 R.[ubel]	= Th. 126.22.
d. 20sten (in Ri) in Dorpat von	
Hrn. v. Liphardt 42 S.[ilber] R.[ubel] 90 C.[opeken]	= Th. 46.-
d. 21sten in Dorpat (in der Aula)	
Brutto: 401 R.[ubel] S.[ilber]	
Netto:	
d. 23sten in Dorpat (in d. Ressource)	
Brutto: 205 R.[ubel] S.[ilber]	
Netto:	
d. 26sten in Dorpat (in d. Ressource)	
Brutto: 187 R.[ubel] S.[ilber]	
Nettoeinnahme von den 3 Concerten	
in Dorpat = 644 R.[ubel] S.[ilber]	= Th. 698.8.-
d. 15. März 1stes Concert in St. Petersburg:	
Brutto: 762 R.[ubel] S.[ilber]	
Netto: 480 R.[ubel] S.[ilber]	= Th. 512.-
d. 20 März 2tes Concert in Petersburg:	
Brutto: 700 R.[ubel] S.[ilber]	442.
Netto: 411 R.[ubel] S.[ilber]	= (Th. 457.)-
d. 24 März 3tes Concert in Petersburg:	
Brutto 828 R.[ubel] S.[ilber]	
Netto 576 R.[ubel] S.[ilber]	= Th. 617.-
d. 29sten März 4tes Concert in Petersburg:	
Brutto: 1240 R.[ubel] S.[ilber]	
Netto: 967 R.[ubel] S.[ilber]	= Th. 1039.
d. 20sten April 1stes in Moskau:	
Brutto: 2065 R.[ubel] Assign.[aten]	

Netto: 1400 R.[ubel] Assign.[aten]	= Th.	416.
d. 27sten April 2tes Concert in Moskau.		
Brutto: 2370 B.[anco] A.[ssignaten]		
Netto: 1923 B.[anco] A.[ssignaten]	= Th.	570.-
d. 5ten Mai 3tes Concert in Moskau:		
Brutto: 2064 B.[anco] A.[ssignaten]		
Netto: (1560) B.[anco] A.[ssignaten]	= (Th.	460.) -
1480	Th.	436.-

Andenken von der Russischen Reise

Tauroggen:	Fläschchen aus Bernstein.
Waldai:	Ein Glöckchen.
Twer:	Eine goldene Dose vom Onkel.
	Ein Schlafrock mit Mütze und Schuhe.
	Eine russische Theemaschine.
Simonoff:	Ansichten von Simonoff.
	Ein Amulet vom Archimandrit in Simonoff.
Moskau:	4 Ansichten von Moskau
	2 Mappen aus dem Findlingshause.
	Manuscript von Field.
Petersburg:	Ein Armband von der Kaiserin.
	- von den Leuchtenberg
	- vom Prinz von Oldenburg.
	die Bildnisse des Grafen Wielhorsky.
Moskau:	Osterei und Tulaer Arbeit
	(von der Gräfin Bobrynska).
	Beschreibung der großen Glocke
	(von Madama Sinavine)
	Schreibmaterial, Pariser Arbeit
	(in der Lotterie gewonnen).

Clara Schumann, Ehetagebuch 30. 5. 1844

Wir konnten uns noch lange gar nicht recht wieder an Leipzig gewöhnen, alles kommt uns so öde, so leer vor, trotzdem wir doch in unsrer alten Häuslichkeit wieder waren und unsere Kinder wieder hatten. Dazu kam Roberts immerwährendes Unwohlsein, was eigentlich die ganze Reise dauerte, doch immer zurückgehalten war.

Oktober 1844: Robert schlief keine Nacht, seine Phantasie malte ihm die schrecklichsten Bilder aus, früh fand ich ihn gewöhnlich in Tränen schwimmend, er gab sich gänzlich auf.

Dezember 1844: Umzug nach Dresden

Blick auf die Dresdner Altstadt mit Elbbrücke, Radierung von Ludwig Richter

Dresden liegt ziemlich in der Mitte der großen, von der Pirnaer bis in die Meißner Pflege sich erstreckenden Kesselgegend. Die schöne Elbe durchströmt die Stadt von Osten gen Westen . . . Das Tal, worinnen die Stadt liegt, ist ringsum von Anhöhen begrenzt . . .

Die Stadt Dresden gehört ihrer Größe und Bevölkerung nach in den dritten Rang der europäischen Städte; wenn sie daher auch nicht eine der größten und prächtigsten Städte Europas ist, so ist sie doch gewiß eine der schönsten und angenehmsten . . . Dresden hat keine großen Messen wie Leipzig und Naumburg, keine so beträchtlichen Manufakturen wie Chemnitz, Zittau, Plauen usw.; keinen Bergbau wie Freiberg; aber als die Hauptstadt eines schönen, stark bevölkerten Landes . . ., als königliche Residenz, welche einen Hofstaat und zahlreiches Militär in sich fasset, als der Sitz der mehresten hohen Landeskolleginnen, als ein von Fremden besuchter Stapelplatz des Luxus, des Geschmacks, der Kunst und Gelehrsamkeit und des Vergnügens, als der Mittelpunkt Sachsens, wo die gesamten Staatseinkünfte zusammentreffen . . . vereinigt diese Stadt eine Menge von Erwerbs- und Nahrungszweigen in sich, welche, wenn sie auch nicht durchgängig reich machen, doch viele der Einwohner in den Zustand der Wohlhabenheit und des gemächlichen Lebens versetzen.

Eismann, Ein Quellenwerk

Dresdener Jahre 1844–1850

1845	Julie
1846	Emil Fehlgeburt
1847	Tod Emils
1848	Ludwig
1849	Ferdinand

Tod von Felix Mendelssohn-Bartholdy (1847)

Robert und Clara Schumann, Lithographie von Eduard Kaiser, 1847

Was wird aus meiner Arbeit? Doch Robert sagt: »Kinder sind Segen«, und er hat recht, denn ohne Kinder ist ja auch kein Glück, und so habe ich mir denn vorgenommen, mit möglichst heiterem Gemüt der nächsten schweren Zeit wieder ins Auge zu sehen. Ob es immer gehen wird, das weiß ich nicht.

Roberts Nervenübel will immer noch nicht weichen.

Neigung zu Schwindel. Angst und Unruhe, namentlich in Händen und Füßen – Kollern in den Gliedern – nicht viel Appetit – Puls schwach, leicht erregbar – Schmerzen an verschiedenen Stellen im Kopfe – nicht heftig, aber beängstigend –
beständiges Singen und Brausen im Ohr –
Jedes Geräusch wird zum Klang

Ich spiele jetzt leider wenig, da die Zeit mangelt! Zum Komponieren komme ich vollends gar nicht.

Studienwerke und Repertoire

1845. Schumann, Konzert A-moll, op. 54.
Mendelssohn, Duo für 4 Hände, op. 92. (Manuskript.)

1846. Beethoven, Konzert G-dur.
Beethoven, Sonate op. 101, A-dur.
Chopin, Barkarole op. 60.
Scarlatti, Klavierstücke.
Liszt-Schubert, Ständchen.
Moscheles, Rondo für 4 Hände, op. 30.
Schumann, Andante mit Variation für 2 Klaviere, op. 46.
Schumann, Kanons As-dur und H-moll a. op. 56.

1847. Mendelssohn, Trio op. 66, C-moll.
Mendelssohn, Capriccio E-dur.

1848. Mozart, Variationen zu 4 Händen.
Beethoven, Sonate mit Violine G-dur, op. 30, Nr. 3.
Mendelssohn, Variations serieuses.

1849. Heller, Improvisata über das Lied „Auf Flügeln des Gesanges“.
Hiller, Impromptus op. 30, Nr. 2.
Mozart, Sonate G-dur f. Pfte. u. Violine.
Schubert, Trio op. 99, B-dur.
Schumann, Trio op. 63, D-moll.
Schumann, Quartett f Pfte. u. Streichinstrumente, op. 47.
Schumann, a. d. Jugendalbum, op. 68: Mailied, Knecht Ruprecht, Mignon.

1850. Bach, Präludium und Fuge G-dur (a. d. Wohltemperiert. Klavier).
Chopin, Notturno op. 48, Fis-moll.

Kompositionen Clara Schumanns 1845–1848

1845	Drei Praeludien und Fugen op. 16
	1. Andante/Allegro vivace g-Moll
	2. Allegretto/Andante B-Dur
	3. Andante/Andante con moto d-Moll
1846	Trio für Violine, Violoncello und Klavier g-Moll op. 17
1846	»Beim Abschied« (Friederike Serre), für Gesang und Klavier
1846	»Mein Stern« (Friederike Serre) für Gesang und Klavier
1847	Concerto f-Moll (unvollendet; 1 Satz) Robert Schumann zugeeignet
	»Abendstern« für Gesang und Klavier
1848	Drei Lieder für gemischten Chor nach E. Geibel
	»Abendfeier in Venedig«
	»Vorwärts«
	»Gondoliera«

Clara Schumann, Tagebuch *2. 10. 1846*

Es geht doch nichts über das Vergnügen, etwas selbst komponiert zu haben und dann zu hören. Es sind einige hübsche Stellen in dem Trio, und wie ich glaube, ist es auch in der Form ziemlich gelungen. Natürlich bleibt es immer Frauenzimmerarbeit, bei denen es immer an Kraft, und hie und da an Erfindung fehlt.

Clara Schumann, geb. Wieck, Trio für Pianoforte, Violine und Violoncello. Preis: 2 Taler.

Während die deutsche Literatur eine so große Anzahl von Schriftstellerinnen, insbesondere Dichterinnen aufweist, ist das Feld musikalischer Kompositionen dem weiblichen Geschlecht weit weniger zugänglich gewesen. Virtuose Leistungen auf einem Instrument oder im Gesange, und kleine musikalische Skizzen, Lieder und dergleichen – hiermit wäre der weibliche Anteil an der musikalischen Tätigkeit bezeichnet. Bis zur reiferen Komposition erheben sich die Damen deswegen nur selten, weil sie zur Festhaltung dessen, was das innere Ohr hört, eine Kraft der Abstraktion voraussetzt, die überwiegend den Männern gegeben ist. Zu den wenigen aber, die sich dieser Kraft wirklich bemächtigt haben, gehört vorzugsweise Clara Wieck, die als Kind schon überall bewundert, als Gattin Schumanns jener Stütze nicht entbehrt hat, woran ihr bedeutendes Kunsttalent sich zur Reife entwickelte. Blicken wir auf dieses Trio; mit Sicherheit sind die Grundlinien des Baues entworfen, mit Geschmack sind seine einzelnen Glieder gestaltet, und über allem weht ein zarter, poetischer Duft, der das Ganze zum Kunstwerk weiht. Der Charakter ist von leiser Wehmut durchzogen, die Melodien sind weich und gefühlvoll. Nur das Scherzo (B-Dur) hebt nach dem ersten Allegro (g-Moll) durch sein neckisches, kindisch fröhliches Wesen sich von der Grundstimmung des Ganzen. Das Andante ist eine edle, liebliche Romanze (G-Dur) in gedrängter Form. Das Finale (Allegretto genannt) hat etwas Tragisches. Hier das schöne erste Motiv:

Das zweite tritt nicht, wie gewöhnlich die in den Lehrbüchern gegebene Form will, in B auf, sondern in D-Dur und führt dann durch einen wohlgelungenen Kontrapunkt in d-Moll, mit Berührung von B, nach der Tonika zurück. Was uns besonders erfreut hat, ist der melodische Fluß, der alles zusammenhält und jetzt, wo uns so vieles Zusammengestückelte vorkommt, doppelt wohltätig wirken muß. Dieser Fluß der Perioden ist und bleibt der beste Probierstein des gereiften Talentes, denn, wo er fehlt, ist, aller scheinbaren Genialität ungeachtet, immer der Mangel völliger Durchbildung zu beklagen. Clara Schuman aber disponiert in ungehemmter Sicherheit über ihre melodischen Gedanken. Wir wünschen, daß sie uns häufiger, als es geschieht, begegnen möge.

Allgemeine Musikalische Zeitung, April 1848

Clara Schumann, Tagebuch *18.11.1846*

Ich spielte heute abend Roberts Klavierquartett und mein Trio, das mir, je öfter ich es spiele, desto unschuldiger vorkommt.

Clara Schumann, Tagebuch *September 1847*

Mein Trio erhielt ich heute abend fertig gedruckt; das wollte mir aber nicht sonderlich auf des Roberts (d-Moll) munden, es klang gar weibisch sentimental.

Robert Schumann - Mann der Clara Wieck

Haushaltsbücher, 24.1.1846
Streit wegen Rietschels Bild

Relief des Dresdner Bildhauers Ernst Rietschel

Hiller wollte, daß auf dem Doppelmedaillon von Rietschel Clara vorne zu sehen war. Schumann widersprach und lehnte ab. Der schaffende Künstler habe Vorrang vor dem reproduzierenden.

Auskunft des Enkels Ferdinand Schumann

Als Schumann mit seiner Gattin 1846 Wien besuchte, sprach man von ihm nur als von dem »Mann der Clara Wieck«, und seine wenigen Anhänger zitterten vor einer möglichen Wiederholung des Vorfalls bei einem auswärtigen Hofkonzert, wo Serenissimus nach vielen Artigkeiten für Clara Schumann unsern Meister huldreichst fragte: »Sind Sie auch musikalisch?«
Robert Schumann (. . .) erlebte ein unleugbares Fiasko mit zwei seiner schönsten Kompositionen: der B-Dur-Sinfonie und dem Klavier-Konzert a-Moll. Beide, von Schumann selbst dirigiert, wurden am 1. Jänner 1847 im Musikvereinssaal mit achtungsvollem Stillschweigen aufgenommen; die Achtung galt seiner – Frau. (. . .) Schumann war den Wienern fast ebenso unbekannt wie Berlioz. (. . .) Obgleich Schumann sich einer fast zehn Jahre langen, eklatanten Tätigkeit als Komponist und Schriftsteller rühmen konnte, obwohl er früher selbst in Wien einige Zeit gelebt und daselbst mehrere Stücke verlegt hatte, war er doch für die Wiener ein unbekannter Mensch geblieben. Niemand hatte Notiz von ihm genommen, niemand ein Lied, ein Klavierstück, eine Sinfonie von ihm auf irgendein Konzertprogramm gebracht.

Eduard Hanslick, Geschichte des Concertwesens in Wien, 1869/70

Franz Liszt: Clara Schumann

Auch die Kunst sollte ihr wandelndes Liebesgedicht, ihre »erhabenen gleichen« Liebenden, ihre Künstlergatten aufzuweisen haben; und dieses Paar war bestimmt vielleicht das vortrefflichste Beispiel für die verschiedensten Formen zu gewähren, welche dasselbe Genie, dieselbe Poesie, dieselbe Kunst im Geiste des Mannes und im Herzen des Weibes annehmen.
Diese soeben ausgesprochene Ebenbürtigkeit der künstlerischen Verdienste dieser beiden behaupten wir nicht auf das Geratewohl hin. Wir lehnen im voraus die Annahme ab, welche der schaffenden Tätigkeit das Virtuosentum, welches hier von der Frau repräsentiert ist, unterordnet und dieses als eine Art Mitgift ihrer Schwäche bezeichnen

möchte. Nicht ein Auswuchs, sondern ein notwendiges Element der Musik ist die Virtuosität.

Da, wo die Verwirklichung des Ideals, wie in der Tonkunst, von dem Zusammenwirken des produzierenden und des reproduzierenden Künstlers erstrebt wird, können Unterscheidungen nur nach dem höheren oder tieferen Grade der aufrichtigen Hingabe des ausführenden Künstlers gemacht werden, und es beweisen ähnliche Streitigkeiten nur, daß eine Mehrzahl der Leistenden und der Beurteilenden den Sinn gewisser Aufgaben gar nicht begreift. Nicht passive Dienerin der Komposition ist die Virtuosität; denn von ihrem Hauche hängt das Leben, wie der Tod des ihr anvertrauten Kunstwerks ab: sie kann es im Glanz seiner Schönheit, seiner Frische, seiner Begeisterung wiedergeben, sie kann es ebenso verdrehen, verunschönen, entstellen. Niemand wird die Malerei eine knechtische, stoffliche Reproduktion der Natur nennen. In demselben Verhältnis, wie jene zu dieser, steht die Virtuosität zur produzierenden Tonkunst. Und dieselbe Kluft, welche zwischen einer Landschaft, wie etwa der Tempelruine von Pästum von Calame und einer bloßen Ansicht liegt, trennt auch die Ausführungen eines und desselben Musikstückes durch zwei Künstler, von denen der eine Métier macht, während der andere Kunst schafft. Mag jener, um den inneren Sinn, die poetische Wirkung, die Lösung des im Modell verborgenen Rätsels wiederzugeben, noch so sorgfältig und gewissenhaft die natürlichen Linien seines Gegenstandes nachahmen, so muß der Maler, wie der Virtuose seinen Vorwurf dennoch mit einem ungewöhnlichen Blick durchdringen, ihm seine geheime unbeschreibbare Harmonie ablauschen, ihn aus seinem besonderen Gesichtspunkt auffassen, ihm ein besonderes Licht, einen ideellen Rahmen abgewinnen und verleihen. Ohne diese Fähigkeit werden beide bei dem Beschauer wie bei dem Hörer nie die innerste und besondere Bewegung, wie sie der Schöpfer des Originalwerkes beabsichtigt hat, fühlbar machen.

Die Virtuosität ist so wenig wie die Malerei den anderen Künsten untergeordnet: denn beide erfordern schöpferische Fähigkeit, welche ihre Formen nach einer in der Seele des Künstlers erfaßten Idee, nach einem Typus bildet und ohne welche sich sein Produkt nicht über Industrieerzeugnisse zum Kunstwerk erheben kann. Sie ist kein Akt leerer Rezeptivität – sie plappert nicht wie ein Star eingelernte Redensarten nach. Im Gegenteil: sie bringt die Ideen zur Erscheinung und versetzt sie aus dem Limbus unkörperlicher Abstraktion in die fühlbare lebende Welt.

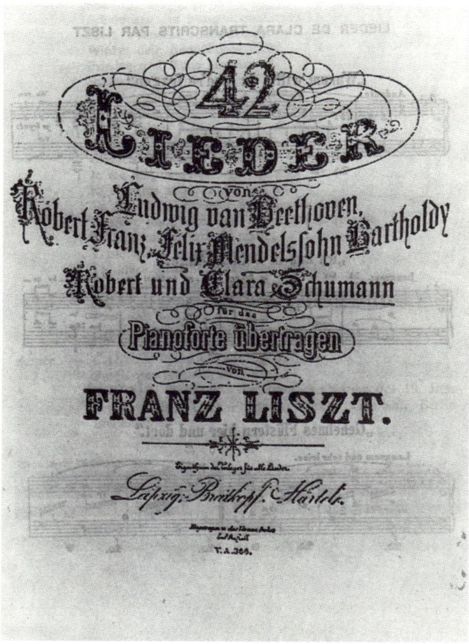
42
LIEDER
von
Ludwig van Beethoven,
Robert Franz, Felix Mendelssohn Bartholdy
Robert und Clara Schumann
für das
Pianoforte übertragen
von
FRANZ LISZT.

Franz Liszt,
Liedtranskriptionen
für Klavier,
Titelblatt

Clara Schumann, Tagebuch 3.1.1848

Am 3. Januar beendete Robert die Skizze zum ersten Akt der Genoveva ... er verläßt ihn nun aber auch Tag und Nacht nicht, was doch seine Nerven angreift.

Er:

Ich muß noch viel
tun
arbeiten
mehr
fleißig
viel
muß
schaffen
arbeiten

Sie:

Welch Wonnegefühl muß es sein, durch eine so unerschöpfliche Phantasie immer in höhere Sphären versetzt zu werden.

Ach! Könnt ich nur arbeiten, arbeiten, arbeiten

Ich werde oft ganz hingerissen von Bewunderung für meinen Robert! Wo nimmt er all das Feuer, die Phantasie, die Frische, die Originalität her? Das muß man immer fragen und dann sagen, daß er ein auserwählt glücklicher Mensch ist, mit solch einer Schöpferkraft begabt zu sein.

April '49

Robert Schumann, Tagebuch Juni 1846

Ich habe das meiste, fast alles, das kleinste meiner Stücke in Inspiration geschrieben, vieles in unglaublicher Schnelligkeit ... Erst vom Jahre 1845 an, von wo ich anfing, alles im Kopf zu erfinden und auszuarbeiten, hat sich eine ganz andere Art zu komponieren zu entwickeln begonnen.

Dresdner Revolution - Mai 1849

Traurig ist es zu sehen, wie wenig freisinnige Menschen es unter dem gebildeten Stande gibt.

Clara Schumann, Tagebuch Mai 1849

Donnerstag, den 3. gingen wir zu Tisch auf die Villa im Plauenschen Grunde und schwelgten so recht in der herrlichen Natur - wie es unterdes in der Stadt aussah, ahnten wir freilich nicht. Kaum waren wir eine halbe Stunde zu Haus, als Generalmarsch geschlagen und von allen Türmen Sturm geläutet wurde, bald auch hörten wir Schüsse. Der König hatte die Reichsverfassung nicht anerkennen wollen, bevor es nicht Preußen getan, und da hatte man denn die Stränge seines Wagens, in dem er fliehen wollte, zerschnitten, ihn somit gezwungen, zu bleiben, und versucht, sich des Zeughauses zu bemächtigen, von wo aus aber unter das Volk gefeuert wurde. Daß dies die größte Erbitterung hervorrief, läßt sich denken. Die Nacht verlief so ziemlich ruhig, doch am Freitag, den 4., fanden wir, als wir in die Stadt gingen, alle Straßen verbarrikadiert, auf den Barrikaden standen Sensenmänner und Republikaner, die die Barrikaden immer höher bauen ließen, überall herrschte die größte Gesetzlosigkeit, die Schleußen und das Straßenpflaster sowie die Steine auf den Straßen wurden aufgerissen und zu den Barrikaden verwendet; auf dem Rathaus saßen die Demokraten beisammen und wählten eine provisorische Regierung (da der König des Nachts auf den Königstein geflohen war), die auch alsbald Proklamationen aller Art erließen, alle den Kampf gegen die Soldaten betreffend, die mit Kanonen vor dem Schloß und in Neustadt lagerten. Auf unsrer Promenade durch die Stadt wurde uns auch der schreckliche Anblick von 14 Toten, die tags vorher gefallen und schrecklich zugerichtet zur Schau des Publikums im Hofe des Klinikums lagen. Ich konnte diesen Anblick lange nicht vergessen, und nur die viele Aufregung, die noch folgen sollte, verwischte den schrecklichen Eindruck. Der Tag und die folgende Nacht vergingen ohne Kampf, die Barrikaden stiegen zu förmlichen Festungen auf, die Spannung war furchtbar, wie sollte das enden, unter welchem Blutvergießen!

Sonnabend, den 5., schrecklicher Vormittag! Es bildete sich auf unserer Straße eine Sicherheitswache, und man wollte Robert dazu haben; nachdem ich ihn zweimal verleugnet, die Leute aber drohten, ihn suchen zu wollen, flüchteten wir mit Marien zur Gartentür hinaus auf den böhmischen Bahnhof. Hier trafen wir unter anderen Oberländer, der auf den Königstein zum König wollte, um noch einen Versuch zur Nachgiebigkeit zu machen. Hier standen Sensenmänner, welche achtgaben, daß niemand mit Gewehr abfahren sollte. Um 1 Uhr fuhren wir nach Mügeln – ich war sehr betrübt, daß wir nicht Elisen wenigstens noch mitgenommen hatten, doch waren wir fort, wie wir gingen und standen, hatten also auch nicht Zeit, noch die Kinder mitzunehmen, und Robert dachte, wir würden schon am Abend zurückkehren, doch ich glaubte daran nicht, besonders, als kurz vor unserer Abfahrt das Stürmen und der Kampf in der Stadt begann.
Von Mügeln aus gingen wir zu Fuß nach Dohna, aßen dort, warteten noch Nachrichten mit dem nächsten Zug ab, die eben nichts Tröstliches enthielten, und fuhren um 7 Uhr nach Maxen, wo wir ziemlich viel Besuch vorfanden . . .
Meine Angst den ganzen Tag über war fürchterlich, denn fortwährend hörte man den Kanonendonner, und dazu die Kinder in der Stadt. Schon am Abend wollte ich in die Stadt, um sie zu holen, doch wurde es zu spät, und ich fand niemand, der mich so spät noch begleiten wollte. Robert konnte nicht mit mir, denn man hatte ausgesprengt, die Insurgenten suchten alle waffenfähigen Männer in den nächsten Umgebungen auf und zwangen sie, am Kampfe teilzunehmen. Ich machte mich nun am
Montag, den 7., morgens 3 Uhr nach der Stadt auf, begleitet von der Tochter des Verwalters auf dem Gute. Frau von Berg fuhr auch mit. Das war eine schreckliche Fahrt, diese Angst, ob ich auch wieder aus der Stadt herauskommen würde! Ich dachte nicht, daß ich heute den Weg wieder zurückmachen würde. – Wir fuhren bis Strehlen, und dort ging Frau von Berg ihren Weg und wir den unsern übers Feld nach der Reitbahngasse. Unter fortwährendem Kanonendonner gingen wir dahin, und plötzlich sahen wir uns an die 40 Sensenmänner entgegenkommen. Wir wußten erst nicht, was beginnen,

Dresdner Mai 1849,
Wilhelmine
Schröder-Devrient,
berühmte
Sopranistin,
mit Schumanns
befreundet, spricht
zur Menge

Dresdner Mai 1849, Große Barrikade am Eingang der Wilschroffer Gasse, Steinzeichnung von C.W. Arldt

doch faßten wir uns ein Herz und gingen (mit uns noch ein Mann, den wir auf dem Felde getroffen) ruhig durch.
Glücklich kamen wir in die Reitbahngasse, wo noch alle Haustüren zu waren – es war grausig, hier diese Totenstille und in der Stadt das unaufhörliche Schießen! – Die Kinder fand ich noch schlafend, riß sie gleich aus den Betten, ließ sie anziehen, packte einige Sachen zusammen, und in einer Stunde waren wir zusammen wieder draußen auf dem Felde. Henriette[1]), die ich schon krank verlassen, fand ich noch immer so, sie lag auf einer Stelle und nahm an nichts teil. Das beunruhigte mich auch sehr, gerade jetzt, wo sie mir so nötig war. – In Strehla setzten wir uns wieder in den Wagen, und noch vor Tisch waren wir wieder in Maxen, wo wir uns endlich alle wiederhatten; mein armer Robert hatte auch angstvolle Stunden verbracht und war daher jetzt doppelt glücklich. – Auf den Dörfern hatten wir überall Flüchtlinge getroffen, die uns Schreckliches aus der Stadt erzählten. Das Volk hält sich bewundernswürdig, und nie hätte ich den Sachsen solchen Mut zugetraut. Die Zuzüge nach der Stadt dauern unaufhörlich, und besonders sind viel Erzgebirger gekommen. Aber auch das Militär erhält fortwährend Zuwachs von Preußen, was die Erbitterung des Volkes aufs höchste steigert.
Dienstag, der 8., verging ohne Entscheidung. Der Kampf in der Stadt dauert ununterbrochen fort. Die Amme und 3 Kinder habe ich zum Doktor gebracht, wo wir vor 3 Jahren wohnten, damit wir nicht alle Majors belästigten. Unter andern waren dort ein Herr von Albeding mit Frau und Tochter, Frau von Hann, die neben uns in der Stadt wohnen, so auch war die Familie von Stephanitz dort. Dies waren alles Aristokraten, die vom Volke nur en canaille und Gesindel sprachen, so daß es einem ganz unbehaglich wurde – der Major ist der einzige liberale Mensch im ganzen Hause und sagte einige Male tüchtig den Aristokraten seines Herzens Meinung! –
Abends 11 Uhr kam Mathilde (unsre Köchin) aus der Stadt, ein gutes, höchst brauchbares Mädchen, die mir wirkliche Dienste in dieser ganzen Zeit geleistet hat.
Mittwoch, den 9., sahen wir den ganzen Morgen von der Räcknitzer

[1]) Angestellte im Schumannschen Haushalt

Höhe Rauchwolken aufsteigen und bildeten uns ein, man bombardiere die Stadt von da aus. Wir ängstigten uns um die arme Henriette, die, wie uns die Köchin sagte, die ordentlichen Blattern bekommen hatte. Zu Mittag aber erfuhren wir, daß am Morgen die Stadt vom Volk geräumt worden war, nachdem das Militär mit Bombardement gedroht hatte, da es die Hauptbarrikaden nicht einnehmen konnte. Die provisorische Regierung war schon in der Nacht um 2 Uhr geflohen mit einer großen Schar nach Freiberg.
Donnerstag, den 10., hörten wir von schrecklichen Greueltaten, die das Militär verübte; alles schossen sie nieder, was sie an Insurgenten fanden, unsre Wirtin in der Stadt erzählte uns später, daß ihr Bruder,

Wohnung des Ehepaars Schumann in Dresden, Reitbahnstraße

Besitzer des goldnen Hirsches in der Scheffelgasse, zusehen mußte, wie die Soldaten 26 Studenten, einen nach dem andern, erschossen, die sie dort in einem Zimmer gefunden hatten. Dann sollen sie die Menschen zu Dutzenden von den dritten und vierten Stockwerken herab auf die Straße geworfen haben. Es ist zu schrecklich, solche Dinge erleben zu müssen! So müssen sich die Menschen das bißchen Freiheit erkämpfen! Wann wird einmal die Zeit kommen, wo die Menschen alle gleiche Rechte haben werden? Wie ist es möglich, daß der Glaube unter den Adligen, als seien sie andre Menschen als wir Bürgerlichen, so eingewurzelt durch so lange Zeiten hindurch sein konnte! Wir gingen nun zusammen durch die Hauptstraßen der Stadt, um uns die Hauptkampfplätze anzusehen. Es ist kaum möglich, ein Bild zu geben von dieser Verwüstung. Tausende von Löchern von den Kugeln sieht man an den Häusern, ganze Stücke Wand herausgebrochen, das alte Opernhaus total niedergebrannt, desgleichen 3 schöne Häuser in der Zwingerstraße, auch in der kleinen Brüdergasse, kurz, es ist schrecklich anzusehen, und wie mögen die Häuser erst im Innern aussehen! Die Wände durchgebrochen, so daß die Insurgenten durch viele Häuser hindurch miteinander korrespondierten. Wie viele unschuldige Opfer sind gefallen, in ihren Zimmern von Kugeln getroffen worden usw. usw. Die Frauenkirche steckt voll von Gefangenen, und die Zahl beläuft sich schon auf 500. Kapellmeister Wagner[1]) soll auch eine Rolle bei den Republikanern gespielt haben, Reden vom Rathaus herunter gehalten, Barrikaden nach seiner Angabe haben bauen lassen und manches andre noch! – Die Straßen sind noch weit aufgerissen, die Trottoirs liegen noch umher, nur die Barrikaden sind hinweggeräumt. Die Stadt ist in Belagerungszustand erklärt – es wimmelt von Preußen – auf dem Altmarkt liegen sie auf Stroh umher. Es ist ein entsetzliches, aber interessantes Bild, die Straßen jetzt! Wir fuhren abends noch wieder nach Maxen, Robert hatte aber unterwegs den sehr glücklichen Gedanken, nicht in Maxen zu bleiben, lieber in das nahe liegende Kreischa, das viel lieblicher gelegen und ein milderes Klima hat, zu ziehen, und fuhren wir dann Freitag, den 11., früh mit Sack und Pack dahin ab.

Freiheit für alle

Wo wieder aber ward der Ruf vernommen:
»Für Alle Freiheit!«, klang es fast wie Hohn,
Denn für die Männer nur war er gekommen
Im Wettersturm der Revolution.

[1]) Der Komponist Richard Wagner

Denn schien auch Joch auf Joch hinweggenommen,
Und stürzte auch in Trümmer Thron um Thron:
Dem Männerrecht nur galt das neue Ringen,
Das Frauenrecht blieb in den alten Schlingen.
Wohl grüßten freie Männer sich als Brüder,
Nur Bürger gab es, nicht mehr Herr und Knecht;
Wohl sangen sie der Liebe Bundeslieder
Und fühlten sich als ein erneut' Geschlecht.
Doch auf die Schwestern blickten stolz sie nieder,
Der Menschheit Hälfte blieb noch ohne Recht,
Blieb von dem Ruf: »Für alle!« ausgenommen –
Ihr muß erst noch der Tag des Rechtes kommen.

Der Frauen Schar, die in den Staub getreten,
Ward nur erhoben an des Glaubens Hand.
Die besten lernten fromm zum Himmel beten,
Weil ja die Erdenwelt sie nicht verstand;
Die andern aber ließen sich bereden,
Sie seien nur bestimmt zu Spiel und Tand,
Es sei ihr höchstes Ziel, im süßen Minnen
Des ganzen Lebens Inhalt zu gewinnen.

Doch wiederum wird einst der Ruf erklingen:
So wie vor Gott sind wir auf Erden gleich!
Die ganze Menschheit wird empor sich ringen.
Zu gründen ein erneutes Liebesreich,
Dem Weibe wie dem Mann sein Recht zu bringen,
Zu wahren mit des Friedens Palmenzweig.
In lautrer Wahrheit stolzem Siegesschalle
Tönt's noch einmal: »Erlösung kam für alle!«

Louise Otto-Peters

Clara Schumann über andere Künstlerinnen:

Schwärmen und Glühen

für die Sängerin Jenny Lind:
Ihr Gesang kommt aus dem Innersten des Herzens, es ist kein Effekthaschen und keine Leidenschaft, die gleich packt, die aber tief ins Herz dringt, eine Wehmut und eine Melancholie in ihrer Art zu singen, die einen in Rührung versetzt, man mag wollen oder nicht . . . ihre Stimme ist an sich nicht groß, dringt aber sicherlich in jedem Raume durch, weil sie ganz Seele ist.

für die Sängerin Wilhelmine Schröder-Devrient:
Das Publikum begrüßte die Devrient mit dem größten Enthusiasmus, der sich mit jedem Mal Singen steigerte. Da möchte man nun fragen, warum klatscht ihr? Warum gebärdet Ihr Euch wie außer Euch? Hat sie doch keine Stimme mehr und ist häßlich geworden, und hat keinen Atem, wie Ihr sagt! – Genie und Gemüt hat sie, das ist's, und mehr in ihrem kleinen Finger als alle – Ihr jungen 18- und 20jährigen Sängerinnen zusammengenommen, sie, eine 47jährige Frau! Das sieht man, das wahrhaft Große ist unvergänglich!

Clara Schumann über andere Frauen

Wilhelmine Schröder-Devrient wird in ihrem Übermut zuweilen empfindlich verletzend, und daß kein Mann mit ihr zu leben imstande ist, erkenne ich immer mehr; sie hat nicht das feine Gefühl, das einen lehrt, die schwachen Seiten anderer mit Zartheit behandeln, im Gegenteil, sie liebt es gerade, diese Schwächen zur Zielscheibe ihres Witzes zu machen, und das verträgt kein Mann von Geist. Dazu kommt noch ihre furchtbare Verschwendung, die wirklich oft ins Unglaubliche geht – welch ein Mann, wenn er Vernunft hat, kann dem ruhig zusehen! Trotzdem aber bleibt sie einem immer die verehrungswürdige Künstlerin!

Clara Schumann, Tagebuch August 1850

Wie vieles liegt von Robert da, was wir noch nicht gehört! Es ist schrecklich! Die Teilnahmslosigkeit der Künstler geht so weit hier, daß nicht einmal einer nur danach fragt, was Robert etwa arbeitet ... Solch eine Natur hier und solche Menschen.

Clara Schumann, Tagebuch 13.1.1850

Von allen Seiten werden wir jetzt bestürmt, doch nicht von Dresden fortzugehen, anderseits setzen die Düsseldorfer wieder stark zu, daß sich Robert zur Annahme der dortigen Musikdirektorstelle entschließe - kurz, wir leben in einer fatalen Unschlüssigkeit. Der Umzug ist doch gar mühevoll, die Stellung hat aber viel Annehmlichkeiten - 10 Konzerte und 4 Kirchenmusiken im Jahr, wöchentlich eine Singübung mit einem aus 130 Mitgliedern bestehenden Verein. Die Wahl der Stücke hängt lediglich vom Dirigenten ab. Das Gehalt ist 700 Taler, wenn auch nicht viel, so doch als sichere Einnahme nicht zu verachten. Man will Robert vom 1. April an schon seinen vollen Gehalt geben, und er soll erst Ende August antreten, eine sehr annehmbare Bedingung, die uns schon fast den Umzug deckt. Und doch wird ihm hier so sehr zugeredet, sich um die zweite Kapellmeisterstelle (am Hoftheater) zu bewerben; das kann er aber nicht, sein Rang als Künstler läßt es nicht zu.

30. August 1850. Abends mit Marie bei dem Abschiedsfest für die Schumanns. Er benahm sich wieder äußerst rücksichtslos. Chorlieder von ihm wurden gesungen: er ließ repetieren, was er noch einmal hören wollte, ging hin, dirigierte selbst, und dann ging's immer schlechter als vorher. Einen teuren Chor hatte er hinbestellt auf unsere Kosten; von dem Wein, den Bendemann ihm einschenkte, sagte er, er schmecke ihm nicht. Sie spielte und wurde hoch gefeiert.

Eduard Devrient, Tagebücher

1850 Umzug nach Düsseldorf

1851	Eugenie
1852	Fehlgeburt
1854	Felix

Clara Schumann, im Alter von 30 Jahren, Photographie

Clara Schumann im Alter von 34 Jahren

Meine letzten guten Jahre gehen hin, meine Kräfte auch – gewiß Grund genug, mich zu betrüben . . .
Ich bin so entmutigt, daß ich es gar nicht sagen kann.
Ich weiß kaum mehr, wie ich noch spielen soll, während ich mich bemühe, den Sänger möglichst zart und nachgebend zu begleiten, spricht Robert, meine Begleitung ist ihm schrecklich! Müßte ich nicht mein Spiel benutzen, um auch etwas zu verdienen, ich spielte wahrhaftig keinen Ton mehr öffentlich, denn was hilft mir der Beifall der Leute, wenn ich ihn nicht befriedigen kann.

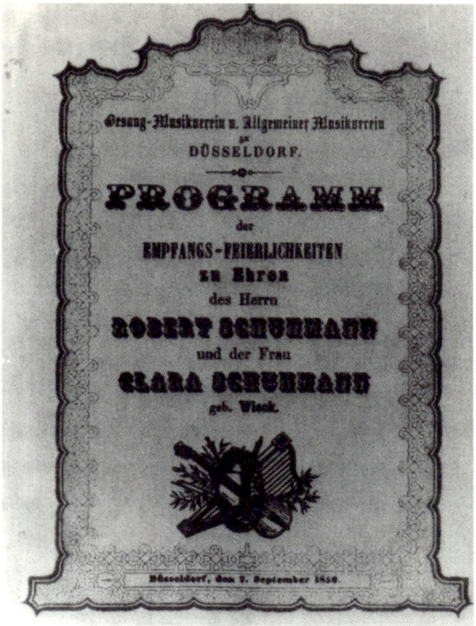

Programm der Empfangsfeierlichkeiten in Düsseldorf zu Ehren von Robert und Clara Schumann

Schumann war 1852 bereits sehr menschenscheu, und ich glaube, daß er . . . vor allem seiner hohen Bescheidenheit wegen vor Berührung mit hochstehenden Persönlichkeiten zurückwich. Wir wurden immer sehr freundlich aufgenommen und verkehrten nur mit wenigen Intimen näher. Die Schwerhörigkeit, das menschenscheue Wesen, das mit der beginnenden Krankheit zusammenhängt, und die durchaus nicht glänzenden pekuniären Verhältnisse verboten Schumanns, größere Gesellschaften zu pflegen. Daß Schumann kein guter Dirigent war, das wissen Sie längst. Schumann war eben eine zu innerliche, poetische, träumerische Natur. Zuweilen ließ er seine Schäflein ruhig laufen, versunken in seine Gedanken, dann erbarmte sich wohl seine Frau der verlassenen Herde. Sie saß meistens in der ersten Reihe im Saale, die Partitur auf den Knien, und gab uns von da zuweilen ein Zeichen, bis ihr Mann aus seinen Träumen wieder ganz zur Wirklichkeit zurückkehrte.

Elisabeth Werner, befreundet mit Schumanns, 1862

Robert Schumann
mit 40 Jahren

Auch einer Übung seines Chorvereins (welche er dirigierte, während Frau Clara am Flügel saß), wohnte ich bei. Interessant war mir die Wahrnehmung, daß eigentlich seine Gattin die Direktion in Händen hielt. Nur selten sprach er mit seinem so milden, weichen Organ ein Wort dazwischen.

Robert Radeke, Komponist, 1864

Das äußere Leben, welches Schumann während der letzten Lebensjahre führte, war sehr einförmig und höchst regelmäßig. Vormittags bis gegen 12 Uhr arbeitete er. Dann unternahm er gewöhnlich in Begleitung seiner Gattin und des einen oder anderen näheren Bekannten einen Spaziergang. Um 1 Uhr speiste er und arbeitete dann nach kurzer Ruhe bis 5 oder 6 Uhr. Hierauf besuchte er meist einen öffentlichen Ort oder eine geschlossene Gesellschaft, deren Mitglied er war, um Zeitung zu lesen und ein Glas Bier oder Wein zu trinken.

Joseph von Wasiliewski,
Geiger und erster Schumann-Biograph, 1887

Clara und Robert Schumann am Tafelklavier, Daguerreotypie aus dem Jahre 1850

Unsere Mutter gab uns Klavierstunde, und jeden Sonntagmorgen spielten wir dem Vater vor. Gespannt harrten wir auf den Moment, wo mein Vater hinterher an seinen großen Schreibtisch ging, das Geldfach hervorzog und aus einer kleinen Geldmulde jedem ein paar Pfennige schenkte. Das war uns das allerliebste an der Vorspielstunde, denn wir bekamen sonst nie Geld geschenkt. Mein Vater pflegte aber auch mit der Mutter über das von uns Gehörte zu sprechen. Er gab ihr auch wichtige Winke, wie sie uns musikalisch außer dem Spielen weiterbringen sollte. Wir mußten zu jeder Tonleiter die Versetzungen des Dreiklangs und Dominantseptimenakkords spielen, und um uns darin zu üben, jeden Akkord auch sogleich zu erkennen, sagte er ihr ein sehr einfaches Mittel: Wir nahmen in der rechten Hand den a-Molldreiklang a c e, in der linken e, und nun rückten wir in der linken Hand chromatisch abwärts, in der rechten chromatisch aufwärts, erst dreimal mit dem oberen Ton, dann dreimal mit dem mittleren, danach mit dem a, dann wieder mit dem oberen beginnend usw. Jeden Akkord, der sich so bildete, mußten wir sogleich nennen, was uns sehr anregte und amüsierte.

Wohnung des Ehepaars Schumann in Düsseldorf, Bilkerstraße

Die Strafgewalt wie die eigentliche Erziehung lag in den Händen der Mutter, doch gelegentlich griff auch die väterliche Autorität, und zwar nicht bloß mit Worten, ein und erzielte dadurch - gerade als Ausnahmefall - durchschlagende Wirkungen. Die täglichen kleinen Unarten, die der Mutter die meiste Not machten, die sich in seiner Gegenwart aber nicht hervorwagten, pflegte er dagegen, wenn sie in Klagen der Mutter an ihn herantraten, mit wohlwollender Skepsis zu behandeln: »Ich weiß nicht, was Du willst, die Kinder sind ja so artig!«

Marie Schumann, Erinnerungen
in: Litzmann

Studienwerke und Repertoire

1851. Burgmüller, Rhapsodie.
Mozart, Trio.
Schumann, Introduktion und Allegro appassionata f. Pfte. mit Orchester, op. 92.
Schumann, Gespenstermärchen, Am Springbrunnen f. 4 Hände a. op. 85.
Schumann, Trio op. 80, F-dur.

1852. Schumann, Trio op. 110, G-moll.
Schumann, Sonate f. Pfte. u. Violine A-moll, op. 105.
Heller, Saltarello.
Mendelssohn, Variationen op. 83, B-dur.

1853. Schumann, Sonate f. Pfte. u. Violine D-moll, op. 121.
Schumann, Phantasiestücke op. 73 f. Pfte. u. Violine.
Schumann, Märchenbilder f. Pfte. u. Viola, op. 113.
Schumann, Symphonische Etüden op. 13.

Clara Schumann, Tagebuch — September 1852

Roberts Zimmer ist sehr freundlich und still gelegen, so daß er wie in einem Kästchen sitzt . . . die größte Annehmlichkeit ist noch die, daß ich mein Studierzimmer im zweiten Stock habe, wo Robert nichts hören kann. Zum ersten Male nach unsrer Verheiratung treffen wir es so glücklich!

Clara Schumann, Tagebuch 9.1.1853

Heute fing ich auch endlich wieder an zu studieren. Wenn ich so recht regelmäßig studieren kann, fühle ich mich eigentlich erst wieder so ganz in meinem Elemente; es ist, als ob eine ganz andre Stimmung über mich käme, viel leichter und freier, und alles erscheint mir heiterer und erfreulicher. Die Musik ist doch ein gutes Stück von meinem Leben, fehlt sie mir, so ist es, als wäre alle körperliche und geistige Elastizität von mir gewichen.

Kompositionen Clara Schumanns 1853

»Das Veilchen« (J.W. von Goethe) für Gesang und Klavier

Variationen über ein Thema von Robert Schumann für Klavier fis-Moll op. 20
»Ihm gewidmet«

Drei Romanzen für Pianoforte op. 21 (a-Moll, F-Dur, g-Moll)
Johannes Brahms gewidmet

Romanze a-Moll
Rosalie Leser gewidmet

Drei Romanzen für Violine und Pianoforte op. 22
(Des-Dur, g-Moll, B-Dur)
Joseph Joachim gewidmet
1. Romanze: Andante molto Des-Dur
2. Romanze: Allegretto, mit zartem Vortrage g-Moll
3. Romanze: Leidenschaftlich schnell B-Dur

Sechs Lieder aus »Jucunde« von Hermann Rollet op. 23
Frau Livia Frege gewidmet
»Was weinst du, Blümlein im Sonnenschein«
»An einem lichten Morgen«
»Geheimes Flüstern hier und dort«
»Auf einem grünen Hügel«
»Das ist ein Tag«
»O Lust, vom Berg ein Lied«

Clara Schumann, Tagebuch 10.6.1853

Es macht mir großes Vergnügen das Komponieren. Mein letztes Lied habe ich 1846 gemacht, also vor 7 Jahren.

Clara Schumann, Tagebuch 22.6.1853

Ich habe heute das sechste Lied von Rollett komponiert und somit ein Heft Lieder beisammen, die mir Freude machen und schöne Stunden verschafft haben... Es geht doch nichts über das Selbstproduzieren, und wäre es nur, daß man es täte um diese Stunde des Selbstvergessens, wo man nur noch in Tönen atmet.

Eine infame Intrige

Die augenblicklichen Verhältnisse der musikalischen Direktion unsrer Konzerte hatten bei mehreren Mitgliedern des Verwaltungsausschusses den Wunsch hervorgerufen, den Versuch zu machen, daß der Herr Musikdirektor Dr. Schumann sich bewegen lasse, sich bei der Direktion unsrer Konzerte, mit Ausnahme der Aufführung seiner eignen Kompositionen, durch Herrn Tausch vertreten zu lassen.

Protokoll des Verwaltungsausschusses des Allgemeinen Musikvereins vom 6. November 1853, in: Eismann, Ein Quellenwerk

Clara Schumann, Tagebuch 7.–10.11.1853

Am 7. November kamen die Herren Illing und Herz vom Komitee und teilten mir mit, daß sie wünschten, Robert dirigierte in Zukunft nur seine Sachen, das andre habe Herr Tausch versprochen übernehmen zu wollen. Das war eine infame Intrige und eine Beleidigung für Robert, die ihn zwingt, seine Stelle gänzlich niederzulegen, was ich den Herren auch sogleich antwortete, ohne Robert gesprochen zu haben. Abgesehen von der Frechheit, die zu solch einem Schritte einem Manne wie Robert gegenüber gehörte, so war es auch eine Verletzung des Kontraktes, die Robert sich in keinem Fall gefallen läßt. Ich kann nicht sagen, wie sehr ich entrüstet war, und wie bitter es mir war, Robert diese Kränkung nicht ersparen zu können. O, es ist ein niederträchtiges Volk hier. Die Gemeinheit

herrscht hier, und die Gutgesinnten, z.B. Herren von Heister und Lezaak, ziehen sich zurück, mißbilligend, aber tatlos. Was hätte ich darum gegeben, hätte ich mit Robert gleich auf und davon gehen können, doch wenn man 6 Kinder hat, ist das so leicht nicht.
9. November: Robert hat dem Komitee seinen Entschluß, nicht mehr zu dirigieren, mitgeteilt. Tausch benimmt sich wie ein roher ungebildeter Mensch ... denn er dürfte unter den jetzt obwaltenden Umständen nicht dirigieren und tat es doch, obgleich ihm Robert geschrieben, daß, wenn er es dennoch täte, er (Robert) ihn für keinen wohlmeinenden Menschen halten könne. Die Sache stellt sich überhaupt immer klarer heraus, daß Tausch, scheinbar ganz passiv, die Hauptintrige gesponnen. Hammers [Bürgermeister] benimmt sich sehr freundlich in der Sache und möchte gern vermitteln, wenn's anginge.
10. November: Konzertabend - wir zu Haus. Tausch dirigiert.

In: Eismann, Ein Quellenwerk

Der Selbstmordversuch

Liebe Clara, ich werfe meinen Trauring in den Rhein, tue Du dasselbe, beide Ringe werden alsdann sich vereinigen.

20 Jahre vorher

In der Nacht vom 17. zum 18. Oktober 1833 kam mir auf einmal der fürchterlichste Gedanke, den je ein Mensch haben kann – der fürchterlichste, mit dem der Himmel strafen kann – der, den Verstand zu verlieren. Er bemächtigte sich meiner mit so großer Heftigkeit, daß aller Trost, alles Gebet wie Hohn und Spott dagegen verstummte. – Diese Angst trieb mich von Ort zu Ort – der Atem verging mir bei dem Gedanken, wenn es würde, daß du nicht mehr denken könntest. Clara, der kennt keine Leiden, keine Krankheit, keine Verzweiflung, der einmal so vernichtet war – damals lief ich denn auch in einer ewigen fürchterlichen Aufregung zu einem Arzt, sagte ihm alles, daß mir die Sinne oft vergingen, daß ich nicht wüßte, wohin vor Angst, ja daß ich nicht dafür einstehen könne, daß ich in so einem Zustand der äußersten Hilflosigkeit Hand an mein Leben lege. Entsetze Dich nicht, mein Engel Du vom

Alte Rheinbrücke in Düsseldorf, von der sich Schumann am
27. Februar 1854 in den Rhein stürzte
Stahlstich von Emil Höfer, Zeichnung von Dielmann

Himmel, aber höre nun, der Arzt tröstete mich liebreich und sagte freundlich lächelnd: »Medizin hülfe hier nichts; suchen Sie sich eine Frau, die kuriert Sie gleich.« Es wurde mir leichter; ich dachte, das ginge wohl. Du bist es, die mich retten wird, die mir Frieden und Heilung bringen wird.

Robert Schumann, Haushaltsbuch
10. Abends sehr starke und peinliche Gehöraffektion
11. Traurige Nacht (Gehör- und Kopfleiden)
12. Noch schlimmer, aber auch wunderbar
13. Wunderbare Leiden
14. Am Tage ziemlich verschont, gegen Abend sehr stark, musizieren, wunderschöne Musik.

14. Februar 1854: Schumann sprach sich heute über eine eigentümliche Erscheinung, die er seit mehreren Tagen

wahrgenommen, aus. Es ist dies: Das innerliche Hören von wunderschönen, in der Form vollkommenen Musikstükken! Der Klang ist ihm wie ferne Blasmusik; die herrlichsten Harmonien zeichnen diese noch besonders aus. – Selbst als wir bei Jungé (Restaurateur) saßen, begann sein inneres Konzert, und er war gezwungen, das Lesen der Zeitung aufzugeben! – Gebe Gott, daß dies alles auf nichts Schlimmes deute. Er sprach davon: so müßte es sein in einem anderen Leben, wenn wir unsere körperliche Hülle abgelegt hätten. – Merkwürdigerweise tritt diese sonderbare Erscheinung jetzt, wo Schumann seit 8 Wochen, und noch länger, nicht komponierte, auf.

Ruppert Becker,
Konzertmeister des Düsseldorfer Orchesters,
Tagebuch, in: Eismann, Ein Quellenwerk

Clara Schumann, Tagebuch Februar 1864

Mein armer Robert leidet schrecklich! Alles Geräusch klingt ihm wie Musik! Er sagt, es sei Musik mit so wundervoll klingenden Instrumenten, wie man auf der Erde nie hörte! Aber es greift ihn natürlich furchtbar an. Der Arzt sagt, er könne gar nichts tun. Die nächstfolgenden Nächte waren sehr schlimm – wir schliefen fast gar nicht . . . Den Tag über versuchte er zu arbeiten, doch es gelang ihm nur mit entsetzlicher Anstrengung. Er äußerte mehrmals, wenn das nicht aufhöre, müsse es seinen Geist zerstören.

Ach, und nichts konnte man tun zu seiner Erleichterung. Die Gehörstäuschungen steigerten sich vom 10. bis 17. Februar in hohem Grade.

Freitag, den 17. nachts, als wir nicht lange zu Bett waren, stand Robert wieder auf und schrieb ein Thema auf, welches, wie er sagte, ihm die Engel vorsangen.

Nachdem er es beendet, legte er sich nieder und phantasierte nun die ganze Nacht, immer mit offenen, zum Himmel aufgeschlagenen Blicken; er war des festen Glaubens, Engel umschweben ihn und machen ihm die herrlichsten Offenbarungen, alles das in wundervoller Musik; sie riefen uns Willkommen zu, und wir würden beide vereint, noch ehe das Jahr verflossen, bei ihnen sein.

Der Morgen kam, und mit ihm eine furchtbare Veränderung. Die Engelstimmen verwandelten sich in Dämonenstimmen mit gräßlicher Musik; sie sagten ihm, er sei ein Sünder, und sie wollen ihn in die Hölle werfen. Er schrie vor Schmerzen. Nie will ich diesen Anblick vergessen, ich litt mit ihm wahre Folterqualen.

Letztes Thema, 10. 2. 1854 Handschrift Robert Schumanns

In den Nächten hatte er oft Momente, wo er mich bat, von ihm zu gehen, weil er mir ein Leid antun könnte. Ich ging dann wohl auf Augenblicke, um ihn zu beruhigen.
Oft klagte er, daß es in seinem Gehirn herumwühle, und dann behauptete er, es sei in kurzer Zeit aus mit ihm, nahm dann Abschied von mir, traf allerlei Verordnungen über sein Geld und seine Kompositionen.

21. Februar: Was ich mir nicht zu denken getraute, ist eingetroffen! Schumann ist schon seit einigen Tagen geisteskrank! Gestern früh erfuhr ich's erst durch Dietrich, der mir mitteilte, daß Frau Schumann gern sieht, wenn jemand kommt, um sie von den fortwährenden Wachen zu be-

freien. – Heute habe ich ihn denn besucht; aber es würde mir nicht eingefallen sein, an die Krankheit zu glauben, wenn mir's nicht von Dietrich versichert worden wäre, so fand ich ihn, ganz wie gewöhnlich; eine halbe Stunde unterhielt ich mich mit ihm, dann nahm ich Abschied. Frau Schumann sieht so leidend aus wie noch nie! Wenn sich die Sachen nicht ändern, so ist das Schlimmste zu befürchten: sie ist im achten Monat schwanger und hat seit seiner Krankheit kein Auge zugetan! Die arme, unglückliche Frau! Während der Nacht sitzt sie am Bett und lauscht auf jede Bewegung.

Ruppert Becker, Tagebuch,
in: Eismann, Ein Quellenwerk

Clara Schumann, Tagebuch Februar 1854

Sonntag, den 26., war die Stimmung etwas besser, da plötzlich halb zehn stand er vom Sofa auf und wollte seine Kleider haben, denn er sagte, er müsse in die Irrenanstalt, da er seiner Sinne nicht mehr mächtig sei und nicht wissen könne, was er in der Nacht am Ende täte, und als ich ihm sagte: »Robert, willst Du Deine Frau und Kinder verlassen?« erwiderte er: »Es ist ja nicht auf lange, ich komme bald genesen zurück.« Ach, welch schrecklicher Morgen sollte heranbrechen. Robert stand auf, aber so tief melancholisch, daß es sich nicht beschreiben läßt. Wenn ich ihn nur berührte, sagte er: »Ach Clara, ich bin Deiner Liebe nicht wert.« Das sagte er, zu dem ich immer in größter, tiefster Verehrung aufblickte.
Ach, und alles Zureden half nichts. Er schrieb die Variationen ins reine, noch war er an der letzten. Da plötzlich verließ er sein Zimmer und lief nur im Rock, im schrecklichsten Regenwetter, ohne Stiefel, ohne Weste fort. Wo sie ihn gefunden und wie, ich konnte es nicht erfahren.

27. Februar: Schrecklich war die Nachricht, die ich an diesem Tage erhielt! Schumann hatte sich mittags 2 Uhr aus seiner Schlafstube geschlichen [in Filzschuhen], und war direkt nach dem Rheine zugegangen, von wo aus er sich, in der Mitte der Brücke, in den Fluß stürzte! Glücklicherweise

war er schon am Eingang der Brücke aufgefallen, und zwar dadurch, daß er, da er kein Geld bei sich hatte, sein Taschentuch als Pfand abgab! Mehrere Fischer, die ihn deshalb mit den Augen verfolgten, nahmen, sogleich nach dem Sprung, einen Kahn und retteten denselben glücklich. Vom Kahn aus soll er noch einmal versucht haben, ins Wasser zu springen, woran ihn die Fischer hinderten. Fürchterlich muß sein Heimweg gewesen sein; transportiert von 8 Männern, und einer Masse Volks, [es war Karneval], das sich nach seiner Weise belustigte. Ruppert Becker, Tagebuch

Joseph Joachim, 1848
nach einer Zeichnung von
Friedrich Preller

Johannes Brahms, 1853
nach einer Silberstiftzeichnung von J.J.B. Laurens

Albrecht Dietrich, Komponist, an Joseph Joachim
28.2.1854

Jetzt ist er wieder wie vorher anscheinend ganz bei Sinnen, und doch so geistig gestört, daß man in nächster Zeit noch keine Heilung erwartet; wiewohl die Ärzte die Hoffnung noch nicht aufgeben. – Seine Gattin ist, wie Du wohl denken kannst, aufgelöst in Schmerz und Verzweiflung; doch das Gräßlichste hat man ihr zu verheimlichen gewußt, eine Ahnung scheint sie jedoch davon zu haben - sie soll es nicht erfahren - darf noch seitdem nicht zu ihm, sondern wohnt bei Fräulein Leser und verzehrt sich in Sehnsucht.

Joseph Joachim an Woldemar Bargiel[1]) 6. 3. 1854

Lieber Bargiel!

Es scheint sich alles besser zu wenden, als ich erwarten zu dürfen meinte. Schumann ist nicht mehr in Düsseldorf gewesen, als ich ankam; man hatte ihn nach einem angenehm gelegenen Aufenthalt bei Bonn gebracht, wo er, wie sich hoffen läßt, allmählich wieder zur Ruhe kommen wird, da alles, was ihn an seinen Unglücksfall erinnern könnte, sorgfältig ferngehalten ist. Deine Schwester, noch nicht vom Schlimmsten unterrichtet, ist durch die Anwesenheit Dei-

Clara Schumann, 1854 oder 1855 Photographie

[1]) Komponist und Halbbruder Clara Schumanns

ner Mutter und durch die Sorgfalt liebender Freunde in ruhigerer Stimmung, als ich vermutete; sie findet in der Musik Erhebung und festes Vertrauen für die Zukunft. Schumann hat noch nach dem erschütternden Vorfall so erhabene Momente der Ruhe gehabt, daß er seiner Frau Variationen über ein Thema, das ihn »Engel als Gruß von Mendelssohn und Schubert« während der ersten Krankheit hören ließen, fertig schrieb. Die häuslichen Verhältnisse sind von Schumann, wie durch eine Art Ahnung, bis aufs kleinste vorher geordnet; selbst zu allen Manuskripten hatte er in der letzten Zeit die genauesten Andeutungen gefügt. In einem seiner frühern Hefte, die er mit Bemerkungen aller Art vollgeschrieben hatte, findet sich der Satz: »Man hüte sich als Künstler, den Zusammenhang mit der Gesellschaft zu verlieren, sonst geht man unter wie ich.«

Johannes Brahms an Joseph Joachim

Düsseldorf, 3.3.1854

Herzliebster Joseph,
Komme doch Sonnabend, es tröstet Frau Schumann unendlich, liebe, bekannte Gesichter zu sehen. Mit Schumann steht es wohl besser, die Ärzte haben Hoffnung; man darf jedoch nicht zu ihm.
Ich war schon bei Frau Schumann.
Sie weinte freilich sehr, war jedoch sehr erfreut, mich zu sehen und Dich erwarten zu können.
Sonntag Morgen erwarten wir Dich, und Mittwoch Grimm.

Dein Johannes.

Clara Schumann, Tagebuch März 1854

Sonntag, den 5. März, kam Joachim von Hannover, mich einige Tage zu besuchen. Der gute Mensch! Wie rührte mich dies! Er war am Morgen mehrere Stunden bei mir, wo wir natürlich nur immer von ihm, dem Teuersten, sprechen. Nachmittag und abends entschloß ich mich, mit Joachim zu musizieren; wir machten Musik von ihm ...

Montag, den 6. März, fing ich wieder an, meine Stunden zu geben! Ach, es war auch ein schwerer Kampf! Aber einesteils fühlte ich, daß nur angestrengte Tätigkeit mich jetzt erhalten könne, und anderenteils hatte ich ja doppelte Verpflichtung, zu verdienen ...

Julius Otto Grimm[1]) an Joseph Joachim 16. 3. 1854

Die Nachrichten aus Endenich waren und sind auch nicht erfreulich, – immer dasselbe – Schumann ist ruhiger als in der ersten Zeit, bis auf einige schwächere Anfälle, die von Zeit zu Zeit kommen; Frau Schumann ist ebenso niedergebeugt wie in der ersten Zeit, – oft, wenn sie von ihm spricht, oder einige seiner Sachen gespielt hat, bricht sie in Schluchzen aus. Es ist nur schön, daß sie jetzt nicht mehr so häufig mit mündlichen wie schriftlichen Teilnahmsbezeigungen belästigt wird. –

Clara Schumann, Tagebuch 16. Mai 1854

Ach, welch trauriger Morgen brach heute wieder für mich an. Die Nachrichten vom Arzt waren mir in vieler Hinsicht so schmerzlich! Noch immer zeigen sich die Gehörstäuschungen und irre Reden ... Das allerschmerzlichste aber ist mir, daß er selbst, wenn er von Düsseldorf spricht, wohl Hasenclevers erwähnt, aber meiner mit keiner Silbe! Sollte er an meiner Liebe zu ihm zweifeln, weil ich mich bereden ließ, von ihm zu gehen? Ach, Robert, meine Liebe ist ja so unendlich, daß du sie ja fühlen mußt! ... Ach hätte ich nur erst das Wochenbett hinter mir, dann muß ich etwas unternehmen – dies Leben halte ich nicht aus! – ich muß auch sehen, etwas zu verdienen, das Leben kostet doch gar zuviel, und Roberts Kasse schmilzt dabei immer mehr. Mein Hauptstreben geht jetzt dahin, das zu verdienen, was Roberts Krankheit kostet. Schenkt ihm der Himmel Genesung, so soll er aber auch dann durch nichts an diese unselige Zeit erinnert werden ... Könnte ich doch nur jetzt schon etwas tun! Es ist recht traurig, wie nichtstuend ich die Zeit verbringen muß ... Brahms spielte mir heute wieder Roberts fis-Moll-Sonate vor, ich

[1]) Julius Otto Grimm, enger Freund von Brahms und Joachim

war aber so tief betrübt, daß mich selbst nicht die Musik zu zerstreuen vermochte – es war ein schlimmer Tag heute! ... den 19. Mai. Brahms spielte mir die a-Moll- und D-Dur-Sonaten von Schubert, über die ich eben in Roberts Schriften Herrliches gelesen, und die B-Dur-Sonate von Clementi ... Nachdem spielten wir noch eine Phantasie und eine Sonate von Mozart und die ewig geniale Ouvertüre zum »Sommernachtstraum«. Das war viel Musik auf einmal, aber sie ist mein einziges Labsal, und dann sind es ja nur Du, mein Robert, und deine Lieblinge, die wir pflegen!

27. Mai 1854

Überhaupt mit Brahms spreche ich am liebsten von Robert, erstlich weil Robert ihn vor allen liebt, und dann hat er bei aller Jugend ein mir so wohltuendes Zartgefühl! Der ganze Mensch ist eine gar bedeutende Erscheinung, einesteils weit über sein Alter hinaus in seiner Bildung und andernteils wieder so ganz kindlich in seinen Empfindungen ... Man lernt ihn immer mehr hochhalten und lieben! Robert hat ihn gleich so recht erkannt, wie er ist.

8. Juni – Schumanns Geburtstag

Clara Schumann, Tagebuch 8.6.1854

Als ich heute morgen in meinem Bette lag, nahm ich mir vor, standhaft den Tag zu ertragen, aber auch allein nur in stetem Andenken an Dich, da trat ich heraus in Dein Zimmer, und aller Schmerz brach los! Ich sah den Schreibtisch, den ich Dir 13 Jahre in treuester Liebe geschmückt hatte, leer und durfte ihn heute nicht schmücken! ... ich band den Lorbeerkranz um Dein geliebtes Bild, Dein kleiner Schreibtisch stand voll herrlicher Blumen – das ganze Zimmer ist geschmückt von Rosen, doch Du, mein Alles, durch den mir diese Räume so lieb, so heilig, Du fehlst! ... Heute am frühen Morgen schon brachte mir Brahms die deutschen und ungarischen Volksweisen, welche er mir aufgeschrieben ... Ich sprach ihn nicht, ich möchte niemand heute sprechen.

Clara Schumann, Tagebuch Juni 1854

Es betrübt mich recht sehr, daß fast alle meine Freundinnen fromm reden, sie schreiben vom Herrn Jesu und daß er das Kreuz für uns Menschen getragen, deshalb wir auch allen Kummer mit Fassung dulden müssen usw. usw. Für mich kann die Frömmigkeit nicht, in dieser Art zu denken und tun (den ganzen Tag heilige Bücher lesen), bestehen. Ich suche meine Pflichten zu erfüllen, suche mein Unglück zu tragen, so gut ich es kann, aber nicht durch Beten und Lesen heiliger Bücher, sondern durch Tätigkeit und das Wirken für andre! Darin finde ich die Kraft und den Mut, noch zu leben, überhaupt.

Studienwerke und Repertoire

1854. Beethoven, Sonaten f. Pfte. u. Violine, op. 47, A-dur u. op. 96, G-dur, op. 30, C-moll.
Beethoven, Sonate op. 7, Es-dur.
Beethoven, Sonate op. 27, Es-dur.
Beethoven, Variationen C-moll.
Beethoven, Variationen und Fuge Es-dur, op. 35.
Bach, Chromatische Phantasie.
Bach, Präludium und Fuge A-moll für die Orgel (eingerichtet für Klavier von C. Sch.).
Schumann, Konzert Allegro op. 134, D-moll. (Manuskript.)
Schumann, Schlummerlied a. op. 124.
Schumann, Jagdlied a. op. 82.
Schumann, In der Nacht a. op. 12.
Schumann, Nachtstück a. op. 23.
Brahms, Andante und Scherzo a. d. F-moll-Sonate, op. 5.
Brahms, Andante und Scherzo a. d. C-dur-Sonate, op. 1.
Brahms, Scherzo op. 4.
Brahms, Gavotte. (Manuskript.)
Bargiel, Phantasiestück op. 8.
Chopin, Notturnos C-moll, op. 48, F-moll, op. 55.
Chopin, Scherzo H-moll, op. 20.
Chopin, Impromptu As-dur, op. 29.
Chopin, Walzer Des-dur, Cis-moll, op. 64.
Clara Schumann, Variationen op. 20 über ein Thema von Robert Schumann.

1855. Mozart, Sonate f. Pfte. u. Violine A-dur.
Beethoven, Sonate op. 81, Es-dur.
Schumann, Romanze Fis-moll a. op. 28.
Brahms, Sarabande. (Manuskript.)
Mendelssohn, Scherzo à capriccio Fis-moll.

1856. Beethoven, Sonate op. 106, B-dur.
Beethoven, Sonate op. 29, D-moll.
Mozart, Konzert D-moll.
Mozart, Andante.
Mozart, Rondo A-moll.
Mendelssohn, Konzert D-moll.
Mendelssohn, Sonate f. Pfte. u. Violoncello B-dur, op. 45.
Schubert, Moments musicals op. 94 u. op. 96.
Schubert, Rondo brillant op. 70.
Schumann, Karnaval op. 9.
Schumann, Kreisleriana op. 16.
Schumann, Stücke im Volkston f. Pfte. u. Violoncello, op. 102.
Scarlatti, Andante C-moll.
Scarlatti, Presto G-dur, A-dur.
Scarlatti, Tempo di ballo D-dur.
Scarlatti, Allegro vivace F-moll.
Scarlatti, Allegro C-dur.
Scarlatti, Allegretto A-moll.
Scarlatti, Allegrissimo G-moll.
Chopin, Walzer As-dur, A-moll, op. 34.
Chopin, Walzer As-dur, op. 42.
Chopin, Etüden As-dur, F-dur, Cis-moll, Ges-dur, C-moll

Johannes Brahms an Joseph Joachim

Düsseldorf, 27.7.1854

Teurer Freund! Sehr dankbar bin ich der Frau Schumann, daß sie mir es überläßt, Dir neue, freudige Nachrichten aus Endenich mitzuteilen.

Gestern abend ist Fräulein Hartmann aus Bonn zurückgekehrt. Am Schiff, wo wir alle, auch Frau Schumann, sie erwarteten, überreichte sie derselben einen Blumenstrauß von ihrem Manne. Wir waren den Abend noch länger bei ihr. Am folgenden Morgen, als ich bei ihr war, tanzte sie vor Freude im Zimmer herum. Ich habe sie noch nie so heiter, froh und ruhig gesehn.

Johannes Brahms an Joseph Joachim 12.9.1854
Vom teuren Robert kann ich Dir nichts Neues schreiben, sein Befinden ist ziemlich gleich geblieben, Spaziergänge zum Godesberg usw. macht er fort. Daß ich ihn gesehen, hast Du wohl noch in Berlin erfahren? Sonst auch laß mich Dir's bald mündlich erzählen, Grimm hat ihn auch gesehen. Frau Schumann ist vier Wochen in Ostende gewesen und gesund zurückgekehrt. Sie spielt ganz mit der früheren Kraft, aber intensiver, noch mehr wie Du. Sie spielte mir gestern meine f-Moll-Sonate vor, ganz wie ich sie gedacht, dann aber edler, mit ruhigerer Begeisterung, nebenbei sauber und rein und in den größten Kraftstellen mit dem herrlichsten Ton, lauter kleine Vorzüge, die sie vor mir hat.

Joseph Joachim an Johannes Brahms 14.9.1854
Wie gerne wäre ich gestern bei Euch gewesen, – ja wohl ist die Schumann eine gottbegabte Frau und eine herrliche Künstlerin; jetzt, wo ich eben die Lind gehört und gesehen habe, sag' ich das mit neuer Begeisterung: wie intensiv erscheint mir die wahre Kunstliebe der ersteren gegen den bald frömmelnden, bald kokettierenden Geist der letzteren – die (ich kann mir nicht helfen) eine arge Publikumsdienerin entweder geworden ist, oder immer war.

Clara Schumann, Tagebuch 30. September 1854
Das Geld ist alle ...

Joseph Joachim an Johannes Brahms 17.12.1854
Gestern klang die Sonate in d-Moll [von Schumann] hier zu allen Herzen; Frau Schumann habe ich nie so frei und schwungvoll spielen hören als hier. Wie reich und energisch ist der Geist dieser erhabenen Natur; ich liebe sie im-

mer mehr und freue mich, daß mir das Geschick gönnt, ihr in so bedeutendem Zeitpunkt nahe zu sein. Wir sind doch überhaupt recht glücklich, die Freiheit kennt wohl nur der Künstler!

Joseph Joachim und Clara Schumann, Photogravüre nach einem Pastell von Adolf von Menzel, 1854

Ich werde nie den tiefen Eindruck vergessen, den mir die Erscheinung dieser edlen, wundervollen, einzigartigen Frau machte, wie sie im schwarzen Kleid mit dem Ausdruck unaussprechlicher Trauer in den Zügen bei unserem Eintritt vor uns stand.

Ernst Rudorff, Pianist

Clara Schumann an Joseph Joachim 21.9.54

Lieber, verehrtester Freund, etwas auf dem Herzen behalten, was, ich weiß es, Sie innig erfreut, das kann ich nicht! Es ist ein Gruß von meinem geliebten Robert an Sie, lieber Joachim! Er schreibt mir, ich möchte ihn Ihnen senden, wenn ich an Sie schriebe. Sie werden Brahms Brief vor diesem erhalten haben, wo ich Ihnen den ersten des teuren Mannes abgeschrieben, wie viel lieber noch sendete ich Ihnen den zweiten gestrigen! Er schreibt von der Violin-Fantasie, die Sie so herrlich gespielt, fragt, ob Ihre Hamlet-Ouvertüre erschienen, ob die anderen fertig seien, was Sie und Brahms sonst noch komponiert haben – ach so vieles noch. So ist mir denn ein Glück geworden, welches ich vor 14 Tagen noch zu denken kaum gewagt hätte, und doch, glauben Sie mir, wird es zu tragen unendlich schwer! Ich möchte ihm mein ganzes Herz entgegenbringen können, ihm sagen dürfen, wie er allein all mein Denken und Fühlen, und doch muß ich in meinen Briefen vorsichtig sein, muß immer die gewaltigen Herzschläge aufhalten, so vieles zurückdrängen! – Daß ich zu ihm kommen möchte, davon schreibt er noch nichts – ich vermute, daß ihm dies die Ärzte doch noch ausreden, und er fügt sich willig in alles, was sie ihm sagen. So wird es nun, trotz allem Guten, doch sehr langsam vorwärts gehen, worauf ich ganz gefaßt bin! Ich bitte nur immer Gott, daß er mir Kraft gibt, die furchtbaren Aufregungen, die ich jetzt wieder durchlebt und die mir noch bevorstehen, glücklich zu überstehen. Dazu muß mir mein alter, treuer Freund, mein Klavier, helfen! Oh, lieber Joachim, was es Herrliches ist, Künstler zu sein, glaubte ich immer zu wissen, und weiß es doch erst jetzt recht eigentlich, wo ich doch nur in der göttlichen Musik Leid und Freude so recht aushauchen kann, daß es mir dann oft ganz wohl wird! –

Nun, wer könnte dies mehr wissen als Sie, der herrliche Künstler! Wie ganz anders wissen Sie es noch als ich, der Sie schaffen können! Soll ich Ihnen sonst noch sagen, von mir, meinen Plänen, Tun, so ist es das, daß ich fleißig spiele (dürfte ich, es gern noch viel mehr täte) und am 16. Oktober nach Leipzig gehe, später zum 11. November nach Hamburg, dann Berlin etc. Wie es mir ist, zu reisen, das brauche ich Ihnen nicht zu sagen! Mich drängt aber einesteils die Pflicht, andernteils der innige Wunsch, daß er, mein geliebter Mann, sein Haus, wenn er uns zurückkehrt, in gutem Stande finden möge! Welch herrliches Gefühl, kann ich das wirklich ausführen! Dies

Gefühl wird mir gewiß auch die Kraft verleihen! –
Leben Sie wohl und wollen Sie mir bald einmal einige Zeilen senden, so tun Sie es zur innigen Freude Ihrer

Clara Schumann.

Joseph Joachim an den Freund Hermann Grimm 5.12.1854

Gebe der Himmel, daß die Konzerte ergiebig werden; daß das Talent der Frau Schumann Anerkennung erzwingen werde, glaube ich bestimmt. Ich verehre sie und ihren unglücklichen Gatten aufrichtig und bin gern ihr Verbündeter bei den Konzerten, obwohl mir mehr als je vor der Öffentlichkeit als Lebensunterhalt graut. Ich denke ernstlich ans Stundengeben, um meinen Virtuosen-Kollegen zu entgehen. Es ist ein garstig Handwerk, das Konzert-Geben!

Hans von Bülow[1]) an seine Mutter 14.12.1854

Joachim war sehr nett gegen mich, ging während des gestrigen Konzerts immer an meinen Platz, von wo aus ich die Schumann applaudierte, und sprach mit mir während der Pausen. Sie hat die Kreuzersonate roh gespielt, dagegen ein großes Klavierstück von Schumann mit solcher Auffassung, Klangfülle und Energie, daß ich wahrhaftig in reine Bewunderung aufgelöst wurde. –
Die Schumann übrigens ist auch in ihrer Art eine wirklich schöne und sehr merkwürdige Frau.

Joseph Joachim an Robert Schumann 3.3.1855

Hochverehrter Meister, seit einigen Tagen bin ich mit Ihrer verehrten Clara in Danzig, einer wunderbar altertümlichen Stadt, die mir der vielen schönen Gebäude wegen und in ihrem eigentümlichen Charakter sehr gefällt. Man fühlt sich recht in Bachsche Stimmung versetzt; auch haben wir viele

[1]) Hans von Bülow, Dirigent und Pianist, erster Ehemann der Cosima Wagner, geb. Liszt.

seiner Violin-Sonaten gespielt, mit Ihrer Begleitung, die ich immer noch lieber gewinne, je öfter ich sie spiele; welche herrlichen Harmonien haben Sie zu den Adagios erfunden, oder besser empfunden, lieber verehrter Meister. Könnte ich Ihnen doch einen der langsamen Sätze vorspielen! Ich habe Ihre Kompositionen durch Ihrer Clara Spiel erst recht verstehen lernen, so sehr mein Violinspieler-Auge Ihre Harmonien oft gelesen und in sich aufgenommen hatte. Sie spielt so poetisch und voll hoher Geistesenergie! Übermorgen geben wir hier ein zweites Konzert, worin Ihre Clara das Es-Dur-Konzert und ich das D-Dur-Konzert von Beethoven spielen. Ich werde das Klavier-Konzert dirigieren und will dabei recht an Sie denken, teurer Meister!

Von Herzen ergeben, Joseph Joachim

Viertes Konzert des Sternschen Orchestervereins
Berlin, November 1855

Clara Schumann, die unvergleichliche Künstlerin, spielte Beethovens Es-Dur-Konzert. Was es in der Frauennatur Achtungsgebietendes, Bewunderungswürdiges, Hohes gibt, hier ist es vereinigt. Selbst das Unglück mußte hinzutreten, ihr die letzte Weihe zu geben. Das liebende und geliebte Weib eines großen Künstlers, die Mutter seiner zahlreichen Familie und als Virtuosin die verkörperte Poesie, steht sie als Priesterin am Altare der Kunst.

Neue Zeitschrift für Musik, November 1855

1854 - 1856

Ostende	Rotterdam	Elberfeld
Hannover	Leyden	Berlin
Leipzig	Utrecht	Danzig
Weimar	Amsterdam	Berlin
Frankfurt/Main	Haag	Leipzig
Hannover	Danzig	Rostock
Hamburg	Berlin	Schwerin
Lübeck	Greifswald	Wien
Bremen	Stralsund	Budapest
Hannover	Grimma	Prag
Berlin	Bergen	Leipzig
Breslau	Rostock	Hannover
Berlin	Detmold	
Leipzig	Bad Ems	

Konzertreise durch England/Irland:
26 Konzerte in zweieinhalb Monaten

Joseph Joachim an Franz Liszt 16.11.1854

Frau Schumann, die kürzlich hier war, hat mir viel von Weimar erzählt, und wie gut Du gegen sie gewesen seist. Ich wußte, Du würdest es Dir nicht entgehen lassen, einer so ausgezeichneten, aufopfernden Frau Rosen und Lorbeeren auf den kummerreichen Pfad des Konzertgebers zu streuen.

Franz Liszt über Clara und Robert Schumann

Keine glücklichere, keine harmonischere Vereinigung war in der Kunstwelt denkbar, als die des erfindenden Mannes mit der ausführenden Gattin, des die Idee repräsentierenden Komponisten mit der ihre Verwirklichung vertretenden Virtuosin: beide auf den höchsten Stufen des Kunstaltars stehend und in Regionen lebend,

zu welchen die Nebel der Gemeinheit nicht mehr empordringen können. Beide Poeten durch das Gefühl, beide eifrige Pfleger ihres Kultus der Kunst, strenge Hüter seiner Reinheit, subtile Ausleger der Mysterien seines Ritus; beide hochstrebenden Herzens, die glühenden Seelen angeweht von göttlichem Hauche, mit fleckenlosem Adel und einem ihrem Geistesrang angemessenen Stolz, mit einem diesem Adel und Stolz entsprechenden persönlichen Charakter, fühlten sie sich im glänzendsten Moment jugendlichen Entfaltens, in der ersten Blüthe des Strebens voll ekstatischer Gluth und enthusiastischen Träumens zueinander hingezogen, und gegenseitig sah eines in dem anderen das sympathischeste, geliebteste, erhabenste Ebenbild des Gottes der Kunst, vor dem in gleich inbrünstiger Verehrung beide sich neigten.
Robert und Clara Schumann reihen sich in den Sagen der Kunst den glänzenden Beispielen von dem schönen Walten der Natur ein, welches diese beiden Künstler und Liebenden, die auf Erden nur in und durch sich glücklich werden konnten, nicht durch Zeit und Raum trennte, sondern ihnen zu günstiger Stunde in gemeinsamem Vaterlande das Leben gab, damit sie sich begegnen, ihre Geschicke in einem Strom vereinigen, ihre Herzen in ein Meer gemeinsamer tiefer Anschauungen versenken konnten. Die Annalen der Kunst werden beider Gedächtnis in keiner Beziehung trennen und ihre Namen nicht vereinzelt nennen können, die Zukunft wird mit einem goldenen Schein beide Häupter umweben, über beiden Stirnen nur einen Stern erglänzen lassen, wie auch ein berühmter Bildner unserer Zeit die Profile des unsterblichen Paares schon in einem Medaillon vereinigt hat.
Aber ach! Nur der Vorzüge des einen wird die Nachwelt froh werden, die des anderen wird sie nur aus Zeugnissen der Zeitgenossen ermessen können. Roberts Werke werden ihr bleiben – Claras Talent dagegen blüht nur für ihre Zeit! Ist das nicht eine um so näher liegende Veranlassung, der großen Künstlerin den Tribut unserer Huldigung, unserer Bewunderung und Sympathie zu zollen? Der edlen Frau, die geweiht ist von der Feuertaufe der heiligsten Gluten – von den Gluten der Kunst und der sie seit früher Jugend umlodernden Poesie, der Liebe, deren edelste Empfindungen in ihr

lebten, der tatkräftig beseelenden Tugend und zuletzt . . . des Unglücks, der Schmerzen?
Frau Schumann spielte seit einer Reihe von Jahren nur von Zeit zu Zeit öffentlich. Das Geschick veranlaßte sie in der letzten Zeit zu neuen Konzertreisen, und sie kehrte ihre besondere Aufmerksamkeit aufs neue der Virtuosität zu. Da Weimar eine der ersten Städte war, die ihr Reiseplan umfaßte, hatten wir in mehreren Tagen, welche der edle Gast unter uns weilte, Gelegenheit, die bedeutsame Entwicklung, welche ihr Talent seitdem gewonnen, zu ermessen. Aus der lieblichen Spielgenossin der Musen ist eine weihevolle, pflichtgetreue und strenge Priesterin geworden.

Johannes

Ich kann's gar nicht sagen, wie glücklich ich war, den geliebten Freund endlich wiederzusehen . . .
Er ist ja mein Halt,
meine Stütze,
ohne ihn schwindet mir der Mut immer mehr.

Schlimmer Tag . . .
wie wird mir die Trennung von Johannes schwer.
Wie mit ganzer Seele hänge ich an dem Freunde!
wie mächtig fühle ich das immer,
wenn ich mich von ihm trennen muß

Liebe Frau Schumann
Herzliebe Frau Clara
Teuerste Clara
Geliebte Freundin

Wie unglücklich wär ich vielleicht, wenn ich Sie nicht hätte! An Ihnen lerne ich's immerfort, daß man Lebenskraft (= lebenskräftiges Schaffen) nicht aus Büchern holen kann, sondern nur aus der eigenen Seele. Man muß nicht herein, sondern hinaus empfinden. Sie müssen immer bei mir bleiben als mein guter Engel; dann wird gewiß aus mir, was werden soll und kann. August 1855

Photo, Johannes Brahms mit 21 Jahren

Johannes Brahms an Joseph Joachim 25.9.1856
Mein lieber, guter Freund, sei nicht böse, daß ich mich so viel ans Schreiben erinnern lasse. Das Verschieben, das leidige, hat alle Schuld.
Meine Reise fiel anders aus, als ich dachte.
Ich blieb einige Tage in Bonn, weil Richarz[1]), den ich übri-

[1]) Arzt Schumanns in Endenich

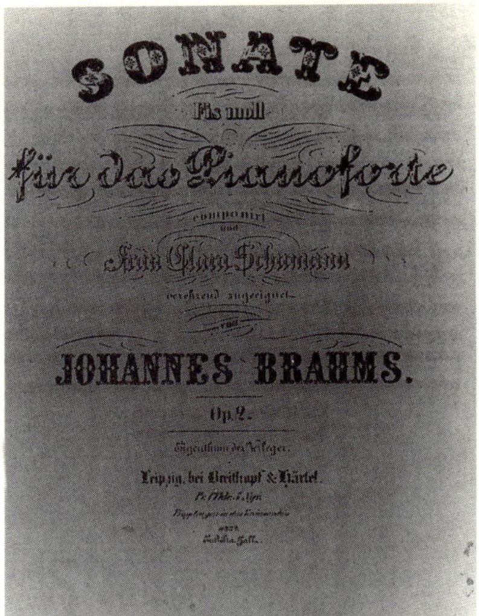

Titelblatt des Erstdruckes
der Klaviersonate op. 2, 1854

gens jedesmal mehr lieben lerne, mir lange und gründliche Gespräche gönnte. Hernach sah ich Schumann. Wie hat er sich verändert!
Er empfing mich freudig und herzlich wie immer, aber es durchschauerte mich - denn ich verstand kein Wort von ihm. Wir setzten uns, mir wurde immer schmerzlicher, die Augen waren mir feucht, er sprach immerfort, aber ich verstand nichts. Ich blickte nieder auf seine Lektüre. Es war ein Atlas, und er eben beschäftigt, Auszüge zu machen, freilich kindische. Städte, Flüsse usw., deren Namen mit Aab, Ab, Aba usw. anfängt, die vielen St. Juan usw. zusammenzusuchen usw. Er zeigte mir eine ganze Menge Papier, auf die Weise vollgeschrieben.
Dagegen war alles höchst ordentlich notiert, das Land, Fluß, wo z.B. die Stadt, der Längen- und Breitengrad angegeben.
Dann hatte er ein Pfennigmagazin da, was ihm viel Freude machte, die Kölnische Zeitung und das Richtersche Bilderheft, worin er den »alten Turmhahn« gelesen zu haben scheint, denn er lächelte, als ich darauf zeigte.
Er sprach fast immerfort, oft plapperte er freilich nur, ungefähr, bababa - dadada. Ich verstand in längeren Fragen von ihm die Namen Marie, Fräulein Julia, Berlin, Wien, England, viel mehr nicht.
Lieber, ich brauche Dich wohl kaum zu bitten, gegen Frau Schumann sehr vorsichtig zu sein in dieser Sache.
Schreibe ja über keine facta, suche sie vielmehr sonst zu zerstreuen, was ihr jetzt sehr nötig.

29. Juli 1856: Robert Schumann stirbt

Telegramm:
Johannes Brahms an Joseph Joachim Bonn, 24.7.1856
Willst Du Schumann lebend sehen, so komme unverzüglich. Bedenke Deine Gesundheit. Wir sind in Bonn, Deutsches Haus. Brahms

Clara Schumann an Joseph Joachim Bonn, 28.7.1856

Teurer Joachim, nur wenig Worte! Ich bin seit gestern mit Johannes hier - wir wohnen im Deutschen Haus, sind aber den Tag über in Endenich. Ich sah ihn gestern - von meinem Jammer lassen Sie mich schweigen, aber einige zärtliche Blicke empfing ich - sie nehme ich durch mein ganzes Leben hindurch! Einmal umfaßte er mich auch, er erkannte mich! Bitten Sie zu Gott um ein sanftes Ende für ihn - es kann nicht lange mehr dauern, wie Richarz sagt. Ich verlasse ihn nicht mehr! Ach, Joachim, welcher Schmerz, welcher Jammer, so ihn wieder zu sehen! Aber der Blick - um alles in der Welt mißte ich ihn nicht mehr. Eben wollen wir wieder hinaus!

Denken Sie seiner und
Johannes grüßt. Ihrer Clara Schumann

Johannes Brahms an Joseph Joachim

Frau Schumann schreibt Dir dies für den Fall, daß Du ihn vielleicht zum letztenmal sehen wolltest. Ich will aber denn doch beifügen, daß Du Dir's überlegen möchtest, es ist doch sehr, sehr ergreifend und jammervoll. Schumann ist sehr abgemagert, von Sprechen oder Bewußtsein ist keine Rede. Er kannte aber doch seine Frau, umarmte sie und lächelte. Seit 6–8 Tagen nimmt er nichts mehr zu sich als wenig Fruchtgelee. Ich weiß nicht mehr zu schreiben, kann nicht.

Wir wohnen im Deutschen Haus in Bonn.

Dein Johannes.

Dietrich grüßt. Ich will telegraphieren.

Johannes Brahms an Julius Otto Grimm

Heidelberg, September 1856

(. . .) Schumann lag immer, nahm nichts mehr zu sich als löffelweise Wein und Gelée. Frau Claras Leiden aber in diesen Tagen war so groß, daß ich ihr Sonnabend abend vorschlagen mußte, wieder hinüberzugehen und ihn zu sehen. Jetzt und immer danken wir Gott, daß es geschehen, denn

es ist für ihre Ruhe unumgänglich nötig. Sie sah ihn noch Sonntag, Montag und Dienstag früh. Den Nachmittag um 4 starb er.
Ich erlebe wohl nie wieder so Ergreifendes wie das Wiedersehen Roberts und Claras. Er lag erst länger mit geschlossenen Augen, und sie kniete vor ihm, mit mehr Ruhe, als man es möglich glauben sollte. Er erkannte sie aber hernach und auch den folgenden Tag. Einmal begehrte er deutlich, sie zu umarmen, schlug den einen Arm weit um sie. Sprechen konnte er schon länger nicht mehr, nur einzelne Worte konnte man (vielleicht mehr sich einreden zu) verstehen. Schon das mußte sie beglücken. Er verweigerte öfter den gereichten Wein, von ihrem Finger sog er ihn manchmal gierig und lange ein und so heiß, daß man bestimmt wußte, er kannte den Finger ...
Er war sehr sanft entschlafen, daß es kaum bemerkt worden ist. Dann sah er ruhig als Leiche aus, wie wohltuend alles war. Länger hätte es eine Frau auch nicht aushalten können. Donnerstag abend beerdigten sie ihn. Ich trug ihm den Kranz vor. Joachim und Dietrich gingen mit ...

Clara Schumann, Tagebuch 27. bis 31. 7. 1856

Ich sah ihn, es war abends zwischen 6 und 7 Uhr. Er lächelte mich an und schlang mit großer Anstrengung, denn er konnte seine Glieder nicht mehr regieren, seinen Arm um mich – nie werde ich das vergessen. Um alle Schätze gäbe ich diese Umarmung nicht wieder hin. Mein Robert, so mußten wir uns wiedersehen, wie mühsam mußte ich mir Deine geliebten Züge hervorsuchen; welch ein Schmerzensanblick!
Vor 2½ Jahren von mir gerissen, ohne Abschied, was alles auf dem Herzen, und nun still zu seinen Füßen lag ich, wagte kaum zu atmen, und nur dann und wann ein Blick, zwar umnebelt, aber doch so unbeschreiblich mild, wurde mir.

Alles um ihn war mir so heilig, die Luft, in der er, der edle Mann, mit atmete. Er sprach viel immer mit den Geistern, wie es schien, litt auch nicht lange jemand um sich, dann wurde er unruhig, verstehen aber konnte man fast nichts mehr. Nur einmal verstand ich »meine«, gewiß wollte er »Clara« sagen, denn er sah mich freundlich dabei an; dann noch einmal »ich kenne« - »Dich« wahrscheinlich.
Montag, den 28., waren wir, Johannes und ich, den ganzen Tag draußen, immer ab und zu bei ihm, oft aber auch nur durch das kleine Fensterchen in der Wand nach ihm blickend. Er litt schrecklich, obgleich der Arzt es nicht meinte. Seine Glieder waren in fortwährendem Zucken, sein Sprechen oft sehr heftig. Ach, ich mußte Gott bitten, ihn zu erlösen, weil ich ihn ja so lieb hatte.
Er nahm schon seit Wochen nichts als etwas Wein und Gelee zu sich - heute gab ich es ihm, und mit der glücklichsten Miene und wahrer Hast nahm er es, den Wein schlürfte er von meinem Finger - ach, er wußte, daß ich es war ...
Dienstag, den 29. sollte er befreit werden von seinem Leiden - Nachmittag 4 Uhr entschlief er sanft. Seine letzten Stunden waren ruhig, und so schlief er auch ganz unbemerkt ein, niemand war in dem Augenblick bei ihm. Ich sah ihn erst eine halbe Stunde später, Joachim war auf eine Depesche von uns aus Heidelberg gekommen; dies hatte mich länger in der Stadt zurückgehalten als gewöhnlich nach Tisch.
Sein Kopf war schön als Leiche, die Stirn so schön klar, sanft gewölbt. Ich stand an seiner Leiche, des heißgeliebten Mannes, und war ruhig; all mein Empfinden ging auf in Dank zu Gott, daß er endlich befreit, und als ich an seinem Bette niederkniete, da wurde mir so heilig zumute, mir war, als schwebe sein herrlicher Geist über mir - ach, hätte er mich mit sich genommen. Ich sah ihn heute zuletzt - einige Blumen legte ich ihm noch aufs Haupt - meine Liebe hat er mit sich genommen!
Mittwoch, den 30., übergab mir Fräulein Reumont Roberts Sachen ... Mir tat es so weh, was ich nun berührte ... meine Briefe, die er mit einem rosa Band zusammengebunden, und die Bilder von mir, den Kindern, Johannes und Joachim, an denen er sich so oft erfreut. Das meinige verlangte er noch an dem Abend zur selben

Stunde, als ich den festen Entschluß faßte, zu ihm zu eilen. All seine Papiere waren in bester Ordnung, seine Begleitung der »24 Etüden von Paganini«, von ihm selbst sehr sauber geschrieben ...
Donnerstag, den 31., abends 7 Uhr Begräbnis! Ich war in der kleinen Kapelle auf dem Kirchhof, ich hörte die Trauermusik, jetzt wurde er hinabgelassen in die Erde, doch hatte ich ein klares Gefühl, daß nicht er es war, sondern nur sein Körper - sein Geist war über mir -, wohl nie inniger war mein Gebet als in dieser Stunde. Gott gebe mir Kraft, zu leben ohne ihn.
Johannes und Joachim gingen dem Sarg voran, dann trugen einige aus der Konkordiagesellschaft, die ihm früher in Düsseldorf einmal ein Ständchen gebracht, seinen Sarg, eine Ehrenbezeugung! Die Bürgermeister gingen mit, Hiller war auch von Köln gekommen, sonst aber keine Freunde. Ich hatte es nicht bekannt gemacht, weil ich nicht wünschte, daß viele Fremde kämen. Seine liebsten Freunde gingen ja voran, ich hinterher [unbemerkt], und so war es am besten, gewiß in seinem Sinne! So war denn mit seinem Heimgang all mein Glück dahin! Ein neues Leben begann jetzt für mich ...

In: Eismann, Ein Quellenwerk

TEIL 4

Clara Schumann
Witwe und Priesterin
Mutter und Freundin
Pianistin

Die Ausübung der Kunst ist mir die Luft, in der ich atme

Sarasate entzückte durch die hohe Vollendung seines Geigenspiels, Wilhelmi durch Größe und Fülle des Tons, Annette Essipoff durch Zierlichkeit und funkensprühende Lebendigkeit; aber wenn Clara Schumann das Podium betrat, verbreitet sich eine andachtsvolle, ich möchte sagen, heilige Stimmung im Auditorium; man lauschte der Botschaft aus einer höheren Welt. (Die große Künstlerin, die im bürgerlichen Leben so schlicht auftrat, bereitete daneben jedes Mal meiner lieben Frau auch ein häusliches Fest, in dem sie sich zu einfachem Mittagsmahl ansagte und regelmäßig »Schmorbraten mit Kartoffelklößen« bestellte)

Bernhard Scholz, Verklungene Weisen

Arbeit
Arbeit und Geld
Geld
Geld und Liebe
Liebe
Arbeit und Geld und Liebe
Musik

CARLSRUHE.

Montag, den 6. November 1865.

CONCERT

im grossen Museums-Saale,

gegeben von

Clara Schumann und **Joseph Joachim.**

PROGRAMM.

1. **Sonate** für Klavier und Violine (A-moll) . . . . Schumann
2. **„Die beiden Grenadiere“**, Ballade . . . . Schumann
   gesungen von Herrn Kammersänger **Hauser.**
3. **32 Variationen** (op. 36) . . . . Beethoven
   vorgetragen von Frau **Schumann.**
4. **Sonate** (trille du diable) . . . . Tartini
   vorgetragen von Herrn **Joachim.**
5. **Zwei Romanzen** aus Tieck's „Magelone“ . . . . Brahms
   gesungen von Herrn **Hauser.**
6. a. **Alegretto** . . . . Scarlatti
   b. **Sarabande, Gigue** und **Passacaille** . . . . Händel
   vorgetragen von Frau **Schumann.**
7. **Praeludium, Menuett** und **Gavotte** . . . . Bach
   vorgetragen von Herrn **Joachim.**
8. **Sonate** für Klavier und Violine (G-dur, op. 30) . . . . Beethoven

Anfang 7 Uhr.

Eintrittskarten

(ein reservirter Platz 1 fl. 45 kr., ein nicht reservirter Platz 1 fl. 24 kr., auf die Gallerie 48 kr.) sind in den Musikalienhandlungen von **Bielefeld** und **Frey** und Abends an der Kasse zu haben.

Chr. Fr. Müller'sche Hofbuchdruckerei.

Konzertreisen

1856	Österreich, Ungarn, England, Dänemark
1857	England, Schweiz
1858	Schweiz, Österreich, Ungarn
1859	Österreich, England
1860	Holland, Österreich
1861	Belgien
1862	Schweiz, Frankreich, Belgien
1863	Holland, Frankreich, Belgien
1864	Rußland
1865	Böhmen, England
1866	Österreich, Ungarn
1867	England
1868	Belgien, England, Österreich, Ungarn
1869	Holland, England, Österreich
1870	England
1871	Holland, England
1872	England, Österreich, Ungarn
1873	Belgien, England
1876	Holland, England
1877	Holland, England, Schweiz
1879	Schweiz
1880	Schweiz
1881	England
1882	England
1883	Holland
1884	England
1886	England
1887	England, Schweiz
1888	England

60. Künstlerjubiläum

Ich fühle mich berufen

Als sie 39 Jahre alt war: Ich habe längst mein Abschiedskonzert hinter mir

Clara Schumann an Wilhelmine Schröder-Devrient

Wien, den 28.1.1859

Liebe verehrte Wilhelmine, ist mir je ein Brief schwer geworden, so ist es heute dieser! Ich kann Dir nicht beschreiben, wie sehr mich Deine Nachricht, daß Du den Weg der Öffentlichkeit wieder betreten willst, bestürzt hat.

Teuerste Wilhelmine, kannst Du es noch ändern, so tue es. Du gehst trüben Erfahrungen entgegen, glaube es mir, und das sollst Du, die große, hohe Künstlerin? Du, die Du unerreicht dastandest, die Du ein Kunst-Ideal selbst warst, Du willst Dich jetzt der leichten seichten Menge hingeben, die nach – »Stimme« schreit! Und sängest Du Dir das Herz aus dem Leibe, sie würde es doch noch nicht zugeben, weil die Stimme nicht mehr die Jugendfrische hat, und leider ist es ja diese Menge, die zahlen muß. Entgegnest Du mir, daß man Dir in Dresden von allen Seiten zugeredet, so glaube nur, daß die meisten von diesen, denen Du jetzt umsonst vorgesungen, die ersten sind, welche über Dich herfallen, sobald Du es öffentlich tust. Warum willst Du nicht lieber talentvolle Mädchen zur Bühne ausbilden, ihnen das deutsche Lied erschließen? Genies wie Du wirst Du freilich keine finden, aber Talente, die Dir Freude machen, doch. Denke einmal, welches Feld sich Dir da öffnete, wie manche Glückliche würdest Du machen, wie würde Dein Name in Deinen Schülern fortleben! Du, die einzige, welche es kann, würdest der Welt noch dramatische Sängerinnen schaffen, und welch ein Bewußtsein würde Dich täglich beglücken, während Du im andern Falle immer unglücklich sein wirst. Du wirst immer der früheren Zeiten gedenken müssen, Du wirst Dich oft tief gekränkt fühlen, kurz, liebe Wilhelmine, ich bitte Dich, bedenke es noch, tue es nicht, laß unbeschattet die alte Glorie Deinen Namen umprangen, und beglücke mit Deiner Kunst im Privatkreise die, welche es verdienen. Darum hauptsächlich, liebe Freundin, nahm ich Dein früheres Anerbieten, in meinen Konzerten zu singen, nicht an. Du

warst mir ein Ideal, welches mich durch mein ganzes Leben begleitet hat, ich lebe noch immer in innigster Dankbarkeit in der Erinnerung der Genüsse, die Du mir geschaffen, und jetzt sollte ich die Hand bieten zu diesem Schritt? Nein, ich kann es nicht, selbst auf die Gefahr hin, daß Du mir bös wirst, weil ich es für meine Pflicht halte, alles zu tun, was Dich vielleicht noch abhalten könnte.
Vom praktischen Standpunkte aus genommen, würdest Du Dich in Deutschland auch getäuscht haben. Die Konzerte tragen im ganzen wenig, der große Haufe kommt ein, zweimal, dann bleiben nur die Gutgesinnten, die bringen aber wenig ein. Was das Konzertieren hier betrifft, so kann ich Dir wegen des Faschings nicht raten! Ich selbst gebe deshalb kein Konzert mehr, denn jetzt sind die Leute toll mit Tanzen.
Ich habe übrigens längst mein Abschiedskonzert hinter mir, und gebe jetzt nur Stunden hier auf großes Drängen verschiedener junger Damen (Lehrerinnen), die ich aber auch wirklich beglücke, wie ich jetzt zu meiner Freude sehe, kann ich auch in der kurzen Zeit nichts als guten Samen streuen und Unkraut ausjäten. Das aber versüßt mir den schweren Kampf, den es mich kostet, hier auszuhalten, so lange Zeit fern von den Meinigen. Es versteht sich aber von selbst, daß, willst Du dennoch Konzert hier geben, ich Dir beistehe, wie ich's kann, spiele, besorge, was Du willst. Schließlich, verehrte Freundin, noch einmal die Bitte, sieh, was ich Dir schrieb, als nichts anderes an, als einen Beweis der treuesten Verehrung für Dich. Ich sehe mit Unruhe Deiner Antwort entgegen.
Wie immer Deine getreu ergebene Clara Schumann
Schottenhof, 6te Stiege, 4ter Stock, bei Herrn Georg Lickl

Als sie 40 Jahre alt war: ... nur ja nicht alt werden

Clara Schumann, Tagebuch 5.2.1860

Die Nachricht des Todes der Schröder-Devrient hat mich aufs tiefste ergriffen ... Ich muß sie aber glücklich preisen, daß sie geendet, denn sie überlebte sich und konnte das nicht ertragen. Möchte mir doch der Himmel solches Leid ersparen, wie unsäglich unglücklich würde es mich machen, nicht mehr in voller Kraft künstlerisch wirken zu können. Darum nur ja nicht alt werden! Nur einer, um dessentwillen ich alt zu werden hätte wünschen können; ihm, dem Teuersten, hingegeben, hätte ich dem künstlerischen Wirken nach außen entsagen können; in dem Verständnis seiner Kunst, seines ganzen Wesens hätte ich vollkommen mein Herz ausgefüllt gefühlt. Doch er lebt ja nicht mehr! Die Leute sagen mir so oft, ich hätte ja meine Kinder! Das ist wahr, und ich fühle gewiß so stark, als irgend eine Mutter, das Band, das mich für jetzt noch an die Erde fesselt, aber nur so lange, bis sie erzogen, ohne mich in der Welt bestehen können, denn alsdann geht jedes seinen Weg, und ich stehe im späteren Alter allein! Das ertrage ich aber nicht, ich bedarf zu sehr der Liebe, die man im täglichen Verkehr so wohltuend empfindet – mit ihr schwände auch meine Lebenskraft!

Als sie 48 Jahre alt war: Ich fühle mich berufen

Johannes Brahms an Clara Schumann 2.2.1868

Ich bin jetzt gerade sehr in Versuchung, mir in Wien eine unmöblierte Wohnung zu nehmen, das heißt Entschluß fassen! Wie viel wäre es mir wert zu wissen, ob Du nicht bald mehr oder weniger dahin überzusiedeln denkst. Ich meine, es spricht vieles dafür, und im nächsten Jahr scheint mir grade ein passender Zeitpunkt für Dich gekommen zu sein.

Trotzdem was Du geantwortet, möchte ich Dich immer bitten, daran zu denken, daß Dein unruhiges Leben mit der Zeit aufhören muß.

Es darf Dir nur ein Grund gelten, und der gilt auch für alle und für mich! Ob Du nötig hast, für Dich in dieser Weise Geld zu verdienen. Alles andre, meine ich, darf weder Dir noch andern mitsprechen. Auch nicht, wie Du Deine Kraft fühlst u.a. Du darfst Dir sagen, wie vieles auf Täuschung und Gewohnheit beruhen mag. Ich sage Dir dies nicht, weil ich Dich ja nicht öffentlich höre, und mir auch aus vielen Gründen durchaus kein Urteil zutrauen würde. Ich werde jedenfalls der einzige sein und bleiben, der Dir hiervon überhaupt spricht, aber ich möchte Dich bitten, Dir das Unausbleibliche immer gegenwärtig zu halten und nur den einen Grund gültig zu nennen und Deine Entschlüsse bestimmen zu lassen. Laß andre in ähnlichem Fall Dir Beispiel sein, und glaube nicht an eine Ausnahme. Doch hoffentlich plaudern wir einmal bald wieder, und noch gewisser glaubst Du, daß nicht der kleinste teilnahmslose unfreundliche Gedanke für Dich in mir sein kann.

In alter Liebe
Dein Johannes

Clara Schumann an Johannes Brahms

London, 19.3.1868

Lieber Johannes! Also wirklich, in Wien willst Du Dich nun häuslich niederlassen? Ich finde es so übel nicht, möchte schon auch dort leben, fände ich dort, was ich brauchte ... Du scheinst eigentlich auch der Einbildung zu leben, ich hätte wohl eigentlich genug und reiste nur noch zu meinem Vergnügen. Solche Anstrengungen mutet man sich aber denn doch nicht zum Vergnügen zu. Abgesehen aber davon, so wäre doch wohl jetzt, inmitten meiner größten

Clara Schumann um 1868, Photographie von Julius Allgeyer

Johannes Brahms, 1867, Photographie

und erfolgreichsten Tätigkeit, kaum der Zeitpunkt, mich, wie Du mir rätst, von der Öffentlichkeit zurückzuziehen. Ich war gerade diese letzten Jahre überall mit solch 'ner Wärme aufgenommen ... und spielte ich immer mit ganz wenig Ausnahmen, so glücklich, daß ich kaum wüßte, warum ich gerade jetzt aufhören müßte ... Ich werde mir aber die Sache bedenken, kann jedoch erst prüfen, wenn ich überhaupt erst weiß, welche Gründe Dich bewogen, mir dies alles zu sagen, und warum Du es zu einer Zeit tatest, wo es möglicherweise einen Eindruck auf mich machen konnte, der meine Tatkraft gänzlich lähmte ... das war unüberlegt von Dir – mehr will ich nicht sagen ...

Baden-Baden, 15.10.1868

Lieber Johannes! Eigentümlich erscheint mir aber Deine Anschauung des Konzertreisens! Du betrachtest es nur als Verdienst, ich nicht; ich fühle mich berufen zur Reproduktion schöner Werke, vor allem auch der Roberts, solange ich die Kraft habe, und würde auch, ohne daß ich es unbedingt nötig hätte, reisen, nur nicht in so anstrengender Weise, wie ich es oft muß. Die Ausübung der Kunst ist ja ein großer Teil meines Ichs, es ist mir die Luft, in der ich atme! Hingegen wollte ich lieber hungern, als mit halber Kraft öffentlich wirken ...

Als sie 71 Jahre alt war: ... das Herz blutet mir, denke ich, daß es wirklich das letzte Konzert gewesen

Clara Schumann an Rosalie Leser[1]) Frankfurt, 8.11.1890

Herrlich ist alles gestern verlaufen, die Aufnahme war riesig, wie sie Sie erfreut hätte befriedigt. Meine Aufregung vorher (schon 8 Tage lang) war aber geradezu entsetzlich, erstens die Angst von einer Stunde zur andern, daß mir etwas zustoßen könnte, sowohl vor als im Konzerte selbst, dann die Angst vor der Leistung selbst, oft war mir in Gedanken, besonders des Nachts, als könnte ich keine Note mehr finden, dann konnte ich nichts mehr denken als das Konzert immer von vorn bis hinten, wenn ich mit jemand sprach sogar, so liefen mir dabei immer die Passagen im Kopfe herum – es war geradezu unerträglich. Trotz alle diesem spielte ich sehr glücklich; ich glaube, ich habe das Konzert nie besser gespielt, so frei, als säße ich zu Haus, und doch war ich durch das Publikum begeistert, denn es gelang schöner als je zu Hause. Nun, Gott sei Dank ist es überstan-

[1]) Rosalie Leser, blinde Freundin Clara Schumanns aus der Düsseldorfer Zeit

den, es wird wohl das letztemal gewesen sein! Die Kinder können die Aufregung auch gar nicht mehr ertragen, Marie war in ganz fürchterlicher Stimmung, tagelang zuvor! Sie können sich unser Trio denken. Jedes von uns suchte sich zu beherrschen, aber jedem sah man es an, wie es kämpfte. Es ist doch merkwürdig, wie verwachsen ich mit dem Publikum bin, so sehr ich es auch im Grunde der Seele im großen ganzen verachte, so übt es doch immer auf mich einen erhebenden Eindruck, ich fühle mich, wenn ich da am Klavier sitze, wieder wie in meinen jungen Jahren, nur zieht ein leises Gefühl von Wehmut durch mein Innerstes! Ach, wie schwer ist es, Abschied zu nehmen für immer! –
... Es waren viele Auswärtige da, und mein Zimmer ist ein wahrer Garten. Meine Schüler hatten die Treppenstufen im Hause mit Rosen und Nelken bestreut und mir eine herrliche Palme aufgebaut ...

Clara Schumann, Tagebuch 8.11.1890

Den 8. November habe ich eigentlich den ganzen Tag immer Reflexionen gemacht über die sonderbaren Zustände meiner Seele und meines Körpers vor einem Konzert. Die Kämpfe sind aufreibend, und ich nahm mir vor, daß dieses das letzte große Konzert gewesen sein soll, in welchem ich aufgetreten – aber das Herz blutet mir, denke ich, daß es wirklich das letzte gewesen!

Letzter öffentlicher Auftritt: 12. 3. 1891

Der Kunst oder: Wie ein gehetztes Wild

Franz Liszt über Clara Schumann

Wenn sie den Dreifuß des Tempels besteigt, spricht nicht mehr das Weib zu uns. Sie unterhält uns als Dichterin weder von irdischer Leidenschaft und stürmischem Kampf menschlicher Geschicke, noch überzeugt sie uns durch die Kühnheit ihrer Anreden, und noch weniger bewirbt sie sich um Sympathien. Eine unterwürfige, glaubens- und ehrfurchtsvolle Geweihte des delphischen Gottes, dient sie mit schauernder Gewissenstreue seinem Kultus. Zitternd, auch nur ein Jota des zu kündenden Spruches zu verlieren, eine Silbe falsch zu betonen und so zur schuldigen, trügerischen Interpretin zu werden, bezwingt sie ihr eigenes Gefühl. Die Orakel als unbestechliche Vermittlerin und treue Auslegerin zu verkünden, entsagt sie den eigenen Eingebungen. Keinen dunklen Passus wird sie nach individueller Neigung erklären – für sie ist in den heiligen Büchern, deren einzelne Blätter nach strenger Prüfung ihrer Echtheit als würdig aufgenommen wurden, nichts groß, nichts klein, sondern heilig ist alles und soll frei sein von Zweifeln, mit frommer Verehrung aufgenommen werden.

Studienwerke und Repertoire

1857. Haydn, Sonate G-dur.
Händel, Suite Nr. 7, G-moll.
Mendelssohn, Caprice E-dur, op. 33.
Mendelssohn, Rondo capriccioso E-dur, op. 14.
Chopin, Phantasie-Impromptu Cis-moll, op. 66.

1858. Beethoven, Sonate D-dur, op. 28.
Brahms, Tänze in ungarischer Weise. (Manuskript.)

1859. Bach, Sonaten f. Pfte. u. Violine E-dur u. A-dur.
Bach, Konzert f. 2 Pfte. C-dur mit Quartettbegleitung.
Bach, Sarabande und Bourree a. d. engl. Suite A-moll.
Bach, Sarabande und Passepied a. d. engl. Suite E-moll.
Bach, Gavotte a. d. engl. Suite D-moll.
Mozart, Sonate f. 2 Pfte. D-dur.
Mozart, Sonaten f. Pfte. u. Violine F-dur u. A-dur, G-moll, C-moll, op. 24.
Clementi, Sonate H-moll.
Chopin, Ballade G-moll.
Chopin, Mazurken A-moll, op. 7, Cis-moll, op. 40.

1860. Schumann, Faschingsschwank op. 26.
Schumann, Davidsbündlertänze op. 6.
Brahms, Ballade und Intermezzo a. op. 10.
Haydn, Trio G-dur.
Chopin, Ballade As-dur.
Bargiel, Phantasiestück op. 9
Kirchner, Nr. 2 u. 9 a. d. Clavierstücken op. 2.
Mendelssohn, Trio C-moll, op. 66.
*Mendelssohn, Lieder ohne Worte: op. 30.

Die holden Sünden des Virtuosentums sind ihr fern. Was Begrenztheit ist, dünkt sie Erhabenheit; in ihr ist nichts von dem Urrhythmus, der die Massen zwingt. Adolf Weissmann, Der Virtuose

Henriette Feuerbach[1]) an Julius Allgeyer[2]) Herbst 1865

Von Frau Schumann hab' ich diesmal den Eindruck einer unbeschreiblich rührenden Reinheit, Güte und Liebenswürdigkeit, aber auch eines schweren Ringens in der Kunst. Es kam mir so vor, als ob ihre Zeit gemessen sei und die halb unbewußte Ahnung sie beängstigte. Ihr Spiel war – außer dem über alle Worte erhabenen Akkompagnement – merkwürdig aufgeregt und ruhelos.

Henriette Feuerbach, Ihr Leben in ihren Briefen

Im Oktober spielte Frau Schumann bei einem Kammermusik-Konzert, und B. lief mit einem Heiligenschein über die Place de Repos, genoß er doch das Privileg, die Noten umblättern zu dürfen, denn sie und sein Vater waren sehr alte Freunde. Da sie die nervöseste Frau war, die man sich nur vorstellen konnte, pflegte sie vor einem Konzert regelmäßig in der Künstlergarderobe in Tränen auszubrechen und bis zum letzten Augenblick vor dem Auftritt zu erklären, daß es ihr absolut unmöglich sei, auf die Bühne zu gehen; es läßt sich infolgedessen kaum ein größeres Opfer an eine alte Freundschaft denken, als daß sie sich in der Öffentlichkeit mit diesem kurzsichtigen, ungewöhnlich verklemmten jungen Mann zeigte. Selbstverständlich geschah das Schlimmste; plötzlich landeten die Noten auf ihren Knien, worauf sie sie wütend zu Boden schleuderte, doch glücklicherweise brach sie ihren Vortrag nicht ab. Nur wenige Monate später lernte ich sie näher kennen; sie wurde wohl gelegentlich Opfer recht liebenswerter Wutanfälle, wie ein Kind.

Ethel Smyth[3]) Erinnerungen

[1]) Henriette Feuerbach, Mutter des Malers Anselm Feuerbach
[2]) Julius Allgeyer, Biograph Anselm Feuerbachs und Clara Schumanns
[3]) Ethel Smyth, englische Komponistin

Clara Schumann an Joseph Joachim

München, 27.11.1857

Mein lieber Joachim, wie danke ich Ihnen für Ihren lieben Brief, den ich, eben im Begriff, zu einem zweiten Konzerte nach Augsburg zu reisen, ganz vergnügt in die Tasche steckte, und am selben Abende noch zu beantworten gedachte, von dort aus. Wer hätte gedacht, was daran mich hindern sollte! Denken Sie, kaum dort angekommen, bekomme ich solche Schmerzen im linken Arme, daß ich nach einer schrecklichen Nacht am andern Morgen das Konzert absagen und hierher zurückreisen mußte, um auch hier ein zweites Konzert und mehreres noch abzusagen. Es zeigte sich nach ärztlicher Untersuchung, daß die Sache eine rheumatische Entzündung war, teils durch Überanstrengung, teils dazu getretene Erkältung veranlaßt. Ich bin (heute ist's 8 Tage, daß es anfing) sehr elend gewesen, wie nie in meinem Leben. Ich war natürlich unfähig zu allem, da ich die unaufhörlichsten Schmerzen hatte, und mich gar nicht rühren konnte. Nettchen mußte mich pflegen, wie ein kleines Kind. Die schlimmsten Tage waren aber die zwei letztvergangenen Tage! Ich bekam vorgestern plötzlich solch einen Anfall von Nervenschmerzen, daß ich glaubte, ich müsse sterben; ich habe sechs Stunden lang geschrien vor Schmerzen, es war, als wolle man mir mit glühenden Eisen die Knochen aus Armen, Hals und Brust reißen, nie erlebte ich solche Pein, der Arzt gab mir Opium, worauf sich die Schmerzen legten, ich aber, nachdem ich die ganze Nacht im Delirium gelegen, gestern den ganzen Tag in einer gänzlichen Entkräftung zugebracht, fast immer Ohnmachten nahe. Heute aber geht es besser, obgleich ich den Arm noch immer in der Binde trage und noch nicht frei bewegen kann. Es läßt sich sonach noch nichts über fernere Konzerte bestimmen, das aber steht fest, daß ich großen Verlust erlitten und daß der innere Kampf gewiß dem äußeren gleichkam. Ich hatte am Morgen des Tages, wo das Übel begann, noch eine so erfreuliche Probe mit dem Orchester gemacht, ich sollte Roberts Konzert spielen, hatte mich aber wohl eben dabei übernommen. Nie habe ich solch einen Enthusiasmus vom Orchester erlebt, als nach diesem Konzert; ich fühlte das Warmwerden desselben schon in der Mitte drin, und wurde nun selbst so begeistert, daß ich mich selbst und alles, was ich vor mir hatte, gänzlich vergaß. Es ist für mich der erfreulichste Beifall, wenn er vom Orchester kommt, namentlich wenn es, wie hier, fast mit Widerwillen daran gegangen ist (hier gilt Roberts Musik noch als fast unüberwindlich, doch jetzt, glaube ich, ist das Eis gebrochen).

Joseph Joachim an Gisela von Arnim[1]) 23.2.59

... Wie richtig hast Du Frau Schumann erfaßt; liebe Gisel, glaube, seit Jahren suche ich dahin zu wirken, daß sie ihren Mittelpunkt nicht bloß in der beunruhigend ängstlichen Brotsorge für ihre Kinder findet, sondern in der gleichmäßig beglückenden Einwirkung auf ihre Entwicklung - aber ihre Natur und ihr Bildungsgang sind der Gleichmäßigkeit entgegen -, ebensowenig wird je aus ihrer heißen Kunstvergötterung ein allgemeines Verständnis für das Gute und Wahre und ein beruhigendes Aufnehmen Gottes freier Herrlichkeit erwachsen - und ihre Freunde können eben nichts tun, als unter allen Umständen treu zu ihr zu halten, was denn ihr braver, ehrlicher Charakter, ihre heftige Anhänglichkeit an ihre Freunde und ihr großes Talent für Musik verdienen. -

[1]) Gisela von Arnim, Tochter von Bettine und Achim von Arnim

Mir ist, als wäre mein Herz in das Greisenalter getreten

1857 mit 38 Jahren:

Ach hätt ich meine Kinder erst alle erwachsen und versorgt, dann dürfte ich mir ohne Unrecht den Tod wünschen.
Wie oft muß ich an den leeren Platz, der noch in seinem Grabe ist, denken, den ich einstens ausfüllen werde, und doch so gern schon jetzt da läge.
Geist meines Roberts, sieh auf mich herab, tröste, stärke Dein unglückliches Weib – ach, ich kann nicht mehr.
Es ist mir, als sei ich gar nicht mehr Ich, kein Ton kommt in mich, ach, diese Freudlosigkeit in meinem Innern ist entsetzlich.

1858 mit 39 Jahren:

Wie kämpfe ich, täglich das Leben zu ertragen, und habe die Kunst, die Kinder und treue Freunde. Wie arbeite ich an mir und kann doch gar nicht mich von der schrecklichen Sehnsucht nach dem heiß geliebten Manne frei machen, und nicht von dem Grübeln, wie ich selbst das, was ich noch besitze, verlieren werde.

Clara Schumann an Joseph Joachim Wien, 9.12.1858

... Seien Sie froh, daß Sie nicht mit mir sind, denn mein Gemütszustand ist furchtbar traurig und oft so, daß meine Willenskraft ganz ohnmächtig dagegen. Freilich gebe ich Konzerte, aber unter welch inneren Qualen? Meine Gesundheit geht dabei zugrunde. Denken Sie, daß ich kein Konzert gebe, wo ich nicht unter Todesangst ein Stück nach dem andern spiele, weil mich das Gedächtnis immer zu verlassen droht, und die Angst davor quält mich schon tagelang vorher ... Nach dem ersten Stücke bekam ich solch einen Weinkrampf, daß es lange Zeit brauchte, bis ich wie-

Clara Schumann, Kohlezeichnung von Eduard Bendemann, 1859

der zu einiger Fassung kam. Ich glaube aber, es wäre besser, wären Sie mit mir . . .

1860 mit 40 Jahren:

Wie unsäglich unglücklich würde es mich machen, nicht mehr in voller Kraft künstlerisch wirken zu können. Darum nur ja nicht alt werden.

1861 mit 42 Jahren:

Ich kann ja nicht wissen, ob ich nicht noch lange leben muß. Sollte ich das in steter Sorge um mein täglich Brot, oder abhängig von meinen Kindern?
Meine Gesundheit würde ich allerdings wohl mehr schonen bei weniger Anstrengungen, doch gibt nicht am Ende ein jeder tüchtige Mensch sein Leben für seinen Beruf? Ich übertreibe es doch nicht, denn an innerer Frische und Wärme fühle ich mich nicht ärmer, im Gegenteil jugendlicher als vor 20 Jahren, und glaube, daß ein ruhigeres Leben meinem Kummer zuviel freien Lauf ließe.

1868 mit 49 Jahren:

Der Kampf erhöht auch wieder die Spannkraft

1871 mit 52 Jahren:
Ablehnung einer Stellung an der neugegründeten Berliner Musikhochschule

Clara Schumann an Joseph Joachim

Düsseldorf, 28.12.1871

Lieber Joachim, nach langem Hin- und Herüberlegen über die Hochschul-Angelegenheit bin ich endlich zu dem Resultate gekommen, Ihnen die Bedingungen, unter welchen allein ich die Stellung anzunehmen mich entschließen würde, mitzuteilen. Es ist für mich eine große und schwere Sache, nach 18jähriger Unabhängigkeit mich jetzt noch zu binden, und begreifen Sie daher auch, daß

Clara Schumann im Alter von 50 Jahren Photographie

ich das Opfer meiner Freiheit nur gegen Erfüllung günstigster Bedingungen bringen kann. Daß dabei die Aussicht auf eine Wirksamkeit, in der ich wesentlichen Nutzen bringen zu können hoffen dürfte, für mich zum großen Teil mitredend ist, versteht sich von selbst, sonst dächte ich überhaupt nicht daran. Ob der Nutzen, der der Schule durch meinen Namen und Wirksamkeit erwüchse, den Opfern entspräche, die man mir zu bringen hätte, muß ich natürlich Ihrem und der Herren des Vorstandes Ermessen überlassen. Meine Bedingungen wären nun folgende:

1. 4000 Taler jährliches Gehalt lebenslänglich mit Urlaub der 5 Monate Februar, März, Juli, August und September.
2. Antritt der Stellung nicht vor 1. 10. 1872.
3. Die Wahl der Schüler meiner Klasse müßte mir freistehen.
4. Völlige Freiheit in meiner öffentlichen Wirksamkeit als ausübende Künstlerin, also der Annahme von Engagements auswärts sowie in Berlin selbst (natürlich vorausgesetzt, daß dadurch keine Stunden in der Hochschule ausfallen, nur hie und da 'mal verlegt werden), sowie auch der Annahme anderer Schüler als der der Hochschule, auch, vorkommenden Falles, extra Privat-Stunden an solche.
Sollten Sie meine Forderungen sehr hoch finden – ich gebe zu, daß sie es sind – so gebe ich Ihnen zu erwägen, daß ich 52 Jahre alt bin, wo man einen gänzlich neuen Lebenslauf mit der größten Selbstüberwindung nur beginnt. – 10 Jahre früher wäre es ein viel leichteres für mich gewesen, schon weil man einen ganz andern Lebensmut hat in dem Alter als in meinem, und namentlich, wenn man eine so anstrengende Tätigkeit hinter sich hat, wie ich die letzten 18 Jahre.
Zugleich möchte ich Ihnen noch sagen, daß, sollte die Sache durch irgendwelchen Beitrag von seiten des Hofes zustande kommen, ich dennoch mich zu keinerlei Verpflichtung gegen denselben verstehen könnte. Und nun schließlich eine Frage an Sie speziell:
Sie wissen, daß der Gedanke, mit Ihnen an der Hochschule zu wirken, vor allem erfreulich für mich sein würde, aber, glauben Sie, daß wir nebeneinander unbeschadet unserer alten Freundschaft wirken könnten? Denn Sie begreifen, daß in meinem Alter von Unterordnung nicht mehr die Rede sein könnte, so dankbar ich auch Ratschläge von Ihnen stets annehmen würde, wie dies ja bisher immer der Fall war. In dieser offenen Frage mögen Sie, lieber Joachim, erkennen, von welch großem Werte Ihre Freundschaft für mich ist und daß ich mich zu der Stellung nicht entschließen würde, müßte ich fürchten, diese in irgendeiner Weise getrübt zu sehen.

Clara Schumann an Johannes Brahms 1.1.1872

Mir ist in meinem Leben selten etwas so schwer geworden, als diesen Brief abzusenden. Es meinten alle, man werde nicht eingehen auf diese Bedingungen – ich möchte nicht übermütig sein, aber ich muß Dir doch gestehen, daß ich hoffe, man geht nicht darauf ein. Hätte ich doch 'mal ein Stündchen mit Dir darüber sprechen können! Ob Du nicht doch gerechtfertigt findest, daß ich so handelte im Hinblick auf die Kinder?

Clara Schumann an Johannes Brahms 21.2.1872

... Von mir kann ich Dir wohl Gutes sagen insoweit, als die Aufnahme enthusiastisch ist, die Leute behaupten, ich habe nie so gespielt etc.: aber, ich leide furchtbar an Rheumatismus in den Arm- und Fingermuskeln, so daß ich mit wahrer Angst von einem Engagement zum andern blicke. Obgleich ich alles pp. übe, so bin ich doch nach einer Stunde aufs äußerste ermüdet – natürlich der Rheumatismus setzt sich in die am meisten angestrengten Glieder.
Gestern hatte ich einen Schreck durch eine Äußerung Joachims, daß ich vom 1. Oktober ab in Berlin sein müßte, daher keine Pläne für die Zeit machen könne (ich hatte dies eben getan, er noch nicht über die Sache mit mir gesprochen, und ich glaubte sie abgetan). Ich schlief diese ganze Nacht nicht – ich glaube, nehme ich es an, macht mich die Geschichte todunglücklich! – Ich überlegte die ganze Nacht, ob ich ihm schreiben solle, daß er nicht mehr davon sprechen solle, daß ich fühle, ich könne nicht! Man will sich aber auch keiner Übereilung schuldig machen.

Clara Schumann an Johannes Brahms 27.2.1872

Die Geschichte mit Berlin habe ich mir nun vom Herzen geschüttelt. Joachim sagte zwar, er betrachte die Sache noch nicht als aufgegeben, vielleicht entschlösse ich mich ein Jahr später etc.: ich aber blieb dabei, ich fühlte, ich könnte nicht etc. etc. Wie war mir leicht, als ich es heraus hatte!

Joseph Joachim an seine Frau Amalie 7.3.1872

Frau Schumann macht mir aber dies Jahr Freude; sie ist ohne alle Frage seit vorigem Jahr fortgeschritten, spielt weniger gewaltsam, meist auch ruhiger, und oft mit dem edelsten Ausdruck. Sich zu binden will ihr noch immer nicht in den Sinn; doch weist sie's nicht so energisch von der Hand.

Den Kindern

Ich brauche Liebe so nötig zum Leben als die Luft, sie ist mir wie das Licht zum Gedeihen

---

Aber ihr Mütter, und besonders ihr in den höheren und freieren Ständen, denen das Geschick das Lasttragen der Haushaltung erspart, die es mit einem heitern grünen Erziehgarten für eure Kinder umgibt, wie könnt ihr lieber die Langeweile der Einsamkeit und die Geselligkeit erwählen als den ewigen Reiz der Kinderliebe, das Schauspiel schöner Entfaltung, die Spiele geliebtester Wesen, das Verdienst schönster und längster Wirkung? (. . .)
Sobald ihr daran glaubt, daß überhaupt Erziehung wirke: welchen Namen verdient ihr, wenn ihr gerade, je höher euer Stand ist, von einem desto niedrigeren erziehen laßt, und wenn die Kinder des mittleren ihre Eltern, die des adeligen aber Mägde und Ammen zu Wegweisern des Lebens bekommen (. . .)
Ihr wollt recht stark geliebt sein, Weiber, und recht lange und bis in den Tod: nun, so seid Mütter eurer Kinder. Ihr aber, die ihr nicht erzieht, Mütter, wie müßt ihr euch eures Undanks für ein unverdientes Glück schämen vor jeder kinderlosen Mutter und kinderlosen Gattin und erröten, daß eine Würdige nach dem Himmel seufzet, den ihr wie gefallene Engel verlassen.

Jean Paul, Levana

Clara Schumann an die Töchter Marie und Elise,
15 und 13 Jahre alt Bonn, 30. 7. 1856

Meine lieben Kinder, Euer teurer Vater ist nicht mehr! Gestern ist er Nachmittag 4 Uhr nach vielen Leiden ganz sanft hinüber geschlummert. Ich war noch die letzten Tage bei ihm, er hat mich auch noch einige Male erkannt und angelächelt, auch einmal noch umarmt.
Ich kann Euch nichts weiter sagen – später werdet Ihr erst fühlen,

was Ihr verloren! Er war ein herrlicher Mensch – möchtet Ihr, die er so innig liebte, solches Vaters würdig werden, möchtest namentlich Du, Elise, Dein Wesen ändern, Ihr beide Euch bestreben, mir so viel Freude wie möglich zu machen, nicht durch Fleiß nur, sondern durch ein mildes, wohlwollendes Wesen, bescheiden, freundlich, edel, wie er es in so hohem Grade war. Denkt, daß sein liebender Geist Euch umschwebt, daß er Euch sieht! Ach, wie viel möchte ich Euch sagen! Ich kann aber nicht mehr, ich bin ruhig und gefaßt, aber das Herz blutet mir. Er war ja mein Liebstes auf der Welt und Euer Vater. Lebt wohl! Ihr werdet mir doch schreiben?
Sagt es dem Großpapa und den anderen – ich kann jetzt nicht an sie schreiben – später tue ich es selbst.

In inniger Liebe küßt Euch
Euere tieftrauernde Mutter.

In: Eismann, Ein Quellenwerk

Clara Schumann an Emilie List[1]) 17.10.1856

Ich bin jetzt so furchtbar beschäftigt, daß mir der Kopf schwirrt – es ist wahrhaftig zu viel oft, was auf mir lastet. Denke nur allein fünf Kinder in Pension an drei verschiedenen Orten, nur deren Toilette bei Jahreswechsel, wie z.B. jetzt zu besorgen, welche Arbeit, dabei die ungeheuer große Korrespondenz, Stunden geben und selbst studieren und – welchen Kummer, welche Trostlosigkeit im Herzen!

Clara Schumann, Tagebuch April 1861

Wie fühlt man da das Alleinstehen, wie schwer für eine Mutter, allein über das Schicksal der Kinder zu entscheiden.

Die Älteste oder: Rollentausch

Ja, wirklich, der Himmel hatte es gut gemeint mit unsrer Mutter, daß er ihr eine solche Tochter zur Seite stellte. Ihr hatte sie es zu ver-

[1]) Emilie List, eine ihrer ältesten Freundinnen

Die Schumann-Kinder, vorn: Eugenie, dahinter: Felix und Ferdinand, letzte Reihe: Ludwig, Marie und Elise (die drittälteste Tochter, Julie, fehlt auf diesem Foto)

danken, daß sie ungestört ihrem Berufe leben konnte; nie nahten sich ihr die so lästigen Anforderungen des täglichen Lebens, sie bei der Ausübung ihrer Kunst aus allen Himmeln reißend. Ihr konnte sie getrost alles überlassen, mit ihr wurde alles und jedes beraten, alle Pläne mit ihr gemacht. Meine Mutter vergalt ihr aber auch ihre Hingabe durch zärtlichste Liebe, der die Dankbarkeit noch etwas ganz besonders Rührendes gab. Auch hielt sie streng darauf, daß man ihrer »Marusch«, wie sie sie damals oft nannte, stets die schuldige Achtung erwies; sie gab ihr schon früh eine große Selbständigkeit, volles Verfügungsrecht, und entschädigte sie auf diese Weise für das Opfer ihres Lebens. Wenn ich später, als ich älter wurde und meine eigenen Ideen über dies und jenes im Hause hatte, bei Marie auf Widerstand stieß und mich bei der Mama beklagte, daß ich nicht zu meinem Rechte käme, sagte sie immer: »Du mußt nie vergessen, was mir Marie in den Jahren nach des Papas Tod, wo ihr alle noch klein wart, gewesen ist; ohne sie hätte ich die Zeit gar nicht überleben können.« Eugenie Schumann, Erinnerungen

Clara Schumann, Tagebuch August 1856

Freitag, den 1. August kehrten wir nach Düsseldorf zurück – ich kann meine Gefühle nicht beschreiben, als ich die Kinder vaterlos wiedersah und doch so unbefangen heiter. Wie aber sehnte ich mich jetzt nach Marie namentlich, sie, die Älteste, immer sein Liebling, unser erstgeborenes Kind! Eine Mutter findet gar zu gern eine Freundin an ihrer ältesten Tochter. Wäre sie doch einige Jahre älter!

Clara Schumann an Marie 1.9.1856

So gern gebe ich Dir heute ein lebendiges Zeichen meines Gedenkens an Dich, nimm es in diesen Zeilen! Was gäbe ich, Dich heute um mich zu haben ... Mir ist gar wehmütig ums Herz – Du, mit 15 Jahren schon vaterlose Waise! Erinnerst Du Dich wohl, wenn er so zärtlich zu Dir war, wenn er sich über Deine kleinen Gedichte so freute und gar, wenn Du in Melodien sie sangest als kleines Kind ... Dein letzter Brief hat mich recht erfreut – schreibe mir doch immer so, was Du denkst und empfindest ohne Rückhalt, eine Mutter soll den Kindern nicht nur Mutter, sondern auch die liebste Freundin sein. Wem vertraut sich wohl schöner, inniger als der Mutter! Ich hoffe, daß Du das immer wahrer empfinden wirst, wenn Du erst wieder bei mir bist ...

Clara Schumann an Marie 2.7.1868

Meine liebe teure Marie, wüßtest Du doch, wie lieb Du mir bist, wie mein ganzes Sein mit dem Deinen verknüpft ist.

Photographie Clara Schumann mit Marie

Clara Schumann über ihre Kinder

Marie

An ihrer harmonischen Natur wird sich die meine zuerst wieder aufrichten, das fühle ich –

Elise

Elise geht nun wirklich Ende des Monats nach Frankfurt. Wie schwer wird mir wieder das! Nun kann ich sie nicht mehr bei mir haben, wenn ich will.

Julie

Ich sehne mich sehr nach Juliens liebem zärtlichem Blicke . . . es ist ihr so eigen, daß sie es mir immer so zeigt, und das tut mir so wohl. Ich brauche Liebe so nötig zum Leben als die Luft – sie ist mir wie das Licht zum Gedeihen . . .

Ludwig
Ach, mein Herz tut mir immer so weh, wenn ich den armen Jungen ansehe. Er hat mich so lieb, etwas so unaussprechlich Gutes und Treuherziges in seinem Blicke. Was gäbe ich darum, könnte ich ihn zu einem glücklichen Menschen machen. Ich ahne aber, er wird es nie ... Mit schwerem Herzen ließ ich ihn zurück, wehmütig blickte er unserm Zuge nach. Mir schnürte sich förmlich das Herz zusammen, als ich ihn so stehen sah, so bleich!

Ferdinand
Ferdinand schreibt glückselige Briefe. Er ist doch ein prächtiger Charakter, so durch und durch ehrenhaft.

Eugenie
Manche Leute lernen es nie, Kinder ihrem Alter gemäß zu behandeln. Müssen doch Eltern dies auch lernen ... Die Kinder treten in ein Freundschaftsverhältnis zu den Eltern, wenn sie selbständig werden, was dann wunderschön ist. In solchem stehe ich zu Marie und finde das höchste Mutterglück darin. Später hoffe ich, auch an Eugenie eine solche Freundin zu gewinnen. Jetzt ist sie noch zu jung, aber ... sie macht mir die innigste Freude, sie hat sich sehr zu ihrem Vorteil in diesem Jahr verändert.

Felix
In ihm scheint sich ein seltener Verein von Energie und wieder Weichheit des Gemüts zu entfalten – er erinnert mich tagtäglich in vielen Zügen an Robert, und immer fühlte ich mich beglückt durch den Blick in sein Inneres.

Alsdann geht jedes seinen Weg,
und ich
ich stehe im späten Alter allein
allein
Das ertrage ich aber nicht,
ich
ich bedarf zu sehr der Liebe

Eugenie oder: Das Leiden an einem lebenden und einem toten Denkmal

Daß die Sünden der Väter an den Kindern heimgesucht werden, darin erblicke ich keine Ungerechtigkeit, aber daß die Kinder für die guten Taten der Eltern leiden müssen, wie es bei uns der Fall war, dafür gibt es keine Erklärung, keinen Trost. Eugenie Schumann, Nachlaß

Eugenie und Felix Schumann

Kindheit

Ich bin im Dezember des Jahres 1851 als siebentes von acht Geschwistern in Düsseldorf geboren, und mein Vater zeigte das Ereignis der Großmutter Bargiel durch folgenden Brief an:
Liebe Mama! Sie wissen schon, was es zu bedeuten hat, wenn ich schreibe. Auch diesmal war des Himmels Schutz über Clara und früh in der ersten Morgenstunde ein gesundes Kind, ein Mädchen, da. Denken Sie, drei Stunden vorher waren wir, Clara und ich, noch

auf dem Schadowfeste, wo wir nicht gerne fehlen wollten. Nun bin ich glücklich, daß Clara so wohl und munter dabei ist, und recht pflegen wollen wir sie in den nächsten Wochen.
Nun seien Sie selbst herzlich gegrüßt und geküßt, und danken mit mir dem Himmel, daß er unsre geliebte Clara so kräftig erhalten hat. Recht bald hoffen wir von Ihnen Nachrichten zu erhalten.
Montag, den 1. Dezember 1851 Ihr Robert
Vormittag zehn Uhr

An diesen teuren Vater habe ich auch nicht die leiseste Erinnerung! War ich doch im März 1854, als er nach Endenich kam, erst zweieinviertel Jahre alt. Wie oft habe ich mich bemüht, das Dunkel der ersten Kindheitsjahre zu durchdringen – ich dachte immer, die Gestalt, die sich gewiß manchesmal über meine Wiege gebeugt, müsse auftauchen. Aber vergebens – der Schleier blieb undurchdringlich. Meine Geburt war die letzte Eintragung in das Gedenkbüchlein, welches er für uns Kinder angelegt hatte, und ich hatte mich damit abgefunden, daß sie das einzige sichtbare Zeichen des Zusammenhanges zwischen mir und ihm sei. Da fand ich vor kurzem in einem Briefe meines Vaters an meine Mutter vom 1. 4. 1855 zu meiner unsäglichen Freude die Worte: »– schreibe über Eugenie, sie zeigte so helle Sinne«. So hatte er sich also noch während seiner Krankheit in Gedanken mit mir beschäftigt, so wie er es in gesunden Tagen mit den älteren Geschwistern getan hatte.

Eugenie Schumann, Erinnerungen

Meinen Vater nicht gekannt zu haben war der größte Schmerz meines Lebens

Eugenie Schumann, Nachlaß

Sein früher Tod warf auch auf mein Leben schwere Schatten. Schon als Kind fühlte ich, daß ich etwas Unersetzliches verloren hatte. Ich dachte immer an ihn und sein Schicksal und vergoß viele Tränen darüber. Später versuchte ich, mir eine Vorstellung seiner Persönlichkeit zu machen; ich versuchte mir vorzustellen, wie es überhaupt sei, einen Vater zu haben. Aber nie wollte es mir gelingen; alles, was ich über ihn hörte, machte mir seine Gestalt nicht lebendig. Als ich dann älter wurde, lernte ich ihn lieben durch seine Werke. So bescheiden meine musikalische Begabung war, so war mir doch die Fähigkeit geworden, seinen Geist zu erfassen, mich von ihm durchdringen zu lassen; ich empfand tief die Leidenschaftlichkeit, die Innigkeit und Reinheit seines Gemütes, seiner Seele Hochgespanntheit und den wunderbaren Reichtum seiner Gedanken. Und da schuf ich mir ein Bild von ihm und von seinem Geschick, wie es sich innerlich an ihm vollzog. In einer schweren Krankheit sagte ich einmal zu meinem Arzt: »Es ist kein Wunder, daß mein Vater krank wurde, in seinem Kopfe wuchsen ja lauter Blumen.«

Eugenie Schumann im Alter

Und dieser herrliche Mensch hätte mich lieben müssen, gleichviel, ob er wollte oder nicht, weil ich sein Kind war, Blut von seinem Blut, Geist von seinem Geist, so wenig er mir auch davon vererbt hat. Unaussprechliche Wehmut, nie zu heilender Schmerz.

Eugenie Schumann, Nachlaß

Erste Erinnerung an die Mutter

Auch an meine Mutter habe ich nur wenig Erinnerungen aus den Kinderjahren. Die erste stammte aus der Düsseldorfer Zeit. Wir jüngeren Kinder spielten eines Abends zusammen im Eßzimmer. Da fiel uns ein: Wir wollen zur Mama hinübergehen; die gibt uns Schokolade. Dazu mußten wir aber durch eine, nach unsern kindlichen Begriffen, riesengroße Stube hindurch, wo an einem Ständer in der Ecke ein großer gelber Pelzmantel hing, den unser Vater auf der Reise nach Rußland getragen hatte. Vor diesem Pelz fürchteten wir uns wie vor einem wilden Tiere, und es bedurfte alles Mutes, uns daran vorbeizuwagen. Wir faßten uns an den Händen, rannten zusammen durch den dunklen Raum und stürmten in das Zimmer der Mama. Da saß sie bei heller Lampe an ihrem Schreibtisch – noch sehe ich die schlanke Gestalt in schwarzer Samttaille und seidenem Rock. Wie geborgen fühlten wir uns nach überstandener Gefahr! Sie behielt uns ein Weilchen bei sich, nahm aus einer Schreibtischschublade die ersehnte Süßigkeit und entließ uns wieder.

Auflösung des Elternhauses

Wenige Monate nach der Erkrankung unseres Vaters trat die Notwendigkeit des Erwerbens an die Mutter heran, sie mußte sich entschließen, ein Wanderleben zu führen, und die Versorgung und Erziehung der Kinder Fremden übertragen. Marie und Elise, Ludwig und Ferdinand kamen in Pension, Julie zur Großmutter Bargiel, und nur Felix und ich blieben daheim; erst in Düsseldorf unter der Aufsicht einer Vertrauensperson und später in Berlin in der Obhut der Schwestern, denen als Ratgeberin eine Freundin des Hauses,

Fräulein Elisabeth Werner, von uns »Tante Elisabeth« genannt, zur Seite stand.
Damals erschien es uns als etwas ganz Natürliches, daß wir alle unter Fremden aufwuchsen, und wir fanden uns hinein als in etwas Unabwendbares - - - wenn wir litten, so war es im Sinne völliger Ergebenheit; wir wußten, bei uns konnte es nicht sein, wie bei andern. Wenn ich aber jetzt auf das Leben unsrer Brüder zurückblicke, so erfaßt mich die Tragik ihres Geschickes mit unendlichem Wehe. Allen war eine seltene Innigkeit und Reinheit des Gemütes eigen; sie hingen mit allen Fasern ihres Daseins an Mutter und Geschwistern, und ein behagliches, trauliches Zusammensein in der Familie ging ihnen über alle Lockungen der Außenwelt.
Und gerade dies eine konnte die Mutter ihnen nicht geben. Wir Mädchen mußten es ja auch entbehren, aber das spätere innige Zusammenleben mit der Mutter entschädigte uns in reichem Maße. Die Brüder hingegen haben nie ein Elternhaus gekannt; Fremde leiteten ihre Schritte, und beim besten Willen konnten sie die Eltern doch nicht ersetzen.

Berliner Jahre

Merkwürdigerweise habe ich aus den Berliner Jahren so gut wie keine Erinnerung an meine Mutter. Es ist mir das um so unbegreiflicher, als ich aus den Tagebüchern weiß, daß sie Weihnachten fast immer mit uns feierte und daß wir auch im Sommer öfter mit ihr zusammen waren. Das weiß ich noch, daß man mir eines Morgens sagte: »Geh mal in die Wohnstube; da ist eine Überraschung für dich.« Und als ich eintrat, sah ich mit unbeschreiblichem Glücksgefühl die Mama auf dem Sofa liegen, wo sie nach durchreister Nacht ausruhte. Auch ist mir, als hätte ich sie oft weinen sehen. Sicher aber ist, daß, wo sie auch sein mochte, wir immer ihre liebende Fürsorge, ihre schützende Hand fühlten und daß sie uns sowie den älteren Geschwistern das Höchste auf der Welt war. Soviel es ihr die ungeheuren Anforderungen ihres Berufes gestatteten, hielt sie durch brieflichen Verkehr eine Art des Zusammenlebens aufrecht; sie gab uns

Nachricht von den Geschwistern, ermahnte uns, einander zu schreiben, erinnerte uns an die Geburtstage, kurz, sie tat alles, um einer Entfremdung vorzubeugen. Auch die Kleinen erhielten ihren Teil an Briefen von der Mutter, von denen einige hier folgen:

Kreuznach, 15.9.1860

Meine liebe Eugenie, Dein Briefchen zu meinem Geburtstag hat mich sehr erfreut – ich hoffe, Du hast es allein geschrieben? Das tue ja immer, dann sehe ich, was Du kannst und ob Du recht viel weißt. Wie geht es mit dem Klavier? Übst Du auch täglich eine Stunde? Und weinst Du auch gar nicht mehr? Das hoffe ich sehr. Hier sprechen wir oft von Euch, und wenn ich ein kleines Mädchen oder einen Jungen sehe, meine ich immer, Ihr, Du und Felix, müßtet es sein. Nun, so Gott will, leben wir nächsten Sommer wieder einige Wochen zusammen, freilich, recht fleißig müßt Ihr dann gewesen sein.

Schreibe mir recht bald wieder, mein liebes Kind, und denke immer an Deine Dich zärtlich liebende

Mutter Clara

Kreuznach, 15.9.1860

Mein liebes Lixemännchen, Du hast mir ja ein allerliebstes Briefchen zu meinem Geburtstag geschickt! Aber allein geschrieben hast Du es wohl nicht? Das mußt Du nun auch bald lernen! Daß Du nun eine Geige hast, freut mich. Wie heißt denn der Ton, den Du darauf gespielt? G, D, A oder E? Schreibe mir ja immer, wieviel Töne Du kannst. Vielleicht sind es bald so viele, daß Du sie nicht mehr zählen kannst. Hast Du auch einen Sack für die Geige? Sei ja recht vorsichtig damit, denn so eine Geige ist kein Spielzeug. Nun, lebe wohl, Du lieber kleiner Musikant. Sei fleißig, folgsam und denke recht viel an Deine

Dich küssende
Mutter Clara

Grüße Deinen Lehrer von mir.

Eugenie Schumann, Erinnerungen

Ich opfere mich für Euch

Clara Schumann an Elisabeth Werner

Düsseldorf, 6.10.1858

Liebe Elisabeth, wie schrecklich schwer mir der heutige Brief wird, kann ich Ihnen gar nicht beschreiben, ich habe zwei Tage schwer gekämpft, und nun muß ich doch hierbleiben. Ich bekam nämlich von Köln eine Einladung, die Abonnementkonzerte mit zu eröffnen, wovon das erste am 19. stattfindet; ich wies die Sache erst entschieden ab, weil ich mir es gar nicht möglich dachte, daß ich's so lange noch ohne die Kinder hier aushalten könnte, nun aber stellte man mir vor, wie sehr auch hier ein Konzert von mir gewünscht wird, da ich seit 5 Jahren nicht hier gespielt, ich überlegte wie schrecklich viel Ausgaben ich jetzt habe und daß ich, wenn ich vor meiner großen Reise nicht noch einige hundert Taler verdienen kann, von meinem Kapital zusetzen muß, so daß nun die Vernunft über das Herz siegen mußte. Es hat mir aber viele Tränen gekostet um der Kinder halber, ich sehne mich furchtbar nach den drei lieben Mädchen besonders, hätte sie so gern noch einige Wochen in Ruhe um mich gehabt – Sie glauben nicht, wie schwer mir jetzt einmal wieder meine Pflichterfüllung wird! Nur das Bewußtsein kann mich beruhigen, daß ja die Opfer alle für meine Kinder sind, ich möchte wenigstens das erreichen können, daß sie geistig und körperlich gut ausgestattet in die Welt treten, das kann ich aber hier in Europa nur, wenn ich auch weniges mitnehme, sei es auch noch so schwer erkauft.

Clara Schumann an Felix 26.4.1866

Was soll werden, wenn Du nicht fleißiger wirst ... Denke nur, wenn ich mich den Winter über anstrenge, um Euch eine gute Erziehung geben lassen zu können, welches doppelte Unrecht es also ist, wenn Du mich durch Mangel an Fleiß betrübst und mir Sorgen um Dich machst.

Felix Schumann, Gedichte

Clara Schumann an Johannes Brahms 24.11.1873

Die Genoveva habe ich nicht abwarten können, weil Marie mich in Berlin zu nötig brauchte. Wie schwer mir diese Entsagung geworden, kann ich nicht beschreiben, und kaum ahnen die Kinder, welchen Liebesbeweis ich ihnen in dieser Entsagung gegeben habe. Was unsereinen ein hoher Kunstgenuß ist, das kann doch nur der Künstler, der es mit Leib und Seele ist, mitempfinden.

Sommer in Baden-Baden

Im Herbste des Jahres 1862 kaufte meine Mutter ein Häuschen im Dorfe Lichtenthal bei Baden-Baden.

Im Frühling 1863 zogen wir ein. Noch sehe ich die großen Möbelwagen vor der »Hundehütte« stehen, mich und Felix auf den ausgeladenen Kisten sitzend und dabei Freundschaft schließend mit den Kindern aus dem Nachbarhause. Die älteren Schwestern besorgten den Einzug, und vierzehn Tage später kam die Mama nach. Für uns Kinder kamen nun die glücklichsten Sommer unsres Lebens. Den ganzen Winter war meine Mutter auf Reisen, meist in Begleitung von Marie. Wir andern waren in der Welt zerstreut, und da war denn dieser bescheidene, aber zauberhaft idyllisch gelegene Besitz ein Paradies, in welchem wir uns teils für den ganzen Sommer, teils zu den Ferien, zusammenfanden. Hier pflegte meine Mutter der Ruhe nach anstrengender Winterfahrt, hier gehörte sie uns, lebte für uns, für unsre Erziehung und Ausbildung, freute sich der Fortschritte, die wir während des Winters gemacht hatten, und sorgte sich, ach, wie sehr, wenn nicht alles so ging, wie es gehen sollte. Ihr Geist der Liebe, des Wohlwollens, der Ordnung, des Fleißes und treuester Pflichterfüllung im großen wie im kleinen herrschte im Haus. Sie teilte die Pflichten jedem nach seinen Kräften zu und sorgte für gesunde Abwechslung von Arbeit und Erholung.

Während des Frühstücks wurden Briefe gelesen und die Pläne für den Tag besprochen. Meine Mutter blieb meist noch eine Stunde draußen, entweder in der Gesellschaft der lieben Freundinnen, Fräulein Leser und Fräulein Jungé, die gewöhnlich für den ganzen Sommer nach Baden kamen und im Nachbarhause einquartiert waren, oder ihre Korrespondenz erledigend.

Wir Kinder gingen ins Haus an unsre verschiedenen Geschäfte. Der

Clara Schumanns Wohnhaus in Lichtental bei Baden-Baden
Ölstudie, Maler unbekannt

Vormittag gehörte ganz der Arbeit. Wir wurden alle von Kindheit an zur Musik angehalten und lösten uns genau nach der Uhr am Klaviere ab. Unsre Mutter betonte stets die Wichtigkeit des regelmäßigen, wenn auch nicht langen Übens.

Die älteren Schwestern hatten jede zwei Stunden wöchentlich bei der Mama; wir Kleinen wurden von den Schwestern unterrichtet und zum Üben auch, oder vielmehr besonders, in den Ferien angehalten –

Da wir eine so zahlreiche Familie waren, gab es immer tüchtig im Hause zu tun, und die leichteren Arbeiten wurden von den Schwestern besorgt. Die Leitung des ganzen Hauswesens lag Marien ob; sie besorgte Küche und Keller, was bei dem großen Haushalt und bei dem lebhaften Fremdenverkehr keine Kleinigkeit war. Außerdem hatte sie die Aufsicht über uns Kleinen; unsre körperliche Pflege, die Sorge für unsre Kleidung, alles ruhte auf ihren jungen Schultern. Soviel ich mich erinnere, habe ich, bis ich erwachsen war, selten ein Kleid getragen, das nicht ihre fleißigen Hände gefertigt hatten, und es genügte ihr nicht, die Sachen einfach herzustellen, sie mußten auch immer hübsch und geschmackvoll sein. Noch sehe ich die weiß und roten, die weiß und blau gestreiften, getupften und geblümten Stoffe, die meine Mutter meist aus England brachte, noch fühle ich die Spannung, mit der ich das Wachsen des neuen Kleides verfolgte, und welche Aufregung, als die erste Nähmaschine ins Haus kam und es ans Ausstudieren des kniffligen Wunders ging. – Dann galt es, die Toilette meiner Mutter instandzuhalten, die nötigen Besorgungen zu machen und andres mehr, und dabei sollte doch auch die eigene Ausbildung nicht vernachlässigt werden. Und all das schien so selbstverständlich, wurde so still und heiter verrichtet ohne irgendwelchen Anspruch auf Anerkennung. Schon damals ahnte mein kindliches Gemüt, welchen Schatz die Mama und wir an dieser ältesten Schwester besaßen, aber erst in reiferem und reifstem Alter lernte ich ihren Wert voll einschätzen, und nur mit tiefster Rührung kann ich jetzt auf dies Leben der Arbeit und Wirksamkeit für ihre Lieben zurückblicken.

Eugenie Schumann, Erinnerungen

Nachmittags wurde gelesen, genäht, um vier Uhr Kaffee getrunken, den wir Kinder alle zusammen im Eßzimmer einnahmen. Mama war im Wohnzimmer und empfing die zahlreichen Besuche, die sich täglich einstellten. Nach dem Kaffee wurde meist ein langer Spaziergang gemacht. Ich liebte diese damals nicht, spielte lieber mit den Freundinnen; auch war Mama immer sehr ängstlich; wenn wir vorausliefen oder hintenan blieben, meinte sie, wir wären verloren, und ruhte nicht, bis wir wieder alle dicht vor ihr oder hinter ihr hergingen. Auch durften wir beileibe nicht am Rand des Abhangs, oder was Mama so nannte, gehen, und das taten wir doch am liebsten.

Traurig war es, wenn der Herbst herankam. Mamas Geburtstag am 13. September, uns der geliebteste Festtag des Jahres, bedeutete das Ende des Sommers. Es fingen dann die Vorbereitungen für den Winter an; Mamas Toiletten wurden instand gesetzt, die großen

Felix, Elise, Julie, Marie und Eugenie Schumann, etwa 1860

Koffer bereitgestellt, und Marie leistete Unglaubliches. Aber sie war auch die Traurigste, wenn die Stunde des Abschieds von dem geliebten Häuschen kam.
Im Herbst des Jahres 1863 kam Felix in Pension zu Professor Planer in Berlin, der bereits Ferdinands Erziehung leitete, und Anfang Oktober brachte mich Marie in die große Mädchenpension von Fräulein Marie Hillebrand in Rödelheim bei Frankfurt am Main. Diese Anstalt genoß damals eines großen Rufes und war meiner Mutter von erfahrenen Freunden auf das wärmste empfohlen worden; sie glaubte daher mich dort gut aufgehoben. Einige Stunden blieb Marie noch bei mir, dann ließ sie mich allein in einer Schar von etwa hundert Mädchen des verschiedensten Alters. Der Abschied von Baden muß mir wohl schwer genug geworden sein; zum ersten Male seit meiner frühesten Kindheit war ich eine Reihe von Monaten mit der Mutter zusammen gewesen; ich hatte alle Geschwister wiedergesehen, wir hatten einen so glücklichen Sommer verlebt, und nun kam die bittere Trennung auf voraussichtlich viele Jahre. Von Felix war ich bis dahin unzertrennlich gewesen, und nun wurden auch wir auseinandergerissen. War es da zu verwundern, daß meine Tränen flossen. Von früh bis spät den ganzen ersten Tag? Abends

stand ich allein im Garten, noch immer strömte es aus meinen Augen. Da kam Fräulein Hillebrand auf mich zu und sagte: »Kennst du das vierte Gebot? Sag es mir einmal auf!« Gehorsam stammelte ich die wenigen Worte. »Nun siehst du, du versündigst dich gegen dies Gebot. Deine Mutter hat dich hierher getan zu deinem Besten, und nun weinst du! Siehst du ein, wie unrecht das ist?« Meine Tränen stockten wie durch Zauberspruch, zugleich aber schlossen sich auch die Türen meines Herzens vor dieser kalten Frau, und nie wieder in den beinahe drei Jahren meines Aufenthaltes unter ihrem Dach taten sie sich auf. Hätte sie damals das elfjährige Kind, die halbe Waise, die eben den ersten großen Schmerz ihres Lebens durchkämpfte, in ihren Arm genommen und gesagt: »Eugenie, weine dich aus, dann aber sei guten Muts«, wie anders hätte sich unser Verhältnis gestaltet, wie viel günstiger sich mein Seelenleben entwickelt.
Mein Verhältnis zu Fräulein Hillebrand wurde mit den Jahren immer schlechter, und allen Berichten an Mama nach entwickelte ich mich sehr unartig und kampflustig. Eines Tages geschah mir etwas Seltsames. Ich stand mit einer Anzahl junger Mädchen in einem großen Klassenzimmer; wir waren gerade vom Essen heraufgekommen. Fräulein Hillebrand ging hindurch und heftete ihre Augen auf mich, ohne ein Wort zu sagen. Wie gebannt blieb ich stehen. Sie ging hinaus, ich rührte mich nicht. Die anderen begaben sich an ihre Arbeit, ich stand noch immer mitten im Zimmer. Niemand redete mich an. Die Dämmerung kam, die Lampen wurden angesteckt, und noch immer blieb ich regungslos auf demselben Fleck. Da, kurz vor Schlafengehen, kam eines der älteren Mädchen auf mich zu und sagte mir, Fräulein Hillebrand ließe mir sagen, ich könne gehen. – – – Furchtbares Erlebnis, ein Schaden an meiner Seele, den ich nie ganz verwunden habe. Aber gottlob, ich hatte von meinen Eltern einen freien, unabhängigen Geist mitbekommen; ich war gewarnt, und es gelang meiner Peinigerin nicht, mich auf die Dauer zu unterjochen, obgleich sie kein Mittel unversucht ließ. So legte sie mir einmal den Arm um die Schulter, zog mich an sich und sagte: »Kannst du denn gar kein Vertrauen zu mir haben?« – »Wie kann ich Vertrauen haben zu jemandem, der keines zu mir hat«, kam die schnelle Antwort. Da stieß sie mich von sich und sagte: »Du

bist ein ganz schlechtes Mädchen«, und von dem Augenblicke an waren wir erklärte Feinde, und meine arme Mutter erhielt die schreckhaftesten und, wie sich später herausstellte, lügenhaftesten Berichte über ihre jüngste Tochter.
Ich hatte immer große Sehnsucht nach meiner Mutter und nach Marie und weinte mich oft in Schlaf. Die Tage, die mir einen Brief von ihnen brachten, waren Festtage, und die Briefe trug ich mit mir herum, bis sie in Stücke gingen. Welchen Wert ich schon als kleines Kind darauf gelegt haben muß, ersehe ich jetzt daraus, daß ich jedes Zettelchen aufs sorgfältigste aufbewahrt habe, was mit meinen sonstigen Gewohnheiten keineswegs übereinstimmte.

Eugenie Schumann, Erinnerungen

Clara Schumann an Eugenie Karlsruhe, den 2.5.1866

Meine teure Eugenie, soeben empfange ich Deinen lieben Brief, der mir soviel Freude gemacht, daß ich Dir gleich meinen Kuß dafür schicken muß. – – – Daß Du ein Examen machen willst, freut mich außerordentlich, und daß Du überhaupt Lernbegierde und Fleiß zeigest, das beglückt mich. Ich habe gerade hier recht schwere Tage, da mir der Ludwig durch seine Halsstarrigkeit große Sorge macht, und da kam mir gestern Dein Brief wie ein freundlicher Sonnenstrahl zwischen durch schwere Wolken. Bleibe nur auf diesem Wege, mein teures Kind – etwas Tüchtiges in der Welt zu erreichen ist immer schwer und geht nicht ohne Kampf mit der eigenen Schwäche, aber wie herrlich, hat man diese besiegt, und das wird Dir bei so festem Willen gewiß gelingen. – – – Nun sei mir in herzlichster Liebe umarmt, meine geliebte Eugenie, und, wenn Dir etwas schwer wird, so denke immer, wie Du mich durch Deinen Fleiß beglückst. Das wird Dir Mut und Ausdauer geben.

Deine treue Mutter
Clara

Die vierzehnjährige Eugenie an Clara Schumann

Samstag abends 8 Uhr, liebe teure Mama! Heute morgen bekam ich deinen lieben Brief und beeile mich nun, ihn zu beantworten. Du

kannst Dir gar nicht denken, wie aufrichtig ich mich darüber gefreut habe, wie leid es mir aber auch tut, daß Du so betrübt über mich bist. Ich habe es aber selbst gefühlt, daß Ihr in der letzten Zeit meines Daseins nicht mehr recht mit mir zufrieden wart, wie am Anfang. Ich bin nicht schlecht, liebe Mama, glaube es mir; ich habe viele große Fehler und kenne sie alle; schon oft habe ich versucht, sie zu überwinden, aber ich bin nicht stark genug, ich sinke immer wieder zurück. Ich versuche es jetzt noch einmal und werde dabei immer an dich denken, liebe Mama, ich kann sonst nicht ruhig sein. Fräulein Hillebrand läßt dir durch mich für Deinen Brief danken und wird Dir nächstens darauf antworten. Sie hat mir auch gesagt, daß ich immer während des Spaziergangs im Haus arbeiten solle, damit ich recht häuslich werden solle. (. . .)
Jetzt adieu, geliebte Mama, sei nicht mehr betrübt über mich und ganz fest versichert, daß ich mich bessern werde. Ich bleibe in Liebe Deine Dich innigst liebende Tochter Eugenie.
Roedelheim, Dienstag den 15. August, morgens 9 Uhr

Eugenie Schumann, Nachlaß

So vergingen zweieinhalb Jahre und darüber. Die Meinigen sah ich in der ganzen Zeit selten und immer nur kurz. Im ersten Jahre erlaubte mir Fräulein Hillebrand nur eine Woche zum Besuche im Lichtenthaler Häuschen, im zweiten gab sie mir vier Wochen Ferien. Dazwischen sah ich meine Mutter nur, wenn sie nach Frankfurt kam, und dann immer nur für einige Stunden dort oder in Rödelheim. Meine Schwester Elise, die sich im Jahre 1865 als Klavierlehrerin in Frankfurt niedergelassen hatte, hätte mich gern jeden Sonntag besucht, aber auf Wunsch von Fräulein Hillebrand kam sie nur alle vier Wochen. Ich stand wohl mit den Meinen in brieflichem Verkehr, aber abgesehen davon, daß ich nach Kinderart nicht gerne schrieb, unterlagen alle unsre Briefe Fräulein Hillebrands Zensur, und damit verbot sich jede unbefangene Aussprache von selbst. Eine gewisse Fremdheit war die natürliche Folge, und so kam es wohl, daß meine Mutter keine Ahnung hatte, daß ich so unglücklich in Rödelheim war.
Es kam der Juni 1866. Es war ein glühend heißer Sommer; der Park

prangte in vollem Schmuck. Unter Arbeit und Spiel, unter Leid und Freud, in völliger Weltabgeschlossenheit floß unser Leben dahin. Da, eines Tages, sahen wir mit grenzenlosem Staunen eine Schar Männer, etwa sechzig, alle in Uniform, schwer bepackt und mit Staub bedeckt, in den Schloßgarten einmarschieren. Im Schatten der hohen Platanen machten sie halt, warfen alles Gepäck von sich und lagerten sich im Grase. Bald hörten wir denn, es seien Österreicher und es gäbe Krieg – unser Leben solle weitergehen wie gewöhnlich, nur müßten wir uns bei unsren Spielen auf einen gewissen Teil des Parks beschränken. Natürlich beobachteten wir von den Fenstern aus die fremden Eindringlinge, soviel wir konnten, und groß war unsre Verwunderung, als wir einmal Fräulein Hillebrand aus einem riesigen Kessel, der über offenem Feuer hing, Suppe ausschöpfen sahen.
Wenige Tage mochten vergangen sein, da hieß es eines Abends spät – es war schon dunkel: Es sind weitere vierhundert Mann Einquartierung gekommen, die jungen Mädchen müssen alle fort.
So war ich denn dem Gefängnis entflohen, frei, in der Mitte meiner Lieben. Ich sah alle meine Geschwister wieder, und das Verhältnis zu meiner Schwester Julie gestaltete sich in dem Sommer zu einem sehr innigen. Ich war schon früher ihre Vertraute gewesen, und an allem, was ihr Liebes oder Leides widerfuhr, mußte ihre »petite confidente«, wie sie mich in der ihr durch langen Aufenthalt in Frankreich geläufig gewordenen Sprache nannte, teilnehmen. Sonst habe ich nicht viele Erinnerungen an diese Sommermonate; die Tage flogen dahin, und wie ein Blitz traf mich eines Tages die Nachricht: Fräulein Hillebrand hat geschrieben, du könntest wieder zurückkommen. Da fühlte ich, das könne nie und nimmer sein, und ich bat Mama, mich nicht wieder nach Rödelheim zu schicken.
Sie war zuerst sehr böse, sagte, ich sei dort gut aufgehoben und müsse wieder hin. Da geriet ich in wilde Verzweiflung, einen ganzen Tag lang weinte ich auf Juliens Zimmer; zum erstenmal in meinem Leben schüttete ich mein bedrängtes Herz aus und muß durch meine Erzählungen wohl Mamas Glauben an Fräulein Hillebrand erschüttert haben, kurzum, nach Rödelheim kehrte ich nicht wieder zurück.

Im Herbst dieses Jahres kam ich in die bekannte, nicht sehr große Erziehungsanstalt Neu-Watzum bei Wolfenbüttel, die von Fräulein Henriette Breymann und ihren Geschwistern Anna, Marie und Karl geleitet wurde. (. . .) Geleitet von dieser sicheren Hand lebte ich langsam wieder auf, und der Druck, der auf meinem Gemüte gelegen, und der, wie mir die Mitschülerinnen später sagten, mein Wesen gekennzeichnet haben, wich von mir.

Eugenie Schumann, Erinnerungen

Die Ausübung hauswirtschaftlicher Tätigkeit in einem kleinen Kreis von Personen gibt den Kindern Gelegenheit, zum wahren Wohlsein derselben beizutragen, und führt sie zugleich ein in die verschiedensten Richtungen der Wissenschaft und Aesthetik. Vor allen Dingen wird das Kind in innige Beziehung zur Natur und Industrie gesetzt, nicht in der Bildung des Intellekts, durch Unterricht, sondern von der Übung des Willens auf sittlichem Gebiete durch praktische Anschauung und Tätigkeit, die zugleich eine Übung sittlichen Willens mit sich bringt.

Schrader-Breymann [1]), Der Kindergarten als Vorbereitung für das Leben

Von Wolfenbüttel aus hatte ich einmal gebeten, ob ich nicht zwei Stunden täglich spielen dürfe. Das hatte mir aber meine Mutter abgeschlagen; sie wolle vor allen Dingen, daß ich eine gute Schulausbildung erwerbe. Sie hatte, wie ich schon früher erwähnte, selbst nur sehr mittelmäßigen Schulunterricht gehabt und wollte das nun an uns gutmachen. Wie stolz und erfreut sah sie aus, wenn wir etwas wußten, was sie nicht wußte, und wir, ach, wie freudig hätten wir alles hingegeben für einen Hauch jenes Genius, der dem Leben unsrer Eltern Inhalt und Weihe verliehen hatte.

Eugenie Schumann, Erinnerungen

Clara Schumann an Eugenie 24.10.1867

Ich denke so viel an Dich und über Dich, und recht hast Du, wenn Du glaubst, ich kümmere mich oft um Dich, aber gerade deshalb

[1]) Henriette Schrader-Breymann, Reformpädagogin des 19. Jahrhunderts

wird mein Herz nie müde werden, Dir immer und immer wieder zuzusprechen. Dein gestriger Brief, so trübe er auch klang, bestärkt mich doch in meiner Hoffnung, daß ich auch an Dir noch Freude haben werde, denn ich bin überzeugt von Deinem aufrichtigen Streben, einmal ein tüchtiges Mädchen zu werden. Das Schwerste für Dich ist, gegen Deine schroffe Natur anzukämpfen, jedoch ist ja gerade dies aller Menschen höchste Aufgabe, und hast Du Dich mal erst eine Zeitlang überwunden, so wird Dir nach und nach ein freundliches Wesen zur andern Natur; Du wirst sehen, wie Dir dieses die Herzen andrer gewinnt, wie sehr Du Deine Mutter beglückst, und die trüben Gedanken werden schwinden. Du sagst, Du möchtest tot sein – findest Du denn das Los Deiner Schwestern so gar traurig? Sind sie mir nicht Stütze und meinem Herzen die liebsten Freundinnen? Stehst Du meinem Herzen nicht ebenso nahe, und soll ich nicht hoffen dürfen, auch an Dir, mein teures Kind, dasselbe zu finden? Möchte der Gedanke daran Dich so froh machen wie mich. Hege ihn vor allem im Herzen, und kümmere Dich nicht, was aus Dir wird. Jetzt lerne, was Du kannst, dann komme zu mir und Deinen Schwestern, ein Wirkungskreis im Hause wird Dir nicht fehlen, und will's Gott, so leben wir noch eine Weile miteinander. Hast Du den Drang, nach außen eine Tätigkeit zu haben, so läßt sich auch das bewerkstelligen, ohne daß wir Dich deshalb entbehren. Vor allem fasse Mut, es wird dann auch alles werden. – – – Ich möchte, ich könnte immer bei Dir sein, und immer Dich ermutigen! Sind wir erst mal länger beisammen, so gelingt es mir gewiß, Dir den Dämon, den ein jeder mehr oder weniger in sich hat, bezwingen zu helfen.

April 1868

Meine geliebte Eugenie, kann ich zu dem für Dich wichtigen Tage auch nicht mit Dir sein, so bin ich es doch im Geiste und umarme Dich, mein teures Kind, indem ich die innigsten Wünsche, die aus dem Mutterherzen kommen, für Dich zum Himmel sende. Möge Dein Lebensweg ein glücklicher sein und Du immer durch Pflichttreue und liebenswürdige Bescheidenheit Deine Umgebung erfreuen und mich dadurch beglücken – sie ist des Weibes schönster Schmuck und gewinnt sich jedes Menschen Herz. Ich gebe Dir wei-

ter keine Ermahnungen – das Leben möge Dich führen und immer zum Besten sich Dein Innerstes wenden.
Beifolgende Brosche mit dem Bilde Deines herrlichen Vaters sei Dir ein liebes Andenken an diesen Tag! Dem Teueren strebe nach, er war ein schöner Mensch im höchsten Sinne des Wortes. Groß an Geist, Herz und Bescheidenheit, an ihm konnte man aufblicken in liebevollster Bewunderung. Eugenie Schumann, Erinnerungen

Clara Schumann, Tagebuch 16.1.1871

16. Januar reisten wir zum Gürzenich-Konzert nach Köln und wohnten bei der lieben Julie Deichmann, die uns immer gleich liebevoll aufnimmt. Marie und Eugenie waren mit mir – Eugenie war von Berlin mit uns gereist – sie soll nun bei mir bleiben.

Wer bin ich neben ihr?

Ich mußte nun auch einen Teil der leichten häuslichen Arbeiten übernehmen, und mein Tag wurde genau eingeteilt. Meine Mutter hielt darauf, daß ich die in der Schule begonnenen Studien fortsetzte, drei Stunden richtete sie mir ein zum Üben am Klavier, und nun hatte ich den Unterricht nicht mehr bei den Schwestern, sondern von ihr selbst. Zweimal die Woche gab sie mir regelmäßig am Vormittage eine Stunde und hielt die dafür bestimmte Zeit aufs gewissenhafteste ein, was auch sonst für Anforderungen an sie herantreten mochten.

Mit großer Liebe, aber auch mit Scheu blickte ich zu ihr auf. Sie stand so hoch über dem armen, unentwickelten Pensionsmädel, daß ein Gefühl der Fremdheit und Verzagtheit lange nicht von mir weichen wollte. Ihr eigener Entwicklungsdrang war so außergewöhnlich gewesen, daß sie sich von dem Innern eines ganz gewöhnlichen Menschenkindes wohl keinen rechten Begriff machen konnte. Von der Natur gebieterisch auf die Kunst hingewiesen, hatte sie das Glück gehabt, einen Vater zu besitzen, der dies früh erkannte und der mit weiser und fester Hand ihr Leben so einrichtete, daß sie von Kindheit auf den höchsten Idealen nachleben konnte. Sie genoß nur den unerläßlichen Schulunterricht, in einer Pension war sie nie gewesen, von ihrem zehnten Jahre an stand sie in der Welt und wuchs unter den Augen der Welt, im Verkehr mit den bedeutendsten Menschen, auf. Mit dreizehn Jahren war sie erwachsen und liebte unseren Vater bereits schwärmerisch; wenige Jahre später stand sie auf der Höhe des Ruhmes als Clara Wieck und auf der Höhe alles Menschenglücks; denn es ward ihr die Liebe des Freundes ihrer Kindheit. Und nun stand ich in demselben Alter und was hatte ich erlebt? Geleistet? Nichts. Ich hatte guten Schulunterricht genossen, einige Kenntnisse erworben, aber vom Leben wußte ich nichts, gar nichts, nicht einmal von den trauten Fesseln des Familienlebens; denn mehr noch als die anderen Geschwister war ich unter Fremden aufgewachsen. Und nun galt es, sich ineinander einzuleben, und ich kann nicht leugnen, daß es mir schwer wurde. Ich vermißte die Gefährtinnen, den Unterricht, die gemeinsamen Spiele; häusliche Arbeiten waren mir lästig, und ungern ordnete ich mich den älteren Schwestern unter. Meine Mutter erschien mir streng, und war es wohl auch in dem Sinne, daß sie die höchsten Anforderungen in bezug auf Fleiß, Pflichttreue, liebevolle Rücksichtnahme und Selbstbeherrschung an uns stellte. Und wie hätte man murren können, wo sie uns selbst mit leuchtendem Beispiel voranging! Sie legte an ihre eigenen Leistungen, im großen wie im kleinen, stets den höchsten Maßstab; das Rechte erkennen und es tun, war bei ihr eins; nie habe ich sie schwanken sehen, auch wo es große, persönliche Opfer galt. Sie fand mich einmal in »Glück« von Hilty lesend. Sie frug mich, ob es schön sei, und da las ich ihr einige Sätze vor. Da sagte sie: »Davon verstehe ich kein Wort, aber ich meine, es sei eine ganz einfache Sache um das Glück: man muß ja nur unter allen Umständen immer seine Pflicht tun.«

Dies also war meine Mutter, und mit welch unsäglicher Liebe und Geduld versuchte sie nun, mich zu sich heraufzuziehen. Nie wurde sie müde, zu lehren, zu ermahnen, zu verzeihen. Sie war selbst unablässig fleißig und verlangte dasselbe von uns. In dem der Arbeit gewidmeten Teil des Tages ertrug sie es nicht, uns müßig zu sehen. »Benutzt die Minuten«, sagte sie, »sie sind unwiederbringlich.« Fand sie mich im Eßzimmer auf die Mahlzeit wartend, so meinte sie, ich solle die paar Augenblicke benutzen, mir ein oder das andre Stück auswendig durchzuspielen. Trotz schlafloser Nächte stand sie immer früh auf, und zwischen Frühstück und Mittagessen arbeitete sie fast ohne Unterbrechung. Ihre ausgedehnte Korrespondenz nahm täglich mehrere Stunden in Anspruch, und ungefähr zwei Stunden verbrachte sie am Klavier. Wenn sie nach dem Frühstück in ihr Wohnzimmer kam, so war es immer ihr erstes, den Flügel aufzumachen, eine von uns staubte ihn ab, und dann blieb er den Tag über geöffnet. Meist übte sie eine Stunde bald nach dem Frühstück, dann wieder nachmittags, wenn es anfing zu dunkeln, und da war es, wo sie sich oft in den herrlichsten Phantasien gehen ließ, wo sich ihr ganzes Innere rückhaltlos erschloß. Mama erzählte uns oft aus ihrer Kindheit und aus den Zeiten ihrer frühen Liebe. Von den schweren

Jahren jedoch, die dem Tode unseres Vaters vorausgingen und ihm folgten, sprach sie fast nie. In diesen schwermütigen Ergüssen der Dämmerstunden aber, da offenbarte sich, was sie an Menschenleid durchgemacht, aber auch wie sie überwunden hatte. Denn nie gestattete sie sich ein Übermaß des Sichgehenlassens, sie suchte Trost in der Musik und fand ihn, und wenn sie dann zu uns zurückkehrte, so stand sie gleich wieder mitten im Leben, nahm an allem teil und genoß das Gute und Schöne, wo und wie es sich bot.

»Ein Glück, daß die Kinder immer so lustig sind«, schrieb unsre Mutter damals in ihr Tagebuch. Ja, wir waren lustig, trotz des Schattens, den Ludwigs nun als unheilbar erklärte Krankheit auf unser Leben warf, lustig trotz des furchtbaren Krieges[1]). Wir waren eben jung, das Leben war so schön, und wir hatten ein so glückliches Heim. Mir wurde immer wohler zumute, mehr und mehr schloß ich mich an Marie an, nur vor der Mutter hatte ich noch immer eine unbezwingliche Scheu, nie näherte ich mich ihr unaufgefordert. Da, eines Tages – wie es kam, könnte ich es sagen? – fühlte ich mich plötzlich unwiderstehlich zu ihr hingezogen. Gleich einer Offenbarung kam es mir zum Bewußtsein, daß diese königliche Frau meine Mutter war, daß sie mir gehörte, daß ich und die Geschwister ihr das Teuerste auf der Welt waren. Und da legte ich ihr von hinten die Arme um den Hals und sagte nur ganz leise: »Mütterchen«. Und da war der Bann gebrochen; es war der Anfang einer Freundschaft, die mich beglückte wie nichts andres im Leben, die ihm Inhalt und Weihe gab und die sich, je älter ich wurde, mehr und mehr vertiefte.

Eugenie Schumann, Erinnerungen

[1]) Der deutsch-französische Krieg 1870/71

Felix oder: Die gescheiterte Revolte

Clara Schumann an Elisabeth Werner 11.9.1860

... Der Abschied von den Kleinen wurde mir schwerer, als Sie es glauben mögen, und namentlich kann ich gar nicht ohne ein inniges Sehnen des lieblichen Jungen gedenken. Gestern und heute verfolgte ich ihn auf seinen ersten musikalischen Gängen! Ob sie wohl entscheidend für seine Zukunft sein werden? Wird ein Glück ihm daraus erwachsen? Wie herrlich wäre es, strebte eines der Kinder dem Vater nach ...

Clara Schumann an Felix 11.5.1867

... Über eines, was mir ganz besonders am Herzen liegt, muß ich Dir nun hauptsächlich heute schreiben. Die Großmutter und Ferdinand schreiben mir, daß Du immer mit der Idee umgehst, Geiger zu werden; das wäre aber ein großer Schritt, schwerer, als Du glauben magst. Wirst Du nicht einmal ein eminenter Geiger, so kannst Du sonst noch so tüchtig sein, Du wirst als Sohn Robert Schumanns eine kümmerliche Rolle spielen. Du kannst, wie gesagt, Deinem Namen nur gerecht werden, wenn Du ein ganz bedeutendes Genie als Musiker entwickelst, und, mit diesem, enorm fleißig studierst. So sehr ich nun die Überzeugung habe, daß Du mit Deinem Talente als Amateur Dir und anderen Freude machen kannst (dazu bedarf es aber auch schon des Fleißes), so wenig glaube ich an eine solche Begabung bei Dir, wie sie zu hoher Künstlerschaft gehört. Darum überlege Dir das ja recht ordentlich, mein teurer Felix. Du hast so schöne andere Geistesgaben, daß Dir manch anderer Lebensweg offen steht, Du sogar möglicherweise ein bedeutender Mann Deines Faches (welches Du erwählen magst) werden kannst, freilich aber Nichts ohne große angestrengte Studien. Du wirst dann eine ehrenvollere Stellung in der Welt einnehmen, als Du es jemals als Künstler erreichen wirst. Die Leute, z.B. Herr de Ahna, haben leicht sagen, »werden Sie Musiker« – ich weiß aus 40jähriger Erfahrung beinahe, was dazu gehört, und habe deshalb immer den Wunsch, eines von Euch zum Musiker zu bilden, in mir unterdrückt . . . Ich will Dich aber, Dir und mir zur Beruhigung, von Herrn Joachim prüfen lassen und ihn fragen, ob Du, wenn Du nach Baden kommst, auf 2 Tage zu ihm kommen kannst. Er wird der beste und unparteiischste Richter sein. Was meinst Du dazu? Schreibe mir darüber . . .

Joseph Joachim an Clara Schumann 31.12.1867

Liebe Frau Schumann. Wenn ich auch nur wenige Minuten heute erübrige, so will ich Sie morgen nicht ohne herzlichen Gruß von uns wissen. Sie haben hoffentlich fortwährend gute Berichte von Julchen und können sich des Zusammenseins mit den andern lieben Kindern ungetrübt freuen, die ich herzlich zu grüßen bitte; es sind wohl Marie, Elise, Ferdinand? Der letzte ist ein so stattlicher, prächtiger, lebensfrischer Junge geworden, daß ich mich in Berlin seiner recht freute. Dabei fällt es mir aufs Herz, daß ich Ihnen von Felixchens Spiel noch gar nichts geschrieben! Der liebe Junge spielte mir die F-Dur-Romanze von Beethoven vor, und recht rein und ordentlich. Mehr kann ich freilich nicht sagen; aber es ist bei der wirklich sehr geringen Zeit, die er aufs Violinspiel verwenden kann, gar nicht möglich, viel zu leisten. Um mir ein Urteil über eine Befähigung zum Künstler zu erlauben, müßte ich ihm entweder selbst eine Zeitlang Unterricht geben können oder ihn hören, nachdem er mehr und anhaltend Mühe aufs Geigen verwendet hat. Wenn ich, so Gott will, im Herbst nach Berlin übersiedle, werde ich mich ja mit dem guten Lix mehr befassen können; aber es wäre gut (da Sie überhaupt die Möglichkeit, ihn zum Musiker zu bestimmen, ins Auge fassen), wenn er vorläufig mindestens 1½ Stunden aufs Üben verwendete. Sollte sich das nicht einrichten lassen? Er läßt sich ganz geschickt zum Violinspiel an, und es wäre ein Unrecht, geradezu abzuraten, bevor man ihm die Möglichkeit zur Entwicklung einige Monate wenigstens gegönnt hat.
Mehr kann ich nicht sagen; leider wohl nicht mehr, als Sie ohnehin gewußt! –

Felix Schumann an die Mutter 10.8.1869

Hin und her überlege ich jetzt . . .; mein Herz treibt mich immer zur Musik, und bringe ich auch manches vor, kehrt es immer wieder dazu zurück; zwar ist die Bahn, die ich betreten will, schwer – auch weiß ich, wie viel Tausende von Musikern es jetzt gibt, aber was macht es, wenn ich der Tausendundeinste bin? – Was sollte sein, wenn die Söhne großer Männer immer wieder solche wären? Dann gäbe es ja gar keine mehr; aber schön ist es, wenn die Söhne großer Männer es sich zur Aufgabe machen, die Größe ihrer Väter und deren Kunst zu umfassen. – Eigentlich möchte ich nun gerne wissen, ob es Dir unangenehm wäre, wenn ich diesen Weg einschlüge.

Ich habe nun doch meine Besorgnis überwunden, laß mich nur meine Straße ziehen, liebe Mutter, was daraus entsteht, überlaß mir und dem Schicksal . . .

Die Mutter hatte, wenn auch ungern, Felixens Wunsch, die musikalische Laufbahn zu ergreifen, nachgegeben, aber zur Bedingung gemacht, daß er das Gymnasium bis zum Abiturium durchmachen solle. Es war dies für ihn eine bittere Enttäuschung.

Eugenie Schumann, Erinnerungen

Clara Schumann an Felix 28.12.1869

Mein geliebter Felix, von Herzen erfreut hast Du mich durch Deine Briefe, namentlich aber durch den letzten, aus dem ich sehe, daß Du Dich etwas aus Deiner trüben Stimmung herausgerungen hast. Ich empfinde es ganz mit Dir, wie schwer es ist, einer Lieblingsidee entsagen zu müssen, aber hier gilt es Deine ganze Zukunft, und ist es ja nicht mal ein völliges Entsagen, sondern nur ein Aufschub der Erfüllung. Was Dir jetzt überflüssig erscheint (das Studium der alten Sprachen), wird Dir später sowohl innerlich als auch in Deiner äußeren Stellung zustatten kommen, und Deine innerliche, geistige Durchbildung Dir den Zutritt in jeden Kreis verschaffen; Du giltst dann nicht nur der Künstler, sondern auch der geistig durchbildete Mensch.

Eugenie Schumann, Erinnerungen

Clara Schumann an Felix 22.6.1870

Mein lieber Lix, Deinen Brief erhielt ich gestern mit dem von Ferdinand, der uns aufs tiefste erschüttert hat. Es ist ein furchtbares Schicksal, was den armen Ludwig getroffen; es gibt keine Worte für solchen Schmerz, das Herz blutet einem. Das meine ertrüge es nicht, fühlte ich nicht, daß ich mich für Euch aufraffen muß. Ach, erlöste der Himmel doch den armen Jungen! Er leidet und ist so jung, hätte so volle Ansprüche noch an das Leben, und ich, beinah fertig mit dem Leben, bin gesund und kann mich an der Natur, an allem, was ich habe, noch erfreuen!

Ach, mein guter Junge, mache mir doch ja keinen Kummer, der eine ist so groß, daß er allein ja kaum zu tragen ist. Wie ruhen auf Dir meine schönsten Hoffnungen, gewiß wirst Du mal ein tüchtiger Mensch, wenn Du gegen die Fehler ankämpfst, die Dir die Pflichterfüllung erschweren, das ist vor allem die Halsstarrigkeit.

Der Mensch besiegt manches, wenn er will, und Du willst doch gewiß, schon aus Liebe zu mir! –

Du weißt, wie sehr auch wir uns immer auf Deine Ferienzeit freuen, und, Gott sei Dank, kann ich es noch erschwingen, Dich kommen zu lassen, aber, dritte Klasse, lieber Junge! Du mußt Dir ein Kissen oder Plaid mitnehmen. –

Inzwischen hatte es sich entschieden – und zwar hatte der Ausspruch der Ärzte, daß Felix nicht kräftig genug sei, um sich dem Studium eines Instrumentes zu widmen, den Ausschlag gegeben – daß er seiner Lieblingsidee, Musiker zu werden, entsagen, das Gymnasium ganz durchmachen und dann eine Universitätslaufbahn ergreifen solle. Im noch nicht vollendeten achtzehnten Lebensjahre bestand er ein glänzendes Abiturium.

Freudig, voller Hoffnungen bezog er wenige Wochen später als stud. juris die Heidelberger Universität.

Eugenie Schumann, Erinnerungen

Felix Schumann an die Mutter 31.10.72

Ich wagte es in meinem gestrigen Brief noch nicht, Dir ein Geständnis zu machen, das mir furchtbar die Seele belastet . . . Ich habe all mein Geld verloren – verspielt. – Es gibt im Menschenleben Augenblicke, wo alle guten und glücklichen Engel von einem weichen. Doch ich will es nicht auf die Engel schieben, meine eigene Torheit ist schuld, mehr als Torheit, unverantwortlicher Leichtsinn, ich weiß es schon. Als ich Dich auf der Eisenbahn traf, hatte ich schon keinen Heller mehr, als ich dann die restierenden 100 fl. empfing, dachte ich nur an Revanche, fuhr eines Tages nach Baden und verlor alles. Schreibe mir bitte umgehend, damit ich Gewißheit habe, welches Deine Gesinnung gegen mich. – Ich verstehe schlecht, jemanden zu besänftigen, Seufzen und Flehen ist mir zuwider. – Aber ich glaube Du wirst auch ohnedem wissen, wie elend ich mich fühle. – Ich werde heute mittag mich mit einer Tafel Schokolade sättigen, die ich noch von Baden her habe. Felix, Felix, wie tief bist du gesunken. – Schreibe mir bitte sogleich, ich habe bis dahin keine Ruhe und keine Sammlung zu Arbeiten. Dein Sohn Felix

Felix Schumann, Gedichte

Vom Ruhm meines Vaters zehren
Steht mir nicht an;
Nicht nur als Sohn soll man mich ehren,
Selbst ist der Mann.

Bonn, den 20. 8. 1872

Am Grabe Robert Schumanns

Felix Schumann

Vor Dein Grab, o Vater, tret ich sinnend
Hänge um den Stein den Kranz aus Lorbeer
Liebe und Verehrung half ihn flechten
Dir dem Niegeschauten, der mich zeugte
Myrten sah ich blühn, Zypressen träumen
Und Platanen lichte Schatten breiten
Vögel singen, Schmetterlinge schwärmen
Selig still gleich Ewigkeitsgedanken –
Hier in einsam lieblicher Verträumnis

Hat man Deinen Erdenstaub gebettet.
Aber hoch im wolkenlosen Äther
lauscht Dein Geist der Harmonie der Sphären.
Doch was zuckt die Lippe mir so schmerzlich?
Quillt so heiß und wehmutsvoll die Träne
Aus dem Auge mir, dem tränenkargen?
Bin kein Weib, zu weichen jeder Regung.
Bin kein Weib, den Toten nachzuklagen!
Nicht dem Einen fließen meine Tränen
Fließen allen staubgebornen Menschen!
Vor mir zieht vorbei die Welttragödie
Und das große erzbewahrte Schicksal!
Oben tragen selige Himmelsboten
Fausts erlöste Seele in die Wolken
drunter eilt im Flügelkleid die Peri
Im Gesicht das weiblich stille Hoffen!
Chöre schallen heilger Büßerinnen
Himmel scheint zur Erde sich zu neigen.
Goldgelockte Engelshäupter lächeln
In den Strom der Melodien verschlungen
Ganz im Anschaun möchte sich die Seele,
Sich im Hauch des Tones ganz verlieren!
Welt und Schicksal, Zeit und Boden versinken
In des Wohllauts unerforschte Tiefen.
Und des Daseins Kreislauf fließt zusammen
In ein einzig himmlisches Empfinden.
Hebt mich auf, ihr reinen Lichtgestalten!
In dem Äther möcht ich mit Euch wohnen.
Wo der Quell des Lichts in tausend Farben
Aus dem Schoß der Ewigkeit hervorbricht!
Doch wo seid ihr? in die Luft zerflossen?
Während ich noch an der Erde Staube hafte!
Einen nur noch sah ich dort im bleichen
Schwarzgelockten Duldnerangesichte
Kenn Dich wohl, o Manfred, Himmelsstürmer
Kenne Dein dämonisch finstres Kämpfen

Blickst mich an, so seltsam markerschütternd,
seufzest und entschwindest –
auf der Zeit unbändigem Flügelrosse
Stürmt es durch der Menschheit dichte Reihen
Trone bersten, Königreiche sinken
Und Tyrannen kleiden sich in Purpur.
Wer beglückt, muß selbst dem Glück entsagen.
Und der Werke Opfer wird der Meister
Wirf in eine Schale alle Wonnen
Die Du schöpftest aus dem Meer des Lebens.
In die andere allen Gram und Jammer
Zweifelst Du noch, welche sinken werde?
Oder raff in eine Faust zusammen
Was Du weißt, den Erbteil von Geschlechtern.
Kannst Du mit der anderen umspannen
All das Unbegrenzte, was du nicht weißt?
Baue Türme, Pyramiden aufeinander
Wälz die Alpen auf der Anden Gipfel
Wirst der Götter Wolkenburg nicht stürmen
Und herabschaun in das Weltgeheimnis!
Doch was hör' ich? tausendstimmiges Tönen
Gleich dem Rufe dunkler Geisterstimmen!
Um mich scheint's zu beben und zu weben,
Goldner Glanz durchfließt der Bäume Kronen.
Überall titanenhaftes Ringen,
Nach dem Licht ein wunderbares Streben!
Stille sinkt der Fittig sanft hernieder
Auf den efeugrünen Totenhügel.
Rosen blühn und Immergrün dazwischen
Ewiger Jugend wunderholdes Sinnbild
Abgetrocknet hab ich meine Tränen.
Friedensandacht läutet durch die Seele.
Fühle Kraft, dem Höchsten nachzuringen
Und die Brust dem Schicksal zu entblößen
Von der Myrthe brach ich eine Blüte
Und dazu den Zweig von Grabzypresse,

Tod und Leben schwesterlich verschlingend –
sei's mir ein Gedenken dieser Stunden!

Eugenie Schumann, Nachlaß

Clara Schumann an Johannes Brahms 17.9.1873

Du hast wohl recht, zu meinen, Felix studiere besser in Berlin! Wäre er nur erst wieder gesund! Er bekam 4 Tage vor meinem Geburtstag eine Brustfell-Entzündung, die, wie der Arzt sagte, sich längst vorbereitet hatte. Die Gefahr ist jetzt vorüber, aber er liegt noch immer zu Bett, und unter 8 Tagen ist nicht an Verlassen des Zimmers zu denken. Der Arzt sagt, es bedürfe der größten Vorsicht, daß seine Lunge nicht angegriffen werde! Welch eine Sorge mir nun daraus wieder erwächst, kannst Du Dir denken, mein armes Herz wird doch immer auf neue Proben gestellt! – Wie bin ich nun froh – daß wir den Beschluß gefaßt hatten, Felix bei uns zu haben, und ich bedauere nur, daß ich die 1½ Jahre in Heidelberg nicht ungeschehen machen kann. Ich sende Dir seine Gedichte, und wäre es mir lieb, wenn Du sie mal durchsähest und an die, welche Dir etwa gefallen, ein Zeichen machtest. Einige davon sind doch recht hübsch, er hat oft sinnige Gedanken und Humor. Wir sind jetzt gar zu sehr beschäftigt, darum schicke ich sie alle, sonst hätte ich Dir die Besseren kopiert. Sage mir offen, was Du davon denkst – glaube nicht, daß ich als schwache Mutter an ein Genie bei ihm dächte, im Gegenteil, ich habe eine solche Angst vor Überschätzung der Talente seiner Kinder, daß ich vielleicht manchmal zu viel verlange von ihnen . . .

Meine Liebe ist grün wie der Fliederbusch
Und mein Lieb ist schön wie die Sonne;
Die glänzt wohl herab auf den Fliederbusch
Und füllt ihn mit Duft und mit Wonne.

Meine Seele hat Schwingen der Nachtigall
Und wiegt sich im blühenden Flieder,
Und jauchzet und singt vom Duft berauscht
Viel liebestrunkene Lieder

Felix Schumann, Gedichte

Johannes Brahms an Clara Schumann 24.12.1874

Liebe Clara, die Verse sind wirklich heute früh in die Hände und in den Kopf gefallen ... Für die Schwestern kann es ja wohl eine kleine Festgabe sein, denn sie werden doch auch gern die Verse des Bruders singen wollen. Ihm selbst oder der gestrengen Mutter sage ich natürlich nur meinen Festgruß.

Clara Schumann an Johannes Brahms 1.1.1875

Liebster Johannes, das Lied war eine liebe Überraschung, und ganz besonders noch für Felix, dem wir nichts gesagt hatten, und abends, als Joachim kam, zeigte ich es diesem, wir fingen an zu spielen, da kam Felix und frug, was für Worte es seien, und wurde ganz blaß, als er seine eigenen sah. Und wie schön ist das Lied und das Nachspiel – das allein könnte ich mir schon immer spielen.

Clara Schumann an Johannes Brahms 2.3.1874

Liebster Johannes, wohl hättest Du erleben können, daß ich Dir eher als Du mir geschrieben hätte, wäre jetzt das Schreiben nicht so gar schwer für mich und das Diktieren so gar trübselig. Ich hatte es ja so voll auf dem Herzen, hätte Dir so gern noch mal unmittelbar gesagt, wie sehr ich die Tage in Leipzig genossen – wie ich Deine wunderbaren Schöpfungen förmlich wie den herrlichsten Blumenduft in mich gesogen, wie sie meine Seele gestärkt haben, die sehr bedrückt war, mehr als Du es ahnen mochtest. Ich wurde die Tage eigentlich ganz mir selbst entzogen, und das war mir Erholung, Labsal! Inmitten Deiner schönsten Tätigkeit mochte ich Dir davon nicht sprechen, heute aber kann ich es Dir kaum verschweigen, daß ich mich öde im Innersten fühle wie nie. In allen Prüfungen hatte ich die Kunst als treue, helfende Freundin mir zur Seite, jetzt fehlt sie mir, und mir ist's, als verliere ich ohne sie allen Halt fürs Leben. Ich bin ganz der Sorge hingegeben, der um Felix, der um mich selbst, nicht um mein Leben, aber meines Lebens Licht und Luft. Ich bin tief betrübt, daß ich mit solcher Mutlosigkeit auch meinen Kindern keine Erheiterung sein kann, arbeite Tag und Nacht an mir, mich aufzurichten, aber wie soll ich das nun mit dieser neuen furchtbaren Sorge um Felix? Er soll nicht nach dem Süden, sondern

nach Davos im Hochsommer, dann den Winter dort bleiben, wo ein ganz ausgezeichneter Arzt sein soll, bei dem die Kranken wohnen. Nun sind wir seinetwegen hierher gezogen, und werden nächsten Winter ohne ihn hier sein müssen, auf den wir so schöne Hoffnungen gebaut, wenigstens die Geschwister – ich war nie mutig im Schlösserbauen, ich sammelte nur zum Bau, aber die Jugend baut stets gleich in den Himmel hinein. Er könnte jetzt gar nicht reisen (auch nicht nach dem Süden), weil er nicht aus dem Hause darf, da er immer etwas fiebert. Kannst Du Dir vorstellen, wie einer Mutter zumute ist, die einen Sohn lebendig begraben, den anderen, so reich begabten, siech herumgehen sieht, und sehr wenig Hoffnung hat, ihn zu erhalten, oder, wenn auch, vielleicht nie mehr ganz gesund zu sehen; ein teueres Kind, ebenfalls reich begabt, inmitten ihres Glückes begraben mußte, und wieviel Schweres sonst noch – kannst Du Dich in mich versetzen, so schätzest Du mich gewiß nicht geringer, wenn ich dem Kummer zuweilen freien Lauf lasse in das Herz eines mitfühlenden Freundes. – Felix arbeitet übrigens fleißig, wie sollte er auch die Tage sonst hinbringen.
Für meinen Arm habe ich seit 14 Tagen eine Streich-Knete-Kur begonnen bei einer Frau, die sehr bedeutende Kuren macht . . . Sie behauptet, mich herzustellen, nur müsse ich Geduld haben, da das Übel lange vorbereitet und hartnäckig sei. Nun, an Geduld fehlt es mir nicht.

Felix Schumann an die Mutter Sommer 1876

Ich fürchtete oft, mit meinen Anschauungen bei Euch anzustoßen, und ging wie auf Zehen.
O Gott, ja, mich packt manchmal die Ungeduld. Und doch, was soll mir der Frühling? Wenn man zwei Jahre lang mit der Natur zusammen gewesen ist, so geht es einem, wie wenn man lange Zeit mit derselben Gesellschaft zusammen ist. Der Stoff geht aus, man gähnt sich immerzu an und schweigt stille. Man hat sich nichts mehr mitzuteilen. Außerdem, was die Natur zu uns zu sprechen scheint, ist ja nur das, was wir ihr in den Mund legen. An und für sich ist sie tot und starr.

Felix Schumann, Gedichte

Felix Schumann an die Mutter 1.6.1876

Ich habe ja auch Stunden, liebe Mama, wo mein Herz weich und biegsam ist, als käme es rund und jung aus der Werkstatt der Natur. Dann wünsche ich wohl oft, Du wärest bei mir, ich könnte Dir die Furchen aus der Stirn streicheln und Dir alles sagen, was mich drückt, und Dich um Verzeihung bitten für manche lieblose Rede und Handlung. Aber wärest Du dann bei mir, ich würde doch kein Wort vorbringen können.

Clara Schumann an Johannes Brahms 6.5.1877

Jetzt komme ich noch mit einer Herzensangelegenheit, für den Fall, daß Du nach Zürich gehst. Du findest dort Felix, über dessen Stimmung, die aus seinen Briefen spricht, ich wirklich ganz trostlos bin. Ich schrieb Dir wohl, daß er umgesattelt und jetzt Geschichte und neuere Sprachen studiert und auch sehr damit umgeht, literarische Arbeiten herauszugeben. Ich schrieb ihm nun neulich, daß, wenn er dies täte, er es zuerst anonym tun solle, damit er sich und uns Unannehmlichkeiten erspare, falls die Sachen nicht reussierten, da man an ihn, mit seinem Namen, von vornherein noch andere Ansprüche stelle als an einen andern. Das scheint ihn sehr verdrossen zu haben, manches andre auch, womit ich Dich schriftlich nicht langweilen will, und nun schreibt er mir so unartige und, ich kann nicht anders sagen, liebeleere Briefe, daß ich tief betrübt bin. Könntest Du, wenn Du mit ihm sprichst, vielleicht etwas Einfluß auf ihn gewinnen, ihm seine Lebensanschauung, die er Dir ja mitteilen wird, als ganz haltlos darstellen und ihn zurückführen auf die Pflichten, die er doch gegen die Seinigen vor allem hat.

Felix Schumann an die Mutter 16.5.1877

Obgleich ich nicht gewohnt bin, im Zusammentreffen zufälliger Dinge Winke und Fingerzeige einer Vorsehung zu sehen, so wurde ich heute morgen doch etwas stutzig: Ich war nämlich gerade beschäftigt, eine größere Arbeit fertigzustellen, mit der ich entschlossen bin, mich in die Öffentlichkeit zu stürzen, als Dein Brief kam mit der Warnung, mich nicht in Gefahr zu begeben und der Schmeichelei der Menschen nicht zu vertrauen. Aber ich folge auch nicht der

Sirenenstimme der Lobhudler, da ich deren fast keine habe, sondern der inneren Stimme, die mir sagt, daß es nun einmal gewagt sein muß. Mißglückt es, so ist es immerhin sehr nützlich, daß ich, je früher desto schmerzloser, von einer Krankheit geheilt werde.

Zur posthumen Veröffentlichung der Gedichte
Man wird fragen: Ja kanntet Ihr denn diese Gedichte nicht? Und da muß ich in tiefer Traurigkeit antworten: Nur die ersten Versuche aus seinem 18ten und 19ten Jahre.
Der verhängnisvolle Irrtum meines Lebens: alle Leistungen von den Standpunkten aus zu beurteilen: Das Höchste oder nichts belastete mich in diesem Falle mit einer schweren Schuld.

Eugenie Schumann, Nachlaß

Drei Wünsche
beim neuen Jahr 1878

Nur einmal noch möcht ich beim Hahnenkrähen
Vom Lager mich erheben wohlgemutet,
Und von der Berge frischbeschneiten Höhen
Die Welt begrüßen, die im Zwielicht flutet.

Noch einmal möcht ich wie in alten Tagen
Die Geige streichen im Quadrupelbunde,
Und Funken aus den alten Brettern schlagen,
Davon die kranke Seele mir gesunde.

Und dann noch einmal mit Olympierarmen
Sie an den Busen siegreich wieder pressen,
Noch einmal bis ins Herzensmark erwarmen
Und wieder zu erwachen gern vergessen.

Felix Schumann, Gedichte

Clara Schumann an Johannes Brahms 17. 9. 1878
Lieber Johannes, das war allerdings eine lange Pause, ach aber was für eine Zeit habe ich erlebt, und wie steht es noch jetzt so traurig!

Ich bin fast wie gelähmt, bringe kaum das Nötigste zustande, und stecke dabei in einer Arbeit, die unglaublich ist. Also denke, kaum wenige Tage in München, bekam ich eine Neuralgie im Arme, die so entsetzlich war, daß ich kein Glied des Armes zu rühren vermochte, dazu die wahnsinnigsten Schmerzen Tag und Nacht, und diese währten volle 3 Wochen und waren schließlich nur mit Morphium zu besänftigen. Zu diesen Körperschmerzen kamen nun die grausamsten Seelenleiden, die eine Mutter haben kann. Gleich den 2ten Tag in München erhielten wir die Nachricht von Marmorito, daß Felix so elend sei, daß er nicht mehr allein bleiben dürfe, ich telegraphierte sofort, er solle nach München kommen, war aber so erschüttert, daß ich umherging wie betäubt. Das hat wohl auch meine Schmerzen im Arm so erhöht. Felix kam endlich nach vielem Hin- und Herschreiben, und wie sah ich ihn wieder – ach, es war herzzerreißend. Wie ein alter Mann schlich er und konnte nicht zu Atem kommen, dabei hustete er von morgens bis abends, fand nachts nur vermittels Chloral etc. einige Stunden Ruhe, und so in diesem Zustand brachten wir ihn nach Baden. Dort erholte er sich ein wenig; und nach etwa 8 Tagen wurde mein Arm auch so viel besser, daß ich wagen konnte, ihn mal mit Spielen zu versuchen – wir wohnten im Bären, es war aber eine schreckliche Zeit, und der Kummer machte mich so elend, daß die Kinder in mich drangen, einige Tage nach Rüdesheim zu gehen, was ich dann schließlich auch tat, denn ich fühlte mich zu schlecht. Marie ging nach Frankfurt, wo es furchtbar zu tun gab, sie kam aber zum 13ten[1]) hinaus, und so hatte ich wenigstens den Trost ihrer Nähe, aber einen traurigen Geburtstag, denn Eugenie war mit Felix nach Falkenstein gegangen – eine Anstalt für Lungenkranke, die eine Stunde von hier und vortrefflich sein soll. Er wollte so gern zu uns, das wollten wir auch, aber in ein noch nicht eingerichtetes Haus, ohne Dienstleute etc. konnten wir ihn nicht nehmen, und so bat ich ihn, einstweilen nach Falkenstein zu gehen. In Baden wurde es zu kalt. Dort scheint manches für ihn doch recht angenehm zu sein – man kann ja eben nur auf Erleichterung für ihn sinnen, denn Hoffnung habe ich keine mehr, eine Lunge ist ganz

[1]) Geburtstag Clara Schumanns

unbrauchbar geworden, die andere schon sehr angegriffen. Solch ein Anfang an einem neuen Wohnort und neuen Wirkungskreis – wie schwer ist das! –
Seit einigen Tagen bin ich hier, aber im Hotel; ins Haus können wir nicht vor Ende Monats, wenigstens nicht dort schlafen; ich habe aber diese Tage dort, in meinem reizenden Zimmer, geübt für Hamburg, mußte mir auch die Kadenzen noch zurecht machen, was mir schrecklich sauer wurde, weil ich so schwer in die Stimmung kommen konnte. Ich habe ein paar Stellen von Dir benutzt, das durfte ich doch? . . . Ich habe viel Schmerzen in beiden Armen, und weiß noch kaum, wie ich in Hamburg spielen soll! Aber gerade bei dieser Gelegenheit abzuschreiben, dazu entschlösse ich mich nur, wenn's unmöglich anders wäre. Daß ich aber nicht in der Stimmung bin, begreifst Du, mein Herz ist ganz gebeugt wie in den schwersten Tagen meines Lebens; alt und gesund selbst, das Leben eines Kindes, eines Jünglings in der Blüte der Jahre hinschwinden zu sehen, das gehört wohl zu den grausamsten Prüfungen für ein Mutterherz, und diese Prüfung ist mir nun mit dem dritten Kinde auferlegt. Ich trüge es auch nicht, hielte mich nicht die Liebe zu den anderen Kindern noch aufrecht, und so gebe der Himmel mir weiter Kraft, indem er mir diese erhält . . .

Clara Schumann an Hermann Levi[1]) 3. 10. 1878

Felix liegt nun schon seit 10 Tagen zu Bett, er läßt Eugenie keinen Augenblick von sich, die ganz aufopfernd für ihn sorgt, so daß es mich innig rührt, aber auch ängstigt . . .

Eugenie Schumann an Mary Levi 14. 9. 1878

Von mir will ich Dir lieber gar nichts sagen. Was ich fühle, kann ich Dir nicht beschreiben, und wenn Du mich ein bißchen gern hast, so weißt Du es ohnedies. Ich habe aber diesen Sommer Kräfte gesammelt, körperlich und geistig, und kann Anprall vertragen.
Überdies bin ich das Zusammennehmen so gewohnt, daß ich gar

[1]) Hermann Levi, berühmter Dirigent, und seine Frau Mary waren mit Schumanns befreundet.

nicht mehr anders kann, denn sowohl Mama als Felix darf man kein trauriges Gesicht zeigen.
Du weißt, daß Mama sehr angenehme Stunden in München verlebt hatte, als sie plötzlich den heftigen Anfall im Arme bekam. Jetzt geht es ihr besser, und ich denke, sie wird Ende des Monats in Hamburg spielen. Du siehst, sie ist immer tätig und voller Pläne; und es ist auch gut für sie. Felix wird in jedem Falle, im guten oder schlimmen, noch lange krank sein, und so ist es gut, wenn Mama von den trüben Gedanken abgezogen wird. Nachlaß Levi

Clara Schumann, Tagebuch November 1878

1. November kamen Felix und Eugenie aus Falkenstein heim. Ach, welch ein Einzug war das für unseren armen Felix! Ich fand ihn recht schlecht; er schien aber sehr froh, endlich mal wieder bei uns zu sein . . .
Es begann jetzt eine unbeschreiblich schwere Zeit für uns. Wir sahen Felix täglich schwächer werden, durften uns ihm gegenüber (aber) keinen Kummer merken lassen . . .

Eugenie Schumann an Mary Levi 18.12.1878

Vielen Dank für Deine Wünsche, Du hast ganz recht den ›Einen‹ besonders zu betonen; ich glaube selbst, daß eine Frau nur ihre Bestimmung erfüllt, wenn sie einen eigenen Wirkungskreis hat, sie kann nur dann glücklich werden. Und da man sich solchen nur auf dem Wege der Heirat oder als Telegrafistin schaffen kann, so bin ich für's Heiraten; und nur wenn mir das gar nicht glücken sollte, könnte ich mich zu dem letzteren Ausweg entschließen. Doch ganz im Ernst, ich bin oft recht traurig, daß ich mich gar nicht verheirate. Marie behauptet immer, ich könnte nie lieben, und das macht mich oft irre an mir selbst, da ich noch nie den Beweis vom Gegenteil geliefert hab. Aber in meinen besseren Stunden fühle ich es tief, daß ich lieben könnte, so warm und innig wie nicht alle es können, und daß es an den Verhältnissen liegt, wenn ich es noch nicht bestätigt.

Nachlaß Levi

Clara Schumann, Tagebuch

24. Dezember ein trauriger Weihnachtsabend. Ich hätte lieber keinen Baum geputzt, aber gerade wegen Felix mußte ich es ... Felix saß mit uns bis 10 Uhr ... Es war seit Jahren der erste Weihnachtsabend für ihn zu Hause – der letzte hier auf dieser Erde. Ob er es ahnte? ...

Januar 1879

Dieser Monat war ziemlich reich an Erlebnissen, ich unternahm so manches mit schwerem Herzen, aber ich tat es, weil Tätigkeit in Prüfungszeiten mir das einzige scheint, was die Seele aufrecht erhält. Dann liegt diese Tätigkeit doch immer in meinem Künstlerberuf, und dieser gehört wieder so ganz zu meinem Leben, daß ich mich gar nicht zu denken vermag in dem Alltagsgleise gewöhnlicher Menschen. Ich wußte übrigens auch, daß es meinem Felix lieb war, wenn ich durch die Kunst in Anspruch genommen war.

Clara Schumann an Johannes Brahms 2.2.1879

Es geht bei uns sehr schlecht, Felix nimmt zusehends ab, obgleich er sich noch immer außerhalb des Bettes hält; ... ich sehe ihn nur immer minutenweise, weil es ihn zu sehr angreift, aber es blutet mir das Herz, wenn ich ihn sehe, und bei allen Beschäftigungen, welche es auch seien, sehe ich immer ihn, den armen Dulder, und muß wirklich alle Kraft der Seele zusammennehmen, daß ich nicht dem Schmerze unterliege ... Merkwürdig war es mir jetzt bei den Konzerten, daß ich so ganz frei und kräftig spielen konnte und doch so traurig dabei war, keinen Augenblick den Kummer vergaß.

Clara Schumann, Tagebuch

Februar 1879. Am 14. spielte ich im Museumkonzert – es war ein lange gegebenes Versprechen. Es wurde mir furchtbar schwer, ach und ich wollte, ich hätte es nicht getan. Hätte ich gewußt, wie nahe das Ende unseres Dulders, ich hätte es nicht getan. Mein Herz blutete, als ich Felix gute Nacht sagte, ins Konzert gehend. Der Kontrast war so schrecklich! Ich sah das ganz Konzert hindurch nur ihn, seine abgemagerte Gestalt, seinen erloschenen Blick, ach und seine Atem-

not – es war entsetzlich! und dennoch spielte ich ganz glücklich, ohne auch nur eine verunglückte Note!
Die Nacht vom 15. zum 16., Sonnabend auf Sonntag 3 Uhr, verschied unser Felix in Mariens Armen; sie hatte mich nicht gerufen ... er hat furchtbar gelitten, ein Todeskampf im vollsten Sinne des Wortes ... sie wollte mir diese Stunde ersparen, die immer Aufopfernde, Liebevolle ... So sah ich ihn am Morgen eine Leiche, ach, und ich muß bekennen, ich fühlte eine Erlösung, für die ich dem Himmel danken mußte ...

Im Februar 1879 verloren wir unseren Felix. In Mariens Armen, dieselben, die ihn gewiegt hatten, kämpfte er den letzten Kampf.
45 Jahre sind es her. Ich habe ihn tief geliebt und nicht vergessen.

Eugenie Schumann, Nachlaß

Ein geliebtes Kind nach dem anderen soll ich verlieren, und meine treueste Helferin und Trösterin, die Kunst, vielleicht auch!

1870 Ludwig, der älteste Sohn, wird mit 23 Jahren lebendig in einer Nervenheilanstalt begraben:

Ich habe mir aber fest vorgenommen, es innerlich so ruhig zu tragen, wie es für eine Mutter nur möglich ist! Ich fühle zu mächtig in mir, daß ich den anderen noch zu leben habe, und das Glück, was mir auf Erden blieb, wiegt schließlich doch die Leiden auf – es bleibt mir doch noch viel Gutes.

1872 Julie, verheiratete Marmorito, 3 Kinder, stirbt mit 27 Jahren:

Es war schwer, aber die Kunst war mir ja stets die treueste Gefährtin, und so auch jetzt ... Und, blicke ich um mich, sehe, welch reicher Schatz mir noch in meinen andern teuren Kindern geblieben, da muß ich doch mit dankerfülltem Herzen zum Himmel blicken und für sie Kraft und Mut zu allem finden.

1879 Felix, der jüngste Sohn, stirbt im Alter von 24 Jahren an Lungentuberkulose:

Es ist mir, als könnte kein Lichtstrahl mehr in meine Seele dringen. Ich kämpfe mit allen Vernunftsgründen dagegen an, sage mir immer vor, daß ich ja noch reiche Schätze in meinen Kindern, der Kunst und den Freunden besitze, aber jeder Augenblick kann mir alles rauben. Man wird ja doch nur alt, um zu verlieren ...

1891 Ferdinand, der letzte Sohn, verheiratet, 6 Kinder, stirbt im Alter von 42 Jahren, morphiumsüchtig:

Das ist ein schweres Schicksal. Aber ich sage mir, daß ich dem Himmel doch viel zu danken habe für die lieben teuren Töchter ...

Die drei Überlebenden

Marie, die Älteste, Haushälterin, Vater und Mutter, Lebenspartnerin und Reisebegleiterin für die Mutter, Mutter für die jüngeren Geschwister. Nach dem Tode Clara Schumanns verwaltet sie den Nachlaß und sorgt für den Nachruhm der Mutter, indem sie zunächst von Julius Allgeyer, dann nach dessen Tod von dem Bonner Altphilologen Berthold Litzmann eine dreibändige Clara-Schumann-Biographie schreiben läßt, für die sie das Material auswählt. Die Tagebücher Clara Schumanns hat sie offenkundig anschließend vernichtet. Marie Schumann starb 1929.

Elise, die zweite Tochter, trennt sich mit 22 Jahren von der Mutter, baut sich in Frankfurt eine selbständige Existenz als Klavierlehrerin auf, heiratet mit 34 den Geschäftsmann Louis Sommerhoff und geht mit ihm in die USA. Vier Kinder entstammen dieser Ehe. Während der letzten Lebensjahre Clara Schumanns lebt die Familie in der Nähe von Frankfurt. Elise Sommerhoff starb 1928.

Eugenie, die Jüngste, lebt bis 1891 mit der Mutter und Marie zusammen, gleichsam als Assistentin der ältesten Schwester. Erst mit vierzig Jahren gründet sie sich in England eine unabhängige Existenz als Pianistin und Klavierlehrerin. Dort arbeitet sie zwanzig Jahre. Ihren Lebensabend verbringt sie wie Marie in der Schweiz gemeinsam mit ihrer Freundin, der Sängerin Marie Fillunger. Alle drei sind in einem Grab bestattet, und zwar auf dem Bergfriedhof Gsteig bei Interlaken. Eugenie Schumann starb 1938.

Den Freunden oder: Netzwerk

Joseph Joachim Johannes Brahms Rosalie Leser Albert Dietrich Emilie List Eduard und Lida Bendemann Amalie Joachim Mathilde Wendt Elise von Pacher Familie Beckerrath

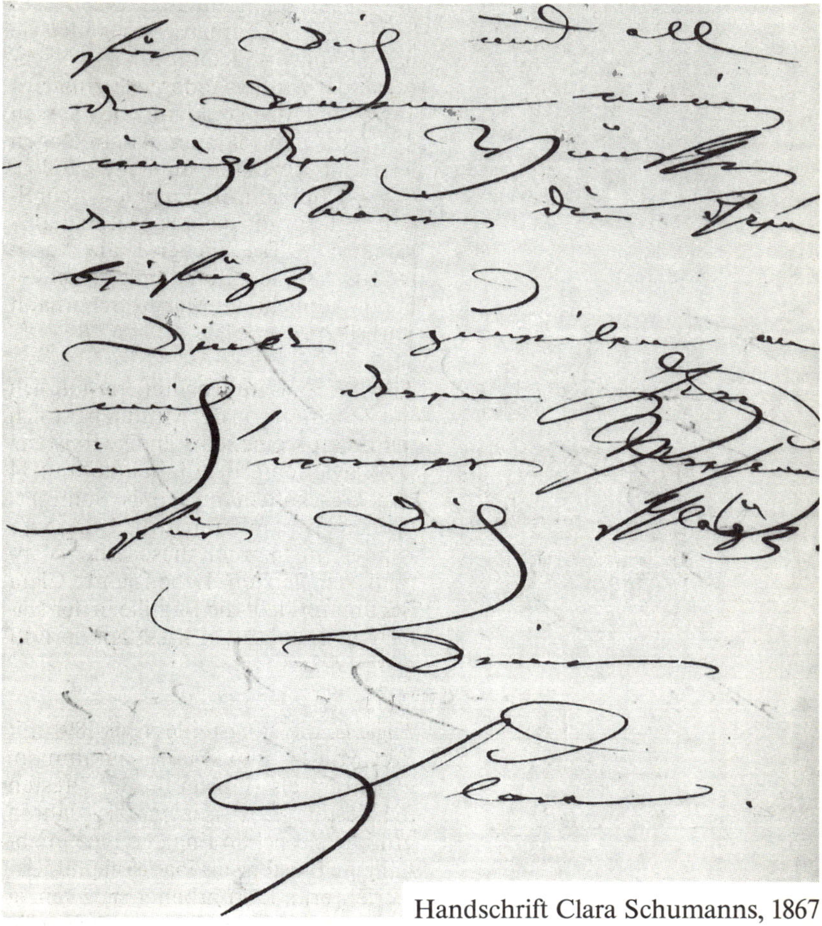

Handschrift Clara Schumanns, 1867

Familie Deichmann Livia Frege Elisabeth und Heinrich von Herzogenberg Hermann Levi Mary Fiedler Ehepaar Townsend Hedwig von Holstein Elisabeth Werner Theodor Kirchner Emma und Theodor Engelmann Julius Stockhausen Friedchen Wagner u.v.m.

Ganz Frau und ganz Künstlerin

Man atmete gesunde Luft, sobald man in ihre Nähe trat.

Ernst Rudorff, Komponist und Pianist

Der Eindruck, den ich von Frau Schumann empfangen, ist so nachhaltig, daß ich bis jetzt noch keinen anderen Gedanken gehabt habe als sie. Abgesehen von ihren wunderbaren Kunstleistungen muß ich es immer mit stiller Andacht betrachten, was echte Kunst und echtes Leid Großes und Herrliches aus einer dazu erwählten gesunden und kraftvollen Natur machen können. Ich weiß es nicht genug auszudrücken, was das Anschauen dieser wunderbaren und rührenden, dieser gottgegebenen Unmittelbarkeit mir in der Erinnerung ist.

Henriette Feuerbach an Julius Allgeyer, 31.10.1865

Wieviel Leben und Wärme strahlt von Ihnen aus, nachdem Sie sich gewiß selbst tot und kalt gefühlt haben. Wie tapfer kämpften Sie mit dem Leben, und hatten Segen dafür für Sie selbst und andere.

Hedwig von Holstein,
Frau des Komponisten Franz von Holstein

Wenn ich mich frage, wodurch meine Verehrung für Sie denn eigentlich diesen schwärmerischen Schwung erreicht hat, so bleib ich zuletzt bei der Überzeugung stehen: Es ist nicht allein Ihr musikalischer Genius (denn was versteh' ich im Grunde davon?), der mich ergriff, es ist ebensosehr Ihre großartige und erhabene Geringschätzung all des Jammers, der leider so vielen Künstlern zur Hauptsache wird; die göttliche Verachtung des Publikums, jener blödsinnigen Masse, welche ja niemals weiß, was sie will; die fast krankhafte Scheu vor der Öffentlichkeit, der Sie ach! so gern entfliehen möchten, in welche Sie Pflichtgefühl und Muttertreue wieder hinauszwingen ...

Carl von Holtei, Schriftsteller, an Clara Schumann, 26.1.1859

Köln, den 23.11 1872

Seit längerer Zeit schon war im Kreise Ihrer intimen Freunde der Wunsch rege geworden, Ihnen, der Witwe des großen, unsterblichen Schumann, der unvergleichlichen, allverehrten Künstlerin, der edelsten Frau, der vortrefflichen Mutter, die Möglichkeit zu schaffen, von den übermäßigen Anstrengungen in ihrem Berufe wenigstens einen Teil abzustreifen und weniger sorgenvoll in die Zukunft zu blicken. In der Überzeugung, daß Sie, was in dieser Richtung geschieht, als aus dem Herzen kommend erkennen und freundlich aufnehmen würden, haben Ihre Freunde die Erfüllung jenes Wunsches nunmehr ernstlich angestrebt, und ich bin in Folge dessen in der angenehmen Lage, Ihnen bei Ihrer demnächstigen Hierherkunft Dreißigtausend Taler 5prozentige Rheinische Eisenbahn-Obligationen als Zuwachs zu Ihrem Vermögen zu überreichen, dem außerdem voraussichtlich während der nächsten zehn Jahre alljährlich weitere Tausend Taler aus derselben Quelle zufließen werden.

Ist das, was Ihnen so gebracht wird, auch nicht viel, so ist es Ihnen doch, nach dem Vorgesagten, gewiß ein Beweis, daß Sie wahre Freunde haben, die Ihnen treu zur Seite stehen und denen Ihr Wohlergehen am Herzen liegt, und so angesehen macht es Ihnen hoffentlich Freude. Genehmigen Sie, meine liebe, hochgeschätzte Frau Schumann, die Versicherung meiner unbegrenzten Hochachtung.

Ihr ergebener
Wendelstadt

Clara Schumann und Johannes Brahms
Verbrannte und versenkte Briefe

Clara Schumann, Tagebuch 30.4.1887

Brahms schickte mir nach Übereinkunft einen Teil meiner Briefe zurück, was mich tief erregte.

Johannes Brahms an Clara Schumann Mai 1887

Es ist viel richtiger, daß meine Briefe zurückgehen als die Deinen! Diese kannst du immer haben – und auch Deine Kinder –, an welchen Fall ich nicht glaube. Meine Briefe aber haben keine Rückadresse, wenn ich davon gehe! Deshalb bitte ich also herzlich, sende sie mir, und wenn ich bitte, sende sie bald, so ist das nicht, weil ich Eile habe, sie zum Buchbinder zu bringen! ...

Clara Schumann, Tagebuch Juni 1887

Ich begann in diesem Monat meine Briefe an Brahms noch einmal durchzulesen und zerriß sie fast alle. Vieles darin, was sich auf meine Reisen bezog, war wohl interessant, doch da ich sicher war, alles auch im Tagebuch wiederzufinden, wenn auch vielleicht nicht so ausführlich, so zog ich es doch vor, sie zu vernichten. Ich fand sie, was Gefühlsäußerungen betrifft, sehr monoton, lauter Klagelieder, die wohl gerechtfertigt waren durch das schwere Schicksal, die ich aber nie der Öffentlichkeit preisgegeben sehen möchte. Nicht ohne große Erregung lebte ich in diesen Briefen die ganze Vergangenheit seit Roberts Krankheit wieder durch ...
... Johannes blieb noch bis Sonntag Nachmittag, reiste dann nach Köln ab. Er bat mich auch um seine Briefe, ich versprach sie ihm, wenn ich sie erst noch einmal durchgelesen – ich konnte mich nicht entschließen, sie ohne dieses zurückzugeben. Traurige Empfindungen, wie immer, wenn er geht ...

Clara Schumann an Johannes Brahms 23.7.1887

Ich lebe jetzt ganz in Deinen Briefen – eine wehmütige Freude. Es ist nicht in Worten zu sagen, was die Seele bewegt, vertieft man sich so ganz wieder in längst vergangene Zeiten. Mit der Rückgabe dieser Briefe ist mir, als nähme ich schon jetzt Abschied von Dir! – Ich denke viel beim Lesen, daß es doch ein Jammer wäre, vernichtetest Du die Briefe. Du solltest Dir eine Art Tagebuch daraus zusammenstellen, denn sie enthalten ja Deinen ganzen Lebenslauf fast, und viele interessante Aussprüche, Urteile – unschätzbar für einen Biographen. Tue das doch, und nachher erst vernichte sie, denn, was zwischen uns Gutes, zuweilen auch Betrübendes war, gehört ja nur für uns, niemand braucht es zu wissen.

Johannes Brahms an Clara Schumann August 1887

Mit unsern Briefen machen wir es aber merkwürdig! Ich dachte immer leise eines Austauschs, hätte aber das Wort nicht herausgebracht. Ich schickte dann Deine Briefe, hatte aber nicht den Mut, vorher hineinzusehen und drin zu lesen – weil ich annahm, sie dann nicht schicken zu können. Du bist das Karnickel, Du fängst an von der Sache, schickst aber nicht und liest!

Na, eine Weile will ich warten!

Clara Schumann, Tagebuch 16.10.1887

Den 16. Oktober kam Brahms hier durch – nachmittags ging er nach Köln zur ersten Aufführung seines Duos mit Joachim und Hausmann. Ich hatte ein Gespräch mit ihm über die Rückgabe seiner Briefe, die mir sehr schwer wurde und einige Bedenken auch bei mir erregte. Wenn er stürbe, kämen sie doch gleich in unrechte Hände, während bei uns doch meine Kinder das gewissenhaft tun würden, was ich oder er wünscht. Er hat mir meine Briefe nun alle zurückgebracht, und ich muß ihm die seinigen von Rechts wegen auch zurückgeben. Ein anderes war es aber noch, was ich ihm vorstellte. Ich wollte aus den Briefen für ihn alles sein Leben als Künstler wie als Mensch Betreffende ausziehen, denn sie geben ein Lebensbild von ihm und seinem Schaffen, wie ein Biograph es sich nicht umfassender wünschen könnte. Ich wollte alles zusammenstellen, dann erst ihm die Briefe zur Vernichtung übergeben, er wollte es aber nicht, und so überließ ich sie ihm unter wehmütigen Tränen heute ...

In dem Vernichtungswerk, von welchem meine Mutter im Juni 1887 berichtet und welches das Fehlen ihrer Briefe bis zum Jahr 1858 erklärt, wurde sie glücklicherweie von mir unterbrochen. Meiner dringenden Bitte, uns, ihren Kindern, die Briefe zu erhalten, gab sie nach.
Brahms erhielt seine Briefe ebenfalls zurück, und da er selbigen Tages nach Rüdesheim fuhr, versenkte er sie, wie er uns später erzählte, vom Dampfschiff aus in den Rhein.

Marie Schumann, Vorwort zum Briefwechsel
Clara Schumann – Johannes Brahms, 1926

Clara Schumann war zu diesem Zeitpunkt 68, Johannes Brahms 54 Jahre alt.

Clara Schumann, Tagebuch undatiert

Gott sendet jedem Menschen, und sei er noch so unglücklich, immer einen Trost, und gewiß sollen wir uns desselben erfreuen und stärken daran. Wohl habe ich euch, doch ihr seid noch Kinder, Ihr kanntet den teuren Vater kaum, ihr seid noch zu jung, um tiefen Schmerz zu empfinden; ihr also konntet mir in den schrecklichen Jahren keinen Trost gewähren, Hoffnungen wohl, doch das konnte mich in solchem Schmerz nicht aufrecht erhalten. Da kam Johannes Brahms. Ihn liebte und verehrte euren Vater, wie außer Joachim keinen; er kam, um als treuer Freund alles Leid mit mir zu tragen; er kräftigte das Herz, das zu brechen drohte, er erhob meinen Geist, erheiterte, wo er nur konnte, mein Gemüt, kurz er war mein Freund in vollstem Sinne des Wortes.
Er und Joachim waren die einzigen, welche euer teurer Vater in der Krankheit sah und immer mit sichtbarer Freude empfing, solange sein Geist noch lichter war. Und er kannte Johannes nicht, wie ich ihn kenne, durch Jahre hindurch! Wohl kann ich euch sagen, meine Kinder, daß ich nie einen Freund so liebte wie ihn – es ist das schönste Einverständnis unsrer Seelen; nicht liebe ich an ihm die Jugend, nicht ist es vielleicht geschmeichelte Eitelkeit, nein seine Geistesfrische, seine herrlich begabte Natur, sein edles Herz ist es, das ich liebe, aber eben durch die Jahre hindurch kennen lernte, wie andre es

Johannes Brahms
in den achtziger
Jahren
Foto von
Hanfstaengel

Clara Schumann

ja nicht können. Zuweilen ist er nach außen hin schroff, wohl fühlen die jungen Musiker seine Geistesüberlegenheit. – Welcher gesteht sich und dem andern das gern ein! Darum mögen sie ihn nicht, und nur Joachim spricht seine Verehrung frei aus, weil er ihm als Künstler ebenbürtig. Jeder dieser beiden sieht an dem andern bewundernd auf, das ist etwas so Erhebendes, wie man es selten in der Welt findet. Auch Joachim, ihr wißt es, war mir ein treuer Freund, doch mit ihm lebte ich nicht immer zusammen, so war denn Johannes es allein, der mich aufrecht erhielt. Vergeßt dies, liebe Kinder, nie, und bewahrt dem Freunde, der es gewiß auch euch immer sein wird, ein dankbares Herz; glaubt eurer Mutter, was sie euch gesagt, und hört nicht kleinliche und neidische Seelen, die ihm meine Liebe und Freundschaft nicht gönnen, daher ihn anzutasten suchen oder gar unser schönes Verhältnis, das sie entweder wirklich nicht begreifen oder nicht begreifen wollen. Ich hielt es für Pflicht, euch dies zu sagen, vergeßt es nie, und nie den Dank, den ihr ihm schuldet für eure Mutter.

Was Brahms' Freundschaft meiner Mutter in der schwersten Zeit ihres Lebens gewesen war, wußte ich damals nicht, erst mehrere Jahre nach meiner Mutter Tod las ich die Worte, die sie gleich einem Vermächtnis uns Kindern in ihr Tagebuch geschrieben hatte, Worte, in denen sie uns zur lebenslangen Dankbarkeit gegen den verpflichtet, der ihr einst Jahre seines jungen Daseins geopfert hatte. Was aber sein Dasein überhaupt im Leben unsrer Mutter bedeutete, alles, was er ihr gab, was nur er ihr geben konnte, das verstand ich schon damals. Nach unsres Vaters Ausscheiden aus dem Leben war es Brahms, dem sie die höchste Freude verdankte, die ihr als Musikerin noch werden konnte, die, den schaffenden Künstler auf Schritt und Tritt zu begleiten. Schon als Kind war solche Freude ihr täglich Brot gewesen; an den Schöpfungen Chopins und Schumanns war sie groß geworden, an der Hand des Einzigen in die Werkstätten Bachs und Beethovens eingedrungen. Und nun war es Brahms, mit dem sie weiterwandelte, an dessen Werken sich die Schwingen ihrer Seele immer und immer wieder Kraft zum Weiterfliegen holten. Sie fragte mich einmal, ob ich wohl begreifen könne, was es heiße, von Kindheit an einen Freund gehabt zu haben, der ihr im täglichen, stündlichen Verkehr künstlerische Anregung höchster, edelster Art gleich kostbaren Perlen auf den Weg gestreut habe, ob ich begreifen könne, daß sie ohne solche Anregung nicht hätte weiterleben können, daß sie sich an die Menschen anklammere, die ihr wie Brahms gewissermaßen Ersatz bieten konnten für das, was sie als Künstlerin verloren, ohne deren liebevollste Bemühungen, sie durch die Musik ihrem Schmerz zu entreißen, sie die furchtbare Leidenszeit nicht hätte überstehen können.

Eugenie Schumann, Erinnerungen

Brahms war als Künstler und Junggeselle so frei, die sozusagen poetische Variante des ›Kinder, Küche, Kirche‹-Ausspruchs für sich zu reklamieren, nämlich daß Frauen nichts weiter seien als Spielzeug. Er machte dabei natürlich die eine oder andere Ausnahme – wie es solche Männer zu tun pflegen –, zu Frau Schumann benahm er sich geradezu wie ein Sohn der alten Schule. Ich kann mich noch an eine äußerst seltsame Unterhaltung zwischen ihnen erinnern, in der es darum ging, ob das Thema seiner Klaviervariationen in D-Dur einen, wie sie es nannte, »überflüssigen, angehängten Takt« hatte. Dabei handelte es sich doch um ein vorzügliches Merkmal dieser wundervollen, frei ausschwingenden Melodie. Sie diskutierte liebevoll, doch wie immer etwas hitzig mit ihm, und ich fand, er blieb unendlich geduldig.
Sein Umgang mit den übrigen Vertreterinnen des weiblichen Geschlechts – oder, um das häßliche Wort zu benutzen, das ihm dauernd über die Lippen kam, den ›Weibsbildern‹ – war weit weniger bewundernswert. Wenn sie ihm nicht gefielen, war er unheimlich verlegen und ungnädig; waren sie hübsch, so hatte er die unangenehme Angewohn-

heit, sich in seinem Stuhl zurückzulehnen, die Lippen zu schürzen, sich über den Bart zu streichen und sie anzustarren wie gefräßige Jungen ein Stück Torte.

Mir gegenüber verhielt sich Brahms sehr nett und väterlich, auf seine verlegene Art – zweifellos hauptsächlich deshalb, weil seine Freunde mich ins Herz geschlossen hatten. Doch schon nach kurzer Zeit der Bekanntschaft erriet ich, daß er einen weiblichen Komponisten niemals ernst nehmen würde, und verspürte keinerlei Bedürfnis, obwohl er mich höflich dazu aufforderte, ihm meine Arbeiten zu zeigen. Schließlich legte ihm Lisl[1]) eines Tages, ohne vorher meine Erlaubnis einzuholen, eine kleine Fuge von mir vor, und als ich hinzukam und feststellte, daß die beiden sie gerade durchsahen, begann er sie zu analysieren auf eine schlichte, ernste und anerkennende Weise: diese Entwicklung sei gut, jene Modulation seltsam und so weiter. Überrascht und hocherfreut verlor ich den Kopf, deutete auf ein konstruktives Detail, über das sich Herzogenberg äußerst erregt hatte – eines der Dinge, weshalb er mich gelegentlich eine schlechte Schülerin nannte –, und fragte in meinem Übereifer: »Glauben Sie nicht auch, wenn ich es so empfinde, habe ich ein Recht, auf der Dominante zu schließen?« Daraufhin veränderte sich die Situation schlagartig. Das ironische Lächeln kehrte auf seine Lippen zurück, er strich sich über den Schnurrbart und sagte mit einer vor herablassender Verachtung triefenden Stimme: »Liebes Kind, ich bin sicher, daß Sie enden können, wann und wo Sie wollen!« . . . Da war es wieder! Plötzlich hatte er sich daran erinnert, daß ich ja eine Frau war, die ernst zu nehmen unter der Würde eines Mannes war, und die Qualität der Arbeit, die er, wäre ich ein Mann, gegen alles und jeden verteidigt hätte, vergaß er dabei einfach. Ethel Smyth, Erinnerungen

[1]) Elisabeth von Herzogenberg, für Brahms wichtige musikalische Gesprächspartnerin

Liebster Johannes
Du Liebe, Du herrliche Clara
wie herrlich hast Du mich überrascht!
wie glücklich bist Du, oder sage ich, wie schön,
wie gut, wie recht
wie schön Deine Kompositionen, wie bin ich erfreut
Du trägst Dein Herz als viel sichereren Besitz –
wir müssen es alle Augenblicke verstecken
wo soll ich nun aber anfangen?
Du siehst alles so warm und so schön ruhig
so recht aus Dir heraus an, und gibst denn ruhig
jedem, was ihm gebührt
wie erscheint mir das Wort immer so matt gegen das, was ich empfinde
ich kann höchstens noch dümmer von Lilien und Engeln
reden – und dann auf Dich und Dein Gemüt kommen
Dir kann man nur wünschen, was Du empfängst,
von Dir brauchst Du nichts, Du bist schön
verzeihe, ich erschrecke über meine Kühnheit dem Komponisten gegenüber

Konzert für Klavier und Orchester d-Moll

Johannes Brahms an Clara Schumann 30.12.1856

... Ich schreibe dieser Tage den ersten Satz des Konzertes ins Reine. Auch male ich an einem sanften Portrait von Dir, das dann Adagio werden soll ...
Lebe recht wohl liebe, liebe Clara, grüße Deine Mädchen von mir.

Johannes Brahms an Clara Schumann 2.2.1859

... Ich hatte in Leipzig bis zum Konzerttag geglaubt, Du müßtest kommen! Ich war sehr enttäuscht, als ich bis zuletzt vergebens gewartet hatte. Ich fand es in Leipzig so ennuyant wie sonst, wüßte auch nichts und niemand, das oder der mir besondere Freude gemacht hätte. Mein Konzert ging sehr gut, ich hatte 2 Proben. Du weißt wohl schon, daß es vollständig durchgefallen ist. In den Proben durch tiefstes Schweigen, in der Aufführung (wo sich nicht 3

Leute zum Klatschen bemühten) durch ordentliches Zischen. Mir hat das keinen Eindruck gemacht. Die übrige Musik habe ich voll genossen und nicht an mein Konzert gedacht.... Im März (24. glaube ich) spiele ich mein Konzert hier (Joachim dirigiert), kannst Du dazu denn nicht herkommen? Länger bleibst Du doch nicht in Wien? ...

Clara Schumann an Johannes Brahms 16.2.1859

Lieber Johannes, wieder wurde es länger, als es sollte, es ging mir aber diesmal eigen; als ich die erste Nachricht über den unglücklichen Erfolg Deines Konzertes erhielt, setzte ich mich gleich hin, Dir zu schreiben, ich hatte so ein Gefühl, als müßte Dir ein freundliches Wort wohltun, da bekam ich Angst, Du könntest mir kurz darauf antworten, und das hätte mich gekränkt. Ich habe aber an der Sache lange zu verwinden gehabt; nicht, als ob die schlechte Aufnahme Dir im geringsten von Deinem künstlerischen hohen Wert rauben könnte, aber es war mir so schmerzlich zu denken, daß doch ein eisiger Hauch auf Dein warmes Künstlerherz fallen mußte, denn so erhaben ist keiner, daß ihn nicht ein freundliches Empfangen angenehmer berührt, als umgekehrt ...

Clara Schumann, Tagebuch Dezember 1861

Am 3. spielte ich Johannes' d-Moll-Konzert unter seiner Direktion im philharmonischen Konzert; ich war wohl die frohste im ganzen Saal, denn obgleich die Anstrengung groß war und nicht weniger die Angst, so überwog die Freude an dem Werke und daß er es selbst dirigierte, alles andere, auch sogar das dumme Publikum ärgerte mich nicht – es verstand eben gar nichts und fühlte auch nichts... Am 7. Dezember gab ich noch eine Soiree, wo ich Johannes' Händel-Variationen spielte, und mit viel Beifall. Johannes aber kränkte mich tief durch die Gleichgültigkeit, die er mir im Bezug darauf erwies. Er äußerte, er könne die Variationen nun nicht mehr hören, es sei ihm überhaupt schrecklich, etwas von sich hören zu müssen, untätig dabeizusitzen.

Clara Schumann an Johannes Brahms 12.12.1873

... Ach, daß ich nun so ein Konzert nicht hören konnte! Wie hätte mich das erhoben, und wie hätte es mich auch gefreut, Dich dabei am Dirigierpult zu sehen und so befriedigt! Hier hört man außer Joachims Quartett nichts!!! Das Theater ist ganz mittelmäßig, die Singacademie zopfig, die Symphonien über die Begriffe langweilig und so weiter. Genußreiche Stunden aber habe ich durch Dein Konzert gehabt, ich kann sagen glückliche. Es ist gar zu schön, und ist mir in Leipzig sehr gelungen. Das Orchester war gut, aber nicht frei, das konnte auch nicht sein bei einem ihnen so fremden und schweren Stücke. Reinecke hat sich große Mühe gegeben – ich hatte in nichts über ihn zu klagen – das Publikum verhielt sich respektvoll, sie riefen mich, die Musiker aber und Musikfreunde, deren eine Masse waren, kamen alle und dankten mir, daß ich ihnen dies herrliche Werk vorgeführt, und das machte mir denn doch große Freude. Ich müßte es alle Jahre spielen können, noch 3–4 mal, dann würde es auch beim Publikum vertraut. Wer weiß aber, ob ich es je wieder spielen kann, denn meine Schmerzen im Arm sind sehr schlimm – ich kann jetzt gar nicht spielen, soll auch eigentlich nicht schreiben . . .

Gavotte

Clara Schumann, Tagebuch Februar 1872

Einen ungeheuren Erfolg hatte ich mit der Gavotte von Gluck, von Johannes arrangiert. Ich gab sie einen Abend im Popular zu und die Leute waren außer sich! Eine Dame – Engländerin natürlich – ließ sich im selben Konzerte noch Herrn Benedict rufen und sagte ihm, sie wünsche für ihre Tochter eine Stunde von ihm für diese Gavotte. Es gelang mir, dieselbe an Novello für 20 £ zu verkaufen, was mich sehr für Johannes freute . . .

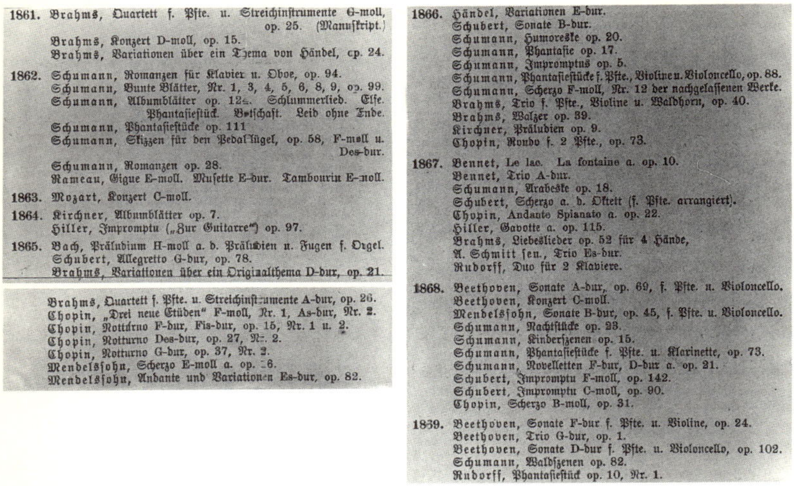

1861. Brahms, Quartett f. Pfte. u. Streichinstrumente G-moll, op. 25. (Manuskript.)
Brahms, Konzert D-moll, op. 15.
Brahms, Variationen über ein Thema von Händel, op. 24.

1862. Schumann, Romanzen für Klavier u. Oboe, op. 94.
Schumann, Bunte Blätter, Nr. 1, 3, 4, 5, 6, 8, 9, op. 99.
Schumann, Albumblätter op. 124. Schlummerlied. Elfe. Phantasiestück. Botschaft. Leid ohne Ende.
Schumann, Phantasiestücke op. 111
Schumann, Skizzen für den Pedalflügel, op. 58, F-moll u. Des-dur.
Schumann, Romanzen op. 28.
Rameau, Gigue E-moll. Musette E-dur. Tambourin E-moll.

1863. Mozart, Konzert C-moll.

1864. Kirchner, Albumblätter op. 7.
Hiller, Impromptu („Zur Guitarre") op. 97.

1865. Bach, Präludium H-moll a. d. Präludien u. Fugen f. Orgel.
Schubert, Allegretto G-dur, op. 78.
Brahms, Variationen über ein Originalthema D-dur, op. 21.

Brahms, Quartett f. Pfte. u. Streichinstrumente A-dur, op. 26.
Chopin, „Drei neue Etüden" F-moll, Nr. 1, As-dur, Nr. 2.
Chopin, Notturno F-dur, Fis-dur, op. 15, Nr. 1 u. 2.
Chopin, Notturno Des-dur, op. 27, Nr. 2.
Chopin, Notturno G-dur, op. 37, Nr. 2.
Mendelssohn, Scherzo E-moll a. op. 16.
Mendelssohn, Andante und Variationen Es-dur, op. 82.

1866. Händel, Variationen E-dur.
Schubert, Sonate B-dur.
Schumann, Humoreske op. 20.
Schumann, Phantasie op. 17.
Schumann, Impromptus op. 5.
Schumann, Phantasiestücke f. Pfte., Violine u. Violoncello, op. 88.
Schumann, Scherzo F-moll, Nr. 12 der nachgelassenen Werke.
Brahms, Trio f. Pfte., Violine u. Waldhorn, op. 40.
Brahms, Walzer op. 39.
Kirchner, Präludien op. 9.
Chopin, Rondo f. 2 Pfte., op. 73.

1867. Bennet, Le lac. La fontaine a. op. 10.
Bennet, Trio A-dur.
Schumann, Arabeske op. 18.
Schubert, Scherzo a. d. Oktett (f. Pfte. arrangiert).
Chopin, Andante Spianato a. op. 22.
Hiller, Gavotte a. op. 115.
Brahms, Liebeslieder op. 52 für 4 Hände,
A. Schmitt sen., Trio Es-dur.
Rudorff, Duo für 2 Klaviere.

1868. Beethoven, Sonate A-dur, op. 69, f. Pfte. u. Violoncello.
Beethoven, Konzert C-moll.
Mendelssohn, Sonate B-dur, op. 45, f. Pfte. u. Violoncello.
Schumann, Nachtstücke op. 23.
Schumann, Kinderszenen op. 15.
Schumann, Phantasiestücke f. Pfte. u. Klarinette, op. 73.
Schumann, Novelletten F-dur, D-dur a. op. 21.
Schubert, Impromptu F-moll, op. 142.
Schubert, Impromptu C-moll, op. 90.
Chopin, Scherzo B-moll, op. 31.

1869. Beethoven, Sonate F-dur f. Pfte. u. Violine, op. 24.
Beethoven, Trio G-dur, op. 1.
Beethoven, Sonate D-dur f. Pfte. u. Violoncello, op. 102.
Schumann, Waldszenen op. 82.
Rudorff, Phantasiestück op. 10, Nr. 1.

Ich habe mich immer so glücklich geschätzt, Dir eine Freundin sein zu können, die Dich versteht und, musikalisch wie auch anders, Deinen Wert anzuerkennen imstande ist . . .

Johannes Brahms an Clara Schumann:
Nur ein schaffendes Genie kann in der Kunst überzeugen

Robert Schumann an Clara Wieck:
Der schaffende Künstler hat Vorrang vor dem reproduzierenden

Ich denke Robert ganz zu verstehen, und das ist wohl die Hauptsache!

2 Kopfkissen, ein sehr leichtes Plumeau, gut durchwärmte Bettwäsche, sehr einfaches Essen ist alles, was sie braucht

Wo sie sich wohl fühlte:
am Rhein
in der Schweiz
in Baden-Baden

bevorzugtes Ziel ihrer Konzertreisen:
England

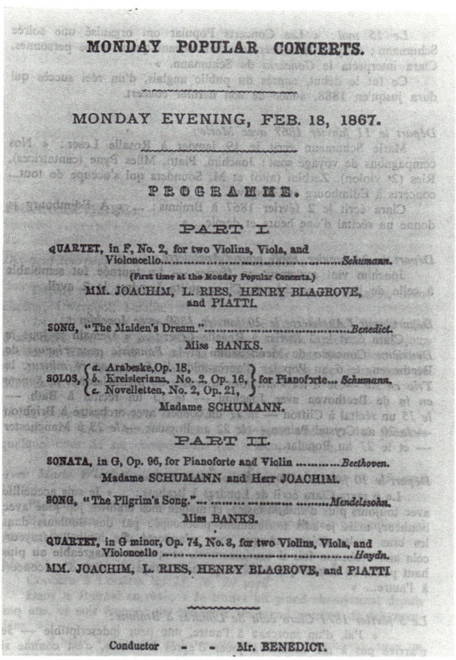
MONDAY POPULAR CONCERTS.

MONDAY EVENING, FEB. 18, 1867.

PROGRAMME.

PART I.

QUARTET, in F, No. 2, for two Violins, Viola, and Violoncello........................ *Schumann.*
(First time at the Monday Popular Concerts.)
MM. JOACHIM, L. RIES, HENRY BLAGROVE, and PIATTI.

SONG, "The Maiden's Dream."........................ *Benedict.*
Miss BANKS.

SOLOS, { *a.* Arabeske, Op. 18, *b.* Kreisleriana, No. 2, Op. 16, *c.* Novelletten, No. 2, Op. 21, } for Pianoforte... *Schumann.*
Madame SCHUMANN.

PART II.

SONATA, in G, Op. 96, for Pianoforte and Violin .... *Beethoven.*
Madame SCHUMANN and Herr JOACHIM.

SONG, "The Pilgrim's Song."........................ *Mendelssohn.*
Miss BANKS.

QUARTET, in G minor, Op. 74, No. 3, for two Violins, Viola, and Violoncello .... *Haydn.*
MM. JOACHIM, L. RIES, HENRY BLAGROVE, and PIATTI.

Conductor - - Mr. BENEDICT.

Es war nicht zu verwundern, daß wir, Marie und ich, bei allem, was uns Gutes widerfuhr, unseren Aufenthalt sehr genossen, daß wir England, die Engländer und alles Englische liebten. Unser höchstes Glück aber fanden wir in der Aufnahme, die man unsrer Mutter bereitete. Wo sie erschien, flogen ihr die Herzen zu, man trug sie auf Händen, und das Konzertpublikum konnte sich in Äußerungen der Liebe und Begeisterung nie genug tun. Wie glücklich war ich, die ich unten im Saale saß, wenn sie unter lautem Jubel sich durch das dichtgedrängte Schillingpublikum hindurch den Weg zum Flügel bahnte, dann die seelenvollen Augen freundlich über den Saal schweifen ließ, sich dankend verneigte, wobei sie die hinter ihr auf dem Podium sitzenden Enthusiasten, die sich ihre Plätze durch stundenlanges Warten hatten erkämpfen müssen, nie vergaß. Wenn sie sich dann an den Flügel setzte und ich sah, wie sich schon bei den ersten Tönen alle Mienen verklärten, und wenn man sie am Schlusse durchaus nicht fortlassen wollte, sie wieder und wieder rief, wie hätte da mein Herz nicht froh bewegt, wie hätte ich nicht stolz sein müssen, ihr Kind zu sein?
Nicht so leicht hatte es Marie. Tausend kleine Pflichten lagen ihr an den Konzerttagen ob; sie half der Mutter beim Anziehen, sie schmückte ihr das seidenweiche, glattgescheitelte Haar mit schwarzen Spitzen und schönen Samtblumen. Sie blieb bei ihr bis zum letzten Augenblick, und dann war sie oft so erregt, daß sie sich nicht entschließen konnte, mit uns im Saal zu sitzen. Sie blieb in dem kleinen Raum neben der Podiumtreppe und hörte von da zu, oder sie ging mit einem Passepartout, den ihr der Konzertunternehmer Mr. Chappell gegeben, an das Ende des Saales, auch wohl hinauf auf die Galerie, um von da die Klangwirkung des Instrumentes zu beurteilen. Unsere Mutter spielte damals mit Rücksicht auf Erards, deren Firma durch den Krieg schwer litt, abwechselnd einmal auf einem Erardflügel, das andere Mal auf Broadwood. Was das heißen will, kann wohl nur der verstehen, der die ungeheure Verschiedenheit in der Spielart beider Instrumente kennt.
Wenn dann alles gutgegangen war und wir uns – wir fuhren gewöhnlich in zwei Wagen – zu Hause zusammenfanden, war es rührend, die Freude der Geschwister zu sehen. Miß Burnands Gesicht

strahlte; sie liebte ja meine Mutter über alles, und ihr Bruder erzählte von den Beobachtungen, die er während des Konzerts gemacht, wie Miß H. ihren Fächer auf dem Programmbuch zerklopft, wie »the Old Lady«, eine Unbekannte, die sich immer den gleichen Schillingplatz auf der ersten Reihe eroberte, Mama mit dem Taschentuch zugewinkt, wie eine andere unentwegt gestrickt habe, wie George Lewes, der Goethebiograph, und seine Lebensgefährtin, George Eliot, wieder ganz vorne gesessen hätten; er berechnete, was Chappell eingenommen, wie viele er hätte abweisen müssen, weil der Saal ausverkauft gewesen, kurzum er führte uns durch sein angenehmes Geplauder, aus dem doch soviel Teilnahme sprach, wieder in das tägliche Leben zurück. –
Noch viel zu wenig habe ich von diesen guten und liebenswerten Menschen gesagt, welche die so anstrengenden, früher in »lodgings« verbrachten Aufenthalte unsrer Mutter mit dem ganzen Zauber häuslicher Behaglichkeit und Sorglosigkeit, mit allem, was Zuneigung an Liebesbeweisen ersinnen kann, umgaben. Jeder Gewohnheit, den mancherlei Bedürfnissen, die ihr anstrengender Beruf mit sich brachte, trugen sie auf das liebevollste Rechnung. Sie überließen ihr das Haus, die Dienerschaft, sich selbst, drängten ihr eigenes Leben in den kleinstmöglichen Raum zusammen und verlangten dafür nichts, als daß wir uns bei ihnen glücklich fühlen sollten. Das war Freundschaft, wie man sie so leicht nicht wiederfindet, die unvergessen in unseren Herzen fortlebt.

Eugenie Schumann, Erinnerungen

Die Engländer

Übrigens liebe ich den englischen Charakter sehr. Der Engländer ist erst kalt, schwer zugänglich . . . aber einmal warm, ist er es für immer, zu jeder Freundschaft fähig! Ich hatte einige Menschen recht lieb gewonnen.

Uns geht es im übrigen gut, Burnands sind gleich liebevoll, und das Publikum hat mich enthusiastischer denn je aufgenommen. Trotz alledem bin ich aber voll Sehnsucht nach

Deutschland und zähle eigentlich die Stunden bis zur Abreise, was ich mir eingestehen muß, so ungern ich es auch tue, weil es mir fast undankbar vorkommt. Meine ganze Gesinnung ist aber so grunddeutsch, daß ich nirgends anders hinpasse.

Mir fiel heute wieder einmal auf, wie feinsinnig hier so viele Menschen sich gegen mich und über meine Kunst äußern, was mir z.B. in Frankfurt selten genug passiert. Die Engländer haben eine merkwürdig lebendige Empfindungsweise, es scheint, daß das steife Formenwesen im allgemeinen ihr Empfinden in ihr Innerstes zurückdrängt, und, lassen sie sich einmal gehen, dann bricht alles Gefühl mit viel größerer Lebendigkeit hervor, als es bei uns Deutschen der Fall ist. Die große Empfänglichkeit hier berührt einen so angenehm, regt so an, daß man oft fast über seine Kräfte leistet . . .

Stockhausen [1]) sahen wir einige Male . . . Er war aufs geratewohl hierhergegangen und fand wenig Engagements. Die Engländer verstehen ihn nicht, können es auch nicht, da sie nicht Deutsch verstehen und also . . . seine ganz besondere Kunst . . ., wie Vortrag deutscher Lieder nicht schätzen können. Überhaupt aber beurteilen sie den Gesang ganz anders als wir; sie verlangen Stimme und Schule, dabei Routine, haben auch gern Wärme im Vortrag; aber wir in Deutschland . . . wollen bei dem allem noch Vergeistigung, wie eben Stockhausen sie gibt. Wer es nicht verstehen kann, wie er in der Stimmfärbung und in der Aussprache jedem Worte die geistige Bedeutung gibt, der kann auch ihn nicht verstehen. Den Engländern ist aber überhaupt, bei aller Liebhaberei für Musik, ein so tiefes Eindringen, eine so vollständig ernste religiöse Anschauung der Kunst möchte ich sagen, nicht verständlich, und das liegt wohl in ihrer ganzen frühesten Erziehung . . .

[1]) der Sänger Julius Stockhausen

Queen Victoria

London, April 1872

Am 20. war meine alljährliche Abschiedsmatinée bei Burnands... Ich mußte noch einige Tage zugeben, weil die Königin mich zum Spiel im Buckingham Palace eingeladen. Das war ein unglaubliches Konzert ... Madame Neruda, Fräulein Regan, einige Herren und ich wirkten mit. Das Zimmer war schön für Musik, aber nicht sehr groß – 700 Personen waren geladen (von 5–7 Uhr fand es statt), etwa 100 Personen waren im Saale, und zwar zum größten Teile hinter leeren Stühlen stehend. Mit der Königin saß die Herzogin von Cambridge und Prinzeß Louise. Die Königin begrüßte uns gar nicht, saß halb in das Zimmer gekehrt, sprach unausgesetzt, hörte nur immer die letzten Takte von jedem Stück und applaudierte dann ein wenig. Wie ... sah sie aus! ... mit weißer Mullhaube, ganz gewöhnlichem schwarz-seidenem Kleide ... Während der Musik hörte man noch überdies das Gemurmel der übrigen 600 Menschen in den Nebensälen. Das Unglaublichste geschah nach dem ersten Teil: Die Königin stand auf, um Tee zu nehmen, und als Zwischenmusik ertönte erst ein Potpourri der Königlichen Bande und dann legten zwei Backpipers (im Nebensaal) los (diese in schottischen Kostümen!) Ich wußte nicht, was ich sagen sollte, begriff erst gar nicht, was es war, bis Madame Neruda mir erzählte, daß diese Musik der Königin Lieblings-Musik sei! ... Ich war außer mir, wäre am liebsten gleich fortgelaufen. Nun begann der zweite Teil, und schon hatte die Königin sich halb wieder auf ihren Stuhl gesetzt, als ihr wohl einfiel, sie müßte uns etwas sagen. So kam sie denn, begann mit einer leichten Kopfneigung bei mir mit den Worten »sehr schön gespielt«, wobei sie den Blick rund um (wir standen alle nebeneinander) gehen ließ und sich wieder zurückzog auf ihren Stuhl.... Als alles vorüber war, sagte sie uns kein Wort des Dankes – Das war mir im Leben noch nie passiert... nun, mich sieht diese Königin nicht wieder bei sich, so viel weiß ich!...

Friedrich Wieck,
Daguerreotypie

Baden 21. August 1872

Liebstes Väterchen,

Du wirst unser Telegramm erhalten haben, hoffentlich recht munter inmitten Deiner Jüngerschar! Es traf sich diesmal so unglücklich für mich, daß ich zur rechten Zeit nicht schreiben konnte, weil ich auf der Rückreise aus der Schweiz gerade die Tage vor dem 18ten war, und hier wurde ich gleich sehr unwohl, so daß ich erst heute zum schreiben mich ermannen konnte, gedacht aber haben wir alle Deiner in treuer Liebe! Hätte ich doch nur einen Blick mal nach Loschwitz werfen können! Gewiß wart Ihr alle recht vergnügt, und habt auch musiziert? Ich fand hier Julie mit Mann und ältestem Kinde, ein reizender kleiner Kerl – ganz deutschen Typus'. Leider aber ist die arme Julie recht elend – jetzt schon mit dem dritten Kinde schwanger, welches sie schon im Dezember erwartet. Diese schnellen Wochenbetten sind zu viel für ihren schwachen und zarten Körper, und das erfüllt mein Herz mit großer Sorge. Geht das so fort, so reibt sie sich ganz auf! Wie nehmen doch die großen Sorgen bei so vielen Kindern gar kein Ende. –

Wir sind jetzt ziemlich vollständig hier, nur Ferdinand, der durchaus keinen Urlaub erhielt, und der arme Ludwig fehlen. Felix verlebt jetzt seine Ferienzeit bei mir, also bis Mitte Oktober. Er entwickelt sich recht zu meiner Freude, ist fleißig und wird gewiß ein tüchtiger Mann mit seinen reichen Gaben und Streben. Seine musikalischen Kenntnisse kommen ihm auch sehr zustatten, da unter seinen Kollegen einige recht gute Dilettanten sind, mit denen er alle Wochen einen Quartett-Abend festgesetzt hat. Neulich haben sie sogar ein Wohltätigkeitskonzert gegeben, wobei sie eine ganz hübsche Einnahme erzielten.

Ob ich Euch nun wohl im Herbst sehe? Wie sehr wünsche ich es! Leider fühle ich mich gar nicht wohl, und da fehlt dann der Mut zum Unternehmen! – Nun vielleicht kehrt er mir doch wieder, denn in meiner künstlerischen Tätigkeit fühle ich durchaus noch keine Abnahme, im Gegenteil empfinde ich selbst, wie ich mehr und mehr über den Aufgaben stehe und mich mit ganzer Seele nur der geistigen Wiedergabe überlassen darf, da mir die Technik gar wenig zu schaffen macht. So habe ich denn auch mehr als je den reinen Genuß in der Ausübung meiner Kunst. Soll ich Dir sagen, wie doch kein Tag vergeht, wo ich nicht mit dem tiefsten Danke Deiner Kunst und Lebenslehren gedenke? Ich denke, daß es so ist und nicht anders sein kann, fühlst Du in Dir selbst – und so sei mir für heute in zärtlicher Liebe geküßt, mein teurer Vater, von

Deiner dankbaren Clara

An die liebe Mutter und Marie herzliche Grüße und die Bitte um ein Wort über Dein und Euer aller Befinden.

Nachlaß Clara Schumann, Staatsbibliothek Berlin

Wieck, Friedrich, geb. zu Pretsch bei Wittenberg am 18. Aug. 1785, bezog nach absolvirtem Gymnasium 1803 die Universität Wittenberg, um Theologie zu studiren, spielte während dieser Zeit fast ohne alle Anleitung fleißig Clavier, Harfe, Violine, Horn und Contrabaß, ging nach vollendeter Studienzeit nach Dresden und nahm eine Hauslehrerstelle an, wobei er den Musiklehrer Bargiel kennen lernte. Später ging er nach Leipzig, um bei Hahnemann eine homöopathische Kur für Augenschmerz zu brauchen, blieb in dieser Stadt, gründete eine Musikalien-Leihanstalt und gab Clavierunterricht. Seit 1840 ist er wieder in Dresden, wo er noch jetzt als weltberühmter Clavier- und Gesanglehrer wirkt.

Seine Tochter und Schülerin. Wieck, Clara Josephine, nachherige Gattin Rob. Schumann's, ist geb. am 13. Sept. 1819 in Leipzig. Der Clavierunterricht begann im fünften Jahre und hatte ein ruhiges und sicheres Fortschreiten zur Folge, so daß Clara bereits nach vier Jahren (20. Oct. 1828) in einem öffentlichen Concerte mitwirken konnte. Mit dem elften Jahre trat sie als Concertspielerin auf Kunstreisen, die der Vater mit ihr unternahm, auf; der größte Ausflug war der nach Paris, aus welcher Zeit der eigentliche Ruf der Künstlerin datirt. Von Paris zurückgekehrt, setzte Clara neben dem Clavierspiel die schon im elften Jahre begonnenen theoretischen Studien (Harmonielehre, Contrapunkt) eifrig fort, übte sich in der Instrumentation und im Partiturlesen, trieb auch eine Zeit lang Violinspiel und Gesang. Auf diese Weise vielseitig gebildet, unternahm sie 1836–40 verschiedene größere Kunstreisen; 1840 vermählte sie sich mit *Rob. Schumann* und setzte ihre glänzende

Materialien zu Friedrich Wieck's Pianoforte-Methodik

Friedrich Wieck hat nach dieser Methode den Unterricht seiner Tochter Frau Dr. Clara Schumann geb. Wieck geleitet.

MATERIALS to illustrate Friedrich Wieck's Pianoforte-Method.

This is the Method on which Friedrich Wieck trained his daughter Mme Clara Schumann née Wieck.

Künstlerlaufbahn auch nach dessen Tode fort. Sie lebte mehrere Jahre in Berlin, seit 1863 ist sie in Baden-Baden ansässig. Clara Wieck-Schumann ist die größte Clavierspielerin unserer Zeit und steht als Interpretin der classischen Werke (namentlich der Beethoven'schen) und vor Allen der ihres Gatten unübertrefflich da, weil sie mit vollendeter Technik die tiefste geistige Auffassung verbindet.

Handlexikon der Tonkunst, hrsg. von Oscar Paul, Leipzig 1873

Clara Schumann, Tagebuch — Oktober 1873

Dieser Monat brachte mir einen großen Schmerz. Mein Vater wurde krank und starb nach einigen Tagen am 6. Oktober. Sein Tod war sanft . . . Er war 88 Jahre alt und hatte noch bis zum letzten Augenblick Freude an der Natur und der Kunst, war in seiner Empfindung stets frisch wie ein Jüngling. Ich war aufs tiefste erschüttert – mit ihm entschwand mir der letzte Anhalt an meine Jugend. Heiß hatte ich ihn geliebt, oft empfand ich es, jetzt aber brach das Gefühl mit Macht über mich herein. Hätte ich nur einen Blick noch von ihm gehabt. Stimmten wir in manchem auch nicht überein, so konnte dies meine Liebe nie beeinträchtigen, und diese war gehoben durch ein

Dankbarkeitsgefühl, das mich durch mein ganzes Leben begleitet hat. Wie viele Jahre hatte er sich mir ausschließlich gewidmet, welchen schönen Einfluß hatte er auf mich gehabt in der Auffassung eines praktischen tätigen Lebens, wie viele Weisheitsregeln hatte er mir gegeben, und nicht allein das, sondern auch gesorgt, daß ich sie befolgte. Seine Natur hatte etwas Großartiges, von Kleinlichkeit wußte er nichts; wo er nützen konnte, war er stets bereit; mehr als das, er suchte die Gelegenheiten dazu, er interessierte sich aufs lebhafteste, wo er Talent zu finden glaubte, und frug dann nie, ob er Lob und Dank haben würde ... So war denn mit ihm ein seltener Mann dahingegangen – meine Trauer war so groß und tief, daß ich sie nicht beschreiben könnte – er war meiner Kindheit ja alles gewesen, und nun erlosch der letzte Rest ...

> Ich habe dir und deiner Ausbildung fast zehn Jahre meines Lebens gewidmet; bedenke, welche Verpflichtungen du hast.
>
> Eintragung Friedrich Wiecks in das Tagebuch seiner Tochter

Clara Schumann an Johannes Brahms 12.12.1873

Vor Leipzig war ich in Dresden zwei Tage – das waren unsäglich traurige Tage für mich. Ich fand die Mutter[1]) nun vereinsamt in einer anderen Wohnung, die alte halb niedergerissen (da kommt ein neues Haus hin) – ach, wie hart ist der Tod, wenn er uns so ins Herz hineingreift! Ich fühlte so recht, wie lieb ich meinen Vater gehabt (in ihm mußte ich ja die Mutter mit lieben), und wie dankerfüllt mein Herz für ihn schlägt. Hätte ich ihn nur einmal noch sehen, umarmen können! Denke Dir, daß er, der selbst so einfach lebte, so wenig Ansprüche an des Lebens Komfort machte stets, (bis zum letzten Tage sogar) tätig für andre war, und jetzt ein ganz hübsches Vermögen (wohl an die 60.000 Taler) hinterlassen hat, und meiner liebevollen Erwähnung getan hat, wie ich es nie gedacht hätte. Kannst Du mir nachfühlen, daß gerade dieses mich so unsäglich traurig gemacht? Ich weiß nicht, was es ist, aber ich kann nicht daran denken, ohne daß mein ganzer Schmerz ausbricht. Es war mir entsetzlich, als wir

[1]) Clementine Fechner

den Kasten mit all den Papieren öffnen mußten, die Papiere anzurühren, die er für uns gesammelt. Es macht mir nichts Freude, was ich Hübsches habe, immer schwebt mir seine Einfachheit vor, und kommt mir alles unrecht vor, was ich und meine Kinder genießen, woran er nie gedacht. Verzeihe, daß ich Dir so viel davon vorspreche – ich fühle aber doch, daß ich zu dem treuesten Freunde spreche, und kann des Herzens Zug nicht widerstehen.

Anläßlich des Todes der Mutter Clara Schumanns, Mariane Bargiel, am 10.3.1872 findet sich keine Tagebucheintragung. Für Clara Schumann war Geld ein wichtiges Thema, und die Mutter war von ihrer Unterstützung abhängig; offenkundig ein belastender Punkt im beiderseitigen Verhältnis.

Clara Schumann an La Mara, Musikschriftstellerin,
10.10.1882

Geehrtes Fräulein!
Von meiner Reise zurückkehrend, fand ich Ihren mir freundlich zugesandten Artikel. Erlauben Sie mir, Sie auf einige Unrichtigkeiten aufmerksam zu machen. Sie betreffen ganz besonders meinen Vater, der, leider, weil er die Kunst ernst nahm und mich zu ernster Ausübung derselben erzog, in ein gänzlich falsches Licht der Welt gegenüber kam. Die Menschen haben ja keinen Begriff, wie, um es in der Kunst zu etwas Bedeutendem zu bringen, die ganze Erziehung, der ganz Lebenslauf ein anderer sein muß als in gewöhnlichen Verhältnissen. Mein Vater hatte bei der künstlerischen Ausbildung vor allem auch die körperliche im Auge, ich studierte nie mehr als in meinen Kinderjahren zwei und in späteren Jahren drei Stunden täglich, mußte aber auch täglich ebenso viele Stunden spazieren gehen, um meine Nerven zu kräftigen; ferner nahm er mich, solange ich unerwachsen war, stets um zehn Uhr aus allen Gesellschaften nach Haus, weil er die Ruhe vor Mitternacht für nötig erachtete. Auf Bälle ließ er mich nicht, weil er sagte, ich brauche meine Kräfte nötiger als zum Tanzen, dafür ließ er mich aber stets in gute Opern gehen, außerdem hatte ich schon in frühester Jugend

den Verkehr mit den ausgezeichnetsten Künstlern. Das waren meine Kinderfreuden, freilich nicht mit Puppen, die ich aber auch nie entbehrt. Die Leute, die von solch ernster Erziehung keinen Begriff haben, legten alles als Grausamkeit aus und hielten meine Leistungen, die wohl über das kindliche Alter hinausgehen mochten, nicht für möglich, ohne daß ich Tag und Nacht studiert haben müsse, während es gerade hauptsächlich das pädagogische Genie meines Vaters war, das bei mäßigem Studium durch die vernünftigste Pflege auch des Geistes und Gemütes mich so weit brachte. Zu meinem Schmerze muß ich sagen, daß mein Vater nie erkannt worden ist, wie er es verdient. Ich danke ihm zeit meines Lebens für alle diese sogenannten Grausamkeiten.

Heute erwartete die Großmutter Besuch und kam die Treppe herunter, ganz in schwarzer Seide. Sie sah wahrhaft königlich aus. Trotzdem sie von einigem Leiden geplagt ist (Reißen in den Fingern und im Arm, Gehörsschwäche), geht sie aufrecht und ungebrochen mit 76 Jahren. Es ist in ihr eine enorme Willensstärke. Jetzt sieht sie ihrem Vater sehr ähnlich, von dem eine Büste [von Theodor Kietz] in Tante Marie's Stube aufgestellt ist. Großmutter's Augen sprechen so viel aus.

Erinnerungen des Enkels Ferdinand, 15.3.1895

Gedächtnißfeier für Robert Schumann
in Bonn
17. bis 19. August 1873
III.

Das erste Concert am Sonntag begann mit der Ddur-Symphonie unter Joachims Leitung.
Hierauf folgte »das Paradies und die Peri« unter v. Wasielewski's Leitung.
Das Programm des zweiten Tages brachte die Manfred-Ouvertüre, das Nachtlied (von Hebbel), das Clavier-Concert, die Cdur-Symphonie und den dritten Theil der Faust-Musik. Alles unter Joachims Leitung.
Nun trat Frau *Clara Schumann* auf! Schon bei ihrem Erscheinen erhob sich ein, in diesem Falle gewiß tief bedeutungsvoller Beifallssturm, der sich nach gebotener Leistung immer und immer wieder von Neuem erhob. Daß die Künstlerin in diesen weihevollen Augenblicken ihr Bestes zu geben verstand, brauche ich nicht im Einzelnen zu belegen; ihr Spiel hat von jeher darum ein so ausgezeichnetes, auch den Hörer mächtig anregendes Gepräge, weil diese seltene Künstlerin es versteht, sich mit ihrem ganzen Wesen in das Spiel zu versenken, welches dies Wesen eben deswegen auch wieder in seiner Totalität wiederspiegelt, eine Kunst, welche manche bedeutende Virtuosen, die an Vollendung der technischen Fertigkeit Frau Sch. überlegen sein mögen, sich nicht zu eigen machen können. Ganz ausgezeichnet war die orchestrale Begleitung des Amoll-Concertes.

Neue Zeitschrift für Musik, 5.9.1873

Eugenie Schumann an Rosalie Leser 19.8.1873

Liebes Fräulein Leser, heute ist nun die Reihe an mir, Ihnen über den gestrigen Tag zu berichten, und jedenfalls habe ich mir den

schönsten ausgesucht. Die Probe zum Konzert füllte den ganzen Morgen aus, und Felix und ich haben von ½9 – ¼ nach 1 Uhr im Saale gesessen. Joachim hat sich mit so viel Liebe in die Sache vertieft, daß man ihn nur mit Rührung ansehen kann. Das Orchester ist unter seiner Leitung von zauberhafter Wirkung, und alle stimmen darin überein, daß man vollendeter und schwungvoller die Werke nie gehört habe. Mama wurde schon in der Probe sehr begeistert empfangen; alles stand auf, um sie zu sehen, und es war des Beifalls kein Ende. Mama ist frischer denn je; nichts ist ihr zuviel; sie genießt unbedingt, und kein Mißton wird eingelassen. Nachmittags legte sie sich wie immer hin, ohne jedoch Ruhe zu finden. Wir sind alle zu aufgeregt. Das Konzert fing mit der Manfred-Ouvertüre an, die doch wunderbar schön ist. Ich glaube, ich habe sie von Papas Werken am liebsten.
Dann kam Mama. Ich kann Ihnen mit Worten diesen Augenblick nicht schildern. Das ganz Publikum stand, klatschte, schrie, ein lauter Tusch wurde geblasen, und auf einmal steht Joachim auf seinem Pult und wedelt mit dem Taschentuch durch die Lüfte. Er sah ganz verzückt aus, und ganz rührend kindlich und schön. Sie können sich denken, daß nun alle Taschentücher des Saales zum Vorschein kamen. Endlich konnte sich Mama setzen; sie sah nie so schön aus. Wie ein junges Mädchen, eine Braut, ein Kind. Das Kleid war prachtvoll und wurde durch eine Rose im Haar gehoben. Mama war gar nicht ängstlich, und Brahms selbst sagte, so schön hätte er das Konzert doch nie gehört. Beim Schluß brach abermals ein riesiger Beifallssturm los, Tusch wurde geblasen und Mama mit Blumen überschüttet; es flogen gewiß an die 150 Bouquette. Es war wunderschön, Fräulein Leser, und ich kann Ihnen nicht sagen, wie glücklich wir sind, daß wir so etwas erlebt haben.

Vorher: der Gang zum Grab

Clara Schumann, Tagebuch 15. 8. 1873

Am 15. morgens war mein erster Gang ans Grab, das ich schon wundervoll geschmückt und von Lorbeerkränzen übersäet fand. Wie mir ums Herz war, kann ich nicht beschreiben – ein Gemisch von

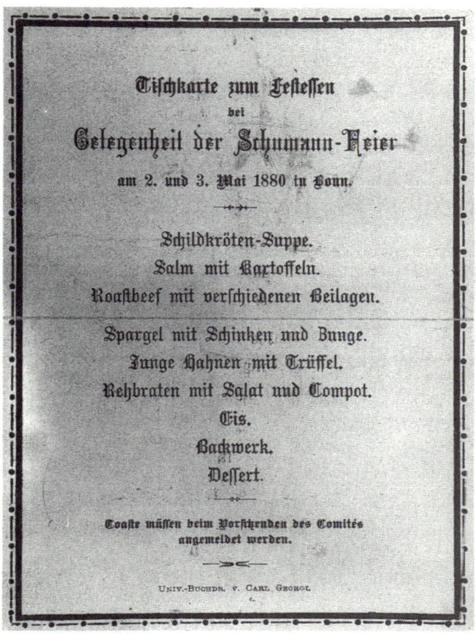

Tischkarte zum Festessen
bei
Gelegenheit der Schumann-Feier
am 2. und 3. Mai 1880 in Bonn.

Schildkröten-Suppe.
Salm mit Kartoffeln.
Roastbeef mit verschiedenen Beilagen.
Spargel mit Schinken und Zunge.
Junge Hahnen mit Trüffel.
Rehbraten mit Salat und Compot.
Eis.
Backwerk.
Dessert.

Toaste müssen beim Vorsitzenden des Comités angemeldet werden.

Univ.-Buchdr. v. Carl Georgi.

Tischkarte zur Schumann-Feier 1880 in Bonn

Schmerz, Freude und Dankbarkeit, daß es mir und den Kindern vergönnt war, ein solches Fest zu erleben und als Künstlerin selbst mitzuwirken . . . Ich fühlte mich wahrhaft erquickt von dem Frieden auf dem Kirchhof – da lag er, dem all die Liebe und Bewunderung galt, und wir durften sie einernten. Welch ein Schmerz, daß er selbst es nicht konnte, und doch was geht wohl über die Seligkeit, die er beim Schaffen genossen haben muß.

Clara Schumann, Tagebuch 17. 8. 1873

Welch eine Teilnahme wurde mir entgegengebracht! Diese hundert Händedrücke, wie hingen alle Blicke an mir, es war eine solche wahre Freude bei allen, die wohl zum Teil mit empfanden, was durch meine Seele ging, daß ich ganz von Liebesbeweisen überwältigt wurde. Leider fehlten Bendemanns! . . . Ich fühlte mich ganz unerwartet der Mittelpunkt des Festes, woran ich zuvor nie gedacht hatte . . . Es war gut, daß ich es vorher nicht wußte. Mit welcher Bangigkeit wäre ich dann zu dem Feste gegangen. Nun aber half nichts mehr. Ich war einmal da und mußte mich zusammennehmen. Die Freude, die ich empfand, trug mich über alles Schwere hinweg . . .

TEIL 5

Clara Schumann

Witwe und Gralshüterin
Mutter, Großmutter und Kind
Pianistin

Wie drängt sich mir wieder jetzt so oft der Gedanke auf,
daß ich, noch bei Lebzeiten, vergessen werde

Einladung zur Subscription
auf die
Erste kritisch durchgesehene Ausgabe der Werke
von
Robert Schumann.
Herausgegeben von Clara Schumann.

Indem wir hiermit die Veranstaltung der Schumann-Ausgabe ankündigen, erfüllen wir einen seit langen Jahren von uns wie von vielen begeisterten Verehrern des grossen Meisters gehegten Herzenswunsch; mit heller Freude wird es gewiss mit uns das musikalische Publikum begrüssen, dass Frau Dr. Clara Schumann sich auf unsern Wunsch entschlossen hat, die kritische Ausgabe der Werke zu übernehmen.

Die Schumann-Ausgabe wird in systematischer Eintheilung, sowie in der äusseren Ausstattung, Format, Papier, Stich, Druck und Korrektheit den kritischen Gesammtausgaben unseres Verlages gleichen.

Zunächst erscheinen die Werke unseres Originalverlages sowie diejenigen der Verleger, welche dem Gesammtunternehmen für ihren Theil beitreten. Binnen 8 Jahren soll das Ganze in Partitur und Stimmen vorliegen.

Es wird Subscription auf die gesammte Ausgabe, sowie auf jede einzelne Serie angenommen; der Subscriptionspreis beträgt 30 Pf. für den Musikbogen in Folio Metallplattendruck. Einzelausgaben werden, soweit veranstaltet, zum Ladenpreise von 50 Pf. für den Musikbogen in Folio geliefert.

Alle Musikalienhandlungen legen auf Wunsch die bereits erschienenen Werke:

Op. 9. Carnaval.	M, 4.25	Serienausgabe als erste Lieferung Pr. M, 10.50 n.
Op. 12. Phantasiestücke . .	„ 4.—	
Op. 17. Phantasie	„ 4.—	
Op. 21. Novelletten	„ 5,75	

vor, nehmen gleich den unterzeichneten Verlegern Subscription und Bestellungen an, und liefern Prospect und Werkverzeichniss unentgeltlich.

Mögen „Robert Schumann's Werke herausgegeben von Clara Schumann" bei den Verehrern ernster deutscher Musik Eingang finden, in ihren Einzelausgaben in allen Familienkreise dringen.

Leipzig, den 15. Nov. 1879. **Breitkopf & Härtel.**

Neue Zeitschrift für Musik, 28.11.1879

Neuer Verlag von Breitkopf & Härtel in Leipzig.

Jugendbriefe
von
Robert Schumann.
Nach den Originalen mitgetheilt
von
Clara Schumann.
IV, 315 S. 8. ℳ 6.—. Eleg. geb. ℳ 7.—.

„Schumann's Jugendbriefe" werden unzweifelhaft nicht minder freudig begrüsst werden, als s. Z. „Mendelssohn's Reisebriefe". Die Briefe, bis zum Abschlusse der Brautzeit reichend, bekunden „den jungen Schumann" als einen herrlichen Menschen und einen echten, Geist sprühenden Poëten. Nicht nur die Musiker, jedweden Deutschen, der Sinn für die aufstrebende Entwickelung des Genius hat, muss dieses edle Jugendleben in Briefen fesseln und begeistern.

Frau Clara Schumann gebührt aufrichtiger Dank, dass sie diesen ihren edelsten Schatz dem deutschen Volke nicht vorenthalten hat. [510]

Neue Zeitschrift für Musik, 4.12.1885

50. Künstlerjubiläum

Ich habe solch ein Schamgefühl, schauderhaft.

Clara Schumann an Johannes Brahms 8.10.1878

Lieber Johannes, weder Dein Gedächtnis, noch Deine Feder hat recht, – das Konzert in Leipzig ist am 24. Oktober. Das wird Dir nun aber doch gar zu bald sein, nachdem Du kaum zurückgekehrt bist! Wenn Du diese Reise nicht mit einer nützlichen verbinden kannst, so komme doch lieber nicht, sie ist wirklich zu groß, und mich drückt es, wenn Du sie meinetwegen machst. Ich brauche Dir anderes wohl nicht zu sagen, das versteht sich von selbst!

Clara Schumann, Tagebuch Oktober 1878

Sonntag den 20. ein mir unvergeßlicher Tag. Es waren heute 50 Jahr, daß ich im Gewandhaus zu Leipzig zum ersten Male öffentlich gespielt – man hatte dies hier erfahren und Raff im Conservatorium eine reizende Feier veranstaltet. Er holte mich ab, und als ich dort ankam, wurde ich von den Schülerinnen der Schule mit Blumen, die sie mir auf den Weg streuten, empfangen. Raff führte mich auf meinen Platz, einen bekränzten Sessel, hielt eine herrliche Anrede an mich und überreichte mir einen Lorbeerkranz. Hierauf begann eine kleine musikalische Matinee, welche nur aus Kompositionen von mir bestand, von den Lehrern der Schule ausgeführt. Es war eine große Überraschung für mich . . . Ich war ganz gerührt von dieser zarten Aufmerksamkeit. Nach dieser Feier fand ich, als ich noch im Wagen beim Fortfahren mit Blumen förmlich überschüttet, zu Hause ankam, Frau Raff, Frau Kissel, Frau Hanau, Frau Lucius, welche mich erwarteten, um mir einige wunderschöne Geschenke von einer Anzahl Frankfurter zu überreichen.

Das dritte Abonnementskonzert am 21. Oktober hatte die Gewandhausdirektion zur glänzenden Jubelfeier für Clara Schumann gestaltet. Ihr zu Ehren, wie zu Ehren ihres großen Gatten, wurden lauter Schumannsche Werke aufgeführt, um das fünfzigjährige Jubiläum ihres ersten Auftretens im Gewandhause zu feiern. Am 20.10.1828 erschien sie als neunjährige Clara Wieck zum ersten Male in diesem Konzertsaale und wurde bald in der ganzen zivilisierten Welt als Wunderkind bekannt und gepriesen. In reiferen Jahren ward sie die beste Interpretin Chopinscher und Schumannscher Werke; und das ist sie bis heute, bis zu ihrem neunundfünfzigsten Jahre geblieben. Sie hat sich seitdem stets auf gleicher Höhe zu erhalten gewußt und das Virtuosentum von der besten Seite kultiviert. Ihr wurde nun auch ein festlicher Abend bereitet, wie er noch keinem Künstler, keiner Künstlerin in Leipzig zuteil geworden. Mit Tusch und Applaus empfangen, mit zahlreichen Bouquets wahrhaft überschüttet, an den Wänden die Namenszüge von Clara und Robert Schumann, die beiden Jahreszahlen 1828 und 1878 etc. Es währte lange Zeit, bevor die Manifestationen der Freude verhallten und sie mit ihres Gatten a-Moll-Konzert beginnen konnte. Nach dem herrlichen Vortrag desselben wurde ihr ein goldener Lorbeerkranz überreicht. Später trug sie die H-Dur-Romanze und h-Moll-Novellette vor und gab dann,

1828
20. Oct.

1878
24. Oct.

ZUR
FUNFZIGJÄHRIGEN JUBELFEIER
DES ERSTEN AUFTRETENS
VON
CLARA SCHUMANN
IM
GEWANDHAUS-CONCERT
ZU
LEIPZIG.

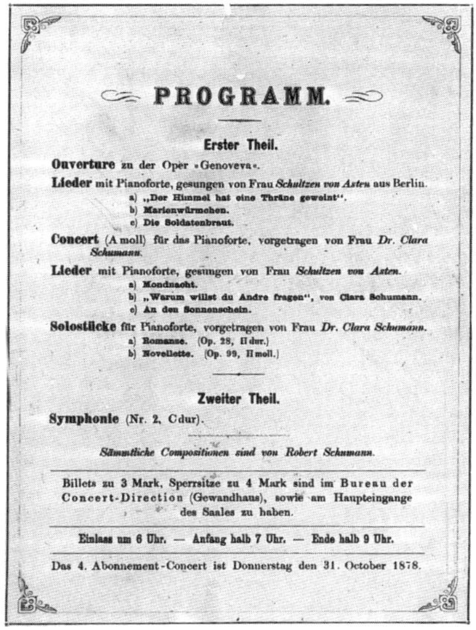

PROGRAMM.

Erster Theil.

Ouverture zu der Oper »Genoveva«.

Lieder mit Pianoforte, gesungen von Frau *Schultzen von Asten* aus Berlin.
a) „Der Himmel hat eine Thräne geweint".
b) Marienwürmchen.
c) Die Soldatenbraut.

Concert (A moll) für das Pianoforte, vorgetragen von Frau *Dr. Clara Schumann.*

Lieder mit Pianoforte, gesungen von Frau *Schultzen von Asten.*
a) Mondnacht.
b) „Warum willst du Andre fragen", von Clara Schumann.
c) An den Sonnenschein.

Solostücke für Pianoforte, vorgetragen von Frau *Dr. Clara Schumann.*
a) Romanze. (Op. 28, H dur.)
b) Novellette. (Op. 99, H moll.)

Zweiter Theil.

Symphonie (Nr. 2, C dur).

Sämmtliche Compositionen sind von Robert Schumann.

Billets zu 3 Mark, Sperrsitze zu 4 Mark sind im Bureau der Concert-Direction (Gewandhaus), sowie am Haupteingange des Saales zu haben.

Einlass um 6 Uhr. — Anfang halb 7 Uhr. — Ende halb 9 Uhr.

Das 4. Abonnement-Concert ist Donnerstag den 31. October 1878.

Programm zum 50. Künstlerjubiläum von Clara Schumann

um den anhaltenden Beifallssturm zu beruhigen, noch eine Novellette ihres Gatten zu. Außer diesen Ehrenbezeigungen wurde ihr von einer kleineren Zahl Gewandhausabonnenten ein silberner Tafelaufsatz mit Blumenschmuck verehrt. Dieser Abend wird also gewiß mit zu den schönsten ihres Lebens zählen. Wenn dies Robert Schumann miterlebt hätte! Es wäre Entschädigung für viel Leid und Kummer und Balsam für seine lebensmüde Seele gewesen.

Neue Zeitschrift für Musik, 24.10.1878

Clara Schumann an Johannes Brahms 4.11.1878

Lieber Johannes, seit wenig Tagen bin ich von Leipzig zurück. Es war ein wunderschönes Fest, schöner als ich es mir je gedacht hätte, ich hatte eigentlich immer Furcht davor gehabt, und nun war es wirklich ein herrliches, ungetrübtes Freudenfest für mich. Welche Liebe ist mir von allen Seiten entgegengetragen worden! Das mußte mich über alles hinwegtragen, ich fühlte mich wahrhaft erhoben und beglückt. Daß Du, einmal auf der Reise, und nachdem das

Hauptkonzert in Dresden vorüber war, nicht kamst, was ich bis Donnerstag immer noch leise hoffte, war mir eigentlich unbegreiflich, und daß ich unter so vielen herzlichen Ansprachen, die mir von nah und ferner Stehenden wurden, die Deine missen mußte, verstand ich auch nicht und war mir leid, doch habe ich dabei das beruhigende Bewußtsein, es durch nichts hervorgerufen zu haben, und kann nur denken, es gibt doch verschiedene Naturen.
Ich habe ganz enorm viel zu tun, und so schließe ich heute, füge noch herzlichen Gruß bei.
Wie immer

Deine getreue Clara.

Clara Schumann im Alter von 59 Jahren Gemälde von Franz Lenbach

Studienwerke und Repertoire

1870. Beethoven, Sonate E-dur, op. 109.
Schubert, Sonate A-moll. Ländler op. 171.
Brahms, Ungarische Tänze für 4 Hände a. Heft 1 u. 2.
Hiller, All Antico.

1871. Bach, Italienisches Konzert.
Brahms, Andante und Variationen D-moll (a. d. Sextett op. 18).
Brahms-Gluck, Gavotte.
Schumann, Sonate G-moll, op. 22.
Schumann, Variationen a. d. Sonate F-moll, op. 14.
Schumann, Blumenstück op. 19.
Schumann, Papillons op. 2.

1872. Bach, Präludium und Fuge für Orgel E-moll.
Mendelssohn, Scherzo a. d. Sommernachtstraum f. Klavier gesetzt vom Komponisten.

1873. Schubert, Phantasie G-dur, op. 78.
Schubert, Sonate in A-dur f. Pfte. u. Arpeggione (Violoncello).
Bach, Partita G-dur.
Hiller, Alla Polacca und Intermezzo a. d. „Modernen Suite".

1875. Scholz, Konzert A-moll.
Brahms, Variationen über ein Thema von Haydn f. 2 Pfte., op. 56b.

1877. Mozart, Sonate mit Violine E-moll.
Clara Schumann, Trio op. 17.

1879. Brahms, Capriccio H-moll a. op. 76.
Brahms, Intermezzo A-dur a. op. 76.

1880. Brahms, Quintett f. Pfte. u. Streichinstrumente F-moll, op. 34.
Brahms, Sonate f. Pfte. u. Violine G-dur, op. 78.

1881. Hiller, Variationen f. 2 Klaviere über „Lützows Jagd" von Weber.

1883. Brahms, Rhapsodie G-moll a. op. 79.
Mozart, Konzert f. 2 Klaviere mit Orchesterbegleitung Es-dur.

1887. Brahms, Trio C-moll, op. 101.

1888. Brahms, Sonate f. Pfte. u. Violine A-dur, op. 100.

1889. Brahms, Sonate f. Pfte. u. Violine D-moll, op. 108.

Kompositionen

1879 Marsch Es-Dur, instrumentiert von J. Grimm (anläßlich einer Goldenen Hochzeit)

ca. 1895 Vorspiele

1895 Praeludium und Praeludien für Schüler (erhalten von Marie Schumann)

60. Künstlerjubiläum

Clara Schumann an Rosalie Leser 29.10.1888

Meine liebste Rosalie, wie unzählige Male dachte ich in diesen Tagen daran, Ihnen zu schreiben, aber es war nicht möglich. – Sie haben keinen Begriff, was alles von Liebe und Herzlichkeit auf mich eingestürmt hat vom 20ten an. Vor allem nun seien Sie innigst umarmt für Ihren herrlichen Lorbeerkranz, der von den Kindern gleich an meine Büste gehangen wurde. Sie Liebe Beste, wären Sie doch nur hier gewesen, es war doch eine erhebende Zeit für mich, diese ganze vorige Woche! – Über die Feier in der Schule schickte ich Ihnen den Artikel, über das Konzert am Freitag erhalten Sie auch nächster Tage einen sehr herzlichen Aufsatz. Bei der Feier in der Schule war überwältigend für mich, als einige meiner Schülerinnen (eine hatte sehr hübsch gesprochen) ein Füllhorn hereinbrachten und in dem Moment der herrliche Marsch aus den Ruinen von Athen pp. begann. Sie wissen, der Chor singt: »schmücket die Altäre« etc. Das war von zauberhafter Wirkung. Das Konzert am Freitag war ein wahrer Festabend für mich, nicht nur durch die Ehren, die mir widerfuhren, sondern vor allem durch die Herzlichkeit, die das ganze Publikum mich empfinden ließ. Als ich erschien, stand alles auf, Tusch gab's auch und endloses Applaudieren und Rufen. Das Konzert habe ich wohl kaum jemals so gespielt, fühlte mich den Tag (nach einer durchschlafenen Nacht) so frisch, als wäre ich ein junges Mädchen. Nach dem Konzert traten 3 Damen auf das Podium und überreichten mir vom Vorstand des Museums einen gold'nen Lorbeerkranz. – Sie können denken, wie ich überrascht war, hatte keine Ahnung davon, auch nicht die Kinder. Alles war im Künstlerzimmer geschmückt mit Bäumen, kurz so festlich wie nur möglich. Adressen von Leipzig, Köln, England, Berlin, Massen von Briefen, Depeschen (über 200) erhielt ich und Blumen, so etwas von Pracht habe ich nie gesehen. Wir mußten Korridor und Treppen damit besetzen, denn in den Stuben war kein Platz. Mehrere herrliche Bäumchen waren darunter, nur jammerte ich immer, daß so vieles, z.B. die Blumenkörbe, schon andern Tages verwelkt waren. Bis gestern morgen kamen noch alle Tage Blumenkörbe, Lyras, Gedichte. Gott sei Dank, daß ich all die Aufregungen so gut überstanden habe. Ach meine liebe Rosalie, könnte ich Ihnen nur mein Herz ausschütten, Ihnen alles zeigen, alles lesen, die ehrenvollen Zuschriften, auch vom Kölner Gürzenich eine sehr hübsche Adresse. Nie habe ich geahnt, wieviel Liebe mir gespendet wird, und fühle ich mich oft ganz beschämt . . . Wir hatten ernstlich daran gedacht, fortzureisen, aber wenn man in der Öffentlichkeit noch wirksam ist, so viele Schüler hat etc., da sieht es doch recht unfreundlich aus, entzieht man sich bei solcher Gelegenheit allem. Scholz bat mich so flehentlich, die Feier zu erlauben, das Museum wollte mir das Festkonzert geben, es war kaum möglich, »Nein« zu sagen, und jetzt freue ich mich, daß ich diesem Gefühle gefolgt bin. Das Fest hat mir viele Menschen näher gebracht, und mich ihnen natürlich auch, und das ist doch erfreulich für mich, gibt mir ein Heimatgefühl hier, wie ich es bis jetzt noch nicht so wohltuend empfunden hatte . . .

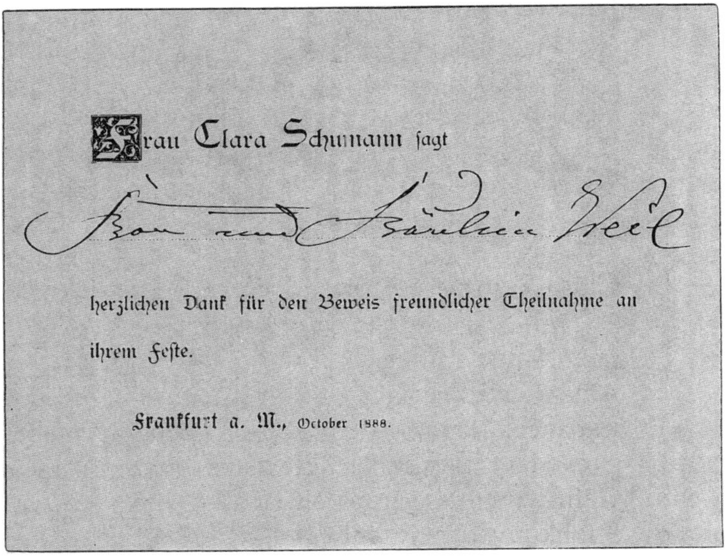

Frau Clara Schumann sagt

Frau und Fräulein Weil

herzlichen Dank für den Beweis freundlicher Theilnahme an ihrem Feste.

Frankfurt a. M., October 1888.

Danksagung Clara Schumanns, Oktober 1888

Clara Schumann über andere Künstler/innen

über Anton Rubinstein:
Am Abend war Konzert von Rubinstein; ich ging hinein, war aber außer mir, denn das war kein Spiel mehr, sondern entweder ein unsinniges Gepauke oder ein Verschiebungs-Geflüster, und so etwas läßt sich ein gebildet sein wollendes Publikum vormachen!

über Franz Liszt:
Gestern, am 31. 7., starb Liszt in Bayreuth – wieder ein immerhin seltener Mensch zu Grabe getragen! Wie ist es

einem leid, daß man diesen nicht so mit vollem Herzen betrauern kann. Der viele Flitter um ihn herum verdunkelt einem das Bild des Künstlers und Menschen.
Ein eminenter Klavier-Virtuos war er, aber ein gefährliches Vorbild als solcher für die Jugend. Fast alle auftauchenden Spieler imitierten ihn, aber es fehlte ihnen der Geist, das Genie, die Anmut, und so erstanden nur einige große reine Techniker und viele Zerrbilder ... Dann war Liszt ein schlechter Komponist – auch hierin für viele verderblich, doch dies nicht so nachhaltig, weil seinen Kompositionen alle oben genannten Eigenschaften, die er als Virtuos besitzt, fehlen; sie sind trivial, langweilig, und sicher werden sie mit seinem Hinscheiden bald ganz aus der Welt schwinden. Er hat die Leute durch seine Liebenswürdigkeit und Virtuosität immer bestochen, und so haben sie seine Werke aufgeführt. Als junger Mann war er höchst fesselnd, später aber mischte sich in sein geistvolles anmutiges Wesen so viel Koketterie, daß es mir oft widerwärtig war.

über Sophie Menter:
Den 13. Konzert der Sophie Menter, leider muß ich sagen, daß sie mir ganz den Eindruck der Kunstreiterin gemacht, vor allem ist sie mir kalt und unmusikalisch erschienen, im Vortrag ist nichts vermittelt, sondern ein fortwährender Wechsel von Ritardandos und Prestos. In Kunststücken ist ihre Technik und Sicherheit eminent, auch in der Geläufigkeit, aber sobald die Passagen ein edleres Gepräge tragen, wie z.B. in Schumann, sind sie ganz unvollkommen ... Sie gehört ganz in die Schule des Pedal-Gerassel oder Verschiebungsgefühl, wie mein Vater sagte ... Solch ein Spiel gefällt nun den Leuten, die junge Generation ahmt es nach, und wo bleibt das schöne Klavierspiel? Wer bemüht sich nun, dem Klavier einen edlen Klang abzugewinnen, wer macht es sich zur Aufgabe, den Intentionen der Komponisten gerecht zu werden? Wer charakterisiert? Wo ist die Pietät, die die Kompositionen getreu so gibt, wie sie gedacht sind? ...

Das sind die Früchte des Liszt'schen Virtuosentums. Die Fehler ahmen sie nach, die Genialität fehlt ihnen. Vor Liszt wurde gespielt, nach Liszt gehauen und gesäuselt! Er hat den Verfall des Klavierspiels auf dem Gewissen ...

über Wagners Tristan und Isolde:
Wir gingen abends in Tristan und Isolde. Das ist doch das Widerwärtigste, was ich noch in meinem Leben gesehen und gehört. Den ganzen Abend einen solchen Liebeswahnsinn mit ansehn und hören zu müssen, wobei sich einem jedes Sittlichkeitsgefühl empört, und darüber das Publikum nicht allein, sondern auch die Musiker entzückt zu sehn, das ist doch das Traurigste, was mir noch je in meinem Künstlerleben vorgekommen ist. Ich hielt bis zum Schluß aus, wollte es ganz gehört haben. Den ganzen zweiten Akt hindurch schlafen und singen die beiden, den ganzen letzten Akt stirbt der Tristan, volle 40 Minuten, und das nennen sie dramatisch!!! Levi sagt, Wagner sei ein viel besserer Musiker als Gluck! Und Joachim? hat nicht den Mut gegen die anderen aufzutreten. Sind sie denn nur alle Narren, oder bin ich es? Ich finde das Sujet so elend; ein Liebeswahnsinn, durch einen Trank herbeigeführt, kann man sich da noch im geringsten für die Liebenden interessieren? Das sind ja nicht mehr Gefühle, das ist Krankheit, sie reißen sich förmlich das Herz aus dem Leibe, und die Musik versinnlicht das in den widerlichsten Klängen! Ach! ich könnte nicht fertig werden zu klagen, ach und weh zu rufen! ...

über Johannes Brahms:
Ich empfinde für das jetzige Kunsttreiben nur Widerwillen – Verständnis habe ich wirklich nicht dafür. Ein Glück, daß noch einer da ist, wie Du! Das echte allein behält über alles sein Recht, und die Zukunft wird uns dies lehren, eigentlich tut es doch schon die Gegenwart, wenn auch nicht in der Allgemeinheit. Das Große und Erhabene liegt eben nicht

da für Jeden, es gehört eben auch wieder ein tiefer unverdorbener Sinn dazu, es zu erfassen.

Berliner Musiksaison 1877/78

Korrespondenzen

Berlin, Am 31. Oct. Concert von Clara Schumann und Amalie Joachim mit Frl. Fillunger, den H.H. Joachim und Hausmann. »Das Concert, welches zwei berühmte Frauen zweier berühmter Männer gaben, hatte ein so großes Interesse für's Publikum, daß bereits seit acht Tagen alle Plätze verkauft waren. Clara Schumann und Amalie Joachim würden auch unter den Namen Wieck und Weiß namhafte Künstlerinnen sein, schwerlich aber hätten sie es als solche zu der Beliebtheit gebracht, deren sie jetzt genießen; denn man darf, ohne ihnen nur irgendwie zu nahe zu treten, doch behaupten, daß es eine ziemliche Anzahl ihrer Kunstgenossen gibt, deren Leistungen den übrigen keineswegs nachstehen, obschon sie sich der allgemeinen Gunst in ungleich minderem Maße erfreuen. Frau Schumann spielte im Verein mit den H.H. Joachim und Hausmann Beethoven's Trio Opus 70, Nr. 3, und das war wegen des von Joachim wundervoll gespielten Geigenparts die vornehmste Gabe des Abends, die nur dadurch etwas beeinträchtigt wurde, daß die Pianistin den Deckel des Instruments offen ließ und deshalb dominierte, sodaß es zu keiner ebenmäßigen Klangwirkung kommen konnte. – Auf die Stimme der Frau Joachim war man neugierig, weil die geschäftige Fama behauptet hatte, sie sei weit schöner jetzt, als vor der Krankheit, welche die Dame leider so lange vom Concertsaale zurückgehalten hatte. Nun die Wahrheitsliebe nöthigt uns zu sagen, daß das Organ von seinem Timbre etwas verloren hat, und die Intonation jetzt im Affecte oft zu hoch schwebt. Unter den vier Liedern von Brahms, die von ihr hier zum ersten Male gesungen wurden, gefiel eigentlich allgemein nur »Des Liebsten Schwur«, da hier eine bei Brahms sonst nicht übliche Schalkhaftigkeit zum Ausdrucke kommt. Die Duette von Schumann, welche Frau Joachim mit Frl. Fillunger sang, hätten

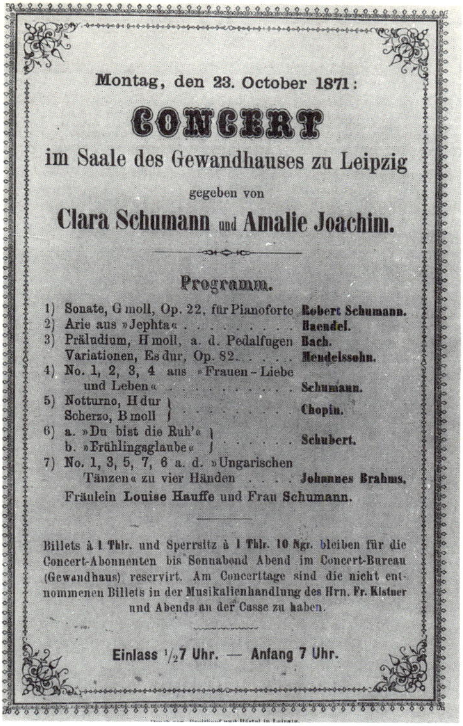

Montag, den 23. October 1871:

CONCERT

im Saale des Gewandhauses zu Leipzig

gegeben von

Clara Schumann und Amalie Joachim.

Programm.

1) Sonate, G moll, Op. 22, für Pianoforte . **Robert Schumann.**
2) Arie aus »Jephta« . . . . **Haendel.**
3) Präludium, H moll, a. d. Pedalfugen **Bach.**
   Variationen, Es dur, Op. 82. . . . . **Mendelssohn.**
4) No. 1, 2, 3, 4 aus »Frauen-Liebe und Leben« . . . . **Schumann.**
5) Notturno, H dur, Scherzo, B moll . . . . **Chopin.**
6) a. »Du bist die Ruh'« b. »Frühlingsglaube« . . . . . . **Schubert.**
7) No. 1, 3, 5, 7, 6 a. d. »Ungarischen Tänzen« zu vier Händen . . . . **Johannes Brahms.**
   Fräulein **Louise Hauffe** und Frau **Schumann.**

Billets à 1 Thlr. und Sperrsitz à 1 Thlr. 10 Ngr. bleiben für die Concert-Abonnenten bis Sonnabend Abend im Concert-Bureau (Gewandhaus) reservirt. Am Concerttage sind die nicht entnommenen Billets in der Musikalienhandlung des Hrn. Fr. Kistner und Abends an der Casse zu haben.

Einlass 1/2 7 Uhr. — Anfang 7 Uhr.

Konzertprogramm, 23.10.1871

mit einer anderen Sopranistin größere Wirkung erzielt; die Stimmen paßten nicht recht zu einander. – Von den »Symphonischen Etuden«, welche die Pianistin spielte, muß noch erwähnt werden, daß dieselben sicherlich in der richtigen Auffassung vorgetragen wurden, da die Gattin des Componisten gewiß die authentische Interpretin ihres Inhaltes ist, aber wir haben sie in neuerer Zeit wiederholt anders vortragen hören und standen daher der Wiedergabe seitens der Concertgeberin etwas fremd gegenüber. Dieselbe mußte auf stürmisches Begehren noch eine Nr. zugeben und wählte dazu Glucks Gavotte aus »Iphigenie« nach ihrer eigenen Bearbeitung. Alle Vorträge ernteten den lautesten Beifall. Wir wollen die Anerkennung auch noch auf Hrn. Johannes Schulze ausdehnen, der meisterlich am Klaviere begleitete.«

Neue Zeitschrift für Musik, Bd. 73 Teil II, 16. 11. 1877

Ich bin ungalant genug, mich erst jetzt den Künstlerinnen zuzuwenden, die ebenfalls »zogen«, und das mit vollstem Rechte. Frau Joachim und Frau Schumann vereinigten sich zu zwei Soiréen und versetzten ihre vollzählige, ebenso gewählte wie andächtige Zuhörerschaft in wahren Beifallsjubel. Mochte derselbe auch theilweise der Person der nach langer Krankheit genesenen Frau Joachim gelten, er war seinem ganzen Umfange nach um so mehr am Platze, als das Publikum zum Theil mit Novitäten, allerdings richtiger mit Antiquitäten (Arien aus Händel's Alcina und Tolomeo), die aber für das Publikum jedenfalls Novitäten waren, regalirt wurde, und als der keusche Gesang der Frau Joachim jedes Hineintauchen in eine irgendwie zu dramatische Empfindungsweise perhorrescirt und sie Liedersängerin par excellence ist und sein will. Dankenswerth war die Reproduktion der schottischen Lieder von Beethoven, um die sich außerdem die HH. Joachim, Hausmann und Johannes Schulze wohlverdient machten. Frau Schumann war im Kleinen, wozu wir eine wenig ansprechende Romanze von Brahms nicht rechnen wollen, am Größesten. Sie brachte die »Symphonischen Etuden« ihres Gatten zu Gehör. Man darf sehr wohl sagen: diese Etuden müssen erstens symphonisch, mit orchestraler Darstellungskraft, mit innigem Verständniß für die Polyphonie, und zweitens als Etuden, d.h. mit höchster technischer Perfection gespielt werden. In ersterer Hinsicht – und ich gestehe, daß, wenn ich zwischen beiden Gravitationspunkten zu wählen habe, mir der erste anziehender sein würde – waren die Etuden eine Meisterleistung.
Ich hatte sie kurz vorher von Heinrich Barth gehört und muß ihm die größere Herrschaft über das Etudenhafte an den Etuden zuerkennen.

Neue Zeitschrift für Musik, Bd. 74 Teil I, 1878

Breslau.

Als stets mit Freuden begrüßter Gast traf gegen Weihnachten Clara Schumann ein und spielte im »Orchesterverein« Mendelssohn's Dmollkonzert, welches, wenn überhaupt schon, seit dreißig Jahren hier nicht aufgeführt wurde; eine altbackene Novität, für die sich unsere vielen Mendelssohnschwärmer bedanken konn-

ten; für andere kann dies Konzert kaum historischen Werth beanspruchen.
Clara Schumann erfreute nach dem dritten Solostück, Chopin's nachgelassenem Emollwalzer, das stürmisch applaudierende Publikum mit einer sehr netten Zugabe von Gluck-Brahms.

Neue Zeitschrift für Musik, Bd. 74 Teil I, 1878

München

Für das dritte Abonnementconcert war die Mitwirkung von Clara *Schumann* zugesagt, ein Umstand, der in Verbindung mit dem andern Umstande, daß das Programm zumeist Compositionen von Schumann aufführte, den Abend zu einem *Schumannfeste* zu gestalten schien. Und das wurde er in der That. Frau Schumann wurde bei ihrem Erscheinen begrüßt und mit Ueberreichung eines Lorbeerkranzes überrascht. Die Begeisterung steigerte sich noch, als sie den ersten Vortrag: Beethoven's Gdurconcert, geendigt und damit eine Leistung vollbracht hatte, die sich in ihrer klassischen Ruhe, Einfachheit und Größe mit der Classicität des Werkes selbst identificirte. Außerdem spielte sie die Fdurnovellette Op. 21 und die Dmollromanze Op. 32 ihres Gatten und Chopin's Asdurwalzer. Schumann's »Waldesgespräch«, »Die alten bösen Lieder« und »Ich grolle nicht« wurden von unserm Hofopernsänger Reichmann gesungen; das schöne Organ des Künstlers erfreute, doch war der Vortrag nicht stylvoll genug. – Das Orchester brachte Schumann's Cdursymphonie zur Vorführung; sie wurde mit sichtlicher Liebe und Begeisterung gespielt und ebenso warm und beifällig aufgenommen. Den Schluß bildete Beethoven's Ouvertüre zu »König Stephan«. – Neue Zeitschrift für Musik 21. 2. 1879

London

Obwohl jede Generation ihren eigenen Stamm an großen Künstlern hervorbringt, bin ich doch angesichts der Tatsache, daß die Lieblinge meiner Jugend der unerbittlichen Zeit weichen, nie ganz überzeugt, ob sie sich ersetzen lassen werden, bevor ich nicht ihre Nachfolger selbst gesehen und gehört habe.

Vor Jahren ging ich einmal in ein Nachmittagskonzert, in dem nicht weniger als drei namhafte Pianisten auftraten. An zwei Dinge kann ich mich noch erinnern. Erstens, daß mich bei meinem Eintritt ein Herr mit vor Aufregung zitternder Stimme in tiefem Ernst fragte: »Hat Cambridge gewonnen?« Und zweitens, daß ich erstmals Madame Schumann hörte und – noch ehe sie den ersten Satz von Schuberts C-Dur-Impromptu beendet hatte – erkannte, von welch edler Schönheit und poetischer Beseeltheit ihr Spiel war. Ein Künstler solchen Ranges ist der Heilige Gral, nach dem jeder Kritiker zeitlebens sucht.
Ich hatte eigentlich nie die geringste Sorge, daß wir jemals um einen Ersatz für Rubinstein oder Bülow verlegen sein könnten. Im Falle von Madame Schumann war ich meiner Sache nicht ganz so sicher.

George Bernard Shaw, Musikfeuilletons des Corno di Bassetto

Clara Schumann an Avé[1]) 2.10.1890

Welch ein Glück, daß Sie noch so rüstig sind und Ihr armes sorgenvolles Herz durch Musik noch erquicken können. Wir leben aber, was die Kunst betrifft, in einer traurigen Zeit, und wir Alten müssen uns mehr und mehr in uns zurückziehen, denn wo sind für uns noch wahre, ungetrübte Genüsse? Wo ist der Sinn für Schönheit in der Kunst, wie spielen die Leute jetzt? Ist es nicht der entsetzlichste Materialismus, wo haben die Künstler die Seele? Wo ist Anschlag, Poesie? Gott sei Dank ist es mir hier und da bei meinen Schülern noch vergönnt, ein Samenkörnchen zu streuen, ach aber, wie wenig ist es gegen den Strom der Zeit!

[1]) Theodor Avé-Lallement, Musiklehrer und Organisator des Hamburger Musiklebens

Nicht die kleinste Ungenauigkeit wurde geduldet

Ilona Eibenschütz
Fanny Davies
Carl Friedberg
Mary Wurm
Adelina de Lara
Nathalie Janotha
Leonhard Borwick
u.v.m.

Im Frühling 1858 aber geschah etwas Außerordentliches. Frau Clara Schumann brachte ein paar Monate bei ihren Kindern in Berlin zu, und Bargiel machte in anerkennenswerter Selbstbescheidung aus eigenem Antrieb meinem Vater den Vorschlag, er möge mir doch von seiner Schwester Clara einige Klavierstunden geben lassen. Frau Schumann ließ sich bereitfinden, beschied mich in ihre damalige Wohnung in der Dessauer Straße und ließ sich von mir vorspielen. (...) Aus der einen Stunde, die sie verabredetermaßen zu geben hatte, wurden jedesmal ungefähr zwei. Da war nichts von vornehmtuerischem Sichvorspielenlassen, sondern von Anfang bis zu Ende das persönlichste, lebendigste Interesse, das gewissenhafteste Eingehen auf jede Einzelheit sowohl der technischen Ausführung wie des Vortrags. Oft ließ sie Seite für Seite spielen und drei- oder viermal wiederholen, bis ihr alles recht war. Dazwischen wieder spielte sie selbst vor und ruhte nicht, ehe sie bei dem Schüler erreicht hatte, was sie wollte. Ich staunte, wie sie zuweilen durch eine einzige Bemerkung die Dinge zurechtzurücken verstand: durch die Angabe eines vorteilhafteren, dem Charakter einer Stelle entgegenkommenderen Fingersatzes, durch einen Wink über die Haltung der Hand oder den Gebrauch des Pedals. Solche Sicherheit des Ratgebens hatte ich noch nicht erlebt. Das konnte nur die große Künstlerin, die nicht theoretisierte, sondern aus eigenster Erfahrung schöpfte. Und welch eine Kraft, welche Fülle poetischer Begeisterung strömte ihre herrliche Persönlichkeit aus! Nicht allein wenn sie am Flügel saß, sondern mit jedem Wort, das sie sprach, mit ihrem ganzen Wesen, das in seiner Gradheit alles Scheinhafte im Verkehr ausschloß, erfaßte sie den andern. Bei aller echten Weiblichkeit, aller Zartheit und Innigkeit des Gemüts war ihr doch jede Spur von weichlichem Wesen fremd. Man atmete gesunde Luft, sobald man in ihre Nähe trat. Wenn ich dies alles in reiferen Jahren auch erst voll bewußt erkannt habe, der unmittelbare Eindruck, den ich schon damals empfing, war doch der gleiche und für alle Zeit entscheidende. Ernst Rudorff, Aus den Tagen der Romantik

Als ich nun, nach vorangegangenem Besuch meines Vaters bei Frau Schumann, an dem von ihr bestimmten Tag mit meinen Eltern nach Baden fuhr, um in der bekannten, an der Lichtentaler Allee gelegenen Villa der Frau Schumann vorzuspielen, beging ich in meiner Arglosigkeit und völligen Unkenntnis der Verhältnisse die größte Unklugheit und spielte ihr Bachs d-Moll-Gavotte (allerdings auswendig) in Bülowscher Vortragsbezeichnung vor. Damit forderte ich unbewußt ihre Gereiztheit heraus. Sie sagte, es sei schade, daß »bei solchen Fingern« die Anleitung falsch gewesen sei; ich spielte mit ganz verkehrter Auffassung! Ein Pianist wie Bülow könne sich ja alles erlauben – »wir Musiker machen das anders!« Auch an dem Schumannschen »Aufschwung« hatte sie auszusetzen; sie fand mein Spiel manieriert.

Begreiflicherweise gaben mir diese Ausstellungen viel zu denken, und ich bemühte mich redlich, ins klare zu kommen und zu verstehen, inwieweit sie berechtigt seien. Die Gehässigkeit gegen Bülow machte mir einen schlechten Eindruck. – In der ersten Stunde gingen wir Beethovens cis-Moll-Sonate durch; es war eines der wenigen Stücke, welche Frau Schumann mir vorspielte. Meine Tagebuchnotiz lautet: »Ihre Auffassung ist wirklich sehr schön, und ich kann viel bei ihr lernen, wenn sie auch nicht so brummig sein sollte, wie sie ist! Liebenswürdigkeit besitzt sie nicht; sagt alles so ungeduldig, selbst brutal, daß ich leider wenig Sympathie für sie behalten kann.« Frau Schumann hatte einen gemieteten Flügel für ihre Stunden, der nicht sehr gut war und sie verstimmte. Ich spielte noch zwei Stücke von Schumann und sagte dann, ich wolle mich bemühen, alles nach ihrem Wunsch zu lernen. Ob ich wohl nachholen könne, was mir fehle? Sie gab keine Antwort! Daß sie mich indessen verstanden hatte, merkte ich bald – denn es kamen mir unwillkürlich die Tränen, und als sie dies bemerkte, wurde sie höflicher: »Ich habe Ihnen den Mut doch nicht genommen? Es war ja alles ganz gut studiert; Sie haben ja gar nicht viel nachzuholen!« Es war plötzlich, als ob ein Schloß von ihrem Mund gefallen wäre; nun konnte sie reden! In der nächsten Stunde war Frau Schumann artiger. Ich spielte nun Bachs d-Moll-Gavotte. Bei der Musette sagte sie: »Haben Sie noch nie einen Savoyarden gehört? Gerade wie eine Drehorgel muß das gespielt werden!« – Obgleich mir dies sehr gegen Gefühl und Überzeugung ging und ich nirgends gewagt haben würde, den großen Thomaskantor so zu verderben, mußte ich bei Frau Schumann dennoch daran glauben und mich bemühen, so ausdruckslos wie möglich zu spielen. Als ich zu Ende war, überraschte sie mich mit der Ausstellung, der Spiritus fehle! »Man muß allerdings übermenschlich weit sein, um Drehorgel und Spiritus zu vereinigen«, notierte ich in mein Tagebuch! Mußte ich da nicht denken, Frau Schumann wolle mich schikanieren? (. . .) Auch piano konnte man ihr nie genug spielen; es war ordentlich, als wolle sie damit ihre beginnende Taubheit verbergen. – Wäre alles logisch gewesen, was Frau Schumann von mir verlangte, so hätten ihre unliebenswürdigen Manieren mich nicht abgehalten, eifrig bei ihr weiter zu lernen. So aber gewann ich den Eindruck, sie wolle mich absichtlich herunterdrücken und mir den Glauben an meine Fähigkeit nehmen. Dies empörte mich; denn bisher hatten mich alle Sachverständigen für talentvoll erklärt. Dazwischen grübelte ich aber auch ernstlich darüber nach, ob mein Talent vielleicht doch nicht ausreichend sei? Ich war keineswegs unbescheiden trotz vieler Privaterfolge in Baden und obgleich die Leute sagten: »Sie haben ja gar nicht nötig, noch bei Frau Schumann zu lernen!« Derartige Phrasen hielt ich für Ar-

tigkeiten, die keinen Wert haben. Lernen mußte ich noch; dies stand fest bei mir. Aber für alle die Widersprüche beim Unterricht der Frau Schumann schien mir der Preis von zwanzig Franken, den wir ihr ohne zu fragen, später pro Stunde einhändigten, doch etwas zu hoch! Als ich nun gar vor Aufregungen und Skrupeln heftig erkrankte und meine Eltern ein Nervenfieber befürchteten, bereute mein Vater tief, mich zu Frau Schumann gebracht, ja diesen Beruf für mich erwählt zu haben! (. . .)
Auch jetzt, nach so langer Zeit, habe ich noch die Überzeugung, daß sie mich niederdrücken wollte. Ich halte dies für das größte Unrecht, welches einem aufstrebenden Talente zugefügt werden kann; denn es gibt so viel zu lernen und so viel zu sorgen im Künstlerberuf, daß man nur im Glauben an die eigene Fähigkeit den Mut und die Kraft findet, alle körperlichen und geistigen Anstrengungen zu überwinden, um dem vorgesetzten Ziel zuzustreben. Ohne diesen Glauben sind Mühe und Fleiß verschwendet, und Frau Schumann hatte ihn bei mir erschüttert!

Luise Adolpha Le Beau, Lebenserinnerungen

Wie lebhaft erinnere ich mich noch der ersten Stunde. Sie fing, wie alle späteren Stunden auch, mit Tonleitern und Übungen an. Dann folgte die erste Etüde aus Czernys ›Kunst der Fingerfertigkeit‹. Meine Mutter ließ mich eine Seite spielen, dann sagte sie: »Das ist soweit ganz gut; aber findest du nicht, daß die Akkorde viel schöner klingen, wenn man sie so anschlägt?« Und sie spielte mir mit freiem Handgelenk, die Töne unbedingt zusammen und in gleicher Stärke anschlagend, ohne im Augenblick des Anschlagens das Gelenk zu versteifen, forte und dabei doch herrlich weich, die ersten acht Takte vor, wobei sie die Akkorde rhythmisch so zusammenfaßte, daß sie dem einfachen Stück Leben und Gepräge gaben. Wie Erleuchtung kam es über mich, und Gefühl und Verständnis für schönen Anschlag und Rhythmus erwachten in diesem Augenblick zu lebendigem Bewußtsein.
Nach der Etüde kam eine Fuge von Bach, die in c-Moll aus Heft 1 des Wohltemperierten Klaviers als erste. An dem Thema lernte ich streng gebundenes Spiel und feinste rhythmische Schattierung.

Meine Mutter gab sich mit diesen wenigen Takten unsägliche Mühe; als ich sie dann aber zu ihrer Zufriedenheit ausführte, war die ganze Fuge gewonnenes Spiel, und ich lernte sie schnell so gut, daß ich sie mir zu eigenem Vergnügen oft spielte.
Beethoven bildete den Mittelpunkt jeder Stunde. Eine Sonate nach der anderen wurde auf das gründlichste durchgenommen, nicht die kleinste Ungenauigkeit wurde geduldet – größte Ehrerbietung vor dem, was da stand, verlangt. »Meinst du, Beethoven hätte sich Mühe gegeben, all diese Bezeichnungen, die Bogen hier, die Punkte dort, hier halbe Noten, dort Viertel, niederzuschreiben, wenn er es hätte anders haben wollen? Und hörst du nicht selbst heraus, daß es so sein muß und nicht anders?« Phrasierung und Schattierung lernte ich an den Sonaten, schönes Anschwellen und das schwere Abnehmen, energische Akzente ohne Härte, Steigerung bis zum Höhepunkt und tausend Feinheiten, die ich wohl verstand, deren Ausführung aber ein langes Studium erforderte.

Dr. Hoch's Conservatorium für alle Zweige der Tonkunst zu Frankfurt a. M.

Das Wintersemester beginnt Montag, den 21. September. Director: Prof. Dr. Bernhard Scholz. Erste Lehrer: Frau Dr. Clara Schumann, Frau Louise Heritte-Viardot, Professor Bernhard Cossmann, Concertmeister Hugo Heermann, James Kwast.

Das Honorar beträgt für ein Hauptfach und die obligatorischen Nebenfächer 360 Mark; in den Perfectionsclassen der Klavier- und Gesangsschule 450 Mark per Jahr und ist in zwei Terminen pränumerando zu entrichten. Anmeldungen erbittet die Direction möglichst zeitig; von derselben sind auch ausführliche Prospecte zu beziehen.

Die Administration: Senator Dr. v. Mumm.
Der Director: Prof. Dr. Bernhard Scholz.

Kanzlei im Conservatorium: Saalgasse 31. [345]

Neue Zeitschrift für Musik 52. Jg. Bd. 81, 1885

»Nun müssen wir aber an die Musik von Papa gehen«, hieß es in der ersten Stunde, nachdem der erste Satz der D-Dur-Sonate Opus 10 bis nach der Durchführung durchgenommen war, »und ich meine, wir wollen mit dem Jugendalbum anfangen.« Und da kamen sie denn alle an die Reihe, eine Perle nach der anderen, und ich erinnere mich noch jedes Wortes, das mir die geliebte Lehrerin darüber sagte: Rhythmus und Charakteristik könne ich in diesen Stücken lernen; denken könne ich mir dabei, was ich wolle. (...)

Aber waren auch meine Leistungen noch so bescheiden, Mamas Geduld war unerschöpflich, und bei dem kleinsten Fortschritt kargte sie nicht mit dem Lobe. Nach der Stunde gab es jedesmal einen Kuß, und erleichterten Herzens zog ich ab mit den Noten unter dem Arm.

Eugenie Schumann, Erinnerungen

Berufung an die Frankfurter Musikhochschule

Clara Schumann, Tagebuch 24.2.1878

Mein Aufenthalt hier endete noch mit einer großen Aufregung. Am Morgen des heutigen Tages besuchte mich Henkel und redete mir ganz furchtbar zu, nach Frankfurt überzusiedeln, wenn ich doch von Berlin fort wolle. Ich hatte ja nie an Frankfurt gedacht, und doch manche Gründe dafür leuchteten mir wohl ein, als Henkel sie mir so darlegte. Ich käme dem Rhein wieder nah, wäre so recht im Mittelpunkt von Deutschland, Rhein, Schwarzwald, Schweiz, Bayern alles nahe! Die Stadt künstlerisch manches bietend, das herrliche Museums-Orchester, das Theater einen ganz neuen Aufschwung unter Otto Devrient in Aussicht stellend, die Stadt nicht zu groß, Alles viel leichter zu erreichen als von Berlin, die nächste Umgegend schön, der Wald eine halbe Stunde per Eisenbahn, kurz viele Annehmlichkeiten! – Ganz aufgeregt hatte mich das lange Gespräch. Da kommt kurz darauf Herr Raff und bietet mir eine Stelle an dem neu zu gründenden Dr. Hochschen Conservatorium, bietet alle nur mögliche Überredungskunst auf, um mich zur sofortigen Annahme zu veranlassen, sagt, sie wollen (das Comité sind sieben Herren, Oberbürgermeister von Mumm, der mich dieser Tage zweimal vergeblich aufgesucht hatte, an der Spitze) alles tun, was mir angenehm sein könne etc. etc. Natürlich ließ ich mich nicht sofort bereden, sondern versprach noch vor Ostern zu antworten. So sehr mir ein solches Anerbieten jetzt grade, wo ich nicht wußte, wohin mich wenden, erwünscht war, so hatte ich den einen Gedanken, kann ich mit Raff, der mir als Musiker durchaus unsymphathisch ist, an einem Institut wirken? Dieser Gedanke trat immer und immer wieder in den Vordergrund, obgleich Raff selbst mir sagte, ich solle mit der Schule nichts weiter zu tun haben, als ich selbst wünsche, es solle überhaupt von einer Herrschaft, wie an der Hochschule, keine Rede sein, ich solle meine Stunden in meiner Wohnung geben etc. etc. Er sagte immer, man wolle mich ja so gerne haben, daß man alles nach meinem Wunsche einrichten wolle, also sicher nie daran denken werde, mir etwas schwer zu machen. Ich sah Raff zum ersten Male, er hat etwas Offenes, aber auch Derbes, nicht sehr einnehmend. Auf spätere Erkundigungen hörte ich dies bestätigen, zugleich aber immer seinen rechtlichen Charakter loben.

März 1878

Ich habe von Johannes, dem ich wegen Frankfurt schrieb, Antwort erhalten – er redet mir unbedingt zu. Raffs Richtung gehe mich ja weiter nichts an. Ich bin sehr beruhigt, denke aber natürlich unaufhörlich darüber nach.

Clara Schumann an Johannes Brahms 21.3.1878

Vor allem habe ich Dir nun zu danken für Deine schnelle Antwort wegen Raff. Ich schrieb darauf einige Hauptbedingungen und erhielt sofort die Antwort, daß das Comitee unbedingt auf alles eingehe, was ich wünsche, und daß er herkommen werde, die Sache vollständig zu ordnen. So wäre denn dem Anscheine nach dieser Würfel gefallen. Ich verpflichtete mich zu 1½ Stunde täglich, verlangte 4 Monate Urlaub, die Freiheit, im Winter kürzere Reisen zu machen, ohne Urlaub zu nehmen, natürlich unbeschadet der Schüler, – die Stunden in meinem Hause, Gehalt 2000 Taler – Findest Du das gut so? Dann habe ich auch noch den Wunsch ausgesprochen, einen Unterlehrer oder -lehrerin, zu haben, die in meinem Sinne unterrichtet zur Nachhilfe. Sollte Dir irgend etwas Wichtiges für mich bei Aufstellung des Contractes einfallen, so bitte, schreibe es mir. Daß mir bei der ganzen Sache nicht leicht zu Mute ist, kannst Du Dir denken.

Joachim Raff an eine unbekannte Bewerberin 3.7.1879
Mit Ausnahme von Madame Schumann ist und wird im Conservatorium keine Lehrerin angestellt. Madame Schumann selbst kann ich eben wohl als Mann rechnen. Wenn Sie daher hier Unterricht geben wollten, so könnte dies nur privatim geschehen.

Cahn, Das Hoch'sche Konservatorium

Clara Schumann an Johannes Brahms 6.6.1880
Raff kam neulich und bat sehr, ob Marie und Eugenie sich nicht dazu verstehen wollten, eine Vorbereitungsklasse für mich zu übernehmen, er wollte sie dann definitiv als Lehrerinnen (d.h. nur Hilfslehrerinnen für mich) anstellen. Marie war entschieden dagegen, uns noch mehr an die Schule zu fesseln, und schrieb ab; nun aber kam Dr. Hartmann im Auftrage des Curatoriums mit derselben Bitte, und da bekommt es denn doch ein anderes Ansehen, und wir überlegen. Hast Du eine Meinung darüber, so teile sie mir freundlichst mit. Natürlich würden sich die Kinder nicht auf länger binden, als ich es getan.

Clara Schumann, Tagebuch 29.6.1880
Ich habe diesen Monat noch viele versäumte Stunden nachzugeben, dazu brachte fast jeder Tag eine hoffnungsvolle Mutter oder Vater mit Tochter, die geprüft sein wollten, was mich nicht nur äußerlich, sondern auch innerlich angriff, denn die meisten mußte ich abweisen, und das kostet dann immer Tränen. Mit Marie wäre also nun abgesprochen – das ganze Direktorium bemühte sich darum, und so konnte sie es wohl annehmen. Beide aber wollten sie nicht angestellt sein, und ich finde, sie haben recht, es ist nicht hübsch, die ganze Familie Schumann an der Schule.

Eugenie Schumann an Mary Levi 20.12.1881
Mama ist viel heiterer jetzt als vorher, und ich wünschte nur, es könnte ewig so bleiben, und das Ende von Mama's künstlerischer Tätigkeit läge noch in weiter Ferne. Ich frage mich oft, wen ich noch spielen hören möchte, wenn ich Mama nicht mehr hören kann.

Nachlaß Levi

Ich komme mir vor, als wäre ich einstmals eine Künstlerin gewesen

Clara Schumann im Alter von 69 Jahren in London, Photographie

Clara Schumann, Tagebuch 26.3.1888 (London)

Letztes Popular - wieder so nervös, aber brillant geschlossen mit dem Carnaval - ich glaube, ich habe ihn nie so gespielt wie heute, und doch nahm ich mir vor, es solle der Schluß für England sein, und war traurig über alle Beschreibung. Wie schwer ist es doch, freiwillig aufzuhören, wenn man doch noch könnte! Aber gewiß ist es das Richtige, meine Gesundheit hält solche Kämpfe nicht lange mehr aus, das fühle ich.

70. Geburtstag

Clara Schumann, Tagebuch 13.9.1889

Endlich war er da, der siebzigste – soll man sich freuen? Eine wehmütige Freude ist es doch nur. Viel Liebe umgibt mich, wie viele aber vermissen wir! . . .
Als Künstlerin in das Greisenalter zu treten ist auch nicht leicht! Es wurde mir aber schließlich der Tag doch zu einem Festtage durch die Liebe der Kinder und Freunde. (. . .)
Nur eine Bitte, einen Gedanken hatte ich heute beim Schlafengehen, daß der Himmel mich der Kinder Liebe noch einige Jahre genießen lassen möchte, nicht in Siechtum, sondern mit der Genußfähigkeit, wie sie mein Herz noch hat.

Clara Schumann, Tagebuch 30.10.1889

Ich schwelge jetzt in Brahms 3. Sonate, die ich für das Quartett übe. Zu meiner großen Betrübnis strengt mich das Spielen sehr an . . . Ach wie soll ich nur fortleben, wenn ich es ganz aufgeben muß!

Clara Schumanns Wohn- und Sterbehaus in Frankfurt

Clara Schumann an Joseph Joachim 2.10.1891

Lieber Joachim, wie anders müßte mein Brief ausfallen, wollte ich Ihnen meinen Empfindungen entsprechend schreiben! Ihr lieber Brief war eine wahre Geburtstagsfreude für mich, aber ach, noch bin ich so leidend, daß ich noch nichts tun darf, meine Stunden gar nicht anfangen konnte. Noch immer tönt es Tag und Nacht in meinem Kopf, und alles so falsch, zum Verzweifeln, aber der Arzt beruhigt mich, versichert mir, es seien die Nerven, und mit der Stärkung derselben durch große Schonung werde auch das Übel weichen. Ab und zu bleibt es doch mal eine Stunde fort, und so hofft man eben doch immer! Ich habe, wie Sie denken können, schwere Wochen durchlebt und meinen armen Töchtern viel Sorge bereitet, das war mein größter Kummer!

Eine gar liebe Erinnerung ist mir, daß ich Sie in München mit den lieben Töchtern sah, und lassen Sie mich Ihnen nochmals für alle Teilnahme die Hand drücken!

Nehmen Sie fürlieb mit diesen wenigen Zeilen – ich teile es Ihnen mit, sobald ich von den Dämonen, die mich beherrschen mit ihren entsetzlichen Klängen, befreit bin . . .

Eugenie Schumann an Mary Levi 13.12.1891

Wir haben einen sehr schweren Winter; Mama ist nicht krank, aber sehr leidend; ihre Nerven sind, wir wissen nicht recht wodurch, in einem äußerst erregten Zustand; sie hört Tag und Nacht gräßliche Musik, ist dabei außerstande, einen Ton schöner Musik zu genießen, da sie alle Tonarten falsch hört. Auch sonst ist sie von allen möglichen Leiden heimgesucht, und bei ihrem noch jugendlichen lebhaften Geist und dem Hang zur Melancholie trägt sie an den Gebrechen des Alters doppelt schwer. Ihre einzige Zerstreuung ist der Besuch lieber Freunde und Bekannter, die wirklich herzlich teilnehmend sind. Im Arbeiten muß sie überaus mäßig sein, und an Stundengeben ist diesen Winter gar nicht zu denken.

Ich habe zum erstenmal erfahren, daß es leichter ist, selbst zu leiden, als ein geliebtes Wesen so ausdauernd leiden zu sehen. Marie und ich sind oft ganz verzweifelt, wenn jeder Tag mit Leiden anfängt und mit Tränen endigt.

Nachlaß Levi

Februar 1892: Kündigung am Hoch'schen Konservatorium

Muß nun das Konservatorium auf die fernere Mitarbeit der herrlichen Künstlerin verzichten, so wird es doch die Tradition ihrer Schule hochhalten und sorgsam weiterpflegen.
Erleichtert wird diese schwierige Aufgabe dadurch, daß mehrere von Frau Schumanns Zöglingen, Frau Bassermann und Herr Uzielli, seit Jahren als bewährte Kräfte unserem Lehrerkollegium angehören; auch unser Kollege Herr Ernst Engesser hatte sich als Lehrer stets der besonderen Anerkennung von Frau Schumann zu erfreuen.

Jahresbericht Dr. Hoch's Konservatorium 1891/92

Clara Schumann, Tagebuch November 1892

Brahms hat mir elf seiner Stücke für Klavier gesandt (noch ungedruckt), mir eine wahre Quelle von Genuß, Alles, Poesie, Leidenschaft, Schwärmerei, Innigkeit, voll der wunderbarsten Klangeffekte ... durchweg interessant. In diesen Stücken fühle ich endlich wieder musikalisches Leben in meine Seele ziehen und spiele wieder mit wahrer Hingebung, studiere auch wieder mit mehr Begeisterung Roberts Klaviersachen. Es ist ja Klaviermusik die einzige, die ich genießen kann, dann schwindet das Dröhnen – einzelne falsche Töne höre ich freilich immer noch, aber ich ertrage sie leichter, wenn ich das Stück genau kenne. Die Brahmsschen Stücke sind, was Fingerfertigkeit betrifft, bis auf wenige Stellen nicht schwer, aber die geistige Technik darin verlangt ein feines Verständnis, und man muß ganz vertraut mit Brahms sein, um sie so wiederzugeben, wie er es sich gedacht. Ich habe mit großer Liebe daran studiert und spiele sie, glaube ich, in seinem Sinne. Wie vergißt man da so vieles Leid, das er einem zugefügt ...

Clara Schumann, Tagebuch 21.12.1892

Schlechte Nächte, fast immer viel trübe Gedanken, ich bin so resigniert, daß es mich förmlich schmerzt; mein Leben betrachte ich als abgetan, zu erwarten habe ich nichts mehr und doch noch ein frisches Herz, das ist schwer. Meine Marie ist alles für mich, jetzt ihre Zufriedenheit ist das einzige Glück, das ich empfinde, und auch der Gedanke, daß Eugenie sich jetzt in ihrer vollen Unabhängigkeit zufrieden fühlt, ist mir ein Trost ...

Clara Schumann an Elisabeth Werner 23.1.1893

Es geht mir ja körperlich ...was die Kräfte betrifft, besser, aber das Kopfleiden ist immer dasselbe, tritt aber zum Glück beim Spielen und Unterrichten zurück, so daß ich beides wieder regelmäßig tue. Teils sind es Schüler aus Mariens Klasse, teils Privatschüler, die ich habe. Es ist ein wahres Glück für mich, daß ich wieder arbeiten kann. Aber meine Stimmung ist dennoch sehr gedrückt. Es ist für einen Künstler doppelt schwer, alt zu werden. Ich habe noch die ganze geistige Kraft und die der Finger, die Technik macht mir gar keine Schwierigkeiten, aber die Nerven wollen nicht, und das ist doch eine furchtbare Prüfung ... Ich gehe fast gar nicht mehr in Konzerte, kann es nicht wegen meinem Kopfleiden, denn Orchestermusik ist mir wahrhaft unerträglich, da höre ich alles falsch. Ich muß es aber, bei der jetzigen Richtung, wie auch unsere jetzigen Dirigenten die klassischen Werke einstudieren, mit all den Mätzchen, enormen Fortes und Pianissimos, Ritardandos etc. beinahe für ein Glück halten, daß ich es nicht hören kann, ich müßte sonst doch manchmal Rücksichten halber solche Aufführungen ertragen.

Clara Schumann, Tagebuch 2. Februar 1893

Heute morgen spielte mir Brahms seine neuen Stücke vor, und es war mir eine schöne Genugtuung zu sehen, daß ich alle Stücke in seinem Sinne aufgefaßt hatte ...

10. Februar. Marie ging mit Julie ins Konzert (von Rubinstein), ich muß verzichten! Wäre es mir nun auch weniger um die Musik von Rubinstein zu tun, so hätte ich ihn doch gern mal wieder in künstlerischer Ausübung gesehen – überhaupt gern gesehen! Wie drängt

sich mir wieder jetzt so oft der Gedanke auf, daß ich, noch bei Lebzeiten, vergessen werde. Das ist eben nicht anders mit den reproduzierenden Künstlern ... sind sie mal vom Schauplatz abgetreten, so gedenken ihrer nur höchstens noch die Zeitgenossen. – Die junge Generation weiß schon nichts mehr und – belächelt mitleidig das Vergangene. – Zwar habe ich unter den Schülern wohl noch Anhänger, wie lange wird's aber dauern? Kommen sie erst in die Öffentlichkeit, dann müssen sie mit dem Strome schwimmen.

Clara Schumann, Tagebuch

19. Oktober. Ich spiele jetzt täglich etwas von den Brahmsschen neuen Stücken ... Leider kann ich nur sehr wenig daran studieren, es gehört die größte Anspannung des Geistes dazu, allem gerecht zu werden, zu einigen Stücken auch körperliche Kraft. Wie danke ich ihm wieder dieses Labsal, das er mir bereitet, inmitten meiner tiefen Traurigkeit! Wie erhoben fühle ich mich stets, wenn ich so ein halbes Stündchen mich ganz und gar vergessen konnte ... Meine Traurigkeit ist furchtbar, ich kann mich gar nicht aufraffen. Es sieht mich alles so trostlos an ... Es fehlt mir doch gar zu sehr eine Freundin, der ich zuweilen mein Herz ausschütten, meine Leiden klagen könnte. Marie darf ich nicht damit quälen, ich fühle es als ein Unrecht, wenn ich es tue ... Die einzige genußreiche Zeit, die ich habe, ist am Klavier ...

1. November herrliches Wetter! Ich fahre jetzt wieder im Rollstuhl, ich kann dann doch länger in der Luft sein, als wenn ich gehe ...

3. November. Ich versuche heute mal wieder, ins Museum zu gehen, wollte die D-Dur-Symphonie von Brahms hören! Ach, es war vergebens! Nichts habe ich gehört als ein Forte, alles falsch und vom Piano nichts! ... Ich kann nicht beschreiben, wie trostlos es in meinem Innern aussah, als ich nach Hause kam ...

Meine Nervenschmerzen sind arg, das Dröhnen und Musizieren im Kopf oft zum Verzweifeln ... Es ist schrecklich, keinen Augenblick zu sein, ohne an den elenden Körper erinnert zu sein – manche Tage habe ich nicht mal mehr Freude am Spiel und öffne lieber das Klavier gar nicht ...

Clara Schumann an Mathilde Wendt[1]) 2.2.1894

... zu gleicher Zeit (mit der Duse) hatten wir auch Joachim hier und ich die große Freude, einen Abend bei mir mit ihm zu musizieren. Wir spielten Brahms' dritte Sonate, in der ich wahrhaft schwelgte, ganz vergaß, daß ich auf der Erde. Ich fühlte kein Leid, nur Wonne! Außerdem spielte mir Joachim mit seinem Quartett Roberts zweites Quartett, das ich, im Zimmer, zum großen Teil genießen konnte: Ich hatte den Abend eine Woche lang sehr zu büßen, aber gern litt ich die vermehrten Schmerzen.

Clara Schumann, Tagebuch Februar 1894

Ich leide an Gichtknoten an den Händen, was mich mit Sorge für die Zukunft erfüllt. Was soll aus mir werden, wenn ich nicht mehr spielen kann? vielleicht auch nicht mehr unterrichten? Die Kräfte nehmen doch nach jeder Seite hin ab, das kann ich mir doch nicht verhehlen! ...

6.3.1894

Korrespondenz wegen einer Wohnung für uns in Düsseldorf, wohin wir zu Ostern auf 8 Tage zu gehen gedenken. Lida hat mich sehr eingeladen, in alter Weise bei ihr zu wohnen, ich lasse aber die Vernunft sprechen – nein! ... Es ist nun einmal so, das Alter wird äußerlich für die Umgebung lästig, man sollte immer trachten, es nur innerlich nicht zu werden, was recht schwer ist, weil man mit der Abnahme der Kräfte doch auch an innerer Elastizität verliert und alle äußeren Dinge wie auch die inneren schwerer ansieht, was für die Umgebung auch lästig wird. Da heißt es immer – »kämpfen«.

Clara Schumann, Tagebuch Januar 1882

Ich lasse mir jetzt von Marie und Eugenie sonntags vorspielen – ich finde es unrecht, wenn ich mich mit ihnen, die so hübsch spielen, so feines Verständnis haben, nie beschäftige. Ich habe ja keine solche Schülerin, wie beide sind. Recht betrübt ist es mir immer, daß ich ihnen nach außen hin ein Hemmschuh bin! Was sie leisten, weiß niemand, weil sie eben nicht vorspielen, wenn ich dabei bin.
Ich hatte heute wieder große Freude an Eugeniens Spiel, sie spielte

[1]) Mathilde Wendt, Schülerin und Freundin Clara Schumanns

mit feinstem Verständnis und vereinigt Kraft mit Zartheit. Ach spielte sie doch öfter die Sachen ihres Vaters vor Leuten – ich glaube, wenn ich mal nicht mehr spielen kann, lebt nur noch eine Tradition in meinen Töchtern.

Im Vordergrund von links:
Marie Schumann, eine unbekannte Dame,
Eugenie Schumann, Clara Schumann

Clara Schumann, Tagebuch 16.4.1895

Eugenie hat mir einige Male ganz vortrefflich vorgespielt. Bei jedem Male Hören finde ich sie gereifter, wäre nur ihr Körper nicht so zart. Was für prächtige Menschen sind die Töchter, wie oft denke ich dies, und daß ich von ihnen muß, sie nicht mehr mit meiner Liebe umfangen kann! Ach, und ich kann es noch gar nicht genug selbst, möchte alles für sie tun, und empfange doch nur immer.

Wie lang sind die Tage, wenn man nicht arbeiten kann

Man wird doch nur alt, um zu verlieren, bis man eben selbst hinausgetragen wird, dann schneit und weht es über das Grab, und sonst geht alles seinen Gang nach wie vor.

Clara Schumann an Hedwig von Holstein 23.4.1894

So gehen sie alle, einer nach dem anderen, die wir geliebt und hochgehalten haben – unsäglich traurig ist diese Vereinsamung im Alter! – Ein Glück, daß um uns die Jugend erwächst, wo wir helfen können, die unser Denken und Fühlen auf die Gegenwart richtet. Ich empfinde diese Wohltat (wenn auch Sorgen andererseits) oft und besonders jetzt, wo wir uns entschlossen, meinen ältesten Enkel zu uns zu nehmen und in der Musik zu unterrichten. Derselbe war Apotheker (auf besonderen Wunsch seines Vaters), und leider paßte er gar nicht dafür. Sein Sinnen und Trachten war immer die Musik, aber, wir wünschten es nicht, die Schwere solchen Berufes kennend. Nun ist der Junge achtzehn Jahr, und es hilft alles nichts, er will Musiker werden, und wenn er auch nur einmal eine bescheidene Existenz finde. – Nun wollen wir es mit Gott versuchen und nehmen seine Erziehung überhaupt ganz in die Hand, besonders Marie. Leider sind die Meinigen alle dagegen, nur Marie und ich halten zusammen in dieser Sache. Nähme man nur im Alter nicht alles so schwer! –

Clara Schumann an Johannes Brahms 19.3.1894

Wir haben jetzt so viele Familienkonflikte, daß ich davon auch ganz kaputt bin. Der Ferdinand kommt nun nach dreijähriger Apotheker-Lehrzeit zu uns – um Musik zu studieren –, einen Versuch wollen wir doch machen, aber drei Jahre Zeit verloren, wie bitter ist das! Dazu handeln wir, Marie und ich, ganz gegen den Willen des Vormundes und Eugeniens. Der Junge hat aber durchaus keine praktischen Anlagen, ist im Geschäft untauglich, denkt überhaupt nur an Musik, und sagt, er will lieber die kleinste Musiker-Stellung haben, als in der Apotheke zeitlebens bleiben. Welche Kämpfe hat es aber gekostet, welche Szenen sind vorausgegangen, ehe es nun so weit kommt! – Laß bald wieder von Dir hören

Deine alte Clara

Erinnerungen des Enkels Ferdinand Schumann

Als der Enkel in das Haus der Großmutter kam, stand sie im 75. Lebensjahre. Sie spielte damals schon lange nicht mehr öffentlich, häufig aber im intimen Kreise und gerne. Ihr Spiel war nach dem Urteil von Kennern und denen, die ihr längst nahestanden, gänzlich von den Jahren unberührt, wundervoll und durchaus meisterhaft. Dem überwältigenden Eindruck ihrer Künstlerschaft hat sich auch damals niemand entziehen können. Sie vermied nur, lange und anstrengende Stücke zu spielen, hielt weise Haus mit ihren Kräften und überschritt nie die Grenze, wo der hinfällige Körper dem starken Willen nicht mehr zu folgen vermochte. Was sie dann gab, war vollendet, aus der Fülle der Kräfte geschaffen. Sie gab täglich noch Stunden und spielte täglich für sich alleine. Ich habe sie jeden Tag gehört. Mit Tonleitern fing sie an. Auch blieb sie stets in Verbindung mit früheren Schülern und Schülerinnen, die sich nach kürzerer oder längerer Zeit einstellten, um ihr vorzuspielen.
Die hohen Jahre waren natürlich nicht spurlos an der Großmutter vorübergegangen. Zudem hatte sie in letzter Zeit schwere Erkrankungen der Lunge überstanden. Mannigfache Leiden chronischer Art hatten Besitz von ihr ergriffen, Gicht in den Fingern, und namentlich peinigende Gehörstäuschungen. Sie war ernst in ihrem Wesen, nie müßig, von andauerndem Arbeitssinn erfüllt, ganz und gar energievoll,

in Anwandlungen seelischer Depression und des Kleinmutes indessen liebevollem Zuspruch sehr zugänglich. Eine fürstliche Würde war ihr gegeben und stattlich ihre äußere Erscheinung. Ihr Auge sprach all' das unendliche Erleben aus, das ihr an der Seite des längst heimgegangenen Lebensgefährten beschieden gewesen war. Mit Beethoven, Chopin, Mendelssohn-Bartholdy führte sie täglich Zwiesprache. Solche erlauchten Meister vermeinte ich oft leibhaftig durch die Räume des Hauses wandeln zu sehen. Voller Ehrfurcht lauschten wir, wenn die Großmutter sich in den Schatz ihrer Erinnerungen versenkte. Von Mendelssohn sprach sie stets im Tone unbedingter Verehrung und respektvoller Bewunderung. So oft äußerte sie: »Mendelssohn war nobel.« Den lebhaftesten Teil ihrer Gedanken bildete aber Johannes Brahms. Brahms war der jüngere, Mendelssohn der ältere Freund und Meister. Sie fand an ihnen keine Antipoden, weil beide lautere Künstler waren. Gänzlich fern stand sie der neudeutschen Richtung Wagner-Liszt-Berlioz, der Richtung, die Anton Rubinstein charakterisierte als das »Überhandnehmen des Colorites auf Kosten der Zeichnung, der Technik auf Kosten der Gedanken, des Rahmens auf Kosten des Bildes«. Wagners Musik lehnte sie gänzlich ab. Der Mensch Wagner war ihr noch antipathischer, ja geradezu verhaßt.
Meine Großmutter bewohnte damals ihr Haus schon seit ungefähr 16 Jahren, eine Villa in der Myliusstraße mit der Hausnummer 32. Sie hatte sich Ende de 70er Jahre in Frankfurt niedergelassen, von Berlin aus durch Joachim Raff an das Hoch'sche Conservatorium berufen, und mit ihr ihre zwei Töchter Marie und Eugenie, die gleichfalls als Lehrkräfte in diese Anstalt eintraten. Marie Schumann, die ältere Tochter, wie die jüngere unvermählt geblieben, trug die Züge ihres Vaters am getreuesten. Sie blieb die Gefährtin ihrer Mutter zeitlebens und betreute sie in der seltensten Weise. Ihr war es zum großen Teil zu verdanken, wenn Clara Schumann den Angehörigen, den Freunden und der

Kunst bis in ein so hohes Alter hinauf erhalten blieb. Sie führte den Hausstand, gab dann aber auch gleichfalls Unterricht im Clavierspiel, auch mir, bereitete die Schüler für die Mutter vor und sorgte für den Unterricht in Theorie und Ensemblespiel. Für dieses wurden Frankfurter Künstler engagiert, für jenes Fach erschien regelmäßig Professor Anton Urspruch vom Raff-Conservatorium im Schulzimmer des Hauses. (. . .)

Als ich nach Frankfurt kam, war Eugenie Schumann, meine jüngere Tante, von Frankfurt nach London übergesiedelt und hatte sich dort in kürzester Zeit einen weiten Wirkungskreis als Klavierlehrerin geschaffen. Sie lehrte dort ganz im Sinne der Mutter und fand rasche Aufnahme, dem musikalischen Publikum schon durch die Mutter bekannt, die viele Jahre lang regelmäßig zur season nach London gekommen war (. . .).

Endlich erwähne ich noch meine Schwester Julie, jetzt Frau verwitwete Professor Walch in Höxter, als Mitbewohnerin in der Myliusstraße. Sie war schon lange da, als ich kam, ebenfalls ihre Ausbildung bei der Großmutter genießend. Diese Zeit lief mit Beginn des Jahres 1895 ab. Für die nächsten Monate bis in den Sommer folgte ihr dann noch mein Bruder Felix. Er bereitete sich vor für den Eintritt in die kaufmännische Lehre und wohnte bei seiner Großmutter. In Frankfurt lebte noch Clara Schumanns zweitälteste Tochter, meine Tante Elise, vermählt mit Louis Sommerhoff. Der Verkehr ging lebhaft hin und her zwischen der Myliusstraße und dem Sommerhoffschen Besitztum, das weit draußen vor der Stadt lag in der Gutleutstraße und das Gogelsche Gut hieß. Im Sommer gingen Sommerhoffs auf ihre Villegiatur an den Strand nach Holland, meine Großmutter ins Hochgebirge, und so sah man sich immer erst im Herbste wieder. Den Aufenthalt im Gebirge beschloß meine Großmutter regelmäßig mit einigen Tagen in Baden-Baden, das ihr sehr ans Herz gewachsen war, und an das sie die teuersten Erinnerungen band. Hier hatte sie in den 60er Jahren gewohnt, von hier aus dem Aufsteigen des treuen Freundes Johannes Brahms zur Unsterblichkeit zugeschaut und für ihn gewirkt.

Clara Schumann an Lida Bendemann[1])

Interlaken, 27.6.1894

Liebste Lida, noch habe ich nicht gedankt für Ihren so lieben letzten Brief, der mich wieder erquickt hat, wie alle Ihre Briefe es immer tun. Blicke ich auf Sie, so schäme ich mich meiner Klagen, wenngleich ich glaube, Sie leiden an ihrer Gesundheit weniger als ich! Wohl müssen Sie sich schonen, aber Sie haben doch nicht fortwährende Schmerzen, die Sie peinigen und ängstigen! Elend zu leben, das ist meine größte Angst, möchte der Himmel mich und die Töchter davor bewahren. Täglich nehme ich mir vor, mehr anzukämpfen, aber ich weiß nicht, wo ich den Lebensmut hernehmen soll! Wie lang sind die Tage, wenn man nicht arbeiten kann, und selbst dann, was soll ich immer arbeiten, was nicht die Augen oder den Rücken angreift? Viel lesen kann ich nicht, viel schreiben auch nicht, spielen nur wenig, und mich in freier Luft bewegen kann ich wegen der Nervenschmerzen auch nur wenig. So bin ich mit all meinem Sinnen und Trachten nur immer bei meiner teuren Marie, möchte ihr das Leben mit mir leichter machen können, die ja doch einzig und allein für mich lebt! – Sie ist es aber auch, die mich aufrecht hält, nicht meine eigne Stärke, wie Sie sie im Leide immer gezeigt . . .

Wir sind nun hier ziemlich eingerichtet und leben ganz behaglich in unserer eigenen Wirtschaft. Man ist uns gefällig überall, und dies erleichtert vieles! Merkwürdig gewandt bringt Marie immer alles in die Reihe! – Die Kinder bringen Leben ins Haus, wie immer die Jugend! Ferdinand studiert fleißig, hat täglich Stunden bei Marie, einen Tag Klavier, einen Theorie, einen Französisch – so macht sie sich jeden Tag nützlich. Das Wetter ist stundenweise schön, aber sehr schwankend, und, was sehr schlecht für mich ist, in der Sonne ist es heiß, im Schatten kalt. Das Schönste ist bei schönem Wetter

[1]) Lida Bendemann, Frau des Malers Eduard von Bendemann

den Vormittag auf dem Rugen, in dichtem Walde zu sitzen, wo wir dann lesen, schreiben, handarbeiten. Leider ist es nur immer mühsam für mich hinaufzukommen mit dem Stuhl. Ich lasse ihn jetzt gewöhnlich leer hinaufbringen und fahre dann aber hinunter. Oben brauche ich ihn, weil er mich vor Feuchtigkeit (vom Fußboden aus) schützt. Ich denke oft, wie würden Sie hier alles genießen. Warum kann mir nun nie die Freude werden, mal im Sommer mit einer alten Freundin zu leben – warum gehen die Wege immer so auseinander!

Daß meine alte Freundin Emilie List bei mir war, wissen Sie – das war mir Freude. Sie ist ein so liebenswürdiger Charakter, wohlwollend alles erfassend. Sie geht sehr schwer, ist sehr stark und steif, aber, sie ist kerngesund, und geht ihr, glaube ich, das Verständnis für wirkliche Leiden ab – Gott sei Dank, muß man da sagen!

Sie werden viel zu tun haben, Liebste, und da will ich endlich schließen.

Sagen Sie bald mal wieder ein kräftiges Wort, wie Sie es so gut können

Ihrer alten Clara

Clara Schumann, Tagebuch

Basel, 16. Juli ... Abends Hauptprobe der Messe im Münster, wir blieben aber zu Hause, waren noch zu müde, auch wollte ich meine Kräfte sparen ... Marie wundert sich immer darüber, daß ich noch in Konzerte gehe, aber immer denke ich, vielleicht gelingt es mir doch mal, ein Stück zu verfolgen. Dann ist es aber auch das Gefühl der Zugehörigkeit bei solchen Gelegenheiten, ich mag nicht aus aller Berührung mit den Künstlern kommen, die mir zum Teil befreundet sind, und würde es schwer empfinden, hier fehlen zu müssen, wo nur die Besten zu dem Höchsten zusammenkommen ...

Den 18. Quartett, ich hörte nur die ersten zwei, op. 18 c-Moll und op. 59 D-Dur ... ich hörte ja leider eigentlich nichts, las nach und hörte doch nichts; es war alles zu schwach für mich ... dabei das Musizieren in meinem Kopf wahrhaft entsetzlich, teuflisch, immer mich gewaltsam herausreißend, wenn ich mal eine kleine Stelle zu verfolgen hoffte ...

19. Abends noch großes Konzert im Münster – ich ging nur zur

9. Symphonie hinein . . . Leider aber hörte ich auch von der nichts als mein eigenes Quart-Sextengetöse . . . Von dieser Symphonie nichts zu hören, das war sehr hart. Ich habe niemandem gesagt, was ich litt, aber es war sehr schwer für mich, zu schweigen.

Clara Schumann an Rosalie Leser Interlaken, 29. 7. 1894

Meine liebe Rosalie, Sie fehlen doch nie, daß weiß ich und drücke Ihnen dankbarst die Hand. Wie vergeht doch die Zeit, nun schon weit über Dreißig, daß ich den teuren heißgeliebten Mann verlor. Unglaublich ist's, daß man solchen Verlust so übersteht, noch so lange lebt, ohne den Mann, der mir alles war. Er ließ mir aber die Kinder, für sie mußte ich ja leben – jetzt freilich wäre es nicht mehr nötig, ich mache ihnen ja nur noch Sorge und Last. Doch besser, davon nicht zu sprechen. Daß ich noch erleben durfte, wie mein Mann immer mehr Anhänger findet; das war doch eine große Freude, die gewiß selten der Frau eines großen Mannes zuteil wird. Sie wissen, ich bekomme aus Paris immer Tantiemen jährlich für Roberts in Frankreich aufgeführte Werke. Das fing an mit 3–400 Francs. Vorm Jahr (seit 3 Jahren schon) waren es an 1000 Francs, dies Jahr 1500 Francs. Dies ist doch ein schlagender Beweis trotz Wagner, Berlioz, Liszt etc.

Elisabeth Werner an Clara Schumann 19. 10. 1894

Und nun, geliebte Frau Schumann – schicke ich Ihnen alle Briefe, die Sie mir geschrieben haben, und danke Ihnen noch einmal innig und zärtlichst für die Freude, die mir jedes kleinste Blatt davon gemacht hat. Wie habe ich jeden Brief, wenn er kam, begrüßt und an die Lippen gedrückt, wie hat mir so vieles das Herz bewegt! Fräulein Leser wird die Trennung von den Briefen leichter geworden sein, sie kann nicht sehen – aber, es ist ja gut so, Sie haben recht, und – das ganze Leben geht ja eben zu Ende!
NB: Ich habe mir kein Andenken an die Briefe zurückbehalten, es ist alles dabei . . . Nun behüte Sie Gott, teure geliebte Frau, nehmen Sie die lieben Briefe hin, und wenn Sie dieselben verbrennen sollten, dann senden Sie ihnen noch einen Segensgruß von mir nach. Meine Gedanken sind in den letzten Tagen viel in der Vergangen-

heit gewesen und waren recht bewegt. Die ersten 3 Jahre bei Ihnen waren ein bedeutsamer Abschnitt meines Lebens, und, was auch mich bedrückte, so steht doch Ihre Güte und Liebe hell vor meinen Augen, und warm fühle ich sie im Herzen. Lassen Sie mich immer wieder danken und danken für alles Gute, das Sie mir unverdienter Weise geboten!
Könnte ich Sie noch einmal im Leben umarmen und küssen dafür. Meine Schwester grüßt Sie mit mir herzlichst. In alter treuer Ergebenheit

Ihre Elisabeth

Tagesablauf 1895

Erinnerungen des Enkels Ferdinand Schumann
30. Januar. Großmutter kommt in der Frühe immer um 9 Uhr zum Tee hinunter. Sie trinkt ihn mit Tante Marie. Die Tante macht den Tee mit Hilfe eines russischen Samovars an. Auf dem Tische steht unter anderem ein Ständerchen mit Toast, gerösteten Weißbrotscheiben. Mit Butter bestrichen, ißt Großmutter ihn sehr gerne. Vorher studiert sie sorgfältig die einzelnen Scheiben auf den Grad ihrer Röstung. Bei der zweiten Tasse Tee baut sie sich einige Stückchen Zucker auf, die sie sich aus einem großen Stück zurechtbricht. Alsdann taucht sie ein Zuckerstückchen in den Tee, führt es zum Munde, zieht den süßen Saft mit großem Behagen ein, bis sich das Stückchen aufgelöst hat im Munde, läßt die übrigen Stückchen folgen und trinkt dann die Tasse aus. Dies alles führt sie mit großer Geschäftigkeit aus und mit einem gewissen Ernst. Zu Mittag freut sie sich jedesmal, wenn es Nachspeise gibt, ist aber außer sich, wenn diese zu verzuckert auf den Tisch kommt, oder nicht ausgebacken ist. Manchmal muß dann die Köchin nach dem Essen hinaufkommen und bekommt ausgescholten. Aber sie wird doch immer wieder gütig entlassen. Wein trinkt Großmutter leichten roten Ahrbleichert von Kreutzberg in

Clara Schumann im Alter

Frankfurt. Sie trinkt ihn mit Wasser und gar nicht viel. Von Bier will sie nichts wissen. Sie läßt sich ganz selten einen Schluck von mir geben, abends, zieht dann den Mund zusammen und begreift nicht, wie man ein solches bitteres

Zeug trinken kann. Abends bekommt sie zartes Fleisch, meistens Geflügel, Täubchen, Huhn. Oft mag sie gar kein Fleisch essen.
Großmutter gibt von 10 bis 12 Uhr Unterricht. Um 11 Uhr kommt sie ins Eßzimmer und nimmt eine Frucht zu sich, meistens eine Weintraube. Dann geht sie wieder hinein. Um 12 Uhr begleite ich sie zum Rollstuhl, meistens die Myliusstraße hinauf zum Grüneburgweg oder nach Ginheim zu. Oder aber wir fahren auch zusammen zu Besorgungen in die Stadt, wenn Tante Marie verhindert ist, mitzufahren. Einen Wagen schickt meistens Frau Julie Kissel, eine mit Großmutter befreundete Dame. Um 2 Uhr Mittagessen. Um 3 Uhr geht die Großmutter zum Tee, der in ihrem Zimmer eingenommen wird. Ich bin selten dabei, früh gar nicht, nur sonntags. Zum Tee liebt sie Friedrichsdorfer Zwieback. Kuchen ißt sie selten. Beim Tee macht Großmutter Handarbeiten und bedient sich dabei eines Klemmers. Auch Tante Marie arbeitet. In der Nebenstube vermag ich bei geschlossener Türe die Stimme der Großmutter nicht zu hören, um so mehr die Stimme der Tante, die laut spricht, weil Großmutter schwer hört. In der Teestunde empfängt Großmutter auch Besuche. Der Nachmittag ist Hauptempfangszeit. Kommt kein Besuch, so spielt sie Klavier, für sich oder mit der Tante, so um die sechste Stunde. Vor dem Abendessen schreibt sie Briefe oder liest. Die Tante hat immer sehr wenig Zeit zum Vierhändigspielen. Sie sitzt um die siebente Stunde drüben in ihrer Stube an einem Pultchen und führt den Haushalt in den Büchern.
Um 8 Uhr Abendessen. Eine Stunde später versammeln wir uns bei der Großmutter und lesen. Meistens lese ich vor, dann noch einige Minuten die Großmutter. Sie wird aber sehr leicht heiser. Um 10 Uhr geht Großmutter zur Ruhe. Ich gehe immer voraus und sorge, daß sie Licht hat.
Früh zum Tee liest sie das Frankfurter Intelligenzblatt. Es ist handlich, kleines Format, nimmt nicht viel Raum weg und läßt sich aufgeschlagen bequem neben die Tasse hinle-

gen. Außerdem kommt noch die Frankfurter Zeitung. Sonntags erscheint in den Zeitungen immer das Opernrepertoire. Großmutter liest dann vor und bestimmt, in welche Opern wir diese Woche gehen. Bei dieser Gelegenheit erzählte sie dann manches von den Opern, die sie gehört hat. Nur ungern ließ sie uns in Meyerbeers Hugenotten, den Rigoletto von Verdi verbot sie uns.

Erinnerungen des Enkels Ferdinand Schumann
19. März. Großmutter leidet schon seit langer Zeit an krankem Magen. Sie hat nie Appetit und ist immer schlechter Stimmung. Zum Frühstück nimmt sie jetzt Hämatogen in Wein, mit furchtbaren Widerwillen, weil Hämatogen so süß ist. Großmutter sieht stark abgemagert aus. Sie muß jetzt eine Ernährungskur durchmachen, kann aber kaum essen.

Clara Schumann an Mathilde Wendt 20.3.1896
... nur einen Gruß, viel schreiben darf ich nicht. Ich bin in ernster Kur, befinde mich zu elend, mußte den Arzt wechseln und vor allem Ernährungskur befolgen, was entsetzlich ist, denn ich bin so appetitlos, daß ich mich vor jeder Mahlzeit fürchte. Ich bin so abgemagert, daß ich mich oft förmlich erschrecke. Gott sei Dank kann ich meine Stunden geben, spielen aber gar nicht, das ist schwer! ... Ich schreibe Ihnen wieder, wenn es mir besser geht. Wolle Gott mich noch etwas bei meinen Kindern lassen!

Clara Schumann, Tagebuch 23.3.1896
Wieder ein schrecklicher Abend, wie zum Sterben ist mir ... Ein schreckliches Leben führen wir jetzt, die arme Marie, die mich morgens und abends pflegt, ach und mit mir weint, wenn ich so tief traurig bin. Wer weiß, wie bald ich meine Kinder verlassen muß, dieser Gedanke verläßt mich jetzt keinen Augenblick.

Erinnerungen des Enkels Ferdinand Schumann
26. März. Miss Hall, Schülerin von Herrn Professor Rudorff in Berlin, besuchte heute die Großmutter und spielte ihr vor. Darnach hatte ich eine Stunde. Um 12 Uhr machte Großmutter mit Tante die gewohnte Spazierfahrt vor dem Essen. Sie wollte hinaus zu Sommerhoffs, aber schon um

1 Uhr kam sie zurück. Ich wurde sofort zum Doktor geschickt. Es war der Großmutter auf der Fahrt unwohl geworden. Ich holte Dr. von Wild. Dieser verordnete Champagner und Ruhe. Wir aßen dann zu Mittag, waren zu dreien, Großmutter, Tante Marie und ich am Tische. Dem Champagner sprach die Großmutter zu. Aber auf einmal machte sie sich so liebevoll an dem Pfropfen zu schaffen, obwohl er fest auf der Flasche saß, ein Patentpfropfen zum Zuschrauben, zu dem sie einen Schlüssel hat. Dann sprach sie wirres unverständliches Zeug und redete in sich hinein wie kleine Kinder, die noch nicht ordentlich sprechen können. Auf ihrem Gesicht lag Heiterkeit.
Wir waren furchtbar erschrocken. Die Tante flüsterte mir zu: »So hat sie es schon im Wagen gemacht.« Sie wagte kaum, die Großmutter anzusehen. Wir ließen uns dann nichts merken, aßen zu Ende und standen auf. Aber Tante Marie brachte die Kranke nebenan auf die Chaiselongue. Sie wollte nicht, daß Großmutter jetzt Treppen steige.
27. März. Großmutter schlief gut, aber sie sieht auffallend schlecht aus und bleibt im Bett. Ihre Augen sind matt, ihre Gestalt ist stark zusammengefallen. Dr. von Wild bezeichnet den Zustand heute als ernst. Eine Arzenei besorgte ich: infusum digitalis 0,6:180,0, Natr. bicarbonic, 3,0, Succ. citri quantum satis ad saturationem. Zweistündlich einen Eßlöffel voll. Also eine herzstärkende Limonade! Großmutter ist ganz ergeben und für alles teilnahmslos. Vor allen Dingen scheint das Bewußtsein an die Vergangenheit erloschen zu sein. Sie sieht aus ihrem Bett zum Fenster hinaus, ohne etwas zu sagen. Über Tag schläft sie öfter. Zu Mittag aß sie mit Appetit. Was sie spricht, ist noch ganz unverständlich. Der Doktor spricht von Schwächung der Herztätigkeit, dadurch Bluterguß vom Herzen ins Gehirn.
28. März. Die Kranke hat gut geschlafen. Sie sieht besser aus und ist freundlich gegen jedermann. Schmerzen hat sie nicht. Sie nimmt ihre Digitalis ein. Aber mit der Sprache geht es heute gar nicht mehr. Man kann die Großmutter

nicht mehr verstehen. Sie sagt immer etwas anderes, als sie meint. Sitze ich an ihrem Bett, so sieht sie mich liebevoll, aber ganz hilflos an. Wir lassen sie oft allein, damit sie an nichts zu denken braucht. Dr. von Wild machte heute ein ernstes Gesicht. Einmal stand Großmutter auf. Appetit gut.
29. März. Heute schlechte Nacht. Großmutter sieht schlecht aus und ist ziemlich apathisch. Besuche werden nicht mehr angenommen. Gestern sollte Großmutter ihren Namen unter ihr Bild setzen. Aber sie fing mit einem ganz falschen Buchstaben an und konnte nicht weiter. Da nahm die Tante ihr die Feder wieder aus der Hand.
30. März. Vortreffliches Befinden heute. Großmutter sieht gut aus und ißt mit Appetit. Dr. von Wild ganz überrascht. Zauberhafte Wirkung der Digitalis. Vom Sterben spricht kein Mensch mehr, vielmehr vom diesjährigen Sommeraufenthalt.
31. März. Heute alles gut. Aber um 5 Uhr nachmittags bekommt die Kranke Schmerzen im Leibe und geringes Fieber. Dr. von Wild verordnet Franzbranntwein, und wenn dies nicht hilft, Wasserumschläge. Gegen die Schmerzen besorgte ich heute in der Apotheke Pillen mit 0,03 Codein.

Johannes Brahms an Marie Schumann April 1896
Liebes Fräulein Marie, Ihre liebe Mutter hat uns recht erschreckt. Zum Glück kommen mit Ihren auch andere tröstlichere Nachrichten, so daß ich einstweilen beruhigt sein sollte.
Meiner allerherzlichsten Teilnahme sind Sie ja gewiß, aber ich hätte in solchem Falle auch so gern alle mögliche Rücksicht gegen Sie. Aber es geht nicht, ich muß Ihnen die ernste, herzliche Bitte aussprechen: Wenn Sie glauben, das Schlimmste erwarten zu dürfen, gönnen Sie mir ein Wort, damit ich kommen kann, die lieben Augen noch offen zu sehen, mit denen für mich sich – wie viel schließt!
Verzeihen Sie! Ich hoffe von ganzer Seele, meine Sorge sei unnötig. Aber: bedenken Sie, wie gern ich auch die unnöti-

ge Reise mache, und mit welcher Freude ich zurückfahre, wenn uns die über alles Teure erhalten bleibt! Ich bitte so dringend ich kann, und Ferdinand ist gewiß so gut, mir kurz zu telegraphieren – ich hoffe noch: Mildes und Tröstliches!
Von Herzen, Ihr J. Brahms

Erinnerungen des Enkels Ferdinand Schumann
1. April. Der linke Arm ist steif geworden. Es geht der Kranken schlecht.
2. April. Abermals schlechte Nacht. Die Kranke sieht ganz gelb aus. Prof. Dr. von Noorden kam heute mit Dr. von Wild. Die Herren nahmen den Zustand ernst. Repetition der Digitalis, Kamillensäckchen für den Arm. Eine Krankenschwester heute abend.
Um 5 Uhr sah ich die Großmutter. Sie war sehr müde, trotzdem sie den Nachmittag geschlafen hatte. Sie atmet schwer.
3. April. Heute wieder alles gut. Großmutter las einen Brief.
4. April. Quittenschleim gegen Durchliegen. Die Gewandhausdirektion in Leipzig erkundigt sich telegraphisch. Auch andere Telegramme trafen ein.
5. April. Repetition der Digitalis. Zustand gut.

Johannes Brahms an Marie Schumann April 1896
Liebes Fräulein Marie, wie soll ich Ihnen nur herzlich genug danken für Ihren Brief . . .
Die erste erschreckende Nachricht kam an dem Tag, da ich abends nach Meran abreisen wollte. Die Reise unterblieb, und war ich seitdem täglich in Versuchung, nach Frankfurt zu fahren: Ihrer lieben Mutter wegen, von ganzem Herzen aber auch verlangend, Sie und Ihre lieben Schwestern zu sehen und Ihnen, wie ich nur könne, meine Liebe zu zeigen.
Die Berliner Akademie-Feste (zu denen ich nicht reise) können für die nächsten Wochen immer als Vorwand bei Ihrer lieben Mutter gelten – daß ich auf der Hin- und Rückreise in Frankfurt aussteige. Wie würde ich mich freuen, sie

zu sehen, Ihnen drei aber aussprechen zu können, wie innig mit Ihnen empfindet

Ihr sehr ergebener
J. Brahms

Joseph Joachim an Johannes Brahms
Gott sei Lob, es kamen heute bessere Nachrichten über Frau Schumann aus Frankfurt. Mir schwindelt beim Gedanken sie zu verlieren, und doch hat man damit sich vertraut zu machen. –

Johannes Brahms an Joseph Joachim 10.4.1896
Teurer Freund, ... nun aber – ich kann nicht traurig nennen, wovon Dein Brief dann spricht. Ich habe oft gedacht, Frau Schumann könne ihre Kinder alle und mich dazu überleben – gewünscht aber habe ich es ihr nicht. Erschrekken kann uns der Gedanke, sie zu verlieren, nicht mehr, nicht einmal mich Einsamen, dem gar zuwenig auf der Welt lebt.
Und wenn sie von uns gegangen ist, wird nicht unser Gesicht vor Freude leuchten, wenn wir ihrer gedenken? Der herrlichen Frau, deren wir uns ein langes Leben hindurch haben erfreuen dürfen – sie immer mehr zu lieben und zu bewundern.
So nur trauern wir um sie.
Sei recht von Herzen gegrüßt,

Dein J. Br.

Erinnerungen des Enkels Ferdinand Schumann
10. April. Bis gestern war der Zustand immer besser geworden, aber gestern fing Großmutter wieder an, schlecht zu sprechen und konfus. Heute war ihr Anblick traurig. Um die Augen alles schwarz. Sie sah furchtbar eingefallen aus. Dr. von Wild verordnete Kampferpulver à 0,2. Dreimal täglich ein Pulver. Solche Pulver bekommen Sterbende.
11. April. Zustand wieder gut.
15. April. Telegramm von der kaiserlichen Oper in Peters-

burg, daß Genoveva dort mit großem Erfolg aufgeführt worden sei.
27. April. Großmutter ist es wieder so gut gegangen, daß ich inzwischen verreisen konnte und heute bei der Tante Stunde hatte.

Eugenie Schumann an die Mutter London, 3.5.1896

Mein innigstgeliebtes Mütterlein! Wie weit sind wir nun voneinander getrennt! Nur alle Gedanken ließ ich bei Euch zurück und kann es noch gar nicht fassen, daß ich nicht mehr bei Euch bin. Ich weiß oft gar nicht mehr, wohin ich gehöre, und führe überall ein Traumleben. Alle Stunden des Tages habe ich Euch mit meinen Gedanken verfolgt. Wie gerne wäre ich noch geblieben, bis ich dich wieder unten gewußt hätte, doch du wolltest es ja nicht! (...)
Innigen Kuß, mein Mütterchen, von Deiner treuen Tochter

Eugenie

Eugenie Schumann, Nachlaß

Erinnerungen des Enkels Ferdinand Schumann
7. Mai. Heute Geburtstag von Brahms. Die Großmutter hatte ihn vergessen. Ich trat gegen Abend an ihr Bett und sagte es ihr. Sofort verlangte sie Feder und Papier, und schrieb an Brahms, nur wenige Zeilen, ziemlich verworren, die Zeilen herauf und herunter. Die Tante wollte den Brief nicht absenden, tat es erst auf mein inständiges Bitten.

Clara Schumann an Johannes Brahms 7.5.1896

Herzlichen Glückwunsch von Deiner herzlich ergebenen

Clara Schumann.

Zu mehr kann ich noch nicht gut, aber oder bald

Deine –

Johannes Brahms an Clara Schumann 8.5.1896

Liebe Clara, »Das Letzte das Beste« ist mir nie so schön gepredigt worden als heute, da der liebste, da Dein Gruß zum siebenten kommt!
Habe tausend Dank, und möge Dir bald so herzlich Erfreuendes

kommen – vor allem natürlich das köstliche Gefühl der wiederkehrenden Gesundheit.
Ich höre, daß Ihr die Absicht habt, nach Baden-Baden zu gehen. Da bitte ich denn recht sehr, daß Du mich wissen läßt, wann und auf wie lange Ihr hinzugehen denkt. Nach Baden-Baden habe ich ohnedies immer eine Art Sehnsucht, diese Gelegenheit würde ich aber gar zu gern benutzen, die alt-geliebte Landschaft – und Freundin zu sehen!
Länger aber darfst Du gewiß nicht lesen, und ich schreibe auch nicht gern von anderem. Es wäre aber egoistisch, wenn ich allein Dich grüßte – Du glaubst nicht, wie überaus herzlich das Ungezählte hier tun! – Aber Du glaubst hoffentlich, daß es auch niemand herzlicher tut

als Dein Johannes

Johannes Brahms an Marie Schumann

Wien, den 8. 5. 1896

Liebes Fräulein Marie, von Herzen danke ich Ihnen, daß Sie mir den Gruß Ihrer lieben Frau Mutter nicht vorenthielten und selbst noch so Liebes und Freundliches nachsandten. Lassen Sie mich auch hier die Bitte wiederholen, daß ich es erfahre, wenn und wann sie nach Baden gehen, und seien Sie alle herzlichst gegrüßt.
Mit den besten, innigsten Wünschen

Ihr J. B.

Erinnerungen des Enkels Ferdinand Schumann

8. Mai. Heute kam Großmutter zum ersten Male in's Parterre hinab. Sie wurde im Wagen im Garten gerollt. Sie ist aber sehr einsilbig, verdrießlich, wie geistesabwesend.

Eugenie Schumann an die Mutter 8. 5. 1896

Mein teures Mütterlein, ich sehne mich so unbeschreiblich nach dir und kann mich durchaus nicht an die Trennung gewöhnen und daran, daß ich nicht jede Minute weiß, wie es dir geht. Es ist schrecklich,

daß ich jetzt fort mußte! Also heute solltest Du zum ersten Male hinuntergehen! Könnte ich Dich doch die Treppe hinunterführen. Hoffentlich ermüdet dich dieser erste Versuch nicht und Du darfst nun alle Tage hinunter. (. . .)
Lebewohl, mein Mütterlein! Könnte ich Dich doch streicheln, dir zutrinken, dich lächeln machen und deine lieben teuren Augen sehen. (. . .)
Innigsten Kuß von deiner Eugenie

Eugenie Schumann, Nachlaß

Erinnerungen des Enkels Ferdinand Schumann
9. Mai. Großmutter heute wieder unten. Nachmittags ich mit ihr alleine in ihrer Stube. Sie lag auf der Chaiselongue. Tante Marie war ausgegangen. Auf einmal äußerte die Kranke den Wunsch, ich möge ihr etwas vorspielen. »Spiele etwas vom Großvater.« Alsbald spielte ich Nr. 4, 5 und 6 aus den Intermezzi Op. 4. und zuletzt die Fis-Dur-Romanze auf drei Systemen, nicht ohne Bangen, daß der Kranken dies schaden könne. Plötzlich sagte die Großmutter: »Es ist nun genug. Höre auf!«
10. Mai. Großmutter hat heute einen neuen Schlaganfall erlitten.
11. Mai. Schlechter Tag. Krämpfe.
14. Mai. Jeden Tag schlechter. Großmutter fängt an, niemanden mehr zu erkennen. Sie ist beständig im Halbschlaf. Kein Appetit.
16. Mai. Tante Eugenie aus England eingetroffen.
18. Mai. Tante Marie gab mir heute Stunde, war sehr aufgeregt.
19. Mai. Die Großmutter völlig bewußtlos. Die Nahrung muß ihr eingeflößt werden. Sie hält aber den Mund fest geschlossen.
20. Mai. Nacht ruhig. Um 5 Uhr früh fängt Großmutter an zu röcheln. Beim Atmen öffnet sie den Mund. Seit 8 Uhr früh bin ich an ihrem Bette. Mit einem Läppchen befeuchtet Tante Marie die Mundhöhle der Sterbenden. Will sie ihr

mit einer Feder Flüssigkeit beibringen, so erfolgt starker Husten. Es geht nicht mehr.
12 Uhr mittags. Das Röcheln dauert fort. Nase ganz spitz. Gesicht schneeweiß. Alle Augenblicke zuckt Großmutter zusammen und greift mit den Händen an den Kopf. Das Kinn zittert beständig, die Hände sind kühl.
4 Uhr. Digitalis soll stehen bleiben. Röcheln hat aufgehört. Atem geht lang und schwer. Großmutter liegt ruhig da.
4.15 Uhr. Atem langsamer. Puls nicht mehr zu fühlen.
4.21 Uhr. Großmutter ist soeben gestorben.

Gleich am ersten Tag erreichte uns die erschütternde Nachricht von dem Hinscheiden Frau Schumanns und daß sie in Bonn am folgenden Tag beigesetzt würde. Rudolf von der Leyen und ich reisten natürlich hin. In der alten stimmungsvollen Kapelle des schönen Bonner Friedhofs war Frau Schumann aufgebahrt. Wir trafen Brahms dort, den ich zum Erbarmen weinen sah. Nur ganz wenige waren zu dieser intimen Feier zugelassen. Prof. Sell hielt eine ergreifende Rede, und als danach der Sarg unter der Bergeslast von duftenden Blumen hervorgeholt und hinausgetragen wurde in den sonnigen blauen Pfingstsonntagmorgen, die Nachtigallen sangen und alles prangte in der ersten Frühlingsherrlichkeit, und nun hinabgelassen wurde neben den nun sichtbaren Sarg Robert Schumanns, – wer hätte da wohl unter solchen Eindrücken trockene Augen behalten können!
Brahms, der von Ischl direkt durchgereist war und gehofft hatte, die alte liebe Freundin in Frankfurt am Main noch am Leben zu treffen, war tief erschüttert gleich weiter nach Bonn gereist und befand sich nun in einem furchtbaren Zustande.

Richard Barth, Erinnerungen

Johannes Brahms überlebte Clara Schumann kein ganzes Jahr, er starb am 3. April 1897. Seine letzte Komposition »Vier ernste Gesänge« wollte er als Totenopfer für Clara Schumann verstanden wissen:

Wenn ich mit Menschen- und mit Engelszungen redete,
und hätte der Liebe nicht,
so wär ich ein tönend Erz
oder eine klingende Schelle.
Und wenn ich weissagen könnte
und wüßte alle Geheimnisse und alle Erkenntnis
und hätte allen Glauben, also,
daß ich Berge versetzte
und hätte der Liebe nicht,
so wäre ich nichts.
Und wenn ich alle meine Habe den Armen gäbe
und ließe meinen Leib brennen
und hätte der Liebe nicht,
so wäre mir's nichts nütze.
Wir sehen jetzt durch einen Spiegel in einem dunklen Worte,
dann aber von Angesicht zu Angesichte.
Jetzt erkenne ich's stückweise,
dann aber werd ich's erkennen,
gleich wie ich erkennet bin.
Nun aber bleibet Glaube, Hoffnung, Liebe, diese drei:
aber die Liebe ist die größte unter ihnen.

Paulus an die Korinther I, Kap. 13, 1–3; 12–13

Brief an meine geliebten Kinder auch nach meinem Tode zu lesen

Meine teuren Kinder, einen schwereren, wehmutsvolleren Brief schrieb ich wohl nie an Euch, einen Brief, den Ihr erst lesen werdet, wenn ich nicht mehr bin. Und doch muß es sein, ich kann die Zeit, die es mir noch vergönnt ist, mit Euch zu leben, nicht mehr die stete Sorge um Eure Zukunft mit mir herumtragen, und will Euch, soweit es in meiner Macht steht, äußerlich wenigsten sicher stellen.
Meine Sorge betrifft insbesondere Euch, Marie und Eugenie, die ich zu meinem tiefen Schmerze, allein, ohne Stütze, zurücklassen muß. Ihr habt mir in treuer Liebe und Sorgfalt zur Seite gestanden, wart meine Stütze im wahren Sinne des Wortes, nach jeder Seite

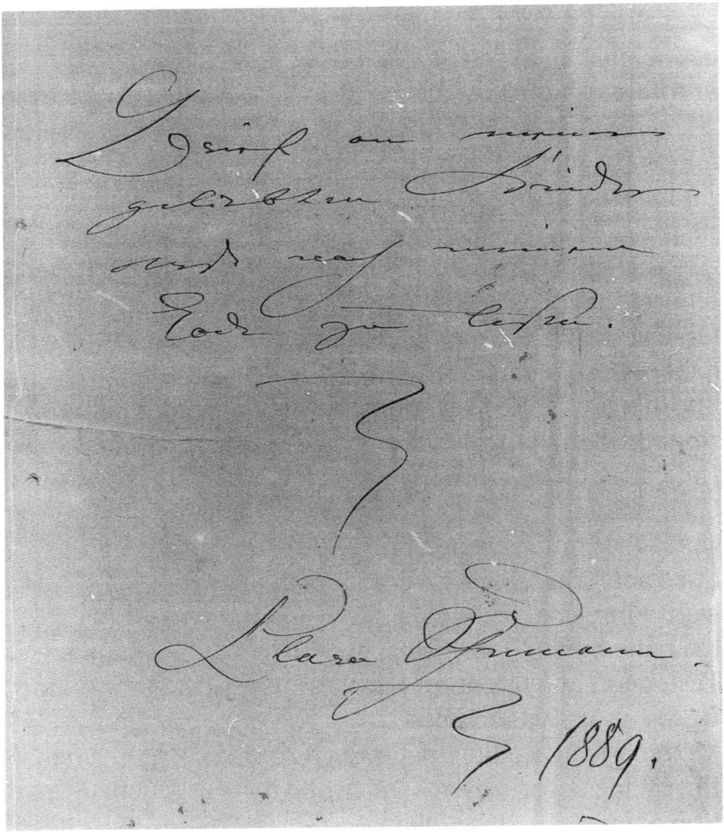
Gruß an meine geliebten Kinder und nach meinem Ende zu lesen.

Clara Schumann.

1889.

hin, im Leben wie in der Kunst, truget schweres Leid um verlorene Lieben mit mir, tröstetet mich und richtetet mich auf, wenn trübe Stimmungen mich überwältigen wollten, kurz, ich fühle es meine heiligste Pflicht, Euch so zu stellen, daß Ihr ohne Sorge um Eure Erziehung leben könnt. Ihr werdet gewiß das Bedürfnis fühlen, mit dem, was Ihr könnt, anderen zu nutzen, und kann auch nur wünschen, daß Ihr danach eine Tätigkeit, wie Ihr sie in den letzten Jahren so erfolgreich ausübtet, Euer Leben bewahret, aber es soll nicht Notwendigkeit sein, Ihr sollt die Mittel haben, Geist und Körper zu pflegen und zu erquicken, sei es durch Kunst oder Naturgenuß, nicht Stundengeben für das tägliche Brot.

Dies alles würde man aber, trotzdem unser Vermögen ein nicht unbeträchtliches ist, nicht möglich sein, stellte ich Euch fünf Kinder und Juliens Sohn auf gleiche Teile; ich muß, meinen Zweck zu erreichen, Euch, Marie, Eugenie, sowie Ferdinand, der eine so zahlreiche Familie hat, bevorzugen vor den anderen.
Zu Dir, meine teuere Elise, hege ich das feste Vertrauen, daß Du, gesichert und geschützt, wie Du es bist durch Deinen Mann und glückliche sonstige Verhältnisse, gern zu Gunsten der drei Geschwister auf das »Mehr als Pflichtteil« verzichtest, ohne dem Gefühle Raum zu geben, als stündest Du meinem Herzen nicht ebenso nahe wie Deinen Geschwister. Ebenso setze ich voraus, daß Graf Marmorito meine Gesinnung billigen und in meiner Handlungsweise keinen Mangel an Liebe zu dem Kinde meiner heißgeliebten Julie sehen wird.
Unser armer Ludwig ist ja aus dem lebendigen Leben durch die gänzliche Umnachtung seines Geistes als geschieden zu betrachten. Für seine Erhaltung wird das Pflichtteil (das heißt die Zinsen davon) wohl hinreichen.
Ich habe nun in dem Sinne, wie ich es Euch hier angedeutet, mein Testament aufgesetzt und dem Amtsgericht zu Frankfurt a/M am 11ten Juli 1889 übergeben.
Mögen meine Bedingungen Euch zum Segen gereichen, und mögt Ihr, meine tiefgeliebten Kinder, alle meiner gedenken als der treuesten Mutter.

Clara Schumann
Frankfurt a/M im Juli 1889

Nachlaß Clara und Robert Schumann,
Heinrich-Heine Institut, Düsseldorf

Ein Denkmal wird errichtet

Clara Schumann
Büste von Friedrich Hausmann, 1896

Soll ich nun die ganze Gestalt in wenig Worten schildern, so würde ich sagen: Sie war ein Bild vollendeter Weiblichkeit, schönster Mütterlichkeit und hoher Menschlichkeit.

Eugenie Schumann, Erinnerungen

Möge sich bald die würdige und berufene Feder finden, die in einer eingehenden Lebensbeschreibung der Dahingegangenen das ihr gebührende Denkmal setzt und der Mit- und Nachwelt zeigt, welche Künstlerin diese Frau, welche Frau diese Künstlerin war.

Aus dem Nachruf von Gustav Erlanger in der Frankfurter Zeitung vom 23. Mai 1896

Quellen

Avé-Lallement, Theodor, Rückerinnerungen eines alten Musikanten, Hamburg 1878

Becker, Ruppert, Tagebuchaufzeichnungen, in: Eismann, Robert Schumann, Ein Quellenwerk

Biedermann, Karl, Frauenbrevier, Kulturgeschichtliche Vorlesungen, Leipzig 1856

Boetticher, Wolfgang, Robert Schumann in seinen Schriften und Briefen, Berlin 1942

Brahms, Johannes, Briefwechsel mit Joseph Joachim, hrsg. von Andreas Moser
1. Bd., 3. durchgesehene und vermehrte Auflage, Berlin 1921
2. Bd., 2. durchgesehene und vermehrte Auflage, Berlin 1912

Brahms, Johannes, in Baden-Baden und Karlsruhe, Ausstellungskatalog, herausgegeben von der Badischen Landesbibliothek, Karlsruhe 1983

Brahms, Johannes, in den Erinnerungen von Richard Barth, hrsg. von Kurt Hofmann, Hamburg 1979

Bülow, Hans von, Briefe und Schriften, hrsg. von Marie von Bülow, Leipzig 1895–1908, Bd. 1

Cäcilia, Ein Taschenbuch für Freunde der Tonkunst, 1. Jg. 1833

Cahn, Peter, Das Hoch'sche Konservatorium 1878–1978, Frankfurt am Main 1979

Campe, Johann Heinrich, Väterlicher Rath für meine Tochter. Ein Gegenstück zum Theophron. Der erwachsenen weiblichen Jugend gewidmet, 4. Auflage, Braunschweig 1791

Devrient, Eduard, Aus seinen Tagebüchern, Band 1, Weimar 1964

Eismann, Georg, Robert Schumann. Eine Biographie in Wort und Bild, Leipzig 1956

Eismann, Georg, Robert Schumann, Ein Quellenwerk über sein Leben und Schaffen, Bd. 1: Briefe · Aufzeichnungen · Dokumente, Leipzig 1956

Erler, Hermann, Robert Schumann's Leben, Aus seinen Briefen geschildert, 2 Bände, 2. Auflage, Berlin 1887

Feuerbach, Henriette, Ihr Leben in ihren Briefen, hrsg. von Hermann Uhde-Bernays, Berlin-Wien 1912
Fischer-Schmidt, Ursula, Werkverzeichnis Clara Schumann, AGB Berlin 1987
Guthmann, Eugenie, Winke über den musikalischen Unterricht der Frauenzimmer, in: Allgemeine Musikalische Zeitung, Jg. 1805/6
Hanslick, Eduard, Geschichte des Concertwesens in Wien, Wien 1869/70
Hartitzsch, Adolph Carl Heinrich, Handbuch des in Deutschland geltenden Eherechts mit besonderer Angabe des sächsischen und preußischen Rechts, Leipzig 1828
Haubold, D. Christian Gottlieb, Lehrbuch des königlich sächsischen Privatrechts, Leipzig 1820
Hegel, Georg Wilhelm Friedrich, Ästhetik, zitiert nach Peter Szondi, Poetik und Geschichtsphilosophie I, 2. Auflage, Frankfurt am Main 1976, S. 451
Hempel, Irene und Gunter, Musikstadt Leipzig, Leipzig 1979
Hirschbach, Hermann, Erinnerungen, in: Boetticher, Robert Schumann, S. 234
Joachim, Josef, Briefe an Gisela von Arnim 1852–1859, hrsg. von Johannes Joachim, Göttingen 1911
Joachim, Joseph, Briefe von und an, gesammelt und herausgegeben von Johannes Joachim und Andreas Moser in 3 Bänden, Berlin 1911–1913
Joß, Victor, Der Musikpädagoge Friedrich Wieck und seine Familie mit besonderer Berücksichtigung seines Schwiegersohnes Robert Schumann, Dresden 1902
Koch, Paul-August, Clara Wieck-Schumann. Kompositionen, Krefeld 1988
Köhler, Hans Joachim, Robert Schumann, Sein Leben und Wirken in den Leipziger Jahren, Leipzig 1986
Le Beau, Luise Adolpha, Lebenserinnerungen einer Komponistin, Baden-Baden 1910
Lewald, Fanny, Clementine, 2. Auflage Berlin, 1872

Liszt, Franz, Clara Schumann, in: Gesammelte Schriften, hrsg. von Lina Ramann, Bd. 4., Leipzig 1882
Litzmann, Berthold, Clara Schumann, Ein Künstlerleben nach Tagebüchern und Briefen, Bd. 1: Mädchenjahre 1819–1840, 7. Auflage, Leipzig 1920, Bd. 2: Ehejahre 1840–1856, 6. Auflage, Leipzig 1920, Bd. 3: Clara Schumann und ihre Freunde 1856–1896, 3. Auflage, Leipzig 1910
Moscheles, Ignaz, Aus Moscheles Leben, Nach Briefen und Tagebüchern, hrsg. von seiner Frau, 1. Bd. 1872, 2. Bd. 1873
Das Museum, Einhundertfünfzig Jahre Frankfurter Konzertleben 1808–1958, Im Auftrage der Frankfurter Museumsgesellschaft, hrsg. von Hildegard Weber, Frankfurt 1958
Otto, Louise, Frauenleben im deutschen Reich, Erinnerungen aus der Vergangenheit mit Hinweis auf Gegenwart und Zukunft, Leipzig 1876
Otto-Peters, Louise, Freiheit für alle, in: Lieder eines deutschen Mädchens, Leipzig 1847
Paul, Jean, Levana, Werke Bd. 5, hrsg. von Norbert Miller, 3. Auflage, München 1973, S. 515–874
Paul, Oscar, Handlexikon der Tonkunst, Leipzig 1873
Rudorff, Ernst, Aus den Tagen der Romantik, Bildnis einer deutschen Familie, Leipzig 1938
Rumpf, J.D.F., Der Haus-, Brot- und Lehrherr in seinen ehelichen, väterlichen und übrigen, hausherrlichen Verhältnissen gegen Gesinde, Gesellen und Lehrlinge nach allgemeinen und insbesondre nach Preußischen Gesetzen, Berlin 1823
Scholz, Bernhard, Verklungene Weisen, Erinnerungen, Mainz 1911
Schoppe, Martin, Schumann im Spiegel der Tagesliteratur, Ein Beitrag zur Erforschung der Schumann-Rezeption zwischen 1830 und 1856, Phil. Diss. (masch), Halle 1968
Schott, August Wilhelm, Einleitung in das Eherecht zu akademischen und gemeinnützlichem Gebrauch, Nürnberg 1802
Schrader-Breymann, Henriette, Der Kindergarten als Vorbereitung für das Leben 1894, in: Kleine pädagogische Texte, Heft 5, 2. Auflage, Weinheim 1962

Schrader-Breymann, Henriette, Auszüge aus Briefen und Tagebüchern a.a.O.
Schumann, Clara, Tagebuchaufzeichnungen, in: Litzmann, Bd. 1–3, bzw. Übertragungen aus dem Original im Robert-Schumann-Haus, Zwickau
Schumann, Clara, Briefwechsel mit Johannes Brahms, im Auftrage von Marie Schumann, hrsg. von Berthold Litzmann, Bd. 1 und 2, Leipzig 1927
Schumann, Clara und Robert, Briefwechsel, Kritische Gesamtausgabe, hrsg. von Eva Weissweiler, Bd. 1: 1832–38, Basel/Frankfurt am Main 1984, Bd. 2: 1839, Basel/Frankfurt am Main 1987
Schumann, Eugenie, Erinnerungen, Stuttgart 1925
Schumann, Felix, Meine Liebe ist grün wie der Fliederbusch, Gedichte, hrsg. von Max Flesch-Thebesius, Stuttgart 1947
Schumann, Ferdinand, Erinnerungen an Clara Schumann, Tagebuchblätter ihres Enkels Ferdinand Schumann, in: Neue Zeitschrift für Musik 84, Jg. 1917, Nr. 9–13, S. 69–105
Schumann, Robert, Tagebücher I, 1827–1838, hrsg. von Georg Eismann, Leipzig 1971, Tagebücher II, 1836–1854 (inklusive Ehetagebücher), hrsg. von Gerd Nauhaus, Leipzig 1987, Tagebücher III (Haushaltsbücher) in 2 Bänden, hrsg. von Gerd Nauhaus, Leipzig 1982
Schumanns rheinische Jahre, Ausstellungskatalog bearbeitet von Paul Kast, Düsseldorf 1981
Shaw, George Bernard, Musikfeuilletons des Corno di Bassetto, Leipzig 1972
Smyth, Ethel, Ein stürmischer Winter, Erinnerungen einer streitbaren englischen Komponistin, hrsg. von Eva Rieger, deutsch von Michaela Huber, Kassel-Basel 1988
Staats-, Post- und Zeitungslexikon von Sachsen, hrsg. von August Schumann, Zwickau 1814
Universallexikon der Tonkunst, Stuttgart 1838
Wasielewski, Josef W. von, Robert Schumann, Eine Biographie (1858), 3. Auflage, Dresden 1880
Wieck, Friedrich, Briefe aus den Jahren 1830–1838, hrsg. von Käthe Walch-Schumann, Köln 1968

Wieck, Friedrich, Clavier und Gesang, Didaktisches und Polemisches, Leipzig 1853
Weissmann, Adolph, Der Virtuose, Berlin 1918

Leipziger Zeitung vom 10.11.1830
Neue Zeitschrift für Musik, Jahrgänge 1873, 1878, 1879, 1885, 1888, 1896
General-Anzeiger 21. Mai 1896
Frankfurter Zeitung 23. Mai 1896

Unveröffentlichte Quellen

Nachlaß Clara Schumann, Staatsbibliothek Preußischer Kulturbesitz Berlin und Deutsche Staatsbibliothek Berlin
Nachlaß Clara Schumann, Musikabteilung der Stadt- und Universitätsbibliothek Frankfurt
Nachlaß Eugenie Schumann, Stadtarchiv Bonn
Nachlaß Clara und Robert Schumann, Heinrich-Heine-Institut Düsseldorf
Nachlaß Levi, Bayerische Staatsbibliothek München
Robert-Schumann-Haus Zwickau

Weitere Standorte

Brahms-Haus Baden-Baden
Stadtgeschichtliche Sammlungen Baden-Baden
Städtische Sammlung Dresden
Handschriftenabteilung der Badischen Landesbibliothek, Karlsruhe
Programmsammlung, Stadtarchiv Karlsruhe
Musikbibliothek Leipzig
Handschriftenabteilung der Universitätsbibliothek Leipzig
Stadtgeschichtliche Sammlung der Stadt Leipzig

Bildnachweis

Robert-Schumann-Haus Zwickau 12, 13 (beide), 14, 17 (beide), 19 u. 20, 21, 30 (beide), 56, 58, 63, 84, 149 (beide), 163 l., 166, 171, 189, 209, 216, 220, 229, 235, 236, 243, 247 l., 248, 254, 262, 291, 303, 334, 354, 369, 389, 420 - Heinrich-Heine-Institut Düsseldorf 16, 19, 142, 234, 286, 335, 418 - Brahms-Haus Baden-Baden 18, 276, 314 u. - Stadtgeschichtliche Sammlung der Stadt Leipzig 28, 35 - Musikbibliothek Leipzig 10, 49, 372, 377 - Universitätsbibliothek Leipzig 368 - Gesellschaft der Musikfreunde Berlin 341 o. - Universitätsbibliothek Frankfurt/M. 363 - Staatsbibliothek Berlin 163 r. - Städtische Sammlung Dresden 214, 227 - Stadtarchiv Bonn 237, 297 - Landesbildstelle Düsseldorf 238 - Beethovenhaus Bonn 245 - Schumann-Haus Bonn 247 r. - Kammerhofmuseum Gmunden 277 - Edith Picht-Axenfeld 25 - E. Schmiedel 396 - Familienbesitz 293, 295, 305, 332, 333, 405 - alle übrigen Abbildungen: Privatarchiv der Autorin.

Bitte beachten Sie auch die folgenden Seiten

Rudolph Angermüller

Mozart

Die Opern von der Uraufführung bis heute

296 Seiten, 300 Abbildungen, davon 60 in Farbe, Großformat

Dieser prachtvoll ausgestattete Text-Bild-Band stellt Inszenierungen, Bühnenbilder und Kostüme der Bühnenwerke Mozarts vor. »Eine wahre Fundgrube für den Mozart-Freund ... Eine Fülle exakter und interessanter Information wird ergänzt durch reichhaltiges Bildmaterial: historische Illustrationen aus dem 18. und 19. Jahrhundert, Fotos aus unserer Zeit.« *(dpa)*

Propyläen

Evan Eisenberg

Der unvergängliche Klang

Mythos und Magie der Schallplatte

280 Seiten, gebunden

Die Phonographie – die Kunst, Musik aufzuzeichnen – macht Musiker unsterblich und Musik zu einer Ware. Und sie hat unsere Hörgewohnheiten verändert. Geistreich und kontrovers setzt sich Evan Eisenberg mit Mythos und Magie der Schallplatte auseinander. »Die vergnügliche Zelebrierung eines Mysteriums«, urteilte die *New York Times* über dieses Buch.

Edition Sven Erik Bergh